Alex Goldfarb
Marina Litwinenko

TOD EINES DISSIDENTEN

Warum Alexander Litwinenko sterben musste

Aus dem Amerikanischen
von Violeta Topalova

W0071557

WILHELM HEYNE VERLAG
MÜNCHEN

Die Originalausgabe erschien 2007 unter dem Titel
Death of a Dissident: The Poisoning of Alexander Litvinenko and the Return of the KGB
im Verlag Free Press/Simon & Schuster, New York

FSC

Mix

Produktgruppe aus vorbildlich
bewirtschafteten Wäldern und
anderen kontrollierten Herkünften

Zert.-Nr. SGS-COC-1940
www.fsc.org
© 1996 Forest Stewardship Council

Verlagsgruppe Random House FSC-DEU-0100
Das für dieses Buch verwendete
FSC-zertifizierte Papier *Holmen Book Cream*
liefert Holmen Paper, Hallstavik, Schweden.

Aktualisierte Taschenbucherstausgabe 08/2008

Die Seiten 421-424 wurden für die Taschenbuchausgabe von Alex Goldfarb ergänzt.

Für Sascha

Inhalt

IV PRÄSIDENTSCHAFTSWAHL (AUF RUSSISCH)

V DIE RÜCKKEHR DES KGB

Die Akteure

DIE SPIONE

Barsukow, Michail Iwanowitsch *FSB-Direktor (1995–1996)*
Chocholkow, Jewgeni Grigorijewitsch *Chef der FSB-Abteilung zur Bekämpfung verbrecherischer Organisationen (URPO)*
Kowaljow, Nikolaj Dimitrijewitsch *FSB-Direktor (1996–1998)*
Trofimow, Anatoli Wassilijewitsch *FSB-Abteilungsleiter (1994–1997), 2005 ermordet.*
Woloch, Wjatscheslaw Iwanowitsch *Leiter der Antiterroreinheit (ATZ) des FSB (1993–1998)*

WHISTLEBLOWER – DIE INFORMANTEN

Gussak, Alexander Iwanowitsch *Saschas Vorgesetzter bei URPO*
Litwinenko, Alexander Walterowitsch (Sascha) *2006 vergiftet*
Ponkin, Andrej Walerijewitsch *Saschas Stellvertreter*
Schebalin, Wiktor Wassilijewitsch *Mitglied von Saschas Team bei URPO (möglicherweise ein Maulwurf)*

DIE OLIGARCHEN

Abramowitsch, Roman Arkadijewitsch (Roma) *Ehemaliger Geschäftspartner von Beresowski, Miteigentümer von Sibneft*

Beresowski, Boris Abramowitsch *Früher Hauptaktionär von ORT-Television, Eigentümer von LogoVAZ und Miteigentümer von Sibneft. Stellvertretender Vorsitzender des Nationalen Sicherheitsrats (1996–1997)*

Gussinski, Wladimir Alexandrowitsch (Goose, Wolodja) *Früher Eigentümer von NTW-Television und der Most-Bank*

Potanin, Wladimir Olegowitsch *Leiter der Unexim-Bank, Erster Stellvertretender Premierminister (1996)*

DIE REFORMER

Tschernomyrdin, Wiktor Stepanowitsch *Premierminister (1992–1998)*

Tschubais, Anatoli Borisowitsch *Erster stellvertretender Premierminister (1994–1996)*

Gaidar, Jegor Timurowitsch *Premierminister (1991–1992)*

Malaschenko, Igor Jewgenijewitsch *Gründer und ehemaliger Präsident von NTW*

Nemzow, Boris Jefimowitsch *Erster stellvertretender Premierminister (1997–1998)*

Rybkin, Iwan Petrowitsch *Duma-Vorsitzender (1994–1996), Vorsitzender des Nationalen Sicherheitsrats (1996–1998), Präsidentschaftskandidat (2004)*

Soros, George *Amerikanischer Philanthrop*

Jelzin, Boris Nikolajewitsch *Präsident der Russischen Föderation (1991–1999)*

Jelzin, Tatjana Borisowna (Tanja) *Seine Tochter*

Jumaschew, Walentin (Walja) *Journalist, Stabschef Jelzins, heiratete Tatjana Jelzin*

DIE AUTOKRATEN

Korschakow, Alexander Iwanowitsch *Unter Jelzin Chef des präsidialen Sicherheitsdienstes (FSO)*

Kulikow, Anatoli Sergejewitsch *Innenminister (1995–1999)*

Lebed, Alexander Iwanowitsch *Unter Jelzin Vorsitzender des Nationalen Sicherheitsrats*

Primakow, Jewgeni Maximowitsch (Primus) *Außenminister (1996–1998), Premierminister (1998–1999)*

Skuratow, Juri Iljitsch *Generalstaatsanwalt (1995–1999)*

Woloschin, Alexander Stalijewitsch *Stabschef Putins (1999–2003)*

DIE REBELLEN

Dudajew, Dschochar *Erster Präsident Tschetscheniens (1991–1996), fiel einem Attentat zum Opfer*

Maschadow, Aslan *Dritter Präsident Tschetscheniens (1997–2005), kam bei Unruhen ums Leben*

Udugow, Mowladi *Islamführer, Mitglied der Regierungen Dudajew und Maschadow. Lebt seit 1999 im Exil*

Jandarbijew, Selimchan *Zweiter Präsident Tschetscheniens (1996–1997). Fiel einem Attentat zum Opfer*

Sakajew, Achmed *Tschetschenischer Kultur- und Außenminister. Lebt seit 2002 im Exil*

DIE TERRORISTEN

Barajew, Arbi *Warlord; 2001 getötet*

Barajew, Mowsar *Anführer der Moskauer Theater-Geiselnahme; 2002 getötet*

Bassajew, Schamil *Warlord; 2006 getötet*

Chattab, Amir *Warlord, gebürtiger Jordanier. Wahhabitenführer; 2002 getötet*

Gotschijajew, Achemes *Verdächtigt der Mitwirkung an den Sprengstoffanschlägen auf Moskauer Wohnhäuser. Beteuert seine Unschuld. Lebt im Untergrund*

Radujew, Salman *Warlord, starb 2002 in russischer Haft*

DIE ERMITTLER

Felschtinski, Juri Georgijewitsch *Gemeinsam mit Alexander Litwinenko Verfasser des Buches* Eiszeit im Kreml *(Hoffmann und Campe, August 2007)*

Kowaljow, Sergej Adamowitsch *Menschenrechtsaktivist, Duma-Abgeordneter*

Morosowa, Tatjana und Aljona *Überlebende der Sprengstoffanschläge auf Moskauer Wohnhäuser*

Politkowskaja, Anna Stepanowna *Journalistin der* Nowaja Gaseta, *fiel 2006 einem Attentat zum Opfer*

Schtschekotschichin, Juri Petrowitsch *Duma-Abgeordneter, Journalist; 2003 vergiftet*

Tregubowa, Elena Wiktorowna *Journalistin; Autorin von* Die Mutanten des Kreml

Trepaschkin, Michail Iwanowitsch *Abtrünniger FSB-Offizier, Anwalt. Seit 2003 in Haft*

Juschenkow, Sergej Nikolajewitsch *Duma-Abgeordneter, Vorsitzender der Partei »Freies Russland«. Fiel 2003 einem Attentat zum Opfer*

DIE VERDÄCHTIGEN

Kowtun, Dmitri *Geschäftsmann, ehemaliger GRU-Offizier*

Lugowoi, Andrej *Geschäftsmann, ehemaliger FSB-Offizier*

Putin, Wladimir Wladimirowitsch (Wolodja) *FSB-Direktor (1998–1999), Premierminister (1999), Präsident (seit 2000)*

Sokolenko, Wladislaw *Ehemaliger FSB-Offizier*

Vorwort

Dies ist eine sehr persönliche Erzählung über das Leben und den Tod eines einzelnen Mannes. Gleichzeitig ist es die Geschichte weitreichender historischer Ereignisse und ein Buch über die Taten und Vergehen der Mächtigen dieser Welt.

Die persönliche Seite dieser Geschichte erlebte ich selbst. Die historisch bedeutsame Seite schrieb ich in dem Vertrauen, dass ich neben meinen eigenen Schlussfolgerungen und Überzeugungen auch die von Sascha Litwinenko zum Ausdruck bringe. Ich bin sicher kein neutraler, objektiver Beobachter. Aber ich halte mich an die Wahrheit, und mit Marinas Hilfe gelingt es mir wohl am besten, Sascha eine Stimme zu verleihen.

Alle Ausschnitte aus Gesprächen basieren auf meinen eigenen Erinnerungen und denen der jeweiligen Gesprächsteilnehmer. Einige Menschen haben diese Gespräche sicher anders in Erinnerung, und die historischen Ereignisse, die ich in diesem Buch schildere, sind hier und dort auch anders dargestellt worden. Welche Version in den Geschichtsbüchern zu lesen sein wird, kann nur die Zeit entscheiden. Meine Sicht – und auch Saschas Sicht – können Sie auf den folgenden Seiten lesen.

I

Die Dissidenten-schmiede

KAPITEL 1

Asyl

New York, 25. Oktober 2000

Der Tag war noch nicht angebrochen, als mein Handy klingelte.

»Salut«, sagte eine Stimme. »Wo bist du gerade?« Es war Boris Beresowski, der bis vor wenigen Monaten zu Russlands reichsten und mächtigsten Oligarchen gehört hatte. Jetzt rief er aus seinem Haus in Cap d'Antibes in Südfrankreich an, wo er im Exil lebte. Russlands neuer Präsident Wladimir Putin verdankte seine Wahl an die Spitze des Landes nicht zuletzt dem Einfluss von Boris Beresowski, der sich später mit ihm überworfen und beschlossen hatte, aus seinem Frankreichurlaub nicht nach Hause zurückzukehren. Putin war nun eifrig damit beschäftigt, die allgegenwärtigen Gefolgsleute dieses Mannes aus Russlands Machtstrukturen zu vertreiben. Beresowski wusste, dass seine Telefongespräche abgehört wurden. Ich musste ihm versichern, dass ich mich nicht in Russland befand. Erst dann kam er zur Sache.

»Erinnerst du dich an Sascha Litwinenko?«, fragte er.

Natürlich erinnerte ich mich an Oberstleutnant Alexander »Sascha« Litwinenko. Er arbeitete in der Abteilung für die Bekämpfung des organisierten Verbrechens im russischen Inlandsgeheimdienst FSB, der Nachfolgebehörde des KGB. Litwinenko gehörte zu Boris Beresowskis Männern. 1998 war er zu nationaler Berühmtheit gelangt. Damals hatte er eine Pressekonferenz einberufen und – flankiert von vier maskierten Offizieren, die seine Anschuldigungen bestätigten – behauptet, einige abtrünnige Generäle des FSB planten einen Anschlag auf Beresowski. Kurze Zeit zuvor hatte Präsident

Boris Jelzin den bisherigen FSB-Direktor, einen erfahrenen Drei-Sterne-General, durch den Oberstleutnant Wladimir Putin ersetzt, der bis dahin ein unbeschriebenes Blatt aus der Kreml-Administration gewesen war.

Dass Litwinenko es gewagt hatte, sich zur besten Sendezeit mit der *kontora* (der Firma) anzulegen, gefiel den Leuten in der Lubjanka, dem Hauptquartier des FSB, überhaupt nicht. Kurz darauf wurde er verhaftet. Die Abteilung für Innere Angelegenheiten beschuldigte ihn des Machtmissbrauchs. Er habe, hieß es, einige Jahre zuvor einen Verdächtigen zusammengeschlagen. Sascha Litwinenko verbrachte mehrere Monate in Lefortowo, dem berüchtigten Untersuchungsgefängnis des ehemaligen KGB. Ich hatte Beresowski damals gebeten, den Kontakt zu Sascha herzustellen, weil ich ein von dem Finanzexperten George Soros gefördertes Projekt zur Gesundheitserziehung leitete, das die Ausbreitung von Tuberkulose-Epidemien in russischen Gefängnissen verhindern sollte. Ich wollte von Sascha erfahren, wie es um die medizinische Versorgung in Lefortowo bestellt war. Vom Justizministerium hatte ich Zugang zu den regulären Gefängnissen erhalten, aber Lefortowo unterstand dem FSB und war streng abgeschirmt.

»Ja, ich erinnere mich an Litwinenko«, sagte ich.

»Er ist in der Türkei.«

»Sie rufen mich um fünf Uhr morgens an, um mir das zu sagen?«

»Er ist auf der Flucht.«

Sascha versteckte sich mit seiner Frau und seinem Sohn in einem Hotel am Mittelmeer und bereitete sich darauf vor, zu den Amerikanern überzulaufen. Beresowski fragte, ob ich »als Dissidentenveteran und obendrein noch Amerikaner« bereit sei, ihn zu unterstützen. »Er glaubt, dass du der Einzige bist, der ihm helfen kann.«

»Aber warum? Wir haben uns doch nur ein paarmal getroffen.«

»Du bist der einzige Amerikaner, den er kennt.«

Ein paar Stunden nach Beresowskis Anruf – ich hatte mittlerweile selbst mit Sascha telefoniert – betrat ich das Old Executive Office Building in Washington, D.C. Ich war mit einem alten Freund verabredet, der als Russland-Spezialist für Präsident Clintons Nationalen Sicherheitsrat arbeitete.

Ein entspannter Polizist warf einen flüchtigen Blick auf meinen Ausweis. Es war knapp ein Jahr vor dem 11. September. In zwei Wochen sollten die US-Präsidentschaftswahlen stattfinden, und in Washington machte sich niemand besonders viele Gedanken über Russland. Ich brauchte nur ein paar Sekunden, bis ich im Gebäude war.

»Ich habe nur zehn Minuten Zeit«, sagte mein Freund. »Also, über welche dringliche Angelegenheit wolltest du nur unter vier Augen mit mir sprechen?«

Ich erzählte ihm von Litwinenko und dass ich vorhatte, in die Türkei zu fliegen und ihn zu unserer Botschaft zu bringen.

»Als Beamter der US-Regierung muss ich dir sagen, dass wir nicht daran interessiert sind, russische Agenten zum Überlaufen zu bewegen«, erwiderte er. »Und als Freund rate ich dir, dich aus der Sache rauszuhalten. Dafür braucht man Profis, und du bist keiner. Glaub mir, so was läuft nie nach Plan. Es könnte gefährlich werden. Und wenn du erst mal in der Sache drinsteckst, geraten die Dinge schnell außer Kontrolle. Eins führt zum anderen, und du weißt nicht, wie du am Ende dastehst. Wenn du meinen Rat hören willst: Geh nach Hause und vergiss das Ganze.«

»Und Litwinenko? Was passiert mit ihm?«, fragte ich. Ich dachte daran, wie verängstigt Sascha am Telefon geklungen hatte.

»Das ist nicht dein Problem«, antwortete er. »Er ist ein erwachsener Mann, und er wusste, worauf er sich einließ.«

»Was würde passieren, wenn er allein in unsere Botschaft käme?«

»Man würde ihn dort gar nicht reinlassen. Die Sicherheitsvorkehrungen sind streng, Ankara ist schließlich nicht Kopenhagen. Hat er überhaupt Papiere dabei?«

»Das weiß ich nicht.«

»Und zweitens: Selbst wenn er in die Botschaft gelangt, wird er dort nur auf Konsularbeamte stoßen, deren Aufgabe es ist«, er lächelte, »Leute von Amerika fernzuhalten.«

»Aber es geht doch nicht um ein Touristenvisum.«

»Wenn er das beweisen kann, dann …«, er zögerte und suchte nach dem passenden Ausdruck, »dann werden *andere Beamte* mit ihm reden. Theoretisch könnten sie ein gutes Wort für ihn einlegen, aber das hängt davon ab …«

»Was er zu bieten hat?«

»Genau.«

»Ich habe keine Ahnung, was er ihnen anbieten könnte.«

»Da siehst du's: Du bist eben kein Profi.«

Ich erhob mich, und mein Freund lächelte mir zum Abschied zu.

Ich hatte mich bereits dagegen entschieden, seinem Rat zu folgen. Auch ich war ein Dissident, 1975 emigriert, weil ich, ein jüdischer Biologe, in Moskau das Sowjetregime kritisiert hatte. Meinem Vater, ebenfalls Wissenschaftler, wurde die Ausreise verweigert. Erst zehn Jahre nach mir erhielt er die Erlaubnis auszuwandern. Menschen bei ihrer Befreiung aus den Fängen Moskaus zu helfen lag mir am Herzen. Bald darauf flog ich in die Türkei.

Auf den ersten Blick wirkten die Litwinenkos in dem kleinen Hotel am Meer wie ganz normale Touristen, die in Scharen die türkische Südküste bevölkerten. Der sportliche Familienvater joggte morgens am Strand, seine hübsche Frau war nach einer Woche in der Sonne leicht gebräunt, und der sechsjährige Sohn schien ein ganz normaler, aufgeweckter Lausbub zu sein. Diese russische Familie erregte bei den Einheimischen, für die Touristen aus dem Norden die Haupteinnahmequelle waren, keinerlei Verdacht.

Aber wer genauer hinsah, bemerkte die Anspannung, unter der die Flüchtlinge standen. Sie zeigte sich an dem Misstrauen, mit dem Sascha jeden Fremden musterte, an Marinas vom Weinen geröteten Augen, an Toliks unablässigem Betteln um die Aufmerksamkeit seiner Eltern.

Die Türkei gehört zu den wenigen Ländern, in die Russen ohne Visum einreisen dürfen. Besser gesagt, sie können für dreißig Dollar ein Visum an der Grenze kaufen. Marina und Tolik waren mit ihren russischen Pässen über Spanien eingereist, wo sie eine Rundreise unternommen hatten, Sascha war mit gefälschten Papieren unterwegs. Er zeigte mir einen Pass aus einer der ehemaligen Sowjetrepubliken. Das Foto war von ihm, aber der Name ein anderer.

»Wie bist du an den gekommen?«

»Hast du vergessen, wo ich früher gearbeitet habe? Das Sprichwort stimmt: Hundert Freunde sind mehr wert als hundert Rubel.«

»Aber wie sollen wir beweisen, dass du wirklich du bist?«

Er zeigte mir seinen Führerschein und seinen FSB-Veteranenausweis, in dem er als Oberstleutnant Litwinenko geführt wurde.

»Haben deine Bewacher in Moskau schon entdeckt, dass du weg bist?«

»Ja. Sie suchen seit einer Woche nach mir.«

»Woher weißt du das?«

»Wir haben meine Schwiegermutter angerufen.«

»Wenn du von hier aus angerufen hast, dann kennen sie jetzt deinen Aufenthaltsort.«

»Ich habe dies hier benutzt.« Er zeigte mir eine spanische Telefonkarte. »Man wählt sich über eine Nummer in Spanien ein, also kann der Anruf nicht zurückverfolgt werden. Die denken, wir sind noch in Spanien.«

»Du hättest trotzdem nicht anrufen dürfen. Es würde mich überraschen, wenn sie nicht schon Interpol eingeschaltet hätten, weil du angeblich wegen Bankraub gesucht wirst.«

»Ich musste doch unseren Eltern mitteilen, dass es uns gut geht. Sie wussten nichts von unserem Fluchtplan.« Saschas hellgraue Augen blitzten einen Moment lang trotzig auf. »Verdammte Mistkerle. Sie hetzen uns wie Kaninchen!«

Marina und ich wechselten einen besorgten Blick. Wir sprachen schon seit mehreren Stunden miteinander, und dies war der erste Gefühlsausbruch, den Sascha sich erlaubte. Ich konnte sehen, wie schwer es ihm fiel, ruhig zu bleiben.

Am nächsten Tag mieteten wir ein Auto und fuhren nach Ankara. Im dortigen Sheraton-Hotel erwartete uns bereits Joseph, ein kleinwüchsiger, sehr förmlich und korrekt wirkender amerikanischer Anwalt, bekannt als Spezialist für Asyl- und Flüchtlingsrecht, den ich vor meiner Abreise in die Türkei kontaktiert hatte. Da Boris Beresowski stets alle Rechnungen prompt beglich, hatte sich Joseph gern bereit erklärt, für ein paar Stunden aus Osteuropa einzufliegen, wo er gerade geschäftlich unterwegs war.

Joseph erklärte Sascha, es sei nur innerhalb der Vereinigten Staaten möglich, um amerikanisches Asyl zu ersuchen. Außerhalb Amerikas könne Sascha nur ein Flüchtlingsvisum beantragen. Dafür gebe es eine Jahresquote, sodass er darauf Monate, womöglich Jahre warten müsse.

»Früher wurden sowjetische Flüchtlinge mit offenen Armen in Amerika empfangen«, warf ich ein.

»Das war zu Zeiten des Kalten Krieges«, erwiderte Joseph, an mich gewandt. »Theoretisch gibt es die Möglichkeit einer ›Einreise aus Staatsinteresse‹, wenn es dem öffentlichen Interesse nützt, der Person Asyl zu gewähren. Die Entscheidung darüber wird allerdings auf höchster Ebene gefällt. Ich würde Ihren Freunden raten, auf offiziellem Weg Flüchtlingsstatus zu beantragen. Dann sind die Papiere im System, und sie können in der Türkei warten, während Sie in Washington an ein paar Fäden ziehen.«

»Aber Sascha ist kein gewöhnlicher Flüchtling. Er ist ehemaliger FSB-Offizier.«

»Ich verrate Ihnen ein Geheimnis«, sagte der Anwalt. »Die CIA verfügt über Blanko-Greencards. Man muss nur den Namen einsetzen. Wenn der Antragsteller der CIA nützlich sein kann, dann sitzt er ein paar Stunden später in Washington und braucht sich um die Einreisebestimmungen nicht mehr zu kümmern. Aber dafür müssen Sie einen Deal mit denen abschließen. Wenn Sie mit Informationen herausrücken, wird Ihnen im Gegenzug Schutz gewährt. Sie müssen sich entscheiden: Entweder Sie fliehen vor einem Regime, oder Sie handeln mit Informationen. Es ist schwierig, beides gleichzeitig zu tun.«

Ich übersetzte für Sascha.

»Da muss ich wohl erst mal meinen Bestand an streng geheimen Informationen durchgehen«, kommentierte er sarkastisch.

Bevor sich Joseph verabschiedete, gab er Sascha noch eine letzte Warnung mit auf den Weg: »Falls es zu einem Geschäft kommt, bleiben Sie hart. Erst das Visum, dann packen Sie aus.«

Am späten Nachmittag des 30. Oktober brachte ich die Litwinenkos zum Eingang der amerikanischen Botschaft in Ankara, vorbei an den weniger glücklichen Menschen, die vor dem abgezäunten Gelände Schlange stehen mussten. Zwei Polizeiautos parkten am Straßenrand.

Ich hatte ein paar Stunden vorher bei der Botschaft angerufen und die Sachlage geschildert. Wir wurden erwartet. Ein junger Mann begrüßte uns mit den Worten: »Willkommen in der Botschaft der Vereinigten Staaten von Amerika. Ich bin der Konsul. Bitte geben Sie mir Ihre Papiere.« Ein Marine nahm unsere Handys an sich und reichte uns Gästeausweise an Metallkettchen.

Man führte uns durch einen leeren Innenhof. Unser Gastgeber gab eine Zahlenkombination in die Tastatur des digitalen Schlosses ein, und ein weiterer Marine führte uns in einen seltsamen fensterlosen Raum. In der Mitte standen ein Tisch und Stühle, an der Decke drehte sich langsam ein Ventilator. An einer Wand waren eine Videokamera und ein Monitor befestigt. Sascha und ich tauschten Blicke aus. Dies war der »Käfig«, der abhörsichere Raum, der in unzähligen Agententhrillern eine Rolle spielt. Sobald wir saßen, öffnete sich die Tür, und ein weiterer Amerikaner trat ein. Er war um die vierzig und trug eine Sonnenbrille.

»Darf ich Ihnen Mark, meinen Kollegen aus der politischen Abteilung, vorstellen?«, sagte der Konsul.

Mein Freund in Washington hatte recht gehabt. Es gab die Leute vom Konsulat und die »anderen Beamten«.

»Mr. Litwinenko«, sagte der Konsul. »Was können wir für Sie tun?«

Der Rest verlief getreu dem Szenario, das der Anwalt uns beschrieben hatte. Sascha erzählte ihnen seine Geschichte und bat um politisches Asyl für sich und seine Familie. Der Konsul erwiderte, er verstehe den Ernst ihrer Lage und habe größtes Mitgefühl, aber die Botschaft könne ihnen kein Asyl gewähren. Ein Flüchtlingsvisum brauche Zeit. »Bitte füllen Sie die entsprechenden Formulare aus, wir werden Ihren Antrag so schnell wie möglich weiterleiten. Aber entschieden wird darüber in Washington.«

Ich sagte, ich würde in Washington versuchen, eine vorläufige Aufenthaltsgenehmigung zu erwirken.

»Das halte ich für sinnvoll«, stimmte der Konsul zu.

Trotz des Ventilators war es im »Käfig« heiß. Wir waren alle durstig. Tolik war still, als spüre er, dass gerade etwas sehr Wichtiges geschah. Dicke Tränen liefen über Marinas Wangen.

»In Anbetracht der besonderen Umstände, unter denen die Familie Litwinenko Asyl beantragt, fürchte ich um ihre Sicherheit«, sagte ich. »Gäbe es die Möglichkeit, sie an einem sicheren Ort unterzubringen, während ihr Antrag bearbeitet wird? Vielleicht dort, wo auch die Mitarbeiter der Botschaft wohnen?«

»Das geht leider nicht.«

»In welchem Hotel wohnen Sie?« Dies waren Marks erste Worte.

»Im Sheraton.«

»Meiner Meinung nach überschätzen Sie die Gefahr. Das Sheraton ist ein amerikanisches Hotel in einem islamischen Land. Wegen der Gefahr von Terroranschlägen wird es sehr gut bewacht.« Nach einer Pause fuhr er fort: »Ich würde gern noch mit Mr. Litwinenko unter vier Augen sprechen«, und noch bevor ich meine Hilfe anbieten konnte, fügte er hinzu: »Wir brauchen keinen Dolmetscher.«

Sascha nickte, und wir verabschiedeten uns. Der Konsul begleitete Marina, Tolik und mich zum Ausgang, gab uns die Pässe zurück und wünschte uns viel Glück. Ich machte mich mit den beiden auf den Weg zurück ins Hotel. Schweigend gingen wir am Zaun vorbei, hinter dem sich die Visumanwärter anstellen mussten. Inzwischen wartete dort niemand mehr. Die Straße war immer noch für den Verkehr gesperrt, und ich blickte zu den Hochhäusern, die über den Baumwipfeln aufragten. Hinter einem Fenster lauerten vielleicht russische Agenten, stellten ihre Ferngläser scharf und fotografierten uns. Hoffentlich bewiesen die Amerikaner wenigstens genug Menschenverstand, um Sascha ins Hotel zu eskortieren.

Es war schon beinahe dunkel, als Mark fast vier Stunden später endlich anrief: »Sie können Ihren Freund jetzt abholen.«

Von der Botschaft aus konnte man das Hotel bequem zu Fuß erreichen, aber Sascha zögerte noch, seiner Familie unter die Augen zu treten. »Lass uns ein bisschen durch die Stadt fahren«, sagte er und stieg in ein Taxi. »Ich muss mich erst beruhigen.«

»Warum hat das so lange gedauert?«, fragte ich.

»Sie haben es nicht gleich geschafft, mich zu knacken.«

»Was meinst du mit ›knacken‹?«

»Na ja, mich zum Reden zu bringen. Sie hatten eine sichere Videoverbindung nach Washington geschaltet. Und der Mann auf der anderen Seite – er sah übrigens aus, als sei er dein Zwillingsbruder – war eine ziemlich große Nummer. Sprach akzentfreies Russisch.

Und er hatte ein ganzes Expertenteam im Hintergrund. Zuerst überprüfte er mich. Er stellte mir eine Frage und wartete dann, bis seine Leute ihre Informationen mit meinen verglichen hatten. Sie fanden heraus, dass ich etwas wissen könnte, und versuchten drei Stunden lang, wenigstens einen Namen aus mir herauszuquetschen. Das ging ungefähr so: ›Wissen Sie, ich würde Ihnen wirklich gern helfen, aber Sie müssen mir schon zeigen, dass Sie es wert sind. Ich kann nicht mit leeren Händen nach oben gehen. Da müssen Sie einfach durch.‹«

»Was hast du geantwortet?«

»Irgendwann war ich so weit, dass ich ihnen ein bisschen entgegenkam. Zuerst saß ich einfach nur stumm da, aber schließlich dachte ich mir: Was soll's, ich habe nichts zu verlieren. Er zuckte richtig zusammen, als ich ihm einen Namen sagte. ›Genau so etwas brauchen wir. Vielen Dank. Schreiben Sie den Namen bitte auf ein Blatt Papier.‹«

»Haben sie irgendwelche Zusagen gemacht?«

»Nein, gar nichts. ›Gehen Sie ins Hotel und warten Sie dort.‹ Ach, egal. Jetzt geschehe, was geschehen mag.« Er schaffte es nicht, mit dieser aufgesetzten Gleichgültigkeit seine Anspannung zu verbergen. Ich versuchte mir vorzustellen, wie ich mich an seiner Stelle fühlen würde, auf Gedeih und Verderb diesem Bildschirm-Doppelgänger von mir ausgeliefert. Wenn so viel auf dem Spiel stünde und ich nicht wüsste, was ich tun sollte – würde ich alles preisgeben oder meinen Mund halten? Und welchen Namen hatte er ihnen genannt?

Beim Abendessen boten wir einen erbärmlichen Anblick. Tolik war quengelig, und Sascha grübelte schweigend vor sich hin, während Marina und ich uns über dies und jenes unterhielten, um uns abzulenken. Ich dachte an meinen Rückflug nach New York, der bereits für den folgenden Morgen gebucht war. Ich traute mich nicht, ihnen das zu sagen.

Plötzlich flüsterte Sascha mir zu: »Sie sind schon hier. Siehst du den Kerl mit der Zeitung an der Bar? Er hat zuerst in der Lobby auf unserem Stockwerk gesessen und ist dann nach unten gekommen. Ich überprüfe das mal. Achte auf ihn.«

Er stand auf und verschwand in der Toilette. Der Mann drehte sich so, dass er die Toilettentür im Auge behalten konnte. Sascha kam wieder heraus und ging in die Lobby. Der Mann behielt ihn im Blick.

»Idioten. Wenn ich so gearbeitet hätte, wäre ich schon vor langer Zeit gefeuert worden«, sagte Sascha. Er reichte mir die Gratiszeitung in englischer Sprache, die er aus der Lobby geholt hatte. »Was gibt's Neues?«

Ich warf einen Blick auf die Titelseite der *Turkish Times*. Die Schlagzeile »Rounding up Russians« sprang mir in die Augen. Russen zusammentreiben. In dem Bericht stand, dass zweihunderttausend illegale russische Einwanderer in der Türkei lebten. Sie verdienten sich ihr Geld mit Prostitution oder als Schlepper für Flüchtlinge, die Asyl in Europa suchten. Die türkischen Behörden wollten sie aufspüren und nach Russland abschieben. Das klang nicht gerade nach einer Geschichte, die Sascha im Moment hören sollte. Ich lenkte seine Aufmerksamkeit wieder auf unseren Bewacher. »Glaubst du, er arbeitet allein?«, fragte ich.

»Bestimmt. Sonst wäre er mir nicht von Stockwerk zu Stockwerk nachgerannt. Mehr als einen brauchen sie auch nicht. Wohin sollten wir schließlich gehen, mitten in der Nacht? Sie haben uns sicher bei der Botschaft abgepasst. Wir müssen hier weg!«

Wir sahen uns an und sagten dann wie aus einem Munde: »Gut, dass wir das Auto noch haben.«

»Marina, nimm unauffällig Alex' Zimmerschlüssel«, sagte Sascha. »Geh nach oben, pack alles zusammen, trag das Gepäck in Alex' Zimmer und warte dort auf ihn. Wenn der Mann allein ist, wird er hier bei mir bleiben.«

Marina gähnte, sagte: »Bis morgen, Jungs« und zerrte den schläfrigen Tolik zum Fahrstuhl. Eine halbe Stunde später standen auch Sascha und ich auf. Der Mann blieb an der Bar sitzen.

Unsere Zimmer lagen in verschiedenen Stockwerken, ihres im siebten, meines im achten. Als der Fahrstuhl hielt, trafen sich unsere Blicke, und ich spürte, dass Sascha in Panik war. Den Weg zu seinem Zimmer musste er allein zurücklegen – die ideale Zielscheibe. Er verließ den Fahrstuhl.

Als ich mein Zimmer betrat, sah Marina gerade fern. Tolik war angezogen auf meinem Bett eingeschlafen.

Wir brauchten eine Viertelstunde, bis wir in zwei Etappen das gesamte Gepäck und den verschlafen protestierenden Tolik ins Auto verfrachtet hatten. Schließlich rief ich in Saschas Zimmer an. »Wir sind fertig. Komm.«

Drei Minuten später sprang er ins Auto, und wir fuhren los. Es war halb zwei Uhr nachts. Ich hielt im Rückspiegel nach Verfolgern Ausschau, aber Sascha meinte, das könne ich mir sparen. Im Stadtverkehr lasse sich unmöglich herausfinden, ob man verfolgt werde. Sobald wir auf der Autobahn seien, werde es einfacher.

»Wenn ich bloß wüsste, wie wir fahren müssen«, sagte ich. Wir hatten keinen Stadtplan von Ankara.

An einer Ecke sahen wir mehrere Taxis. Ein paar Fahrer standen daneben, vertieft in hitzige Debatten. Ich hielt bei ihnen an.

»Wo geht es nach Istanbul?«, fragte ich auf Englisch. »Istanbul! Istanbul!«

Es folgte eine ausführliche Erklärung auf Türkisch. Ich bedeutete einem Fahrer, dass ich ihm folgen würde, bis wir auf der richtigen Straße waren. Eine halbe Stunde später fuhren wir in Richtung Istanbul.

»Halt hier an«, sagte Sascha nach einer scharfen Kurve. »Warte zehn Minuten.« Niemand folgte uns, und schweigend setzten wir unsere Fahrt fort.

»Lebend kriegen die mich nicht«, stieß Sascha unvermittelt hervor. »Falls die Türken mich an Russland ausliefern wollen, bringe ich mich um.«

Ich schaute in den Rückspiegel. Marina und Tolik schliefen.

Ein paar Minuten später sagte er: »Am besten, ich liefere mich selbst aus. Ich komme freiwillig zu ihnen, bekenne mich schuldig und sitze meine Zeit ab. Das ist immer noch besser, als hier in der Türkei zu verrotten.«

»Red keinen Quatsch«, sagte Marina, ohne die Augen zu öffnen.

»Was ist dein Plan?«, fragte mich Sascha.

»Wir fahren nach Istanbul, checken in ein Hotel ein und schlafen – für mich ist das schon die vierte Nacht mit zu wenig Schlaf«, sagte ich. »Danach überlegen wir uns, wie wir weiter vorgehen.«

»Soll ich fahren?«

»Nein, bloß nicht! Wenn uns die Polizei anhält, sehen sie, dass in deinem Pass ein anderer Name steht als in deinem Führerschein.«

Nachtfahrten lockern die Zunge. Besonders, wenn man gerade alle Brücken hinter sich abgebrochen hat, Frau und Kind auf dem Rücksitz schlafen und dein Zuhörer der einzige Freund ist, den du in der unbekannten neuen Welt hast, die vor dir liegt. Innerhalb der folgenden drei Stunden erfuhr ich Saschas gesamte Lebensgeschichte. Nur das Geheimnis, das die CIA so in Aufruhr versetzt hatte, erfuhr ich nicht.

Bei Tagesanbruch senkte sich dichter Nebel herab. Dem Kilometerstand nach hätten wir bald in Istanbul sein müssen. Vor uns sahen wir nur dicken, milchig trüben Nebel. Hatte uns der Taxifahrer reingelegt und in die falsche Richtung geschickt? Wir hatten fast kein Benzin mehr im Tank. Mir blieb nichts anderes übrig, als stur weiterzufahren. Mein Freund aus Washington hatte wohl recht – ich hatte keine Ahnung, was uns erwartete. Wer weiß, vielleicht war in einer Stunde schon alles vorbei: wenn uns das Benzin ausgegangen war, wir auf der leeren Autobahn standen und die Polizei vorbeifuhr und unsere Papiere kontrollierte.

Plötzlich tauchte aus dem Nebel ein grünes Schild auf: Internationaler Flughafen Kemal Atatürk – Istanbul. Fünfzig Meter weiter lag die lang ersehnte Tankstelle.

Mit unserer neuen Navigationsmethode – wir bezahlten ein Taxi dafür, vor uns herzufahren – erreichten wir bald das Istanbuler Hilton. Wir plünderten Beresowskis Spesenkonto und nahmen eine Suite mit Blick auf den Bosporus. Dann krochen wir in unsere Betten und hängten das »Bitte nicht stören«-Schild an die Tür.

Um vier Uhr nachmittags wachte ich auf und schaltete sofort mein Handy ein. Ich hatte es noch in Ankara ausgeschaltet, weil ich Angst hatte, man könnte uns anhand des Signals aufspüren. Ein Dutzend neue Nachrichten waren auf meiner Mailbox. Mark, der Mann aus der US-Botschaft, hatte alle halbe Stunde versucht, mich zu erreichen. Mit jedem Anruf wurde seine Stimme drängender: Wo sind Sie? Warum sind Sie untergetaucht? Ich habe wichtige Neuigkeiten für Sie. Ich rief zurück.

»Entschuldigung, Mark. Wir mussten Schlaf nachholen«, sagte ich.

»Gott sei Dank«, sagte er. »Wir haben uns Sorgen gemacht. Gute Nachrichten, mein Freund. Wir übernehmen sie. Sie sollen sich fertig machen, in zwanzig Minuten holen wir sie ab.«

»Es gibt da ein kleines Problem. Wir sind in Istanbul.«

»Istanbul? Warum um alles in der Welt sind Sie in Istanbul?«

»Im Hotel hat uns jemand bespitzelt, also mussten wir weg.«

»Oh. Nun, das ändert die Sachlage allerdings. Werden Sie gerade beobachtet?«

»Ich glaube nicht.«

»Okay. Lassen Sie Ihr Telefon angeschaltet. Ich rufe gleich wieder an.«

Als er sich erneut meldete, klang seine Stimme verändert. »Schlechte Nachrichten, Washington hat es sich anders überlegt. Wir übernehmen sie doch nicht.«

»Was meinen Sie mit ›anders überlegt‹?« Es dauerte einen Moment, bis ich die ungeheuren Auswirkungen dieser Worte begriff. Das Ausmaß der Katastrophe warf einen düsteren Schatten über die idyllische Szene vor meinen Augen. Vom Balkon des gemütlichen Hotelzimmers aus schaute Sascha auf den Bosporus. Tolik sah sich Zeichentrickfilme im Fernsehen an, und Marina packte. Was sollte ich jetzt nur mit ihnen machen?

»Haben Sie mich nicht verstanden? Die Leute im Hauptquartier haben ihre Meinung revidiert«, wiederholte Mark mit gedämpfter Stimme. »Sie sind auf sich allein gestellt. Wir können Ihren Freunden nicht mehr helfen.«

»Liegt es daran, dass wir nach Istanbul gefahren sind?« Ich sprach den ersten Gedanken aus, der mir durch den Kopf schoss, damit Mark nicht einfach auflegte.

»Nein. Ich kann Ihnen den Grund nicht nennen … Es tut mir sehr leid. Viel Glück«, sagte er und beendete das Gespräch.

Dies ist genau der Grund, warum ich niemals für die Regierung arbeiten könnte. Ich würde es nicht schaffen, solche Hiobsbotschaften zu überbringen. Als eifriger Leser von John-le-Carré-Romanen hatte ich keine Illusionen über das Spionagegeschäft mehr, aber dieses Verhalten schockierte mich dennoch. Einen Mann einfach fallenzulassen, nachdem er ihnen gegeben hatte, was sie wollten! Sie sollten wissen, was ich von ihnen hielt.

Ich wählte erneut Marks Nummer. Eine Computerstimme sagte etwas auf Türkisch, ich verstand nur die Worte »Turkish Telecom«. Wahrscheinlich gab es die Nummer nicht mehr, da die Operation abgebrochen worden war. Es wäre sinnlos gewesen, die amerikanische Botschaft direkt anzurufen. Mit Sicherheit arbeitete dort überhaupt kein Mark.

Ich ging in die Lobby und rief Boris Beresowski an. Ich wollte nicht, dass Sascha und Marina uns hörten.

»Wo zum Teufel seid ihr? Ich versuche schon den ganzen Tag, euch ans Telefon zu kriegen«, fragte er.

»Es hat Komplikationen gegeben. Ich erzähle es dir später. Die Kurzfassung ist: Wir waren in der Botschaft, aber die Amerikaner wollen sie nicht aufnehmen.«

Beresowski ist kein Mann, der schnell aufgibt. Während wir nach Ankara gefahren waren, hatte er bereits einen Alternativplan entwickelt: in Griechenland eine Yacht chartern, uns in der Türkei an Bord nehmen und in neutrale Gewässer fahren.

»Und dann?«, fragte ich. »Bis in alle Ewigkeit herumschippern wie der Fliegende Holländer? In einer Großstadt kann man untertauchen, aber doch nicht auf einer Yacht. Früher oder später müssen sie an Land gehen und ihre Papiere vorzeigen.«

»Aber das gibt uns Zeit, uns einen neuen Plan auszudenken.«

»Ich habe da eine Idee«, sagte ich. »Aber am Telefon kann ich nicht darüber sprechen.«

Um Asyl zu beantragen, musste sich Sascha auf dem Territorium des betreffenden Staates befinden. Aber ohne Visum konnte er keinen Flug in ein geeignetes Land buchen, und mit seinem Pass war das unmöglich. Mein Plan war, Rückflugtickets nach Moskau zu kaufen, aber nicht für einen Direktflug, sondern mit Zwischenstopp in einem westeuropäischen Flughafen, wo er dann während des Aufenthalts um Asyl ersuchen konnte. Ich ging online und überprüfte Flugpläne.

»Wo wollt ihr hin? Frankreich, Deutschland ... oder England?«, fragte ich.

»Mir egal«, sagte Sascha. »Ich will bloß so schnell wie möglich weg von hier.«

»Mir ist es auch egal«, sagte Tolik.

»Ich will nach Frankreich«, sagte Marina.

»England ist wahrscheinlich am besten«, sagte ich. »Wenigstens kann ich dort ohne Sprachprobleme erklären, wer ihr seid.«

Am nächsten Morgen erschien ein sonderbares Grüppchen am Schalter der Turkish Airlines: ein bärtiger Amerikaner, der Russisch sprach, kein Gepäck, aber dafür unzählige Einreisestempel nach Russland im Pass hatte, eine schöne Russin mit einem aufgedrehten Kind und fünf Koffern und ein athletischer Mann, der offenbar Staatsbürger eines weithin unbekannten Landes war und trotz des bewölkten Himmels eine Sonnenbrille trug. Hinter den dunklen Gläsern konnte er unauffällig die Menschen beobachten, die sich in der Abflughalle drängten. Ich fing den Blick auf, den ein türkischer Polizist uns zuwarf. Er hielt Sascha wahrscheinlich für meinen Bodyguard.

Wir buchten einen Flug nach London, wo wir in eine Aeroflot-Maschine nach Moskau umsteigen sollten. Der Check-in verlief problemlos, aber der Grenzbeamte bei der Passkontrolle sah sich Saschas Pass ein bisschen zu interessiert an. Wir standen wie angewurzelt da und beobachteten, wie er das Dokument durchblätterte, von allen Seiten begutachtete und unter ultraviolettes Licht hielt. Das Ganze dauerte mehrere Minuten. Endlich stempelte er den Pass ab und winkte Sascha durch. Geschafft, dachte ich.

Uns blieben nur noch ein paar Minuten, und wir rasten durch den Flughafen zu unserem Gate.

»War's das? Sind wir durch?«, fragte Marina strahlend.

Und dann sah ich sie. Zwei Türken von unverkennbarem Schlag folgten uns in konstantem Abstand. Es war unmöglich, sie zu übersehen, da nur sie mit uns Schritt hielten, als gehörten wir zur selben Reisegruppe.

»Siehst du sie?«, fragte ich.

Sascha nickte.

»Sie haben sich bei der Passkontrolle an uns gehängt.«

»Ja, das ist mir auch aufgefallen.«

Wir liefen zu unserem Gate. Alle anderen Passagiere waren schon an Bord. Eine junge Bodenstewardess in der Uniform der Turkish Airlines nahm unsere Bordkarten und Pässe entgegen.

»Bei Ihnen ist alles okay«, sagte sie zu mir. Dann wandte sie sich Sascha und Marina zu. »Aber Sie haben kein Visum für Großbritannien.« Neugierig sah sie die beiden an.

»Wir fliegen direkt weiter nach Moskau«, sagte ich. »Hier sind die Tickets.«

»Und wo sind die Bordkarten von London nach Moskau?«

»Wir wechseln die Airline, deshalb bekommen wir sie erst in London.«

»Seltsam«, sagte sie. »Warum fliegen Sie über London nach Moskau? Der nächste Direktflug Istanbul–Moskau geht doch in einer Stunde.«

»Wir fliegen immer über London. In Heathrow gibt es die besten Duty-free-Shops«, parierte ich, stolz auf meine Schlagfertigkeit.

»Ich muss fragen, ob das geht«, sagte sie und sprach auf Türkisch in ihr Funkgerät. »Meine Kollegin wird Ihre Pässe dem Chef vorlegen. Keine Sorge, das Flugzeug wartet auf Sie.«

Sascha war kreidebleich. Einer unserer Verfolger heftete sich an die Fersen der Angestellten. Ich nahm Tolik an der Hand und kaufte ihm im nächstgelegenen Kiosk ein paar Süßigkeiten. Wir warteten ungefähr zehn Minuten lang. Dann erschienen zwei Gestalten am Ende des Flurs. Die junge Frau und unser Türke.

»Alles in Ordnung«, sagte sie und reichte Sascha seine Papiere. »Guten Flug!«

Wir rannten durch die Fluggastbrücke. Bevor wir abhoben, erreichte ich noch einen Freund in London und bat ihn, einen auf Asylrecht spezialisierten Anwalt aufzutreiben, der uns in Heathrow empfangen sollte.

»Hast du begriffen, was da gerade passiert ist?«, fragte Sascha.

»Ja. Die Türken haben uns bis zum Flugzeug begleitet, um sich davon zu überzeugen, dass wir wirklich an Bord gehen.«

»Sie hatten meinen falschen Namen im Computer. Die Amerikaner müssen sie informiert haben. Niemand sonst kennt diesen Namen.«

Die fünf Tage in der Türkei hatte ich in der bangen Erwartung verbracht, dass sich uns jeden Augenblick das Schicksal in Gestalt eines schlecht gelaunten türkischen Polizisten in den Weg stellen würde.

Doch schließlich sprach es mit der Zunge eines britischen Einwanderungsbeamten zu uns, dessen knappe Höflichkeit nichts Gutes verhieß.

»Was Sie getan haben, wird in Großbritannien streng bestraft«, sagte er zu mir, während er Saschas gefälschten Pass musterte. »Ist Ihnen klar, dass ich Sie festnehmen lassen kann, weil Sie illegal Asylbewerber ins Land gebracht haben?«

Ich wusste, dass sie Sascha nichts anhaben konnten. In der Ankunftshalle wartete sein Anwalt mit der Kopie eines Fax vom Innenministerium. Wir waren direkt nach der Landung mit ihm in Kontakt getreten. Mein Schicksal hingegen lag in der Hand des Einwanderungsbeamten.

»Bei allem Respekt, Sir«, sagte ich. »In diesem Fall liegen außergewöhnliche Umstände vor. Mr. Litwinenko und seine Familie befanden sich in Lebensgefahr.«

»Soweit ich weiß, hat Russland eine demokratisch gewählte Regierung«, konterte er. »Warum haben Sie sie nicht in ihr eigenes Land mitgenommen? Offenbar hat sich Ihre Botschaft geweigert, ihn aufzunehmen. Und daraufhin haben Sie sich entschlossen, Ihr Problem auf unsere Kosten zu lösen. Hat Mr. Litwinenko Sie für Ihre Hilfe bezahlt?«

»Nein. Ich habe ihm aus humanitären Gründen geholfen. Und wir sind hier, weil es in Großbritannien eine lange Tradition gibt, Menschen Asyl zu gewähren, die einem Unrechtsregime entfliehen wollen.«

»Nun gut. Aus humanitären Gründen lasse ich Sie diesmal nicht verhaften. Aber die Einreise nach Großbritannien können Sie vergessen. Sie sind hier unerwünscht. Mr. Litwinenko wird seinem Anwalt übergeben, und Sie fliegen mit der nächsten Maschine in die Türkei zurück.«

Er stempelte das Zeichen der Grenzkontrolle in meinen Pass, strich es dann mit Genugtuung durch und schrieb eine Bemerkung dazu.

»Aber ich will nicht in die Türkei«, protestierte ich. »Ich muss nach New York.«

»Sie werden in die Türkei abgeschoben! Und ein neuer Pass wird Ihnen auch nicht helfen«, sagte er, als habe er meine Gedanken gelesen. »Ich vermerke Sie als illegalen Schlepper im Computer. Wenn Sie nach Großbritannien einreisen wollen, müssen Sie das vorab mit unserer Botschaft klären. Und ich bezweifle stark, dass Ihnen die Einreiseerlaubnis erteilt wird.«

Sascha und Marina starrten mich ungläubig an, als ich Ihnen die Situation erklärte. Ich musste all meine Überzeugungskraft einsetzen, um sie zu beruhigen. Auch wenn der Beamte wütend wirke, seien sie hier vollkommen sicher, sagte ich. Sie befänden sich nun auf britischem Boden und hätten nichts mehr zu befürchten.

Der Einwanderungsbeamte hielt Wort. Seine Notiz über mich reiste vom britischen Computerterminal in Heathrow ins amerikanische Netz und wird dort wahrscheinlich bis in alle Ewigkeit herumgeistern. Die Briten hoben das Einreiseverbot zwar ein paar Monate später auf, aber selbst heute noch werde ich gelegentlich von amerikanischen Zollbeamten aufgehalten, die von mir eine Erklärung dafür verlangen, was an jenem 1. November 2000 in Heathrow geschah.

An jenem Abend war mir der dauerhafte Schaden, den mein elektronischer Leumund erleiden sollte, vollkommen egal. Ich durfte verfolgen, wie Sascha, Marina und Tolik von zwei ernst dreinblickenden Polizisten ins hell erleuchtete Terminal und damit in Sicherheit gebracht wurden. Und diese Befriedigung war mehr wert als alles andere.

Zurück in den Vereinigten Staaten, versuchte ich lange herauszufinden, was in den paar Stunden passiert war, in denen die CIA-Leitung ihre Meinung geändert hatte. Meine Kontaktleute wollten davon nichts wissen. »Sei froh, dass sich alles in Wohlgefallen aufgelöst hat, und mach bloß keinen Ärger«, sagten sie unisono. Schließlich erklärte mir ein pensionierter Agent, ein Veteran des Kalten Kriegs, wie sich das Ganze abgespielt haben musste.

»In solchen Situationen entscheidet allein die Geschwindigkeit«, sagte er. »Sobald bekannt wird, dass jemand überlaufen will, glühen sofort alle offiziellen und geheimen Leitungen: ›Wir wissen, dass sich unser Mann in der Türkei aufhält und dass er zu euch überlaufen will. Wenn ihr ihn einkassiert, dann zahlen wir euch das heim. Wir weisen jemanden aus oder machen euch anderen Stress. Also lasst lieber die Finger von ihm.‹ Das bringt die Amerikaner dazu, sich zu fragen, ob der Kerl die Mühe überhaupt wert ist. Wenn jemand unauffällig überläuft und das erst später oder gar nicht herauskommt, ist das etwas anderes. Der Betreffende ist bereits verschwunden, und damit hat sich die Sache. Ihr habt Zeit verloren, weil ihr nach Istanbul gefahren seid. In diesen paar Stunden wurde den Russen klar, was die Amerikaner vorhatten, und sie blockierten den Transfer. Morgens hattet ihr noch eine Chance. Nachmittags hatte Moskau schon die richtigen Fäden gezogen, und es war zu spät.«

»Wer, glauben Sie, hat uns im Hotel beobachtet? Russen oder Amerikaner?«

»Russen natürlich. Aber sie hätten dort niemals eine Aktion gestartet: viel zu kompliziert und viel zu laut. Sie hätten einfach abgewartet und sich die Litwinenkos später von den Türken ausliefern lassen.«

»Und was wollten die Türken am Flughafen?«

»Ich bezweifle, dass die Amerikaner sie informiert hatten. Wenn die Russen euch schon bei der Botschaft entdeckt haben, blieb ihnen genügend Zeit, um den Türken ein Foto von Litwinenko zuzuspielen. Vielleicht war auch nur sein Pass schlecht gefälscht. Ihr hattet wirklich Glück. Offenbar haben sich die Türken dafür entschieden, ihn gehen zu lassen, weil sie nicht in die Sache verwickelt werden wollten. Nächstes Mal sollten Sie schneller handeln.«

Für mich hat es kein nächstes Mal gegeben. Und Sascha sollte nicht einmal in London vor dem langen Arm des FSB sicher sein, wie wir heute wissen.

KAPITEL 2

Der seltsame Major

Unterwegs nach Istanbul, 31. Oktober 2000

Vor den dramatischen Ereignissen am Istanbuler Flughafen hatte ich einen ersten Einblick in Saschas geheimnisvolles Leben gewonnen. Während unserer langen Nachtfahrt von Ankara nach Istanbul, also wahrscheinlich innerhalb des Zeitfensters, in dem die CIA sich dagegen entschied, Sascha Zuflucht zu gewähren, erzählte er mir seine Geschichte.

Die Frau, die auf dem Rücksitz neben ihrem Sohn schlief, war in diesen schwierigen Zeiten Saschas einzige Verbündete gewesen. Egal, ob von Gangstern, Oligarchen, Terroristen oder Politikern die Rede war – sein Leben teilte sich in zwei Zeitperioden auf: *vor Marina* und *nach Marina*. Der wichtigste Bezugspunkt seines Lebens war jener Sommertag im Jahr 1993, als er Marina kennenlernte. Die Zeit davor interessierte ihn nicht mehr. Die Begegnung mit ihr hatte etwas Magisches, und sie sollte sein Leben grundlegend verändern. Marina war der Fixstern, nach dem er sein Leben ausrichtete, auch wenn er ihr die gefährlichen Seiten seines Berufs verschwieg.

Vor seiner Begegnung mit Marina war Saschas Leben nicht einfach gewesen. Seine Eltern heirateten, als sie noch studierten, doch die Ehe hielt nicht lange. Mit drei Jahren kam er in die Obhut seines Großvaters väterlicherseits, der in Naltschik lebte, einer kleinen Stadt im Nordkaukasus. Seine Eltern gründeten neue Familien. Saschas Großvater kümmerte sich um den Jungen, besuchte mit ihm den Zoo, und sonntags gingen sie ins Kino. »Als ich fünf Jahre alt war, nahm mich mein Großvater mit ins Museum und zeigte mir die Fahne des Regiments der Roten Armee, in dem er gegen die Nazis gekämpft hatte. Er sagte mir, unsere Familie habe Russland immer verteidigt, und dies sei auch meine Aufgabe«, erzählte Sascha. Er liebte seinen Großvater, dem er alles verdankte. In seinen letzten Schuljahren entdeckte Sascha die Leichtathletik für sich. Er konzentrierte sich auf den Fünfkampf, trainierte fast bis zur Besessenheit. Mehr noch als sein Großvater gab der Sport Sascha eine sichere Basis. Das Gefühl, aufgehoben zu sein und gebraucht zu werden, war neu für ihn. Er hatte es entbehrt, seit seine Eltern ihn verlassen hatten.

Als Sascha siebzehn Jahre alt war, wurde sein Vater aus der Armee entlassen und kehrte mit seiner neuen Frau und den Kindern aus der zweiten Ehe nach Naltschik zurück. Sie zogen in das Haus des Großvaters, wodurch die Verhältnisse dort sehr beengt wurden. Sascha versuchte, sich in die Familie seines Vaters zu integrieren, aber es gelang ihm nicht. Er fühlte sich immer wie ein Außenseiter. Nachdem er die Schule beendet hatte, setzte er alle Hebel in Bewegung, um in die Armee einzutreten, ein Jahr vor dem eigentlichen Einberufungsalter, das bei achtzehn lag. Mit dieser Entscheidung trat er in die Fußstapfen seines Vaters und Großvaters.

Das Soldatenleben gefiel Sascha. »Militärdienst ist ein bisschen wie Sport. Aber es ist kein Spiel: Du bist Teil eines Teams, das gegen einen gemeinsamen Feind kämpft – und du glaubst, auf der richtigen Seite zu stehen. Als man mich fragte, ob ich dem KGB beitreten wolle, habe ich begeistert zugesagt, was dir wahrscheinlich merkwürdig vorkommen wird.«

Das tat es auch, denn mein eigener Hintergrund hätte unterschiedlicher nicht sein können: Ich wuchs in Moskau auf und war das behütete Kind liebevoller Eltern. Wir hielten den KGB für die Ausgeburt des Bösen, und Sport hatte mich nie interessiert. Hätte man mich in meiner Jugend zur Armee eingezogen, wäre das einer Katastrophe gleichgekommen. »Lern bloß fleißig, mein Junge, sonst schnappt dich noch die Armee«, sagte mein Vater, ein Professor für Mikrobiologie, immer zu mir.

Ich fragte Sascha nach seiner Arbeit für die *kontora*, die Firma. Er hörte das Misstrauen in meinem Tonfall heraus.

»Beim Eintritt in den KGB war ich ein junger Leutnant«, sagte er.

»Ich kannte nur die Armee, hatte keine Ahnung vom Leben und dachte, ich könnte auf diese Weise Menschen beschützen. Von der dunklen Vergangenheit der Firma – vom Gulag, von den Abermillionen Opfern – erfuhr ich erst in den neunziger Jahren, als die ersten Berichte darüber auftauchten.«

Anfangs arbeitete Sascha in der Abteilung für Wirtschaftssicherheit und anschließend für das Antiterrorzentrum (ATZ). Er bearbeitete in beiden Dienststellen ähnliche Fälle: organisiertes Verbrechen, Attentate, Entführungen und Korruption bei der Polizei. Er machte Karriere, heiratete und bekam zwei Kinder. Leider war die Ehe, genau wie die kurze Verbindung seiner Eltern, nicht glücklich.

Sascha arbeitete in der operativen Aufklärung. Er legte geheime Akten über Mafiosi an und überwachte ihr Privatleben, ihre Netzwerke, ihre Kontakte zu Geschäftsleuten und Politikern. Was Sascha wusste – und wie er an seine Informationen gelangt war –, wurde im Gerichtssaal fast nie bekannt. Für die offiziellen Ermittler war sein Wissen unersetzlich. Er klärte Verbrechen auf, noch bevor offiziell Anklage erhoben wurde. Er arbeitete hinter den Kulissen. Er schnitt Gespräche mit. Er rekrutierte Agenten und organisierte ihre Einsätze.

»›KGB-Agent‹ klingt für die meisten Menschen wie ein Schimpfwort. Sie denken dabei an Spitzel, die ihre Freunde denunzieren, oder an Spione in Amerika«, fuhr Sascha fort. »Aber das stimmt nicht. Und fair ist es auch nicht. Die meisten Agenten arbeiten als verdeckte Ermittler innerhalb der Verbrecherbanden, und sie sind echte Helden. Sie wissen, dass es ihren Tod bedeutet, wenn ihre Deckung auffliegt. Meine Agenten waren meine besten Freunde, und sie hielten auch dann noch Kontakt zu mir und halfen meiner Familie, als man mich ins Gefängnis warf. Auch bei Agenten gibt es solche und solche. Kennst du den Unterschied zwischen einem operativen Aufklärer und einem offiziellen Ermittler?«

Er kam allmählich in Fahrt, es machte ihm Freude, mir das Geheimdienstgeschäft zu erklären. Szenen aus seiner Laufbahn zogen im Schnelldurchlauf an mir vorbei. Sascha hatte seine Arbeit geliebt, und er war offenbar sehr gut in seinem Job gewesen. »Der Ermittler folgt den Spuren des Verbrechens. Er kümmert sich um Opfer, Verdächtige, Zeugen und so weiter. Und er sammelt auf legale Art

Beweise, die vor Gericht Bestand haben. Aufklärer wie ich beschäftigen sich mit potenziellen Verbrechern. Sie sind die ›Zielobjekte‹ meiner Operationen. Ich will alles über diese Leute erfahren. Und zwar, *bevor* sie ihre Verbrechen begehen, damit man sie rechtzeitig aufhalten oder wenigstens leichter fassen kann. Mein Gebiet sind nicht ›Beweise‹, sondern ›operative Informationen‹. Verstehst du den Unterschied?«

Die meisten Zielpersonen, auf die Sascha angesetzt wurde – Mörder, Bankräuber, Entführer und Drogendealer –, waren schlimme Zeitgenossen, und er musste sich seiner Arbeit nicht schämen. Es gab allerdings eine Ausnahme von dieser Regel: Eines seiner Zielobjekte war der Bürgerrechtler Sergej Grigorians, den auch ich kannte. Saschas erster politischer Einsatz blieb auch der einzige, bis er 1997 den Auftrag bekam, Boris Beresowski zu überwachen.

Damals wütete der erste Tschetschenienkrieg. Die berüchtigte Fünfte Hauptverwaltung des KGB, die sich in der Sowjet-Ära mit Dissidenten befasst hatte, gab es schon lange nicht mehr. Menschen wie Grigorians gerieten nun in das Visier des ATZ. Dieses Beispiel zeigt deutlich, wie sich Russland durch den Krieg wieder den Traditionen der alten UdSSR zuwandte.

Grigorians untersuchte Berichte über ein Massaker an Zivilisten in dem tschetschenischen Dorf Samaschki, das angeblich Soldaten der Roten Armee am 12. April 1995 verübt hatten. Ende desselben Jahres sollte er zu einer Menschenrechtskonferenz außer Landes reisen. Er trug eine Videokassette bei sich, auf der zu sehen war, wie russische Soldaten in Samaschki Zivilisten erschossen. Saschas Einheit bekam einen ungewöhnlichen Auftrag: Sie sollten am Internationalen Flughafen von Moskau Gewehrpatronen in die Reisetasche von Grigorians' Begleiter schmuggeln, damit die beiden auf jeden Fall durchsucht wurden. Während dieser »Durchsuchung« sollte die Videokassette dann konfisziert und »versehentlich« beschädigt werden.

»Das ist der einzige Auftrag, für den ich mich schäme«, sagte Sascha.

»Wärst du zwanzig Jahre älter, hättest du mich wahrscheinlich auch überwacht«, gab ich zu bedenken.

Ich erzählte ihm, wie ich in den siebziger Jahren unter den wachsamen Augen des KGB Informationen über politische Gefangene an westliche Auslandskorrespondenten weitergegeben hatte. Sascha erklärte mir detailliert, wie ein operativer Aufklärer mich dabei überwacht hätte. Vor zwanzig Jahren wäre mir dieses Wissen ungeheuer von Nutzen gewesen. Trotz unseres unterschiedlichen Hintergrunds hatten Sascha und ich eine ganze Menge gemeinsam.

Marina lernte Sascha am 15. Juni 1993 kennen, ihrem einunddreißigsten Geburtstag. Sie war zu diesem Zeitpunkt seit vier Jahren geschieden, eine unabhängige, selbstbewusste Frau, die ihr Leben genoss und nicht nach einer ernsthaften Beziehung Ausschau hielt. Sie wohnte wieder bei ihren Eltern – beide Ingenieure im Ruhestand – in einem Stadtviertel südlich des Moskauer Zentrums. Marina hatte noch nie jemanden von der »Firma« kennengelernt. Ihre beste Freundin Lena und ihr Mann wollten einen leibhaftigen Agenten zu ihrer Geburtstagsparty mitbringen. Marina sagte nur verblüfft: »Na, ihr kommt ja auf seltsame Ideen.«

»Er ist ganz anders, als man sich einen Geheimagenten vorstellt«, erklärte Lena. »Er ist ein lustiger Kerl. Sein Sinn für Humor wird dir gefallen. Außerdem hat er uns gerettet.« Sie erzählte, wie Sascha ihrem Mann half, dessen Unternehmen von einer Verbrecherbande erpresst wurde.

»Na gut, dann bringt euren KGB-Mann eben mit«, gab Marina nach.

Saschas Interesse an Marina war bereits dadurch geweckt worden, dass sie Tänzerin war, wie Lena ihm erzählt hatte. Bei seiner Arbeit lernte er die unterschiedlichsten Menschen kennen, aber nie Frauen, die mit Tanz ihr Geld verdienten. Marina hatte während ihrer Studienzeit zu tanzen begonnen. Nach dem Abschluss ihres Ingenieurstudiums entschied sie sich, nicht in diesem Beruf zu arbeiten, sondern professionell zu tanzen. Sie gewann sogar ein paar Wettbewerbe. Als sie sich zum ersten Mal begegneten, gab sie Tanz- und Aerobicstunden.

An jenem Abend blieben die Gäste lange. Sie berieten über die endgültige Lösung des Problems von Lenas Ehemann. Der Plan war, dass Sascha die Erpresser bei der Geldübergabe verhaften lassen würde. Marina, die schon seit ihrer Kindheit Kriminalgeschichten liebte, konnte sich nicht vorstellen, wie dieser Mann, »der irgendwie von innen heraus strahlte und so emotional war wie ein Kind«, es mit solch brutalen Banditen aufnehmen wollte, die Lenas Mann vor Kurzem zusammengeschlagen hatten und drohten, ihm die Beine zu brechen, falls er nicht zahlen würde.

Auf Marina wirkte Sascha, trotz seines fröhlichen Selbstvertrauens, »vernachlässigt und haltlos«. Als sie zufällig auf das Thema Scheidung zu sprechen kamen, erklärte Sascha, er sei verheiratet und werde sich wegen der Kinder niemals scheiden lassen. Marina ließ sich grundsätzlich nicht mit verheirateten Männern ein, aber Saschas Tonfall verriet ihr, dass in seiner Ehe einiges im Argen lag.

Eine Woche später sah sie ihn wieder. Lena rief bei Marina an und lud sie ein, Sascha gemeinsam am Bahnhof zu verabschieden, der nach der erfolgreich verlaufenen Verhaftung in Urlaub fahren wollte. Zu Marinas Überraschung war er allein. Weder seine Frau noch seine Kinder waren zu sehen.

»Seine Frau hat ihn rausgeworfen«, flüsterte Lena Marina ins Ohr. »Unseretwegen. Sie hätten schon letzte Woche in den Urlaub fahren sollen, aber er blieb in Moskau, um unseren Fall abzuschließen. Sie hat ihm eine Riesenszene gemacht, und als er abends nach Hause kam, standen seine Sachen vor der Haustür. Er war schon seit einer Woche nicht mehr zu Hause. Und das ist nicht das erste Mal. Wenn die Kinder nicht wären, hätte er sie schon längst verlassen.«

»Alles Gute und bis bald«, rief Sascha vom offenen Fenster des Zuges aus.

Lena warf Marina einen Seitenblick zu. »Merk dir eines: Wenn du dich für ihn interessierst, solltest du es ernst meinen. Für Affären ist er einfach nicht geschaffen. Also denk nicht mal dran.«

»So was fällt mir doch im Traum nicht ein«, erwiderte Marina.

Ungefähr drei Wochen später meldete sich Sascha wieder bei ihr. Er hatte seine Frau Natascha um die Scheidung gebeten.

Langsam und beinahe schüchtern begann er, Marina den Hof zu machen. »Er stand plötzlich mit einem Strauß Blumen vor meiner Tür. Danach verschwand er wieder für ein paar Tage und rief dann plötzlich an, um mich ins Kino einzuladen.« Sie wusste nicht, warum sie sich darauf einließ, aber sie mochte ihn weder abweisen noch zu sehr ermutigen. Auch er ließ alles ganz langsam angehen.

»Sascha konnte warten, aber wenn er etwas wirklich wollte, gab er nicht so schnell auf.«

Einmal bat er Marina um ein Treffen, doch sie hatte bereits etwas anderes vor. Sie wollte mit einer Freundin in ein Konzert gehen. Kurz vor der Pause, der Applaus klang gerade ab, tippte ihr jemand leicht auf die Schulter. Direkt hinter ihr saß Sascha. Er lächelte und hielt eine Plastiktüte voller Bananen in den Händen.

»Ich muss eine Zeit lang wegfahren, da wollte ich dir einen Vorrat dalassen«, erklärte er. Bei ihrem ersten Treffen hatten sie darüber gesprochen, wie sehr sie Bananen mochte.

Sascha war ins Antiterrorzentrum versetzt worden, und dies war seine erste Dienstreise für die neue Abteilung. Er sollte seinen Vorgesetzten in die nordkaukasische Republik Adigeja begleiten, um einen Bandenboss aufzuspüren, dessen Organisation für mehrere Entführungen und Morde in Moskau verantwortlich war.

»Nach dem Konzert brachte er mich nach Hause und sagte, er würde gern in Moskau bleiben. Ich wusste, dass er meinetwegen nicht fortgehen wollte, und das machte mich glücklich. Ich wollte auch nicht, dass er ging. Allmählich gewöhnte ich mich an seine Gegenwart. Er strahlte Verlässlichkeit aus, ich fühlte mich bei ihm wohl. Ich hatte keine Beziehung gesucht, aber als er fort war, merkte ich, dass ich ihn vermisste.«

Sascha rief an, sobald er wieder am Moskauer Flughafen gelandet war. Er verbrachte die Nacht in Marinas Wohnung und blieb einfach dort. Es war Anfang August, und ihre Eltern hielten sich in der Datscha auf dem Land auf. Als sie zurückkamen, wollte Sascha in eine Wohnung umziehen, die dem FSB gehörte. Aber Marinas Mutter bestand darauf, dass er bei ihnen einzog. Sie »akzeptierte ihn von Anfang an wie einen Sohn«.

»Im Nachhinein überlege ich, warum wir so glücklich waren. Heute weiß ich, dass wir endlich ganz wir selbst sein durften. Wir mussten uns nichts vorspielen, uns keine Sorgen darüber machen, ob wir auf den anderen attraktiv wirkten. Wir mussten uns nicht gegenseitig erobern, und wir mussten uns auch nichts beweisen. Das war uns vom ersten Tag an klar, und es fühlte sich ganz natürlich an. Weder er noch ich hatten so etwas je für möglich gehalten, und wir staunten bis zu unserem letzten gemeinsamen Tag darüber.«

Im Oktober eröffnete Marina Sascha, dass sie schwanger war. Ein kleines Wunder: In ihrer ersten Ehe hatten die Ärzte gesagt, dass sie ohne medizinische Behandlung keine Chance hätte, Kinder zu bekommen. Sascha war überglücklich, als er von ihrer Schwangerschaft erfuhr. »Jetzt weiß ich ganz sicher, dass du mich nicht verlassen wirst«, sagte er.

»Eigentlich hört man solche Sätze nur von Frauen«, gab Marina mit einem Lächeln zurück.

Später erklärte sie: »Die traditionelle Rollenverteilung war in unserer Familie oft vertauscht. Er ließ mich im Alltag die meisten Dinge entscheiden. Vielleicht war das eine Art Ausgleich für seine extrem ›männliche‹ Arbeit.«

Dennoch spürte sie immer noch eine andere Seite. Eine dunkle, harte Seite, die er vor ihr zu verbergen suchte. Sie kam nur »in außergewöhnlichen Situationen zum Vorschein, wie ein zuschaltbarer Allradantrieb für extremes Gelände«. Bei der Renovierung ihrer Wohnung überließ er ihr alle Entscheidungen. Aber von den Vorbereitungen zu ihrer Flucht aus Russland wusste sie bis zum letzten Augenblick nichts. Er nahm diese Entscheidung allein auf sich. Schließlich informierte er sie darüber, und sie wusste sofort, dass sie ihn nicht davon abbringen konnte. Es blieb auch gar keine Zeit, es zu versuchen.

Saschas dunkle Seite lernte Marina zum ersten Mal kennen, als sie kurz nach Beginn ihrer Beziehung den Führerschein machte. Am Ende des Kurses verkündete der Fahrlehrer, alle Schüler könnten ihm zweihundert Dollar »für die Polizisten« geben, müssten dann nicht an der Prüfung teilnehmen und würden ihren Führerschein in der Fahrschule erhalten. Marina war eine gute Autofahrerin und entschied sich, die Prüfung zu machen. Der Verkehrspolizist, der sie prüfte, ließ sie absichtlich durchfallen. Er stellte klar, dass sie die Prüfung nur bestehen würde, wenn sie bezahlte. Er drückte es so aus: »Die Prüfung ist nächste Woche. Sieht so aus, als würden wir ab jetzt jede Woche eine kleine Fahrt zusammen unternehmen, Madame.«

Panisch eilte Marina zur Fahrschule. Der Fahrlehrer schüttelte bedauernd den Kopf und sagte: »Sie sind nicht mehr in der Gruppe, also kostet es jetzt dreihundert Dollar.«

Sascha war außer sich. »Glaubst du allen Ernstes, ich kämpfe Tag und Nacht gegen Korruption und lasse dann zu, dass du diesen Bullen Bestechungsgeld zahlst?«

Er begleitete sie zu ihrer nächsten Prüfung, nahm den Verkehrspolizisten beiseite und sagte mit leiser Stimme ein paar Sätze zu ihm. Er zeigte ihm seinen FSB-Ausweis und warf ihm einen Blick zu, den Marina noch nie zuvor an ihm gesehen hatte.

Der Polizist wurde blass. Eilfertig schlug er vor, Marina den Führerschein ohne Prüfung zu überlassen. Das machte Sascha nur noch wütender. Er fuhr den Mann an: »Ich setze mich auf den Rücksitz, und wir prüfen sie zusammen. Wenn sie besteht, besteht sie. Wenn nicht, kommt sie nächste Woche wieder.«

Nach der Prüfung war Sascha sofort wieder der gelassene, jungenhafte Mann, den Marina kannte. Er lächelte und klopfte dem Verkehrspolizisten freundlich auf die Schulter. Aber Marina war dieser Blick unvergesslich. Er rief bei ihr jedoch keine Angst hervor. Im Gegenteil: Sie war froh, dass sie ihn »für alle Fälle« zur Verfügung hatte.

Im Oktober 1994 heirateten sie standesamtlich. Ihr Sohn Tolik war bereits vier Monate alt. Beide wollten bei ihrer zweiten Hochzeit keine große Feier veranstalten. Als Marina und Sascha in gewöhnlichen Jeans zur Trauung erschienen, sagte der Standesbeamte tadelnd: »Sie haben einen Sohn. Wenn er größer ist, wird er ein Hochzeitsfoto sehen wollen. Wollen Sie wirklich so darauf aussehen?«

»Sascha hatte nur einen einzigen Anzug, und der war hell. Er ging nach Hause, um sich umzuziehen, und gab mir etwas Geld, damit ich mir ein Kleid kaufen konnte. Das Geld reichte natürlich nicht aus, und ich fand nichts Passendes. Also waren sogar bei unserer Hochzeit die Rollen vertauscht. Der Bräutigam trug weiß, und die Braut trug ein schwarzes Kostüm. Ein anderes hatte ich nämlich nicht.«

Kurz danach lernte Marina Saschas Kollegen kennen. Auf den ersten Blick wirkten alle sehr sympathisch auf sie. Bald fiel ihr jedoch auf, dass sie sich sehr von ihrem Mann unterschieden.

»Dafür gab es drei Gründe. Erstens: Er trank nicht. Sie hingegen konnten sich nur mit Alkohol entspannen. Zweitens hatten sie ein anderes Verhältnis zu Geld. Sascha konnte überhaupt nicht mit Geld umgehen. Wir hatten immer genug, aber wir lebten nicht im Luxus. Irgendwann kauften wir uns eine eigene Wohnung, aber sie war wirklich klein und hatte nur ein Schlafzimmer. Wir fuhren einen einfachen Schiguli. Saschas Freunde hingegen legten sich ausländische Wagen zu und kauften schicke Apartments. Sascha hatte im Gegensatz zu ihnen kein Händchen dafür, das große Geld zu machen.«

Sascha erklärte seiner Frau, woher dieses Geld stammte: von Nebenjobs, bei denen seine Kollegen »ihre speziellen Fähigkeiten als Dienstleistung auf dem freien Markt anboten«, wie er es nannte. Damals durften die Polizei und der FSB »Beraterverträge« außerhalb der behördlichen Strukturen abschließen, um die unzureichenden Gehälter aufzubessern, die ihnen die Regierung zahlte. »Darin bin ich nicht gut«, sagte er.

Und drittens hatte er Hemmungen, die Macht einzusetzen, die von dem FSB-Ausweis ausging. Diese kleine rote Karte öffnete dem Träger alle Türen, setzte Ladenöffnungszeiten außer Kraft und verhalf zu Theaterkarten und sonstigen Luxusartikeln, denn die Bevölkerung hatte immer noch Angst vor dem KGB. Aber Sascha setzte den Ausweis nach Marinas Fahrprüfung nie wieder ein. Seine Freunde hänselten ihn deswegen. Dennoch »respektierte er sie, wenigstens damals noch. Sie waren eine eingespielte Mannschaft, und er war ein guter Teamspieler.«

Zumindest anfangs.

Sascha war – so seine eigenen Worte – ein Teamspieler, der manchmal den Ball nicht abgab. Und schon in den ersten Jahren seines neuen Lebens mit Marina begann er, an seinen Kollegen zu zweifeln. Und er traf den Mann, der schließlich seine Loyalität gewinnen und ihn dazu bringen sollte, sich von seinem Team und seiner gesamten Behörde abzuwenden.

»Bei meinem ersten Treffen mit Boris Beresowski hieß unsere Behörde nicht mehr KGB, aber auch noch nicht FSB. Sie arbeitete unter dem Namen Föderaler Dienst für Gegenaufklärung oder FSK. Dies war die anständigste Periode unserer Geheimdienstgeschichte: Die Repressionen waren vorbei, und die Korruption kam gerade erst auf. Ich hatte den Rang eines Majors und war der Antiterrorabteilung zugeteilt, aktiv im Kampf gegen das organisierte Verbrechen. An jenem Tag entkam Boris einem Anschlag auf sein Leben. Er war damals schon ein dicker Fisch. Unser Direktor schickte Memos an die Abteilungen: Alle Mitarbeiter mit Hintergrundinformationen sollten sich an der Aufklärung des Anschlags beteiligen. Ich beschloss, mit Boris zu reden, weil ich einen Verdacht hatte, wer dahinterstecken könnte.«

Ich erinnerte mich noch sehr gut an den Anschlag auf Beresowski. In diesem Zusammenhang hörte ich seinen Namen zum ersten Mal. Die *New York Times* brachte damals sogar ein Foto seines zerbombten Wagens auf der Titelseite.

Eine ferngesteuerte Bombe, die man in einem geparkten blauen Opel deponiert hatte, war am 7. Juni 1994 in dem Augenblick explodiert, als Beresowski in seinem grauen Mercedes den Parkplatz seiner Firma im Moskauer Stadtzentrum verließ. Der Fahrer war auf der Stelle tot. Wie durch ein Wunder erlitten Beresowski und seine Bodyguards nur leichte Verbrennungen. Die Explosion ließ in dem achtstöckigen Haus auf der gegenüberliegenden Straßenseite alle Fensterscheiben zerbersten. Sechs Passanten wurden verletzt. Der Anschlag gehörte zu den ersten großen Auftragsmorden nach Beginn der Privatisierung. Damals löste man wirtschaftliche und geschäftliche Konflikte meist mithilfe von Gangsterbanden, statt sich an die Gerichte zu wenden. Die staatliche Gerichtsbarkeit stand den wirtschaftlichen Reformen in Russland genauso hilflos und gelähmt gegenüber wie alle anderen Zweige der Regierung.

»Wir fanden nie heraus, wer hinter dem Anschlag steckte«, sagte Sascha. »Aber die Drahtzieher mussten aus der Automobilbranche stammen, weil Boris 1994 eigentlich noch nichts anderes machte. Er verkaufte nur Schiguli und Mercedes.« Beresowski leitete die erste kapitalistische Autohandelsfirma des Landes, LogoVAZ. (Der Name leitete sich aus dem Begriff Logik – eine Hommage an Beresowskis frühere Tätigkeit als Mathematiker – und dem Akronym für die Wolga-Automobilfabrik ab.) Er hatte LogoVAZ 1989 gegründet und war 1994 noch nicht ins Medien-, Fluglinien- und Ölgeschäft eingestiegen. Saschas ursprüngliche Theorie war, dass es sich um einen Revierkampf handelte. LogoVAZ kaufte nach und nach alle Autosalons der Stadt auf, die bisher von einer Verbrecherorganisation namens Solnzewo kontrolliert worden waren. Später revidierte er seine Meinung und glaubte, dass jemand von der VAZ, den Herstellern des Schiguli, den Mord angezettelt hatte. Diese Firma war unter den Sowjets ein gigantischer staatlicher Betrieb gewesen, ein aufgeblähtes, ineffizientes Unternehmen, das rund die Hälfte aller in Russland gefahrenen Autos produziert hatte. Beresowski versuchte damals, es zu privatisieren.

»Boris hatte einen Finanzberater namens Nikolaj Gluschkow, der die Buchhaltung von VAZ für ihn überprüfte«, erklärte Sascha. »Gluschkow untersuchte gerade die Verbindungen des Managements zu den Zwischenhändlern. Also setzte jemand bei VAZ einen Auftragskiller auf Boris an.«

Sascha beschrieb mir das zentrale Problem der russischen Privatisierung. Alle Investoren fanden ausnahmslos irgendwann heraus, dass ein Großteil der Profite an externe Verkaufsfirmen floss und das Kernunternehmen Verluste machte, die bisher nur durch staatliche Subventionen aufgefangen worden waren. In der Regel gehörten diese Verkaufsfirmen dem Direktor des jeweiligen Unternehmens, seiner Familie oder Freunden von ihm – meistens Überbleibsel der alten Sowjetrepublik. Sie saugten den Staat aus, den sie repräsentierten. Die Privatisierung bedeutete das Ende dieser Täuschungsmanöver und bedrohte ihren Wohlstand, denn die alten Verkaufsstrukturen wurden aufgebrochen.

»Den Anschlag auf Boris, den VAZ in Auftrag gegeben hatte, sollten nicht die Solnzewo-Gangster, sondern die Kurgan-Bande durchführen«, mutmaßte Sascha. »Die Kurgan-Bande hatte noch keine eigene Organisation und spezialisierte sich auf Auftragsmorde. Ihnen war es egal, wen sie umbringen sollten. Sie hatten ihre eigenen Leute in der Moskauer Polizei und sogar in unserer Behörde.«

Als Sascha sich mit Beresowski traf, um all dies mit ihm zu besprechen, tauschten sie Telefonnummern aus und verabredeten, in Kontakt zu bleiben. In den folgenden Monaten trafen sie sich gelegentlich, aber die Untersuchung machte kaum Fortschritte. Im Dezember begann der Krieg in Tschetschenien, der für den FSB sofort oberste Priorität erhielt. Gewöhnliche Verbrechen, auch Auftragsmorde, rückten in den Hintergrund.

10. Dezember 1994

Drei russische Divisionen marschieren in Tschetschenien ein, einer gebirgigen Provinz in Südrussland, in der hauptsächlich Muslime leben. Die tschetschenische Hauptstadt Grosny wird eingekesselt, das Regime des separatistischen Präsidenten Dschochar Dudajew wird unter massiven Druck gesetzt. Den russischen Divisionen schlägt erbitterter Widerstand entgegen, sie erleiden große Verluste. Bei einem fehlgeschlagenen Versuch, Grosny am Silvesterabend einzunehmen, kommen beinahe zweitausend Soldaten ums Leben.

Zur gleichen Zeit zog sich Boris Beresowski beinahe vollständig aus seinem Automobilgeschäft zurück – es war auch ohne seine Aufmerksamkeit enorm erfolgreich – und wandte sich einem neuen Aufgabengebiet zu: den Massenmedien, die sehr eng mit der gefährlichen Welt russischer Wahlpolitik verbunden waren. Als Boris Jelzin 1991 an die Macht gelangte und sofort die Auflösung der ehemaligen UdSSR in die Wege leitete, setzte er seine Reformen entschlossen und rücksichtslos in die Tat um. Er schaffte die staatliche Preisbindung ab, löste Einfuhrsperren auf und rief ein rasantes Privatisierungsprogramm ins Leben. Im Zuge dieser vier Jahre dauernden »Schocktherapie« schaffte sein wichtigster Berater, der Wunderknabe der russischen Wirtschaft Anatoli Tschubais, das Unmögliche: Er versteigerte und privatisierte mehrere Zehntausend Staatsbetriebe, überführte mehr als die Hälfte der Arbeitskräfte in den privaten Sektor und bewahrte trotz alldem die Wirtschaft irgendwie davor, in die unkontrollierte Inflation abzugleiten.

Aber für diese Erfolge zahlte die Bevölkerung einen hohen Preis. Die Kaufkraft der verarmten Schichten war unzureichend, und die Kürzung staatlicher Subventionen brachte ganze Wirtschaftszweige zum Erliegen. Besonders hart traf es die Rüstungsindustrie und die Hersteller von Konsumgütern, die gegen die Produkte westlicher Hersteller nicht konkurrieren konnten. Die westlichen Unternehmen überschwemmten das Land mit Artikeln, an denen es dem Durchschnittsbürger bislang gefehlt und nach denen er sich schon lange gesehnt hatte. Wer es sich leisten konnte, kaufte Produkte aus dem Westen: Kleidung, Autos und Elektrogeräte.

Leider konnten immer weniger Menschen das nötige Geld für derlei Konsumgüter aufbringen. Millionen Russen fielen unter die Armutsgrenze. Beamte und Lehrer, Ärzte, Regierungsbeamte und Polizisten bekamen oft monatelang kein Gehalt. Niemand kümmerte sich um Steuerzahlungen, da die Finanzbehörde gerade erst eingerichtet wurde. (Im Sowjetsystem hatte es keine Steuern gegeben.) Die Verbrechensrate stieg steil an. Die Akademiker in den Universitäten und Forschungslaboren verloren den Glauben an die Demokratie. Die Armee murrte. Kapitalismus und freie Marktwirtschaft verloren ihren Reiz. Immer mehr Russen verklärten nostalgisch die gute alte UdSSR.

Andererseits herrschte eine bisher ungekannte Freiheit. Nach siebzig Jahren kommunistischer Diktatur konnten Journalisten endlich schreiben, was sie wollten. Es gab keine politischen Gefangenen mehr; alle Bürger durften sich einen Pass zulegen und ins Ausland reisen; plötzlich standen mehr als eine Dutzend Parteien zur Wahl. Sechsundachtzig Regionen und ethnische Republiken der ehemaligen russischen Föderation erlangten die Unabhängigkeit und konnten sich um ihre Belange kümmern, ohne dass der Kreml sich ständig einmischte.

Jelzins größtes Dilemma in seiner Regierungszeit war, dass er die Demokratie beschädigen musste, um sie zu retten. Und die Frage war, wie weit er dabei gehen wollte. Im Herbst 1993 hatte der Oberste Sowjet – das Parlament, in dem es immer noch von ehemaligen Sowjet-Apparatschiks wimmelte – das Reformprogramm blockiert und die Regionen der Föderation zur Rebellion aufgerufen. Jelzin löste die Regierung auf und schickte Panzer zum Parlamentsgebäude, um die Abgeordneten auszuräuchern, die sich darin verbarrikadiert hatten. Bei dem Scharmützel kamen hundertvierzig Menschen ums Leben. Seine Entscheidung war höchst umstritten, aber die Alternative war für ihn untragbar: Er wollte keinen vollständigen Zusammenbruch der Wirtschaft und keine Implosion des politischen Systems riskieren.

Doch die Kommunisten gaben nicht auf. Im weiteren Verlauf seiner Amtszeit als Präsident wurde Jelzin noch einmal vom neu gewählten Parlament, der Duma, angegriffen, dessen Mitglieder ihm äußerst feindlich gegenüberstanden. Auch hier gaben die Kommunisten den Ton an, zusammen mit der neofaschistischen Partei von Wladimir Schirinowski, die sich offen für eine autoritäre Staatsform starkmachte. Es zeichnete sich deutlich ab, dass die bevorstehenden Präsidentschaftswahlen in eine Katastrophe münden würden: Gennadi Sjuganow, der Kandidat der Kommunisten, erzielte in Meinungsumfragen dreißig Prozent der Wählerstimmen, während Jelzins Umfrageergebnisse durch den Ausbruch des Tschetschenienkrieges in den einstelligen Bereich abstürzten.

Boris Beresowski hatte erst wenige Monate zuvor Zugang zu den innersten Kreisen des Kreml erlangt. Er war sechsundvierzig Jahre alt. Der Journalist Walentin Jumaschew, der als Ghostwriter die Memoiren des Präsidenten verfasst und danach Jelzins Tochter Tatjana geheiratet hatte, stellte Beresowski zwei Mitgliedern von Jelzins Entourage vor: seinem liberalen Stabschef Wiktor Iljuschin und General Alexander Korschakow, dem Leiter des Föderalen Personenschutzdienstes (FSO), der Sicherheitsabteilung des Kreml. Diese Behörde versorgte die staatlichen Abgeordneten mit Leibwächtern. Korschakows Macht reichte jedoch weit über Sicherheitsfragen hinaus: De facto repräsentierte er alle Aufklärungs- und Nachrichtendienste des Kreml.

Die größte Sorge für Jelzins Leute waren die bevorstehenden Präsidentschaftswahlen von 1996. Jelzins Chancen, die Wahlen erneut zu gewinnen, wurden von Woche zu Woche geringer.

Boris Beresowski verschaffte sich einen Überblick über die Situation und schlug dann einen ganz neuen Ansatz vor: Er wollte den überalterten sowjetischen Fernsehsender Kanal Eins, den zweihundert Millionen Menschen in zehn Zeitzonen empfangen konnten, für Jelzins Wiederwahlkampagne nutzen. So wurde ORT gegründet, der neue öffentliche Sender Russlands, auch als Beresowskis Sender bekannt.

Vor Beresowski trug Kanal Eins den Namen Ostankino TV und bestand aus einem bunten Flickenteppich aus Studios und Programmen. Gern hätten sich die Kommunisten der Duma alles unter den Nagel gerissen. Sie bestanden darauf, dass der staatliche Fernsehsender der Legislative untergeordnet werden müsse. Damals war die einzige private Fernsehanstalt Russlands – und gleichzeitig die bestorganisierte des Landes – Wladimir Gussinskis NTW, die rund fünfzehn Prozent Marktanteile besaß. Es war offensichtlich, dass die Macht über Kanal Eins auch die Macht über die Mehrheit von Russlands Fernsehzuschauern bedeutete. Beresowski überzeugte Iljuschin und Korschakow davon, dass er genau der richtige Mann sei, um die Kontrolle über die russische Fernsehlandschaft zu übernehmen. Natürlich zum Wohle der Reformen und des Präsidenten.

Aber das war leichter gesagt als getan. Bei Ostankino bröckelte der Putz. Die gigantische, ineffiziente Struktur mit ihren zahl- und sinnlosen Unterabteilungen und Zusatzdiensten wurde mit viel zu großem Personaleinsatz betrieben und machte jedes Jahr um die hundertsiebzig Millionen Dollar Verlust. Durch Werbung kam nicht einmal ein Fünftel dieser Summe wieder herein.

Ostankino war ein schwarzes Finanzloch im Budget der Regierung, und eine Sanierung war vollkommen ausgeschlossen. Die einzige Lösung war, den Sender zu schließen und grundlegend neu aufzubauen. Und dies schlug Beresowski Jelzins Beratern vor: Sie sollten die Lizenz für Kanal Eins einer neuen Aktienkommanditgesellschaft überlassen, in der einundfünfzig Prozent der Anteile beim Staat und neunundvierzig Prozent bei privaten Finanziers unter dem Vorsitz von Beresowski liegen sollten. Er wollte eine Managementstruktur aufbauen, mit der der Sender Profit erwirtschaften oder wenigstens die Verluste auf ein erträgliches Maß reduzieren sollte.

Der Erlass des Präsidenten, mit dem Anfang Dezember 1994 Ostankino aufgelöst und an dessen Stelle ORT geschaffen wurde, fand in der Öffentlichkeit kaum Beachtung, denn alle Aufmerksamkeit richtete sich auf den drohenden Konflikt mit den tschetschenischen Separatisten. Aber knapp drei Monate später rückte ORT mit einem Paukenschlag ins öffentliche Bewusstsein: Das Management beschloss ein Moratorium für Werbung.

Beresowski wollte alle Verbindungen zwischen den Ostankino-Studios und den Schattenfirmen kappen, die Werbezeit verkauften. Auch hier traf Saschas Beschreibung des russischen Privatisierungsdilemmas ins Schwarze: Die Fernsehanstalt verlor jährlich hohe Summen, während sich Drittunternehmen an der Haupteinnahmequelle bereicherten. Konservativ geschätzt erhielt der Sender nur etwa ein Fünftel der Gewinne, die durch Werbekunden erzielt wurden. Ein Großteil des Geldes wechselte in Briefumschlägen den

Besitzer und landete in den Taschen von Produzenten, Mittelsmännern und Gangstern. Boris Beresowskis neues Management wollte den mehrmonatigen Werbestopp dazu nutzen, eine firmeninterne Verkaufsabteilung aufzubauen und dadurch alle externen Agenturen auszuschalten.

Das Moratorium wurde am 20. Februar 1995 verkündet. Am 1. März wurde der neue Generaldirektor von ORT, Wladislaw Listjew, vor der Tür seiner Moskauer Wohnung von einem Attentäter erschossen. Listjew war der populärste Talkmaster Russlands gewesen, der Liebling der gesamten Nation. Als Zeichen der Trauer stellten alle Fernsehsender des Landes vierundzwanzig Stunden lang den Betrieb ein. Ganz Russland stand unter Schock.

Am Morgen nach dem Mordanschlag fand im Büro des Vizedirektors des FSB eine außerplanmäßige Konferenz statt. Als Major war Sascha der rangniedrigste Offizier im Raum. Er eröffnete den versammelten Generälen, für den Mord an Listjew und den Anschlag auf Beresowski neun Monate zuvor sei die Kurgan-Organisation verantwortlich, die auch die Moskauer Polizei unterwandert habe.

»Plötzlich erhielt ich auf meinem Pager eine Nachricht von Boris«, sagte Sascha und starrte in die neblige türkische Nacht hinaus. »›Ruf mich sofort an.‹ Ich verständigte Trofimow, und er sagte, ich solle mich umgehend bei Boris melden.«

»Trofimow? Wer ist das?«, fragte ich.

Sascha sah mich an, als sei ich ein Schuljunge.

»General Anatoli Trofimow, der Chef des Moskauer FSB. Er stand Korschakow nahe, und man munkelte, er habe einen direkten Draht zum Kreml. Also rief ich Boris an, und er sagte, man wolle ihn verhaften. ›Wer?‹, fragte ich, und er sagte: ›Die Moskauer Polizei.‹ Er nannte ein paar Namen. Ich rannte zurück in Trofimows Büro und erklärte: ›Die Leute, von denen ich gerade gesprochen habe, sind hinter Boris her. Die Kurgan-Mitglieder bei der Polizei.‹ Trofimow befahl mir, sofort zu Boris zu fahren und die Sache aufzuklären.«

Es ist nur ein Katzensprung vom FSB-Hauptquartier Lubjanka zur Zentrale der LogoVAZ. Sascha fand dort acht bewaffnete Polizisten vor. Sie behaupteten, sie sollten Beresowski auf die Polizeiwache bringen, wo man ihn wegen des Mordes an Listjew verhören wolle. Vor dem Eingang zur Firmenzentrale hatte bereits ein Kamerateam des Senders NTW Stellung bezogen. Irgendjemand hatte ihnen mitgeteilt, dass Beresowski verhaftet werden sollte.

»Ich wusste, dass diese Polizisten ihn auf keinen Fall mitnehmen durften. Am nächsten Morgen würde sonst in der Zeitung stehen, dass er einen Herzinfarkt erlitten habe oder bei einem Fluchtversuch erschossen worden sei. Und niemand hätte beweisen können, dass man ihn umgebracht hatte«, fuhr Sascha fort. »Ich zog also meine Dienstwaffe und meinen FSB-Ausweis und brüllte: ›Abrücken! Das ist unsere Untersuchung, und wir werden ihn selbst verhören.‹ – ›Wir haben unsere Befehle‹, schnappten sie zurück. Wir stritten eine Weile, dann riefen sie ihre Vorgesetzten an und ich meinen Chef. Trofimow sagte: ›Lass ihn unter keinen Umständen aus den Augen. Ich schicke Verstärkung, unsere Leute sind in einer Viertelstunde bei dir. Wie viele sind es?‹«

Fünfzehn Minuten später trafen zwanzig bewaffnete Geheimdienstler bei der Firmenzentrale ein. Der Zwischenfall endete damit, dass ein Kriminalbeamter schließlich eine schriftliche Aussage von Beresowski aufnahm. Sascha stand die ganze Zeit neben ihm Wache.

Damals hatte ich gehört, dass der Showdown bei LogoVAZ Teil der bereits seit Längerem andauernden Feindseligkeiten zwischen dem Moskauer Stadtrat und dem Kreml war. Die Stimmung war sehr angespannt, Anwendung von Gewalt nicht auszuschließen. Oberbürgermeister Juri Luschkow, ein sehr mächtiger Mann in der Stadt, stritt mit dem stellvertretenden Premierminister Anatoli Tschubais über die Privatisierung von Stadteigentum. Die städtische Polizei arbeitete natürlich für den Bürgermeister und der FSB für den Kreml.

»Ich habe gehört, die Konfrontation bei LogoVAZ sei politisch motiviert gewesen. Rathaus gegen Kreml. Der Oberbürgermeister wollte angeblich den Mord an Listjew als Vorwand nehmen, um Boris auszuschalten. Stimmt das? Und was hatte die Kurgan-Bande damit zu tun?«

»Vielleicht stimmt das«, erwiderte Sascha. »Ich habe damals überhaupt nichts von Politik verstanden. Ich war ein operativer Aufklärer. Ich kümmerte mich um Beweise, nicht um Politik. Aber der Bürgermeister hat Listjew nicht umgebracht. Der Bürgermeister hat auch nicht versucht, Boris 1994 aus dem Weg zu schaffen. Also landest du immer wieder beim organisierten Verbrechen. Und die Polizisten stehen den Gangsterbossen sehr viel näher als ihren eigenen Vorgesetzten, das kannst du mir glauben. Ich weiß ganz sicher, dass die Polizisten, die Boris 1995 abholen wollten, nichts Gutes im Schilde führten. Aber in einer Hinsicht hast du recht: Damals glaubten viele, das Ganze sei eine Aktion des Oberbürgermeisters gegen den Kreml gewesen.«

Er verstummte einen Augenblick, warf mir einen Seitenblick zu und fuhr dann fort: »Boris und du, ihr denkt immer gleich an Politik. Auf die Menschen dahinter achtet ihr nicht, und das ist eure größte Schwäche. Bei meiner Arbeit sind die Menschen das Wichtigste. Ich misstraute Luschkow, aber Boris vertraute ich von Anfang an. Trofimow ebenfalls. Aber Korschakow habe ich nie über den Weg getraut, obwohl er mit Trofimow befreundet war. Damals bei LogoVAZ habe ich Boris geschützt und wusste, dass Trofimow hinter mir stand. Ich hatte also die beiden Menschen, denen ich vertraute, auf meiner Seite. Der Oberbürgermeister und der Kreml waren mir dabei vollkommen gleichgültig.«

Listjews Mörder wurden nie gefasst. Sein Fall wurde zu einem der bekanntesten Auftragsmorde, die in den neunziger Jahren in Russland verübt wurden. Es waren rund ein Dutzend, zum Beispiel wurde die liberale Duma-Abgeordnete Galina Starowoitowa erschossen, der politische Journalist Dimitri Cholodow in die Luft gesprengt und der prominente Bankier Iwan Kiwelidi vergiftet.

Nichtsdestotrotz ging ORT wie geplant auf Sendung und hielt seine dreimonatige Werbesperre ein. Und Sascha und Beresowski waren seit jener Zeit so miteinander verbunden, wie es nur Menschen sind, die miteinander lebensgefährliche Situationen durchgestanden haben. Diese Verbindung war weder von Freundschaft noch von Zuneigung geprägt, sondern durch eine besondere Loyalität, die niemand erschüttern konnte.

Boris Beresowskis erster Impuls war, Sascha Geld zu geben, weil er ihm das Leben gerettet hatte. Das war eine ganz typische Reaktion im Moskau der damaligen Zeit. Doch er kannte Sascha bereits gut genug, um zu wissen, dass dieser das Geld nicht annehmen würde.

Womöglich hätte er das Angebot sogar als beleidigend empfunden. Also entschied er sich, ihm etwas zu geben, wovon die meisten ehemaligen Sowjetbürger nur träumen konnten: Er beschloss, ihn auf eine Auslandsreise mitzunehmen und dabei das Angenehme mit dem Nützlichen zu verbinden. Nach dem Anschlag und dem Mord an Listjew musste Boris Beresowski nun ernsthaft um seine Sicherheit besorgt sein, und er war froh darüber, Sascha an seiner Seite zu wissen.

Ein Anruf bei Korschakow genügte, um einen Auftrag für Sascha zu arrangieren. Mit einem auf den Namen Alexander Wolkow – Zweiter Staatssekretär der russischen Botschaft von Bern – ausgestellten »Undercover-Pass« in der Tasche stieg Sascha im März 1995 in Beresowskis Privatjet und brach zu seiner ersten Reise ins Ausland auf.

Er rief Marina aus der Schweiz an und erzählte ihr begeistert: »Du wirst es nicht glauben. Im Hotel schließt niemand seine Tür ab, und die Polizisten sind so freundlich wie unsere Akademiker!«

»Du hattest mit der Polizei zu tun?«, fragte Marina überrascht.

»Ich erzähle dir alles, wenn ich wieder daheim bin«, sagte Sascha.

Er brachte ihr französisches Parfum mit und für Tolik Jeans in mehreren Größen für die nächsten fünf Jahre – nach Moskauer Standard ein unglaublicher Luxus. »Was auch passieren mag, dieses Problem wäre gelöst«, verkündete er lachend.

Dann erzählte er ihr die Geschichte mit den Schweizer Polizisten. Sascha sollte nie vergessen, wie sie ihn behandelt hatten. Beresowski fuhr in der Schweiz ein Mercedes-Coupé. Seine Frau Lena saß auf dem Beifahrersitz, und Sascha kauerte auf der schmalen Rückbank. Beresowski blieb seinen Moskauer Gewohnheiten treu und achtete überhaupt nicht auf die Verkehrsregeln. Er raste wie ein Wilder und überfuhr mehrmals durchgezogene Linien, bis sie von zwei Polizisten gestoppt wurden, die sie mit ausgesuchter Höflichkeit behandelten. In Moskau wurden solche Verkehrsdelikte durch einen zusammengefalteten Zwanzigdollarschein im Führerschein »geregelt«. Aber das kam hier nicht infrage. Die Polizisten eskortierten den Wagen zur Polizeiwache des Alpendorfs Château-d'Oex. Die Beresowskis und Sascha wurden in eine Zelle mit Stahltür und Guckloch gesperrt, und die Polizisten nahmen ihre Papiere an sich.

Sascha kam gar nicht auf die Idee, dass seine falschen Papiere ihre
Rettung sein konnten. Zwei Stunden später kehrten die höflichen
Polizisten zurück. »Wir müssen uns bei Ihnen entschuldigen«, sagte
einer. »Wir haben nicht das Recht, Sie hier festzuhalten, da Sie über
diplomatische Immunität verfügen. Es hat ein bisschen gedauert, bis
Ihre Botschaft das bestätigt hat, aber jetzt ist alles in Ordnung.« Sie
gaben Sascha seinen falschen Pass zurück und zeigten sich nicht im
Geringsten überrascht, dass der Zweite Sekretär der russischen Botschaft keine Fremdsprache beherrschte.

Rückblickend betrachtet war der Aufenthalt in der Schweiz womöglich für Beresowski mehr als eine Vorsichtsmaßnahme. Viele
Jahre später erzählte mir ein Russe, der über intime Kenntnisse des
SWR, des russischen Auslandsnachrichtendienstes, verfügte und
sich in den Westen abgesetzt hatte, dass die Moskauer Zentrale
höchst alarmiert gewesen war, weil Beresowski plante, die Aeroflot
zu privatisieren. Die staatliche russische Fluglinie hatte zur Tarnung
von mehreren Hundert Spionen auf der ganzen Welt gedient. Im
Frühjahr 1995 ging ein verschlüsseltes Telegramm an die SWR-
Dienststelle in Genf, die Anweisungen erhielt, Beresowskis Besuch
zu überwachen. Wie der SWR vermutet hatte, diente der Besuch
dazu, ein Finanz- und Verkaufszentrum in Lausanne einzurichten,
um die Geldgeschäfte der Airline der Kontrolle des Geheimdienstes
zu entziehen. Auf diesem Bericht über Beresowskis Besuch in der
Schweiz basierte der berühmte »Aeroflot-Fall«, der ihn noch viele
Jahre später verfolgen sollte.

8. Februar 1995

*Russische Truppen nehmen Grosny ein. Siebenundzwanzigtausend
Zivilisten kommen ums Leben, und die massiven Bombardements von
Artillerie und Luftwaffe haben die Stadt vollkommen verwüstet.
Russische Flugzeuge überziehen auch viele andere Städte mit einem
Bombenteppich. Es gibt keine Fluchtmöglichkeiten für Zivilisten. Inter-
nationalen Hilfsorganisationen wird der Zugang verweigert. Die
tschetschenischen Widerstandskämpfer ziehen sich in die Berge zu-
rück und beginnen einen Guerillakrieg.*

Für Sascha war der Krieg in Tschetschenien anfangs nur ein Neben-
schauplatz, ein Ablenkungsmanöver. Seiner Meinung nach wurden
dadurch die Aufmerksamkeit und die Ressourcen der Behörde von
den grundlegenden Problemen abgelenkt: der Korruption und dem
Verbrechen in den Reihen der Polizei und des Militärs. Er war davon
überzeugt, der Krieg werde schnell enden. Schließlich hatten das
sowohl der Präsident als auch die Generäle versichert. Beinahe ein
Jahr lang saß Sascha nachts zu Hause am Küchentisch und zeichnete farbige Tabellen, in denen er die Verbindungen zwischen dem
organisierten Verbrechen und den Spitzenleuten des FSB und des
Innenministeriums aufzeigte. Er schrieb darüber sogar einen Bericht, den er Boris Jelzin zukommen lassen wollte. Marina tippte
mindestens ein Dutzend Fassungen davon ab.

Nachdem er Boris Beresowski kennengelernt hatte, entschied er
sich dagegen, das Memorandum abzuschicken. Durch Beresowski
eröffnete sich ihm ein besserer Weg, um seine Mission voranzutrei-
ben: ein direkter Draht zum Kreml. Sascha überhäufte Beresowski
mit Geschichten über die Verbindungen gewisser Generäle zur Soln-
zewo-, Kurgan- oder Podolsk-Bande, in deren Welt er sich gut auskannte. Schließlich arrangierte Beresowski für Sascha verschiedene
Treffen, nicht nur mit Korschakow, sondern auch mit Michail Barsukow, dem Direktor des FSB, und dem stellvertretenden Innenminister Wladimir Owschinski. Sie sollten direkt von Sascha erfahren,
was in ihren Behörden vor sich ging.

Aber die Treffen verliefen nicht wie erwartet. Wie Alexander Korschakow in einem Interview mit der *Komsomolskaja Prawda* am
14. Dezember 2006 angab, mochte er Sascha nicht, und ihm gefiel
nicht, was er zu sagen hatte: »Da stand dieser dünne, unrasierte Major mit wirrem Haar. Er trug ausgelatschte, ungeputzte Schuhe und
eine chinesische Arbeiterhose, und sein Pullover hing ihm bis zu
den Knien. Seine Blicke wanderten unruhig durch den Raum.« Korschakow hörte ihm anderthalb Stunden lang zu, und »dann machte
ich mich kundig. Es stellte sich heraus, dass in einer der ›korrupten‹
Abteilungen, die Litwinenko ›entlarvt‹ hatte, ein alter Freund von
mir arbeitete. Ich hatte mit ihm in Afghanistan gedient. Ich vertraute ihm, er war ein ganz normaler Mann, eine Kämpfernatur. Ich bat
ihn zu mir ins Büro und erzählte ihm von Litwinenkos Besuch. Er

sagte: ›Du kennst mich doch, oder? Du kannst diesem Litwinenko unmöglich glauben, dieser Verrückte will bloß denunzieren.«

Auch Wladimir Owschinski hörte Saschas Ausführungen nur widerwillig zu. »Er war seltsam. Ich verstand ihn kaum«, sagte Owschinski der litauischen Zeitung *Tschas* in einem Interview vom 30. Dezember 2006. »Er kam zu mir und erzählte mir lauter Sachen über Leute, die das organisierte Verbrechen bekämpfen. Er versuchte, Korruption in der Führungsriege des Ministeriums aufzudecken. Zuerst hielt ich ihn für einen Pfadfinder, dem seine Arbeit alles bedeutete ... Er beschuldigte eine Menge Leute und nannte viele bekannte Geschäftsleute beim Namen. Aber letztlich ließ sich keine seiner Anschuldigungen beweisen.«

»Ich war so naiv«, sagte Sascha, als er von diesen Treffen sprach. »Ich dachte, die großen Bosse würden sich der Sache annehmen und das Chaos in den Behörden eindämmen. Doch weit gefehlt. Jedes Mal, wenn die Spur nach ganz oben führte, stellte sich heraus, dass der Betreffende jemandes Freund, Verwandter oder alter Waffenbruder war. Ich handelte mir nur einen Ruf als Idiot ein. Ich entdeckte, dass die Führungsriege sogar noch mehr als die mittleren Ränge mit den Verbrechern unter einer Decke steckte. Mich überraschte es nicht, als sich alle plötzlich Landhäuser und Mercedes-Limousinen zulegten, obwohl sie lausig bezahlt wurden. Das ganze System war bis ins Mark verfault. Ich habe eine Menge Material zu diesem Thema gesammelt.«

Auf unserer Fahrt nach Istanbul hielt mir Sascha einen dreistündigen Vortrag über das Leben und die Sitten der *kontora* Mitte der neunziger Jahre. Das System war durch und durch korrupt. Mit dem Verfall der alten marxistischen Ideologie war auch der Missionsgedanke verschwunden. Und das entstehende Vakuum wurde durch Geld gefüllt.

»Der FSB sammelte weiterhin Informationen«, erklärte er. »Und Informationen sind eine Ware. Wissen ist Macht. Es dient zur Lösung marktwirtschaftlicher Probleme, indem man die Konkurrenz unter Druck setzt. Der FSB hatte seinen Markt gefunden.«

Weder die Gerichtshöfe noch die Gesetze funktionierten. »Wo soll man sich hinwenden, wenn der Geschäftspartner ein Gauner ist oder der Lieferant nicht liefert? Ich rede hier nicht vom Schutz vor primitiven Verbrechern. Stärke wurde zur Ware, und die Nachfrage stieg. Es erschienen Dachorganisationen auf der Bildfläche, Leute, die Firmen und ihre Eigentümer schützten.

Zuerst stellte die Mafia diese Leute, dann die Polizei. Und bald darauf erkannten unsere eigenen Leute, auf welcher Goldgrube sie saßen. Danach entbrannte zwischen Gangstern, Polizisten und der Behörde der Konkurrenzkampf um Marktanteile. Die Polizei und der FSB lernten schnell dazu und drängten die Banden allmählich aus dem Geschäft. Oft wurde aus Konkurrenz eine Art Kooperation, und bald wurden die Agenten selbst zu Verbrechern.«

Eine Eigenschaft von Sascha stellten weder seine Freunde noch seine Feinde je infrage: Er hatte ein phänomenales Gedächtnis. Er konnte sich an unzählige Ereignisse, Adressen, Telefonnummern und Namen erinnern. Zusammen ergaben sie ein schreckliches Bild: Eine Welle des Verbrechens überrollte langsam die Behörden, die im neuen Russland für Recht und Ordnung sorgen sollten.

In jener Halloween-Nacht des Jahres 2000 erreichten wir schließlich Istanbul. Auf der Fahrt hatten wir enge Bande geknüpft. Nicht nur als Freunde und Partner bei Saschas Flucht in die Freiheit. Wir hatten Parallelen in unserem Lebenslauf entdeckt, waren verbunden durch Boris Beresowski und durch ein gemeinsames Ziel, das wir auf unterschiedliche Weise angestrebt hatten: Wir kämpften für ein freies und offenes Russland.

Für Sascha war das Jahr 1995 ein Wendepunkt. In ihm wuchs die Überzeugung, dass der Krieg, den er führte, nicht leicht zu gewinnen war. Er hoffte, Boris Beresowski und die Menschen im Kreml würden ihm dabei helfen. Für mich war 1995 das Jahr, in dem ich die turbulente Welt der Kreml-Oligarchen betrat und Zeuge der Machtkämpfe wurde, die sich in den innersten Kreisen abspielten.

II

Der Kampf um den Kreml

KAPITEL 3

Der Räuberbaron

Moskau, Frühjahr 1995

Wir fuhren durch das exklusive Viertel an der Rubljowka-Chaussee, das seit den Tagen Stalins eine Enklave bildete, Sitz der Sommerhäuser, die der Kreml-Stab bewohnte. Ich war in den siebziger Jahren – vor meiner Emigration – schon einmal hier gewesen. Nach außen hin hatte sich seit Sowjetzeiten nichts verändert: Immer noch krönte Stacheldraht die ockerfarbenen Mauern; immer noch standen dieselben massiven Tore mit Gucklöchern für die Wachen und die »Anhalten-verboten«-Schilder entlang der Straße.

Wir rollten eine Einfahrt hinauf. Mein Fahrer hupte, und ein Wachmann in paramilitärischer Tarnkleidung kam aus seinem Häuschen, starrte uns gelangweilt an und winkte uns durch. Ein eisernes Tor schwang quietschend auf, und wir fuhren in einen riesigen Pinienwald. Hinter den Bäumen stand ein Haus in jenem klassischen Datscha-Stil, den die früheren Parteibonzen bevorzugt hatten: ein langweiliger Kasten aus roten Ziegeln und Beton. Das Grundstück hingegen war beeindruckend und bot eine spektakuläre Aussicht auf die Moskwa. Mein Begleiter Arkadi Astafiew, Pressesprecher des stellvertretenden Premierministers Anatoli Tschubais, erklärte mir, dass die Datscha früher Nikolaj Ryshkow gehört hatte, dem letzten Premierminister der UdSSR.

Arkadi Astafiew hatte mich am Vormittag angerufen und gesagt: »Ich möchte dich mit jemandem bekannt machen.« Aber er wollte mir nicht verraten, mit wem. »Du wirst schon sehen. Ich kann am Telefon nicht darüber sprechen.«

Ein Butler, der wie ein Bodyguard gebaut war, führte uns nun durch das Haus zum hinteren Teil des Gartens. Auf der Terrasse stand ein Teetisch mit einer blütenweißen Tischdecke im Sonnenlicht. Unser Gastgeber stellte sich mir mit einem Scherz vor: »Sieht Soros' Haus genauso aus, oder müssen wir am Stil noch etwas arbeiten?« Es war Boris Beresowski.

Wir wurden von vier ausdruckslos dreinschauenden jungen Männern mit Dinnerjackets und weißen Handschuhen bedient, die zwischen dem üppigen Frühlingsgrün vollkommen fehl am Platz wirkten. Genau genommen passten sie überhaupt nicht zu dem kargen Gebäude im Parteistil. Am Tisch saßen bereits mehrere Männer, aber Beresowski dominierte die Gruppe. Er hielt eine geistreiche Rede über die Zukunft des russischen Fernsehens und sprach dabei so schnell wie ein Maschinengewehr, als könne seine Zunge nur schwer mit der Geschwindigkeit seiner Gedanken mithalten.

Beresowski trug Jeans und einen Pullover und wirkte ebenfalls fremd in dieser Umgebung. Er war weder ein Apparatschik, noch sah er wie ein Kapitalist aus. Er ähnelte einem verrückten Mathematikprofessor, der atemlos ein Theorem von bestechender Eleganz erklärt, während seine Zuhörer sich von trivialen Alltagsproblemen vereinnahmen lassen. Von Angesicht zu Angesicht machte er einen sehr viel sympathischeren Eindruck als im Fernsehen. Sein kahler Schädel glitzerte im Sonnenlicht, trotzdem erschien sein ausdrucksvolles Gesicht sehr jugendlich. Seine durchdringenden dunklen Augen und seine lebhaften Gesten verströmten eine Energie, die ihm auf dem Bildschirm fehlte.

Beresowskis Begrüßungsscherz war nicht der platte Versuch eines Neureichen, das Eis zu brechen. Er hatte mich eingeladen, weil ich für George Soros arbeitete, in der Hoffnung, er könne sich der Unterstützung des legendären Milliardärs für die massiven Privatisierungsvorhaben versichern, die sich am Horizont abzeichneten. Ich hatte mir schon gedacht, warum ich zu Beresowskis Teetafel gebeten worden war. Aber mir war nicht klar gewesen, dass ich damit einen neuen Planeten betreten hatte – BorisWorld –, auf dem ich mich die folgenden zehn Jahre aufhalten sollte.

Ich versuchte, betont höflich auf Beresowskis Scherz zu antworten. El Mirador, das Sommerhaus von George Soros, ist eine elegante, nach mexikanischer Bauart errichtete Hazienda in Southampton auf Long Island. So ausweichend wie möglich antwortete ich: »Es gibt einige Ähnlichkeiten, allerdings ist das Gebäude selbst in einem etwas anderen Stil gehalten.«

»Sobald wir die Wahlen hinter uns haben, kümmern wir uns um architektonische Feinheiten«, erwiderte Beresowski. »Ich würde Herrn Soros gern hierher einladen, wenn er sich das nächste Mal in Moskau aufhält. Er kann uns noch einiges beibringen. Wie er das Pfund abgewertet hat, war phantastisch. Diese Dreistigkeit! Ein Spitzenmann!«

Beresowski spielte auf den 16. September 1992 an. An diesem sogenannten Schwarzen Mittwoch spekulierte Soros weltweit auf Währungsmärkten gegen die britische Regierung. Er zwang die Briten, das Pfund abzuwerten, und verdiente dabei an einem einzigen Tag eine Milliarde Dollar. Dieser Streich brachte ihm den Beinamen »the man who broke the Bank of England« ein.

Der »Black Wednesday« machte Soros zur Legende und zum Vorbild aller russischen Neukapitalisten, obwohl er selbst der russischen Entwicklung mit zwiespältigen Gefühlen gegenüberstand. Sein wichtigster Kontaktmann in Russland war Anatoli Tschubais, auf dessen so eilige wie massive Privatisierungsmaßnahmen er mit einer Mischung aus Staunen und Missbilligung reagierte. Einerseits bewunderte er Tschubais' grandiose Leistungen: In nur drei Jahren hatte der jugendliche stellvertretende Premierminister die Revolution der Bolschewisten, die siebzig Jahre zuvor das private Eigentum verstaatlicht und dabei Ströme von Blut vergossen hatten, so gut wie rückgängig gemacht.

Tschubais übergab einen Großteil des Staatseigentums wieder an Privatpersonen, und zwar fast ohne Blutvergießen, wenn man von dem Sturm auf den Obersten Sowjet im Jahr 1993 und den mehreren Hundert Opfern »geschäftlicher Dispute« im ganzen Land einmal absah.

Andererseits war Soros nicht ganz mit Tschubais' Herangehensweise einverstanden. Der arrogante, brüske Vizepremier war nicht nur der Erzfeind der Kommunisten. Er war ein radikaler Anhänger der freien Marktwirtschaft, davon überzeugt, dass Gesetz und Ordnung der wirtschaftlichen Freiheit von ganz allein folgten. Seiner Meinung nach regelten sich die gesellschaftlichen Verhältnisse von selbst, sobald die Wirtschaft geöffnet wurde. Soros hingegen entsetzten die hässlichen Konsequenzen dieser Art von ungebändigtem Kapitalismus. Die unterschwelligen Unstimmigkeiten zwischen den beiden verdichteten sich im Januar 1995 beim Weltwirtschaftsgipfel in Davos zu einer offenen Konfrontation, als Tschubais der Welt verkündete, die Privatisierung Russlands habe einen neuen Typus von Privatunternehmern geschaffen, und diese Menschen sollten das Rückgrat des neuen, freien Russland bilden.

Tschubais war anstelle von Jelzin nach Davos gereist, der als Kriegspräsident in Moskau festsaß; das Debakel der Schlacht um Grosny am Silvesterabend war noch zu frisch. Während die Delegierten sich versammelten, um Tschubais' Rede zu lauschen, ging der erbitterte Kampf um Tschetschenien weiter.

Nichtsdestotrotz war die Rede des Vizepremiers ein Triumph. Er hatte gerade die erste Runde massiver Privatisierungen beendet, in der an alle Bürger Russlands Gutscheine verteilt worden waren, die sie gegen Anteile an ehemals staatlichen Unternehmen eintauschen konnten. Viele Gutscheine wurden zwar von Spekulanten und »roten Direktoren«, ehemaligen Firmenchefs der Sowjet-Ära, aufgekauft, dennoch gelang es Tschubais, mehrere Millionen Menschen zu Aktionären zu machen.

Die meisten Beobachter hatten vor unkontrollierbarer Inflation und chaotischen Zuständen gewarnt, aber die Pessimisten wurden eines Besseren belehrt: Die Inflation hielt sich im Rahmen. Die Statistiken der Privatisierung ließen keinen Zweifel daran zu. Alle Intrigen der Kommunisten fruchteten nicht: Jelzin blieb an der Macht. »Unsere Reform ist unumkehrbar«, proklamierte Tschubais.

Soros, der in Davos eine Art Guru-Status genoss, reagierte darauf, indem er die neuen russischen Kapitalisten als »Räuberbarone« bezeichnete.

»Ich hatte gehofft, es würde einen geordneten Übergang zu einer offenen Gesellschaft geben. Zu einer marktorientierten Demokratie, die auf einem Rechtssystem basiert«, klagte er. »Dieser Versuch ist gescheitert. Und das neue System, dessen Entstehung wir beobachten können, heißt Raubtierkapitalismus.«

Wie er ehrlicherweise hinzufügte, »ist dieses System bei aller Härte und Hässlichkeit auch sehr lebendig und organisiert sich selbst. Es kann erfolgreich werden, denn die neuen wirtschaftlichen Interessen wissen sich selbst zu verteidigen.« Das Problem sei jedoch, »dass dieses System ein sehr starkes Gefühl sozialer Ungerechtigkeit und den Verfall der Werte einer zivilisierten Gesellschaft nach sich zieht, was in Frustration und Orientierungslosigkeit mündet. Die Folgen sind politische Instabilität und eine fremdenfeindliche, nationalistische Stimmung in der Bevölkerung.«

Im Lauf der Jahre trafen sich Soros und Tschubais mehrmals, meist während Soros' häufigen Besuchen in Moskau, wo er sich um seine zahlreichen philanthropischen Initiativen kümmerte. Auch ich nahm oft an diesen Gesprächen teil, aber Dialoge konnte man sie beim besten Willen nicht nennen. Tschubais, der mit nahezu religiöser Inbrunst an die Kraft des freien Marktes glaubte, wiederholte immer wieder, dass sich durch Privatbesitz letztlich alle sozialen und politischen Probleme lösen ließen. Demokratie und Freiheit, eine soziale Gesinnung, Rechtsstaatlichkeit und eine liberale Regierungsform würden dem Kapitalismus entspringen. Dies habe schon Adam Smith mit seiner Lehre von der unsichtbaren Hand bewiesen.

Soros, der philosophisch dem Keynesianismus nahestand und im Geheimen geradezu sozialistisch dachte, glaubte, dass in Krisensituationen ein Eingreifen des Staates unvermeidbar sei. Er riet Tschubais, wieder Einfuhrzölle zu erheben, um die verwundbarsten Sektoren der russischen Wirtschaft zu schützen. Außerdem wollte er ihn für seine eigene Kampagne in Washington gewinnen, bei der es darum ging, ein durch westliche Wirtschaftshilfe finanziertes soziales Sicherheitsnetz für Russland zu schaffen – eine Art »sozialer Marshallplan«, der die Nachfrage dadurch »anstoßen« sollte, dass mehrere Milliarden Dollar in die Taschen gewöhnlicher russischer Bürger flossen. Tschubais wollte, dass Soros mit gutem Beispiel voranging und selbst in Russland investierte, doch war dieser zu sehr damit beschäftigt, soziale Einrichtungen mit Millionenbudgets im Land zu schaffen. Er wollte sein philanthropisches Engagement nicht mit Geschäftsinteressen verbinden. Außerdem war er der Meinung, Russland sei ein zu riskantes Terrain für Investoren, da die Kommunisten allmählich wieder an Macht gewannen.

Bei Beresowskis kleiner Teegesellschaft wurde schnell klar, dass nun er versuchte, Soros von einer geschäftlichen Partnerschaft zu überzeugen. Beresowski glaubte fest daran, dass die zweihundert Millionen Fernsehzuschauer, die seinen Sender ORT empfangen konnten, früher oder später einen enormen Absatzmarkt für Werbung bieten würden. Jede Investition in den Sender würde sich also reichlich auszahlen. Aber im Moment sah er sich einem Defizit von hundertsiebzig Millionen Dollar gegenüber, das zu viel für ihn war. Beresowski erklärte, er wolle Soros um einen Kredit von rund hundert Millionen Dollar bitten. Als Sicherheit biete er ihm ORT-Aktien und die Option, noch mehr Anteile aufzukaufen. Das Gesamtpaket sei ungefähr eine Milliarde wert. Beresowski argumentierte außerdem, wenn Soros der Demokratie in Russland wirklich helfen wolle, dann sei der beste Weg, den neuen, fortschrittlichen Fernsehsender zu unterstützen. Schließlich, merkte er noch an, habe Soros hundert Millionen Dollar ohne jede Gegenleistung an russische Wissenschaftler gespendet.

»Warum nennt er uns eigentlich Räuberbarone? Hält er uns alle für Gangster wie AlCapone?«, fragte Beresowski mich.

»Nicht ganz«, antwortete ich. Zur Erläuterung erzählte ich ihm die Geschichte der Tycoons und Finanzriesen des goldenen amerikanischen Zeitalters. Ich sprach von ihren riesigen Herrenhäusern in Newport, die heute Schulklassen besichtigen, wie zu Sowjetzeiten – wie wir beide noch sehr genau wussten – Schulkinder durch Lenins Grabstätte geschleust wurden. »Diese Männer sind nicht durch die Art unsterblich geworden, wie sie ihr Geld verdient haben – sie waren beileibe keine Engel –, sondern weil sie die amerikanische Industrie aufgebaut haben und gleichzeitig große Philanthropen waren. Durch ihre Spenden entstanden die Carnegie Hall, die Rockefeller-Stiftung und die Vanderbilt University. Deshalb spendet Soros Geld an russische Wissenschaftler. Er will nicht als der Mann in die Geschichte eingehen, der der Bank von England das Genick gebrochen hat, sondern als Wohltäter der neuen Demokratie in der ehemaligen UdSSR.«

Einen Moment lang wirkte Boris Beresowski nachdenklich, doch er hatte, wie immer, sofort eine Antwort parat: »Sehr interessant. Nun, sobald es geht, werden wir auch so handeln. Hast du schon von meiner Triumph-Stiftung gehört? Sie vergibt Stipendien an russische Künstler. Wie wäre es, wenn ich mich mit rund anderthalb Millionen Dollar an Soros' Wissenschaftsstiftung beteilige? Glaubst du, er wäre damit einverstanden?«

Schon vom ersten Augenblick unserer Bekanntschaft an konnte ich den Eindruck nicht abschütteln, dass Beresowski im Ökosystem der russischen Machtinhaber irgendwie fehl am Platz war. Er war der große Gatsby von Rubljowka, seine quecksilbrige Art und seine grandiosen Visionen vertrugen sich nicht mit dem Ethos, das die Hallen des Kreml durchwehte – eine Lethargie, die zu allem bereit war, um den Status quo zu verteidigen.

Die Feier zur Einführung des LogoVAZ-Stipendiums für junge Wissenschaftler in der Soros Foundation fand im Sommer 1995 in Moskau statt, in der Festhalle des Wissenschaftsministeriums. Vor laufenden Fernsehkameras gaben sich Soros und Beresowski die Hand. Soros hielt eine Rede, in der er davon sprach, dass er die Fackel der Philanthropie an die neue Klasse russischer Kapitalisten weiterreichen wolle. »Der russische Kapitalismus steht erst am Anfang. Schließlich muss man zuerst Geld verdienen, wenn man Geld verschenken will. Ich freue mich sehr, dass die Entwicklung dieses Landes so gut verläuft und dass wir, was die Rolle von Wissenschaft und Bildung angeht, einer Meinung sind.« Beresowski strahlte.

Auf der Heimfahrt nach der Zeremonie äußerte sich Soros jedoch ein wenig anders. Ich sprach ihn auf die Gatsby-Parallele an. »Stimmt«, sagte er. »Ich kann ihn gut verstehen, aber ich fürchte, dass er kein gutes Ende nehmen wird. Er klettert immer höher, und er weiß nicht, wann er aufhören soll. Und je höher man klettert, desto tiefer kann man fallen.«

Am Ende jenes Sommers hatten sich Soros' Prognosen für Russland erheblich verschlechtert. Er sagte, Jelzin stecke in einem Dilemma. Er müsse gleichzeitig mit einer gesellschaftlichen Krise und dem Internationalen Währungsfonds (IWF) und der Weltbank kämpfen, die den Großteil seines Budgets stellten und ihn unter Druck setzten, seine Ausgaben einzuschränken. Außerdem schien er die Kontrolle über die Armee in Tschetschenien verloren zu haben. Die Gewaltspirale des Krieges drehte sich immer weiter.

Frühling 1995

Tschetschenische Guerilla-Einsätze folgen immer schneller aufeinan-
der, und die Separatisten verminen Straßen im gesamten Kriegsgebiet.
Am 14. Juni bringen achtzig Rebellen unter der Führung des Warlords
Schamil Bassajew ein Krankenhaus in der etwa hundertzehn Kilome-
ter von der tschetschenischen Grenze entfernten russischen Stadt Bud-
jonnowsk in ihre Gewalt und nehmen mehr als tausendfünfhundert
Geiseln. Die Russen unternehmen mehrere Versuche, das Kranken-
haus zu stürmen, die aber alle fehlschlagen. Schließlich einigt man
sich auf einen Handel: Ein Großteil der Geiseln wird freigelassen. Im
Gegenzug verpflichtet sich Jelzin zu einem Waffenstillstand und zu
Verhandlungen mit den Rebellen. Die Geiselnehmer kehren als Helden
nach Tschetschenien zurück. Premierminister Tschernomyrdin, des-
sen Verhandlungen mit Bassajew im Fernsehen übertragen werden,
geht als neuer Spitzenmann im Kreml aus dem Zwischenfall hervor.

»Russland fällt in ein schwarzes Loch und wird die gesamte Region
mit ins Verderben reißen«, prophezeite Soros am Ende des Sommers düster. Er bat mich, die LogoVAZ-Wissenschaftsförderung he-
runterzufahren, »damit wir nicht sinnlos Geld verschleudern«.

Er war immer noch nicht dazu bereit, ORT einen Kredit zu geben.
»Boris braucht einen Geschäftspartner, und ich verstehe nichts vom
Fernsehen«, sagte er. »Aber ich wüsste da vielleicht jemanden.«

Der ins Spiel gebrachte Unternehmer – ein Mann, der bereits Anteile an einem großen amerikanischen Network besaß – wollte Beresowski jedoch ebenfalls kein Geld leihen. Stattdessen bot er ihm
an, einen Teil von ORT zu kaufen. Beresowski lehnte ab. Das sei unmöglich. Die Kommunisten in der Duma würden auf die Barrikaden
gehen, wenn sie erführen, dass Kanal Eins an einen Amerikaner verkauft werden solle. Der potenzielle Finanzier erwiderte, also sei bereits ein Kredit ein enormes politisches Risiko. Das Geschäft kam
nicht zustande.

Aber es gab auch eine gute Nachricht: Der Erfolg des runderneu-
erten Kanal Eins übertraf alle Erwartungen. Ein frisches Team unter der Leitung des liberalen Journalisten Konstantin Ernst – eines

jungen Intellektuellen mit schulterlangem Haar – gestaltete das Programm völlig neu, änderte das Format und den Stil der Nachrichten und produzierte Unterhaltungsprogramme, die speziell auf junge Zuschauer zugeschnitten waren. Der Sender propagierte die Vision eines dynamischen, wohlhabenden, nach Westen orientierten Russland, eines Landes, in dem es sich gut leben ließe, wenn die Kommunisten es nicht zurück in die sowjetische Vergangenheit zerrten. Die Einschaltquoten stiegen stetig an und übertrafen bald sogar die von NTW, aber das Hauptproblem blieb weiterhin ungelöst: Der Sender machte nach wie vor riesige finanzielle Verluste. Beresowski war pausenlos auf der Suche nach Geld, um den Betrieb aufrechtzuerhalten. Er glaubte, er müsse nur noch ein Jahr durchstehen. Bis zur nächsten Präsidentschaftswahl.

Er war sicher, dass ausländische Investoren nach Jelzins Wiederwahl bei ihm Schlange stehen würden. Eines Abends saßen wir auf der Terrasse der LogoVAZ-Zentrale und tranken eine Flasche von Beresowskis Lieblingswein Château Latour. Ich fragte ihn, was er tun würde, falls Jelzin verliere. Er sah mich an, als sei ich ein Idiot. »Was soll das heißen, falls er verliert? Das wird nicht passieren! Hast du dich als Kind nie geprügelt?«

»Nein«, musste ich zugeben.

»Wenn du dich auf eine Prügelei einlässt, musst du daran glauben, dass du gewinnst. Du darfst dir nicht vorstellen, dass dich jemand schlagen und an einen Laternenpfahl hängen wird. Wir dürfen nicht einmal daran denken, zu verlieren. Dies sind keine Gemeinderatswahlen in Cincinnati. Dies ist eine Revolution, mein Freund!«

Anatoli Tschubais hatte trotz seiner Rede in Davos noch lange nicht alle seine Ziele erreicht. Mit seinem Gutscheinprogramm hatte er mehr als die Hälfte der russischen Wirtschaft privatisiert, dabei aber hauptsächlich unzählige Klein- und Mittelstandsfirmen geschaffen. Die größten Unternehmen hatte er noch nicht angerührt: Öl-, Gas- und Mineralstofffabriken, Telekommunikation und Militärindustrie wurden immer noch von denselben Leuten geleitet, die schon zu Sowjetzeiten das Ruder in der Hand gehalten hatten. Viele schröpften diese Konzerne durch Dritthändler, wuschen die Profite oder bunkerten sie in ausländischen Offshore-Steuerparadiesen.

Die Manager dieser riesigen staatlichen Unternehmen waren unter dem Namen »Direktorenkorps« bekannt und bildeten eine mächtige Lobby. Im Kreml wurden sie durch Oleg Soskowetz vertreten, einen Veteranen der sowjetischen Rüstungsindustrie, der ebenfalls Erster stellvertretender Premierminister und Tschubais' schärfster Rivale im Kabinett war. Zusammen mit den Kommunisten der Duma repräsentierte das Direktorenkorps das größte Hindernis für den Fortschritt der Privatisierung, denn seine Mitglieder warteten begierig auf eine Rückkehr zur Planwirtschaft, sollten die Kommunisten wieder an die Macht gelangen.

Tschubais' erklärtes Ziel war eine vollständige Privatisierung der russischen Wirtschaft. Er spürte, dass ihm die Zeit davonlief. Mitte 1995 ließ er sich eine außergewöhnliche Strategie einfallen: Der Staat sollte seine größten Industrien mit einem Schlag selbst privatisieren. Kapitalisten würden die Unternehmensleitung übernehmen. Geplant war, die betrügerischen Manager, die sich an Firmengeldern bereicherten, durch private Eigentümer zu ersetzen, die Körperschaftssteuern bezahlten. Im besten Fall würden die neuen Eigentümer Jelzin dabei helfen, die Angriffe der Kommunisten zurückzuschlagen. Im schlimmsten Fall müssten die Kommunisten, falls sie die Wahl gewännen, versuchen, diesen Privatbesitz erneut dem Staat zu übereignen.

Aber diesmal konnte es sich Tschubais nicht mehr leisten, allen Russen kostenlose Privatisierungsgutscheine zu übergeben. Er brauchte Geld. Damals lagen die Staatseinnahmen bei siebenunddreißig Milliarden Dollar, die Ausgaben hingegen bei zweiundfünfzig Milliarden, was ein Defizit von beinahe dreißig Prozent bedeutete. Öl wurde zu einem Preis von fünfzehn Dollar pro Barrel verkauft, was einfach nicht genug Geld in die Kassen brachte. Steuern wurden nicht eingetrieben, der Krieg in Tschetschenien kostete von Monat zu Monat mehr, und ausländische Investitionen waren beinahe vollständig versiegt. Tschubais wendete sich also dem einzigen Wirtschaftszweig des Landes zu, der über ausreichende Geldmittel verfügte: dem neu entstandenen Finanzsektor, den keine Altlasten aus Sowjetzeiten zu Boden drückten. Das neue russische Bankwesen war aus dem Nichts aufgebaut worden und befand sich zu hundert Prozent in privater Hand.

Tschubais selbst erklärte seine Entscheidung später folgendermaßen: »1996 hatte ich die Wahl zwischen einer Machtübernahme durch die Kommunisten oder einem russischen Raubtierkapitalismus. Ich entschied mich für den Raubtierkapitalismus.«

Tschubais wählte eigenhändig ein Dutzend Bankiers aus, von denen er wusste, dass sie den Kommunisten nicht nachgeben würden. Diesen Bankiers bot er im Austausch für alles Bargeld, das sie auftreiben konnten, Russlands Kronjuwelen an: Gas, Mineralien und Teile der industriellen Infrastruktur. Die Kredite für die Regierung wurden durch Aktienanteile an den Unternehmen abgesichert. Konnte der Staat nicht rechtzeitig zahlen, durfte die Bank die Anteile versteigern – eine reine Formsache, da die Bank selbst diesen Prozess steuerte.

Diese Kredite-gegen-Aktien-Versteigerungen betrafen insgesamt zwölf Unternehmen: sechs Ölfirmen, drei Fabriken und drei Transportunternehmen. Sie erbrachten 1,1 Milliarden Dollar für die Regierung. Die glücklichen Räuberbarone durften sich danach zu den reichsten Männern der Welt zählen – vorausgesetzt, sie konnten auch nach der Wahl an ihren Vermögenswerten festhalten.

Boris Beresowski wollte ursprünglich nicht an den Auktionen teilnehmen, schließlich besaß er keine Bank und verfügte auch nicht über derart viel Geld. Außerdem war er an seinen Fernsehsender gebunden, und dieses Fass ohne Boden verschlang alle Profite, die sein Automobilgeschäft erwirtschaftete. Aber er war der einzige neue Oligarch, der enge Verbindungen zum Kreml unterhielt, und er entwickelte eine Strategie, mit der sich seine Schwäche zu seinem Vorteil nutzen ließ. Er erklärte Tschubais und Korschakow, er brauche eine Finanzspritze, um ORT am Laufen zu halten. Da dem Staat einundfünfzig Prozent der Anteile gehörten, sollte dieser auch einen Teil der Verantwortung für den maroden Sender übernehmen. Er bekam freie Hand. Eilig wurde eine zusätzliche »Versteigerung« für die Aktienmehrheit der sibirischen Ölfirma Sibneft organisiert, des siebtgrößten Ölproduzenten der Russischen Föderation. Tschubais' Wirtschaftsexperten schätzten ihren Wert auf mindestens hundert Millionen Dollar.

Beresowski besaß keine hundert Millionen. Er schaffte es nur, rund die Hälfte dieser Summe aufzutreiben.

6. Oktober 1995

Bei einer Bombenexplosion wird Anatoli Romanow, russischer Ober-
befehlshaber in Tschetschenien, lebensgefährlich verletzt. Romanow
gehörte zu den wenigen Friedensadvokaten im Militär und verhandel-
te zu diesem Zeitpunkt gerade mit den Rebellen. Der Waffenstillstand,
der seit Juni eingehalten wurde, ist damit zerstört. Es häufen sich Ge-
rüchte, der Anschlag auf Romanow sei das Werk der »Kriegspartei«,
einer geheimen Organisation aus hohen Militärs und Sicherheitsleu-
ten, die Jelzins Versuche, eine Einigung mit den Separatisten zu erzie-
len, boykottieren wollen. Der Verteidigungsminister und der Innenmi-
nister rufen offen zum kompromisslosen Krieg auf.

Eines Tages im frühen Herbst rief Boris Beresowski mich an und lud
mich in den Club der Firmenzentrale ein. Er wolle »eine dringende
Angelegenheit« mit mir besprechen.

Die meisten Moskauer kannten den Club nur als berühmten und
geheimnisumwitterten ORT. Wer dort hineindurfte, hatte es geschafft. Der Weinkeller und die Künste des Chefkochs waren bereits
zur Legende geworden. Nach dem Mordversuch an Beresowski 1994
waren die Sicherheitsmaßnahmen verstärkt worden. Es gab Metalldetektoren, Überwachungskameras und eine Ausweiskontrolle. Für
Eindruck sorgte auch die Präsenz vieler aufmerksamer junger Männer, die in Verhalten und Aussehen an die in früheren Zeiten zur Bewachung des Kreml abgestellten KGB-Agenten erinnerten.

Über dem Tresen der Bar, die auch als Wartezimmer diente, hing
der erste HDTV-Fernseher Moskaus. Es gab einen weißen Konzert-
flügel, auf dem gelegentlich ein älterer Jude in weißem Anzug – ein
guter Freund von Beresowski – ein paar Melodien klimperte. In einer Ecke stand aus unerfindlichen Gründen ein ausgestopftes Krokodil. Beresowskis Terminkalender war grundsätzlich übervoll, deshalb mussten seine Besucher meist auf ihn warten. Die Atmosphäre
in der Bar sollte seinen zahllosen Klienten und Gesprächspartnern
diese Wartezeit so angenehm wie möglich machen.

An jedem beliebigen Tag traf man im Club auf Minister, Fernseh-
stars, Abgeordnete der Duma und Spitzenjournalisten, Provinzgou-

verneure und westliche Fondsmanager. Darunter mischten sich Menschen, die niemand kannte, zum Beispiel der unauffällige junge Mann in Jeans, der häufig in einer Ecke saß: Sascha Litwinenko. Sascha und ich mussten uns im Club häufig begegnet sein, bevor wir einander schließlich kennenlernten.

Diesmal wurde ich sofort nach meiner Ankunft in Beresowskis Büro geführt. Es war über ein kleines Foyer zu erreichen, in dem ein barocker Miniaturbrunnen fröhlich vor sich hin plätscherte.

»Glaubst du, George Soros wäre interessiert daran, fünfzig Millionen in ein Projekt zu investieren?«, fragte Beresowski, noch bevor ich die Tür hinter mir geschlossen hatte.

Nach dem Fiasko mit ORT kam es mir sinnlos vor, Soros noch einmal einen solchen Vorschlag zu unterbreiten. Aber bevor ich den Mund aufmachen konnte, überschüttete mich Beresowski mit Informationen. »Diesmal geht es nicht um einen maroden Fernsehsender, sondern um eine profitable Ölfirma mit der kompletten Verwertungskette: Ölfeld, Raffinerie und Exportterminal. Diese Firma gehört zu den Prunkstücken der sowjetischen Energiewirtschaft. Wir wollen an der Versteigerung teilnehmen, aber uns fehlt noch ein bisschen Kleingeld. Ich möchte George vorschlagen, mit mir zu gleichen Teilen einzusteigen.«

»Moment, Moment«, unterbrach ich ihn. »Ausländer dürfen an diesen Versteigerungen nicht teilnehmen.«

»Das ist kein Problem«, antwortete Beresowski. »Wir haben bereits eine russische Firma gegründet, in der George fünfzig Prozent minus eine Aktie gehören würden. Alles ganz legal. Nach internationalem Standard sind die Ölreserven hier rund fünf Milliarden Dollar wert. Und das politische Risiko ist minimal. Sag George, er muss unbedingt mit einsteigen. Hier sind die Dokumente und das Informationsmaterial. Das Ganze ist sehr dringend. Ich kann jederzeit zu ihm nach New York fliegen.«

Ich ubermittelte Beresowskis Angebot nach New York. Mit einiger Überraschung stellte ich fest, dass Soros es nicht sofort ablehnte. Er dachte zwei Wochen lang darüber nach. Ich beobachtete ihn und schloss mit mir selbst Wetten ab: Würde er seine selbst gezogene Grenze überschreiten und sich dem Goldrausch des Raubtierkapitalismus anschließen?

George Soros gibt offen zu, dass zwei Persönlichkeiten in ihm wohnen: Einerseits ist er ein gerissener Investmentbanker, der im Interesse seiner Aktionäre handelt. Andererseits ist er auch ein Sozialreformer und Philanthrop, der sich darum bemüht, eine gerechtere Welt zu schaffen. Um Interessenkonflikten aus dem Weg zu gehen, vermeidet er nach Möglichkeit, Geschäfte in Ländern zu machen, denen sein humanitäres Interesse gilt. Aber dies war eine wirklich einmalige Gelegenheit.

Schließlich lehnte er ab. »Dieses Paket ist nichts wert«, sagte er. »Ich wette hundert zu eins, dass die Kommunisten die Wahl gewinnen und diese Versteigerungen sofort stoppen werden. Außerdem rate ich Boris dringend, ebenfalls die Finger davon zu lassen. Er steckt sein gesamtes Vermögen in diese Auktion, und er wird alles verlieren.«

Soros stand mit dieser Einschätzung nicht allein da. Beresowski sprach bei all seinen Geschäftspartnern in Ost und West vor. Aber weder Daimler-Benz noch der koreanische Daewoo-Konzern wollten sich bei Sibneft einkaufen. Alle waren überzeugt davon, dass Tschubais' Kuhhandel mit zweifelhaften Versteigerungen Jelzins Abwahl keinen Monat lang überdauern würde. Und diese Abwahl schien allmählich sicher.

Schließlich fand Beresowski doch noch einen Partner, einen unbekannten Ölhändler namens Roman (Roma) Abramowitsch. Abramowitsch war ein schüchterner, rotwangiger, neunundzwanzig Jahre alter Mann. Er trug Jeans und Pullover, war ein bisschen untersetzt und kam mit dem Motorrad in den Club. Wo er die fünfzig Millionen Dollar aufgetrieben hatte, wusste kein Mensch.

»Ich möchte dir jemanden vorstellen«, sagte Beresowski, als ich ihm Soros' Ablehnung im Club mitteilen wollte. »Dies ist mein neuer Partner Roma. Er interessiert sich sehr für humanitäre Initiativen. Meiner Meinung nach sollten wir ihn in den Vorstand deiner Stiftung wählen.«

Beresowski sprach von meinem neuesten Projekt, der Russian Society for Science and Education, für die ich gerade Spendengelder bei den neuen Oligarchen Russlands sammelte.

Ich referierte über das Goldene Zeitalter und die Säulen der Philanthropie in Amerika. Roma hörte mir höflich zu, sah die ganze

Zeit zu Boden und lächelte nur zaghaft, als Beresowski schwärmte, »um Russland zu einem normalen Land zu machen«, bräuchte der Staat mehr junge Männer wie ihn.

»Was hältst du von ihm? Ein wunderbarer Mensch, ich wünschte, es gäbe mehr von seiner Sorte«, begeisterte sich Beresowski, nachdem Abramowitsch gegangen war, ohne ein einziges Wort zu sagen.

Boris Beresowski sollte den Tag, an dem er Roma Abramowitsch in seine Kreise einführte, noch bitter bereuen. Fünf Jahre später hatte der schüchterne junge Mann die Kontrolle über Sibneft und ORT übernommen und war die wichtigste graue Eminenz des Kreml und der reichste Mann Russlands geworden.

KAPITEL 4

Der Pakt von Davos

9. bis 18. Januar 1996

Tschetschenische Rebellen greifen unter dem Kommando des Warlords Salman Radujew die Stadt Kisljar in Dagestan auf russischem Gebiet an. Sie nehmen hundertsechzig Geiseln mit sich, werden aber im Grenzdorf Perwomaiskoje von russischen Truppen gestellt und umzingelt. Einige FSB-Männer, darunter Sascha Litwinenko, haben sich ebenfalls mit den regulären Truppen in den Schützengräben verschanzt. Nach einer Woche Belagerung und mehreren vergeblichen Versuchen, das Dorf zu stürmen, verkünden die russischen Befehlshaber am 18. Januar, es seien »keine Geiseln mehr übrig«. Sie beginnen massive Bombenangriffe und töten dabei viele Geiseln und einige Rebellen. Am nächsten Morgen durchbrechen Radujew und der Großteil der Rebellen die russischen Linien und nehmen zwanzig Geiseln mit nach Tschetschenien. Litwinenko ist schockiert von der Brutalität der Armee.

Davos, Schweiz, 3. Februar 1996

Wladimir Gussinski, Spitzname »Goose«, nahm den Hörer in seinem Hotelzimmer in Davos ab. Als er die Stimme seines Anrufers erkannte, verschlug es ihm die Sprache. Es war sein Erzfeind Boris Beresowski.

Beide nahmen am Weltwirtschaftsgipfel 1996 teil.

»Wolodja, meinst du nicht, wir sollten das Kriegsbeil begraben, uns zusammensetzen und miteinander reden?«, fragte Boris Beresowski.

Der dreiundvierzigjährige Gussinski, ein ehemaliger Theaterdirektor, gehörte zur Spitze der jüdischen Gemeinde Moskaus. Er war eine Zeit lang der reichste Mann Russlands gewesen, bis das »Kredite-gegen-Aktien«-Programm der Regierung eine neue Spezies noch reicherer Oligarchen schuf. Gussinski verdankte sein Vermögen seiner Freundschaft mit dem Moskauer Oberbürgermeister Juri Luschkow. Bei der Most-Bank, die ihm gehörte, war ein Großteil der städtischen Finanzreserven angelegt. Im Zuge aller Privatisierungsmaßahmen der Stadt gingen die besten Grundstücke und Baufirmen an Gussinskis Immobilienunternehmen. Ihm gehörten außerdem eine Zeitung, ein wöchentlich erscheinendes Nachrichtenmagazin, ein Radiosender und NTW. Der Sender bereitete dem Kreml mit großem Vergnügen Kopfschmerzen, griff Tag und Nacht alle politischen Entscheidungen an und stellte die Abgeordneten in der beliebten politischen Satiresendung *Kukli* (Puppen) bloß. Politisch stand der Intellektuelle Gussinski Grigori Jawlinski nahe, einem Mitte-links-Demokraten, der mit George Soros befreundet war. Gussinski mochte Jelzin nicht und fürchtete die machthungrigen Militärs und Sicherheitsexperten, mit denen sich der Präsident umgab.

Der Konkurrenzkampf zwischen Gussinski und Beresowski sorgte in Moskau schon seit Monaten für Gesprächsstoff. Einmal musste Gussinski sich sogar fünf Monate lang aus Moskau absetzen und nach London fliehen, nachdem General Korschakow – Beresowskis Freund im Kreml – ihm ein paar Schläger auf den Hals gehetzt hatte, die ihm mit dem sogenannten Most-Bank-Überfall schwer zusetzten.

An jenem Dezembertag 1994 verließ wie jeden Morgen eine Autokolonne Gussinskis Datscha. An der Spitze fuhr ein schneller Wagen mit Sicherheitsleuten, die beide Seiten der Straße beobachteten. Danach kam Gussinskis gepanzerter Mercedes, dem wiederum ein Geländewagen folgte, der Schlangenlinien fuhr und so sicherstellte, dass niemand versuchte, den Tross zu überholen. Die Nachhut bildete ein fensterloser Kleinlaster, in dem sich ein Team ehemaliger Fallschirmjäger unter dem Kommando eines kahlköpfigen Mannes mit dem Spitznamen Zyklop befand.

Plötzlich hörten die Wachmänner in ihren Kopfhörern: »Wir haben Gesellschaft bekommen.« Der Konvoi wurde verfolgt. Gussinskis Fahrer trat das Gaspedal durch und fuhr mit quietschenden Reifen zum Firmensitz der Most-Bank, der sich im selben Moskauer Büroturm befand, in dem auch die Stadtverwaltung untergebracht war. Früher hatte hier Comecon residiert, die wirtschaftliche Schaltzentrale des Ostblocks. Von allen Seiten durch Bodyguards abgeschirmt eilte Gussinski in das Haus und begab sich schleunigst in Sicherheit – in das Büro des Oberbürgermeisters.

Kurze Zeit später trafen seine Verfolger ein. Es waren ungefähr dreißig Männer mit Sturmhauben und kugelsicheren Westen, die automatische Waffen und Granatwerfer bei sich trugen. In den folgenden zwei Stunden verfolgte Gussinski vom Fenster des Bürgermeisters aus entsetzt und ungläubig, was sich draußen abspielte. Die Angreifer, die offensichtlich dem Geheimdienst angehörten, entwaffneten seine Männer und befahlen ihnen, sich mit dem Gesicht nach unten in den Schnee zu legen. Dort mussten sie fast zwei Stunden lang ausharren, und zwar unter den Augen einer neugierigen Menschenmenge und vor laufenden Fernsehkameras. Die städtische Polizei traf am Schauplatz des Geschehens ein, wechselte ein paar Worte mit den Angreifern und räumte dann diskret das Feld. Auch die vom Personal alarmierte Einheit des FSB zog unverrichteter Dinge wieder ab.

Schließlich verschwanden die Angreifer auf so mysteriöse Weise, wie sie gekommen waren, ohne sich zu erkennen zu geben oder die Gründe für den Übergriff zu erklären. Am folgenden Morgen begab sich Gussinski mit seiner Familie nach London in die Sicherheit des Park Lane Hotel, wo er mehrere Monate lang blieb. Die Manager seines riesigen Geschäftsimperiums pendelten zwischen Moskau und London hin und her.

Das Geheimnis um den Übergriff auf die Most-Bank wurde einige Tage später gelüftet. Korschakow übernahm die Verantwortung dafür. Er erklärte, seine Leute hätten Gussinskis Männer angegriffen, weil sie im Verdacht stünden, gegen das Waffengesetz verstoßen zu haben. Korschakow bezeichnete das Ganze als reine Vorsichtsmaßnahme. Schließlich fahre Gussinskis Konvoi die gleiche Strecke, die auch der Präsident auf seinem Weg zum Kreml nehme, und man könne nicht vorsichtig genug sein. Aber der General deutete auch an, dass der Übergriff ihm persönlich Genugtuung verschafft habe: »Gänsejagd gehört zu meinen liebsten Hobbys«, sagte Korschakow schadenfroh in einem Interview mit der russischen Tageszeitung *Argumenti i Fakti* am 18. Januar 1995. Es wurde allgemein vermutet, dass der Übergriff seine Rache für die Kritik von NTW am Tschetschenienkrieg war. Und ein saftiger Denkzettel dafür, dass er in der Sendung *Kukli* immer als kompletter Idiot dargestellt wurde.

Damals glaubten viele, der Most-Bank-Überfall sei von Beresowski angezettelt worden, der schließlich mit Korschakow befreundet war. Als Beresowski drei Monate später, nach dem Mord an Listjew, am 1. März 1995 beinahe von der Polizei entführt wurde – und Sascha Litwinenko ihn rettete –, lautete natürlich die logische Schlussfolgerung, dies sei eine Racheaktion des Oberbürgermeisters für den Most-Bank-Überfall gewesen.

Jetzt, im Februar 1996, waren Beresowski und Gussinski direkte Konkurrenten im TV-Geschäft. Und doch besaß Beresowski die Dreistigkeit, Gussinski anzurufen und zu einem Drink einzuladen. Allerdings war Gussinski nicht übermäßig erstaunt über das Angebot. Die Lage in Russland war so aussichtslos, dass der Mann sich auch mit dem Teufel selbst an einen Tisch gesetzt hätte – vorausgesetzt, der würde ihm verraten, wie er die Katastrophe abwenden könne, die ihm bei den russischen Präsidentschaftswahlen drohte.

Nur ein paar Monate zuvor waren die gut geölten Privatisierungsrädchen plötzlich zum Stillstand gekommen. Monatelang waren glückliche Bankiers über Nacht zu Industriemagnaten geworden, aber im Dezember widerrief die Regierung ohne jede Erklärung drei »Kredite-gegen-Aktien«-Versteigerungen in der Luftfahrtindustrie. Betroffen waren auch Anteile an der Suchoi-Fabrik, wo die berühmten Kampfjets produziert wurden. Man munkelte, Verteidigungsminister Pawel Gratschew, ein überzeugter Kriegsbefürworter im Kreml, habe den Deal eigenhändig zum Platzen gebracht.

Tschubais' Stellung wurde immer prekärer. Je mehr die Präsidentschaftswahlen ins Bewusstsein der Bevölkerung rückten, desto untragbarer wurde er für Jelzin. Die kommunistische Propagandamaschine machte ihn zum Staatsfeind Nummer eins, und bei politischen Versammlungen wurde der Slogan »Jelzin in Rente, Tschubais in den Knast!« skandiert. Tschubais' Feinde schreckten auch nicht davor zurück, ihn wegen seines nichtrussischen Nachnamens und seines ungewöhnlichen Äußeren anzugreifen. Besonders sein rotes Haar machte ihn zur Zielscheibe ihres Hohns. Im russischen Volksglauben gelten Rothaarige als verschlagene, unehrliche Gesellen, denen nicht zu trauen ist. Ein Aberglauben, der sich in einem Erlass Peter des Großen widerspiegelt, der einst Rothaarigen untersagte, vor Gericht als Zeugen auszusagen. Dieser Ukas wurde in den Archiven ausgegraben und über alle Sender im Land publik gemacht.

Anfang Januar war Jelzins innerster Kreis zutiefst gespalten. Die Anti-Tschubais-Fraktion unter der Führung von Korschakow flüsterte dem Präsidenten ein, es sei an der Zeit, »den Privatisierer« zu opfern. Nur auf diesem Weg könne er, Jelzin, seine Popularität wenigstens ein bisschen steigern.

Zu Korschakows Gruppe gehörten unter anderem Saschas Vorgesetzter, der FSB-Direktor Michail Barsukow, und der Erste Vizepremierminister Oleg Soskowetz, dem Korschakow am liebsten das Präsidentenamt übertragen hätte. Zu den Liberalen, die Tschubais unterstützten, gehörten Außenminister Andrej Kosirew, Stabschef Sergej Filatow und der Journalist Walentin Jumaschew, der mit Jelzins Tochter Tatjana befreundet war und sie schließlich heiratete, was ihn bald zu einem wichtigen Machtfaktor im Kreml machen sollte. Premierminister Wiktor Tschernomyrdin – ehemaliger Minister für die Gasindustrie der UdSSR – achtete auch weiterhin strikt auf seine Neutralität, ebenso wie Boris Beresowski. Tschubais hatte jedoch ein Ass im Ärmel: Er war im Westen sehr beliebt. Zu seinen Förderern gehörten sowohl die Regierung Clinton, die Weltbank und der IWF wie auch eine Gruppe von Wirtschaftsexperten der Harvard University, die ihn berieten und ihm bei der Einrichtung kapitalistischer Institutionen – zum Beispiel einer Börse und einer Steuerbehörde – unter die Arme griffen. Aber in den Augen der russischen Bevölkerung war diese Karte leider kein Trumpf, sondern eher der Schwarze Peter.

Am 17. Januar 1996 eröffnete Jelzin seine Wahlkampagne mit einem Knalleffekt. Er feuerte Tschubais und einen Großteil seiner liberalen Kabinettsmitglieder und behauptete: »Tschubais ist an allem schuld.«

Dieser Satz hallte in ganz Russland wider und bedeutete die totale Niederlage für die Reformer. Die Verwaltung des Wirtschaftsportfolios übergab Jelzin an Wladimir Kadannikow, den Leiter der Wolga-Automobilfabrik, ebenjener Firma, die Boris Beresowski vor dem missglückten Anschlag auf sein Leben gern privatisiert hätte. Der prowestliche Außenminister Andrej Kosirew wurde durch den Direktor des Außennachrichtendienstes Jewgeni Primakow ersetzt, einen überzeugten Falken. Der liberale Stabschef Filatow reichte seinen Rücktritt ein, ihm folgte Nikolaj Jegorow, ein weiterer Hardliner.

Und um den Rundumschlag komplett zu machen, ernannte Jelzin Tschubais' ärgsten Konkurrenten, den Ersten Stellvertretenden Premierminister Oleg Soskowetz, zum Vorsitzenden seines Wiederwahlausschusses. Zweiter und dritter Vorsitzender des Komitees wurden die Generäle Korschakow vom FSO und Barsukow vom FSB. Meinungsumfragen zufolge lag damals der kommunistische Kandidat Gennadi Sjuganow mit vierundzwanzig Prozent der zu erwartenden Wählerstimmen vorn; Grigori Jawlinski, der sozialdemokratische Freund von George Soros, lag bei elf, der faschistische Wladimir Schirinowski bei sieben Prozent. Der ehemalige Fallschirmjäger General Alexander Lebed erreichte sechs Prozent und Jelzin magere fünf, womit er nur knapp die Kategorie »Ferner liefen« verfehlte. Die Hälfte der befragten Bürger hatte sich noch nicht entschieden.

Bei seiner Ankunft am 1. Februar in Davos entdeckte Beresowski schnell, dass dort Gennadi Sjuganow – möglicherweise der nächste kommunistische Präsident Russlands – eine Hauptattraktion bildete. Westliche Vorstandsvorsitzende umschwärmten ihn – so beschrieb er es selbst – »wie die Motten das Licht«. Der arbeitslose Tschubais hingegen fühlte sich wie »ein einsamer Geist« in dem Schweizer Skiort. Er war Schnee von gestern.

Sjuganow, ein stämmiger einundfünfzigjähriger Apparatschik mit schütterem Haar, unternahm alles, um sich als Sozialdemokrat westlicher Prägung darzustellen. »Wir wollen eine Mischwirtschaft«, wurde er in William Safires Kolumne in der *New York Times* zitiert. »Kommunismus bedeutet Kollegialität, nachhaltige Entwicklung und gemeinsame Werte. Wir werden in erster Linie in die Menschen investieren.«

»Es schockierte mich zutiefst, dass sich all diese Westler, darunter auch Soros, von Sjuganow derart blenden ließen«, erinnerte sich Boris Beresowski. »Sie begriffen einfach nicht, dass Sjuganow nur das neue Gesicht des alten Zentralkomitees war! Sobald diese Leute wieder an den Hebeln der Macht säßen, würden sie sofort alle politischen Gegner ins Gefängnis werfen. Es war mir unbegreiflich, dass niemand das durchschaute.«

Aber der Westen hatte Jelzin offenbar endgültig abgeschrieben. Eine CIA-Analyse, die irgendwie an die Presse gelangt war, beschrieb den russischen Präsidenten als Alkoholiker, der bereits vier Herzinfarkte erlitten hatte und die Wahl verlieren würde, falls er überhaupt noch so lange lebte. Russland hatte die Wahl zwischen den Kommunisten und einer Koalition aus Militär und Geheimdienst.

»Das Spiel ist aus«, sagte Soros zu Beresowski, als sie sich in Davos zum Frühstück trafen. »Willst du meinen Rat hören? Bring deine Familie in Sicherheit, verkauf, so viel du kannst, und verlass das Land, bevor es zu spät ist.«

Aber Boris Beresowski zeigte sich störrisch und risikofreudig, und das Gespräch mit Soros ermutigte ihn sogar noch, anstatt ihn zur Räson zu bringen. Danach wollte er wirklich um jeden Preis gewinnen, und deshalb griff er zum Telefonhörer und rief Gussinski an.

Gussinski war aus zwei Gründen ein unverzichtbarer Bündnispartner für Jelzin. Erstens, weil sein Freund Luschkow als Oberbürgermeister Moskau kontrollierte, wo zehn Prozent der russischen Wähler lebten. Ohne Luschkows Unterstützung war ein Sieg in den städtischen Meinungsumfragen ein Ding der Unmöglichkeit. Zweitens, weil Gussinskis NTW bei den Bildungsbürgern Russlands, die rund fünfzehn Prozent der Wählerstimmen stellten, besonders beliebt war.

Beresowski traf sich mit Gussinski auf einen Drink und kam ohne Umschweife zur Sache: »Wolodja, ist dir klar, was die Kommunisten als Erstes tun werden, nachdem sie an die Macht gelangt sind? Sie werden dich hinter Gitter bringen, weil du ein reicher Jude bist.«

Gussinski stimmte ihm zu, und Beresowski begann mit seiner Überzeugungsarbeit. Die Situation sei nur zu retten, wenn die beiden sich zusammentäten, also müsse Gussinski sich von Jawlinski abwenden und Luschkow dazu bringen, Jelzins Kandidatur zu unterstützen. Beresowski wollte sogar Tschubais wieder ins Spiel bringen.

Gussinski hätte gute Gründe gehabt, abzulehnen. Er hegte seit Langem eine tiefe Abneigung gegen die Kreml-Leute, nicht zuletzt wegen Korschakows Übergriff auf seine Männer und weil Tschubais seine Bank vom »Kredite-gegen-Aktien«-Goldregen ausgeschlossen hatte. Und es würde auch nicht leicht werden, den Moskauer Oberbürgermeister von einer Zusammenarbeit mit Tschubais zu überzeugen, denn die beiden stritten seit Langem erbittert um die Privatisierung der Moskauer Betriebe und konnten sich nicht darauf einigen, welche nun städtisch und welche staatlich waren.

»Wenn die Kommunisten die Macht ergreifen ...«, begann Beresowski erneut, aber Gussinski unterbrach ihn und zählte dessen Argumente selbst noch einmal auf: Die Kommunisten würden alle Privatisierungen rückgängig machen, ob sie nun für den Kreml oder für Moskau geschehen waren; Jawlinski hätte keine Chance zu gewinnen, denn als Jude würde er höchstens zwölf Prozent der Stimmen erreichen. Alles in allem war Jelzin offenbar wirklich das kleinste Übel. Gussinski war bereit, auf Beresowskis Angebot einzugehen.

Er gab aber zu bedenken, dass Jelzins Geheimdienstler und das Militär mindestens genauso gefährlich seien wie die Kommunisten und dass der Krieg in Tschetschenien um jeden Preis gestoppt werden müsse. Dem stimmte Beresowski vorbehaltlos zu. Die beiden besiegelten ihr Bündnis mit einem Händedruck. Gemeinsame Feinde schaffen oftmals seltsame Bundesgenossen, aber in Moskau hatte niemand mit dieser Zweckgemeinschaft gerechnet.

Boris Beresowski rief sofort die anderen Oligarchen in Davos an, die mehr oder weniger in Ungnade gefallen waren, und lud sie zu einem strategischen Treffen ein. Auch Tschubais nahm daran teil. Als die anderen sahen, dass die Erzfeinde Beresowski und Gussinki wie alte Freunde miteinander plauderten, sprang der Funke auf sie über, und eine neue »Gruppe Davos« war geboren. Beresowski bekam den Auftrag, den Bündnispartnern eine Audienz beim Präsidenten zu verschaffen.

Um hinter dem Rücken Korschakows zum Präsidenten zu gelangen, nutzte Beresowski seine Verbindung zu »Tanja-Walja«. So wurden Jelzins Tochter Tatjana und der Journalist Walentin Jumaschew genannt, die unzertrennlich waren. Beresowski war sicher, dass der allmächtige FSO-Direktor von seinem Vorhaben erfahren würde. Er wusste, dass er sich damit einen mächtigen Feind geschaffen hatte. Korschakow setzte alle, die ihn auf dem Weg zum Präsidentenamt übergingen, auf seine persönliche Schwarze Liste, selbst wenn es sich um eine vollkommen harmlose Angelegenheit handelte. Und dies war beileibe keine harmlose Angelegenheit: Beresowski hatte die Absicht, Korschakows gesamten Coup rückgängig zu machen.

Ende Februar traf Jelzin die Mitglieder der Gruppe Davos im Kreml zu einem Gespräch. Dies war Beresowskis erstes offizielles Treffen mit dem Präsidenten, und er wusste nicht, wie er sich diesem rätselhaften Mann gegenüber verhalten sollte. Jelzin vereinte sehr gegensätzliche Eigenschaften in seiner Person: In Krisenzeiten zeigte er sich entschlossen, in ruhigeren Perioden grenzte seine Trägheit fast schon an Stumpfsinn. Er war ein Autokrat, der Redefreiheit und Bürgerrechte schützte; ein ehemaliger kommunistischer Parteifunktionär, der die Kommunisten hasste; ein Sowjet reinsten Wassers, der eigenhändig die UdSSR aufgelöst hatte.

Jelzin wirkte krank. Kurz vor Silvester hatte er einen weiteren Herzinfarkt erlitten, den sein Stab bisher erfolgreich vor der Presse geheimgehalten hatte. Das aufgedunsene Gesicht und sein von Alkohol und Herzinsuffizienz geschwächter Körper zeugten von seiner Erschöpfung. Beresowski wusste, dass Jelzins Frau ihren Mann angefleht hatte, nicht für eine zweite Amtszeit zu kandidieren. Er wusste auch, dass Jelzins engster Vertrauter Korschakow den Präsidenten dazu drängte, den moderaten Premierminister Tschernomyrdin durch den Falken Oleg Soskowetz zu ersetzen. Damit wäre dieser der designierte Nachfolger, falls dem Präsidenten etwas zustoßen sollte (möglicherweise ein tödlicher Herzinfarkt).

»Boris Nikolajewitsch, wir würden gern über die bevorstehenden Wahlen sprechen«, begann Beresowski. »Wir glauben, dass Sie geradewegs auf eine Katastrophe zusteuern.«

»Aber man hat mir versichert, es gehe aufwärts, die Meinungsumfragen seien nicht repräsentativ und die meisten Menschen würden schließlich mich wählen«, erwiderte der Präsident mit einem Stirnrunzeln.

Jelzins Tonfall war völlig ausdruckslos, deshalb erkannte Beresowski nicht, ob der Präsident jeden Bezug zur Realität verloren hatte oder sich nur einen Scherz mit ihm erlaubte.

»Dann hat man Sie belogen, Boris Nikolajewitsch!«, gab Beresowski zurück, und die anderen pflichteten ihm bei: »Ihre Wahlkampagne ist ein Desaster, und Ihr ganzes Umfeld weiß es. Wer nicht versucht, sich mit den Kommunisten zu arrangieren, packt gerade seine Sachen, um ins Ausland zu fliehen. Wir müssen die Situation jetzt retten, denn in einem Monat ist es bereits zu spät. Und Sie können uns trauen, denn wir handeln aus reinem Eigennutz. Wenn die Kommunisten gewinnen, werden sie uns als Erste an die Wand stellen.«

»Und was schlagt ihr vor?«, fragte Jelzin. Sein Tonfall war immer noch ausdruckslos und verriet weder Zustimmung noch Ablehnung.

»Lassen Sie uns Ihre Wahlkampagne übernehmen«, sagte Beresowski. »Wir bieten Ihnen die Medien, das Geld, die Leute, Kontakte in den entlegenen Regionen und vor allem unsere unbedingte Entschlossenheit. Wir brauchen nur noch Ihre Zustimmung.«

»Ich habe schon Personal, das sich um meinen Wahlkampf kümmert«, sagte Jelzin. »Soll ich etwa Soskowetz feuern und euch den Vorsitz übertragen?«

»Nein, natürlich nicht. Schaffen Sie einen zweiten Ausschuss, der sich, sagen wir mal, um die Wahlanalyse kümmert. Lassen Sie diesen Ausschuss Hand in Hand mit Ihrem Stab arbeiten. Und zwar unter dem Vorsitz von Anatoli Borisowitsch Tschubais.«

»Tschubais? Tschubais … Tschubais ist an allem schuld«, zitierte der Präsident sein eigenes Verdikt. Er schwieg, sein maskenhaftes Gesicht verriet keine Gefühlsregung. Aber dann umspielte ein leises Lächeln seine Mundwinkel. »Na gut. Da er nun mal an allem schuld ist, soll er den Schlamassel auch wieder in Ordnung bringen. Gut, versuchen wir's«, sagte er.

Nach der Audienz blieb Beresowski noch eine Viertelstunde, um die Einzelheiten des Plans zu besprechen. Er fürchtete, der Präsident sei noch nicht restlos von seinem Vorhaben überzeugt, also erwähnte er, ihm sei zu Ohren gekommen, Korschakow wolle die Wahlen aussetzen. »Wir werden demokratisch gewinnen, Boris Nikolajewitsch. Alles andere würde nur zu Blutvergießen führen«, beschwor er den Präsidenten. Aber als er Jelzins Büro verließ, wusste er immer noch nicht, ob er ihn überzeugt hatte. Jelzin ließ sich nur sehr ungern in die Karten schauen.

Bereits am folgenden Tag begann die Belegschaft des »Schatten-Hauptquartiers«, wie die Gruppe intern bald genannt wurde, fieberhaft zu arbeiten. Ihre Bemühungen wurden vor der Presse und der Öffentlichkeit geheim gehalten. Innerhalb kürzester Zeit rekrutierten Beresowski und Gussinski ein Team aus Meinungsforschern und Redenschreibern, das aus den klügsten Köpfen Moskaus bestand. Sie arbeiteten Strategien aus, mit denen sie die Jugend, die Rentner und das Militär mobilisierten; sie organisierten Versammlungen und Konzerte; sie engagierten Künstler und Popstars; sie hofierten die Mächtigen der entlegenen Regionen. Kurz: Sie benutzten alle Tricks, die sie von westlichen Wahlkampagnen kannten und von denen in Russland bis dato noch niemand gehört hatte. Ihre trägen und nachlässigen Gegner versäumten es, darauf zu reagieren, und hofften weiter, sie würden das Volk mit ihren altbekannten Politbüroreden für sich gewinnen.

Unter strengster Geheimhaltung arbeitete die Mannschaft des Schatten-Hauptquartiers rund um die Uhr. Tschubais kümmerte sich um die Finanzierung und die Logistik, Beresowski übernahm die allgemeine Planung, und Gussinski brachte den kreativen Kopf seines Senders, Igor Malaschenko, mit ins Team, den Präsidenten von NTW. Er sollte die Medienkampagne koordinieren. Jelzins Ergebnisse in den Meinungsumfragen verbesserten sich augenblicklich.

Jahre später erinnerte sich Malaschenko, der inzwischen im amerikanischen Exil lebte, an diese dramatische Zeit.

»Am 6. März wurde ich Jelzin vorgestellt, bei einem streng geheimen Treffen. Ich sagte ihm geradeheraus, ich würde dafür sorgen, dass er gewänne. Er schien mir nicht zu glauben. Ich hatte den Eindruck, dass er nur mit uns zusammenarbeitete, um wirklich alle Möglichkeiten ausgeschöpft zu haben. Ich sagte ihm, wir würden die Nation täglich aggressiv mit Nachrichten überschwemmen, und dabei bräuchte ich seine Hilfe.

›Was soll das heißen?‹, fragte er.

Ich erzählte ihm von Ronald Reagans Wahlkampf. Dieser hatte in Automobilfabriken Reden über die Lage der Wirtschaft gehalten. Er war auch vor die Arbeiter einer Flaggenfabrik getreten, um ein patriotisches Image zu erzeugen. Jelzin gefiel die Idee mit der Flaggenfabrik. Meine Leute suchten so schnell wie möglich eine solche Fabrik in Moskau. Schließlich fanden sie eine, und ich verwarf die Idee wieder: Sie war ein elendes Dreckloch voller verbitterter, hungriger, zerlumpter Arbeiter, die seit Monaten keinen Lohn bekommen hatten. Der Betrieb stand kurz vor der Pleite. Damals gab es keine besonders große Nachfrage nach russischen Flaggen.«

Korschakow bekam einen Tobsuchtsanfall, als er von der Existenz des Schatten-Hauptquartiers erfuhr. Das Triumvirat Tschubais – Beresowski – Gussinski, das durch Spenden der vom Staat geschaffenen neuen Großaktionäre unterstützt wurde, stellte für ihn eine ebenso große Herausforderung dar wie die Kommunisten. Er wollte zwar, dass Jelzin Präsident blieb, aber nur zu seinen Bedingungen, die ihm garantierten, dass die Geheimdienste auch zukünftig eine wichtige Rolle spielen würden. Als er erfuhr, dass Beresowski Jelzin durch die schonungslose Offenheit beeindruckt hatte, mit der er den Präsidenten über sein schlechtes Abschneiden in den Meinungsumfragen informiert hatte, änderte er seine Taktik: Seine gesamte Mannschaft begann, dem Präsidenten einzureden, die Situation sei so verfahren, dass ihn nicht einmal ein nach allen Regeln der Kunst geführter Wahlkampf vor einer demütigenden Niederlage bewahren würde. Korschakow engagierte sogar ein Team amerikanischer Berater, die eine unabhängige Einschätzung der Lage liefern sollten. Damit wollte er Jelzin beweisen, dass er die Wahlen nicht gewinnen konnte.

Korschakow argumentierte, die einzige Lösung sei, die Wahlen zu verschieben und den nationalen Notstand auszurufen. Und zweifellos glaubte er das auch.

Mitte März standen sich im politischen Lager des Präsidenten zwei unversöhnliche Gruppen gegenüber: Die eine versuchte, das kommunistische Problem durch viel Geld zu lösen, die andere hätte die Kommunisten am liebsten mit Panzern überrollt.

6. März 1996

Mehrere Hundert tschetschenische Rebellen dringen in Grosny ein, überwältigen die dort stationierten russischen Einheiten und bringen die Stadt für drei Tage in ihre Gewalt. Danach fliehen sie mit ihrer Beute – zahlreichen Waffen und einem großen Munitionsvorrat – zurück in die Berge. Der Überraschungsangriff ist der erste Versuch der Rebellen, Grosny wieder unter ihre Kontrolle zu bringen, seit russische Streitkräfte die Stadt im Februar 1995 eingenommen haben.

George Soros traf am 15. März 1996 in Moskau ein. Er wollte sich mit Premierminister Tschernomyrdin treffen und ihn um seine Unterstützung für ein neues Projekt bitten: Russland sollte endlich Zugang zum Internet bekommen. Damals wussten nur die wenigsten Russen, was das Internet überhaupt war, aber für Soros war die Lage eindeutig: Wenn etwas dieses Land aus seiner ewigen Provinzialität befreien konnte, dann die Integration in das weltweite Informationsnetz. Der Plan sah vor, an den dreißig größten Universitäten des Landes Internet-Hubs einzurichten, auf die auch die Städte in der Umgebung zugreifen konnten. Diese Hubs sollten die fortschrittlichen Kräfte des ganzen Landes vernetzen: Journalisten, NGOs, liberale Regionalpolitiker und das Bildungsbürgertum.

Ich hatte Soros den Vorschlag unterbreitet, aber eigentlich nicht damit gerechnet, dass er meine Idee finanziell unterstützen würde. Schließlich prophezeite er immer noch, dass Russland auf eine »Katastrophe von kosmischen Dimensionen« zusteuere. Zu meiner Überraschung stimmte er zu. Er sagte: »Es gibt schließlich ein Leben nach dem Tod.« Im Laufe der folgenden fünf Jahre legte er hundert Millionen Dollar für das Projekt zur Seite. Das Geld war nur an eine Bedingung geknüpft: Die Regierung sollte eine vergleichbare Summe beisteuern und die Hubs über frei zugängliche Telekommunikationskanäle miteinander und mit dem restlichen World Wide Web verbinden. Darüber mussten wir mit dem Premierminister sprechen.

Das Problem war nur, dass Tschernomyrdin nicht mit Soros sprechen wollte. Ihm war zu Ohren gekommen, dass dieser in Davos mit

Sjuganow fraternisiert und ihm angeblich geholfen hatte, sein Image als moderater Sozialdemokrat zu festigen. Ich musste meine persönlichen Verbindungen zu Beresowski spielen lassen, der schließlich den Premierminister dazu bewegte, uns einen Termin zu geben.

Am Tag des Treffens verabschiedeten die Kommunisten in der Duma eine Resolution, die das Minsker Abkommen außer Kraft setzen sollte, jenen berühmten Vertrag, 1991 von Jelzin gemeinsam mit dem ukrainischen und dem weißrussischen Präsidenten unterzeichnet, der das offizielle Ende der UdSSR besiegelt hatte. Die Nachricht, dass die Duma ein solches Manöver plante, verbreitete sich wie ein Lauffeuer im gesamten früheren Imperium vom Baltikum bis nach Zentralasien und sorgte für Panik in den ehemaligen Sowjetrepubliken. Jelzin bezeichnete die Duma-Resolution als bloßes Säbelrasseln vor der Wahl. Sogar der ehemalige Präsident der Sowjetunion Michail Gorbatschow, den das Minsker Abkommen letztlich sein Amt gekostet hatte, sagte der Nachrichtenagentur Reuters: »Man erwartet von mir, dass ich dieser Entscheidung Beifall zolle, weil sie mich wieder zum Präsidenten machen würde. Aber wer jetzt noch von einer Wiederherstellung der Sowjetunion redet ... ignoriert die neue Realität, in der wir leben.«

Tschernomyrdin empfing uns im Weißen Haus, dem russischen Parlamentsgebäude am Ufer der Moskwa. Neben Jelzin und Primakow war er der letzte große Politiker der Sowjet-Ära in der russischen Regierung. Allerdings begrüßte er uns mit einer äußerst unsowjetischen wütenden Schimpftirade gegen Sjuganow, den Führer der Kommunisten. Er nannte ihn einen »Wolf im Schafspelz«.

»Aus Davos hat uns die Nachricht erreicht, dass einige Persönlichkeiten aus dem Westen ihn als einen moderaten Linken betrachten«, sagte Tschernomyrdin und sah dabei Soros strafend an. »Das ist naives westliches Wunschdenken. Schon Genosse Lenin brachte dies auf den Punkt, als er sagte, die Kapitalisten würden ihm selbst das Seil verkaufen, an dem er sie aufzuknüpfen gedenke. Aber ich kenne diese Leute gut. Schließlich war ich dreißig Jahre lang an sie gefesselt. Ich durchschaue sie. Haben Sie gehört, was heute passiert ist? Diese Leute wollen die Sowjetunion wiederauferstehen lassen! Und das werden sie auch tun, wenn sie an die Macht gelangen. Machen Sie sich nichts vor, Soros. Die Kommunisten führen nichts

Gutes im Schilde, und wir werden auf keinen Fall zulassen, dass sie in Russland wieder die Macht übernehmen.«

Nachdem Soros sich einen zehnminütigen Vortrag über die Schrecken des Kommunismus angehört hatte, bekam er endlich die Gelegenheit, dem Premierminister zu versichern, dass er keineswegs die Absicht habe, Sjuganow zu unterstützen, schon gar nicht nach der heutigen Resolution der Duma. Er teile die im Westen vorherrschende Besorgnis, was die Präsidentschaftswahlen angehe.

»Ja, ja«, seufzte Tschernomyrdin. »Die Besorgnis des Westens ist wirklich unser kleinstes Problem.«

Am Ende des Gesprächs war der Premierminister jedoch dem Westen gegenüber deutlich milder gestimmt. Auf jeden Fall bekamen die Internet-Zentren der Universitäten ihre frei nutzbaren Verbindungen auf Staatskosten.

Soros freute sich über seinen neuen Bekannten.

»Wusstest du, dass dieser Mann Gasprom kontrolliert?«, fragte er, als wir das Weiße Haus verließen. »Der ist vielleicht sogar reicher als ich!« Einen Moment lang sah ich nicht mehr einen Philanthropen vor mir, sondern einen Investor. Einen möglicherweise sehr hungrigen Investor.

»Rate mal, wie viele Leute die Niederschrift eures Gesprächs gelesen haben«, fragte Sascha Litwinenko, als ich ihm Jahre später von unserem Treffen mit Tschernomyrdin berichtete.

Er erzählte mir, ein ihnen unterstellter Agent habe ihm Anfang 1996 mitgeteilt, dass irgendjemand Abschriften aller in Tschernomyrdins – offenbar verwanztem – Büro geführten Gespräche verschacherte. Außerdem standen Protokolle von Unterredungen zum Verkauf, die im Büro seines Stabschefs geführt worden waren. Zu den Käufern gehörten einige in Moskau lebende Tschetschenen, die diese Transkripte an die in den Bergen verschanzten Rebellen weiterleiteten. Ein doppelter Skandal: Der Premierminister wurde abgehört, und die Gesprächsinhalte gingen direkt an den Feind.

»Wir begannen, die Spur zu verfolgen, und kamen zu dem Ergebnis, dass Korschakows Leute die Büros verwanzt hatten«, erklärte Sascha. »Das bedeutete, dass sich bei Korschakow ein Maulwurf eingeschlichen hatte. Sobald ich meinen Bericht vorlegte, erschien

Korschakow höchstpersönlich in meinem Büro, beschlagnahmte all unser Material und sagte, er werde die Untersuchung selbst in die Hand nehmen.«

Allmählich fiel es Sascha immer schwerer, die verborgenen politischen Verbindungen zwischen den Führungskräften nachzuvollziehen. Sein Mentor General Anatoli Trofimow, der das Moskauer FSB-Büro leitete, stand Korschakow sehr nahe. Aber falls Korschakow wirklich Tschernomyrdin abgehört hatte, wusste Sascha nicht mehr, welche Berichte er an wen weiterleiten sollte und welche besser nicht.

Zur gleichen Zeit fingen einige Führungskräfte der Behörde an, sich zu fragen, auf welcher Seite Sascha eigentlich stand. Es war kein Geheimnis, dass er engen Kontakt zu Beresowski pflegte. Aber gehörte er zu seinen Leuten? Oder war das Gegenteil der Fall: Spionierte er für die Behörde Beresowskis engste Vertraute aus?

Kurz nach der Untersuchung des Abhörskandals bestellte ein Assistent des FSB-Direktors Sascha in sein Büro. Er kam ohne Umschweife zur Sache: »Hör zu. Gussinski hat sich wieder mit Beresowski verbündet, hat sich vom Bürgermeister losgesagt und ist in Tschernomyrdins Lager übergelaufen. Der Direktor interessiert sich sehr für die Verbindungen zwischen Gussinski, Beresowski und Tschernomyrdin. Geh der Sache nach, stell Nachforschungen an und sprich nur mit mir über das, was du herausfindest. Ich leite die Informationen an den Direktor weiter.«

Naiv fragte Sascha: »Was ist denn schlimm daran, dass Beresowski und Gussinski endlich Frieden geschlossen haben? Das kann doch nur positive Folgen haben. Außerdem kehrt in Moskau vielleicht endlich wieder Ordnung ein, wenn der Bürgermeister sich weniger in die Politik einmischt.«

Der Assistent, der selbst nicht genau wusste, warum er Sascha diesen Auftrag erteilen sollte, bot seine eigene Interpretation der Situation an: »Willst du wirklich, dass diese beiden Juden sich verbünden? Dabei kommt sicherlich nichts Gutes heraus. Für uns ist es nur von Vorteil, wenn die Juden sich uneins sind. Hast du deinen Auftrag verstanden? Gut. Du darfst gehen.«

Sascha freute sich sowohl aus beruflichen als auch aus privaten Gründen, als Beresowski ihn Mitte Februar anrief und ihm ein Treffen vorschlug. So konnte er die Anordnungen seiner Chefs befolgen und gleichzeitig vielleicht in Erfahrung bringen, warum er diesen Auftrag überhaupt erhalten hatte.

Als sie sich trafen, sprach Sascha zuerst über den Tschetschenienkrieg und seine Erlebnisse in den Schützengräben bei der Belagerung von Perwomaiskoje. Er stand immer noch unter Schock. Aber diesmal hörte ihm Beresowski nicht so aufmerksam zu wie sonst. Er hatte Sascha etwas anderes zu sagen.

»Nach den Wahlen werden wir uns um Tschetschenien kümmern und diese Misere ein für alle Mal beenden, das verspreche ich dir«, unterbrach er Sascha. »Aber jetzt haben wir Wichtigeres zu besprechen. Bis vor Kurzem hatte ich ein sehr gutes Verhältnis zu deinen Bossen Korschakow und Barsukow. Aber nun stehen wir nicht länger auf derselben Seite, und ich muss dich warnen: Du könntest Probleme bekommen, wenn du weiterhin mit mir in Verbindung bleibst.«

Beresowski erläuterte, warum er sich mit Korschakow überworfen hatte: Der General wollte die Wahlen aussetzen, aber Boris fürchtete, dass die Kommunisten dann zu Demonstrationen aufrufen würden. Und es lag durchaus im Bereich des Möglichen, dass Armee und FSB daraufhin die Order erhielten, das Feuer auf die Demonstranten zu eröffnen.

»Ich will dich nicht unter Druck setzen, Sascha«, sagte Beresowski. »Aber du musst dich darauf einstellen, dass du eine Entscheidung zu treffen hast. Und zwar schon sehr bald.«

Bis zu diesem Moment hatte sich Sascha keinerlei Gedanken über seine besondere Beziehung zu Beresowski gemacht. Er dachte nicht wie ein Politiker, sondern war überzeugt, dass er für die Regierung und den Präsidenten arbeitete. Er teilte die Welt fein säuberlich in »unsere Leute« und »die anderen« ein, und Beresowski gehörte als Mitglied des Establishments und Berater von Jelzin ganz selbstverständlich zu »unseren Leuten« und verdiente den Schutz und die Unterstützung der Geheimdienste. Außerdem hatten Saschas Vorgesetzte – Korschakow, Barsukow und Trofimow – seine Beziehung zu Beresowski von Anfang an gefördert. Und nun, ganz plötzlich, galt derselbe Mann als »Zielobjekt«?

Beresowskis Warnung erschütterte Sascha bis ins Mark. Zum ersten Mal in seinem Leben stand er vor einer Entscheidung, die möglicherweise zu Konflikten mit seinem Beruf führte. Natürlich unterstand er Korschakows und Barsukows Kommando, und Beresowski war ein Außenseiter. Aber ein Außenseiter, auf dessen Urteil er vertraute.

Beresowski verlangte nicht sofort eine Antwort. Er versicherte Sascha auch, er habe Verständnis für sein Dilemma und werde es ihm nicht übel nehmen, wenn er sich von ihm distanziere. Aber er wolle ihn noch um einen letzten Gefallen bitten: ein Treffen mit General Trofimow vom Moskauer FSB, dem Mann, der ihn nach dem Mord an Listjew vor der städtischen Polizei beschützt hatte.

Anatoli Trofimow war eine lebende Geheimdienstlegende und galt als absolut unbestechlich. Sogar die alten sowjetischen Dissidenten, deren Fälle er in den achtziger Jahren bearbeitet hatte, zollten ihm ein gewisses Maß an Respekt. Man sagte ihm zwar eine enge Verbindung zu Korschakow nach, aber Beresowski bezweifelte, dass an diesem Gerücht etwas dran war. Er glaubte fest daran, dass Trofimows Loyalität ausschließlich Jelzin galt. Schließlich waren die Rädelsführer des parlamentarischen Putschversuchs von 1993, die das Weiße Haus gestürmt hatten, auf seinen Befehl hin verhaftet worden. Beresowski vertraute darauf, dass Trofimow keinerlei politische Ambitionen hegte, und er wollte wissen, ob er sich auf ihn verlassen konnte, falls der Sturm losbrach. Die Haltung des Moskauer FSB-Direktors würde eine entscheidende Rolle spielen, falls die russische Politik tatsächlich so am Ende war, dass die Wahl im Straßenkämpfe mündete.

Am folgenden Morgen traf sich Beresowski mit Trofimow im Moskauer Büro des FSB. Sascha wartete vor der Tür auf ihn.

»Ich weiß nicht, worüber sie sprachen, aber als ich ihn nach dem Gespräch aus dem Haus begleitete, sah ich, dass wir überwacht wurden«, erinnerte er sich. »Auf der gegenüberliegenden Straßenseite standen zwei Männer mit einem Aktenkoffer.«

Sascha wusste genau, was sich in diesem Koffer befand: Er war die Standardtarnung für eine Kamera. Die Agenten waren exakt nach Lehrbuch positioniert: Einer hielt den Aktenkoffer im rechten Winkel zur Tür des FSB-Gebäudes, das Objektiv zeigte genau auf Sascha und Beresowski. Der zweite Mann gab ihm Deckung, indem er auf ihn einredete.

»Ich zeigte Beresowski die beiden, und er hechtete sofort in seinen Mercedes und fuhr mit quietschenden Reifen davon. Ich rannte zu den Agenten, aber sie entwischten mir. Also ging ich sofort zu meinem Chef und berichtete ihm, dass wir überwacht wurden.«

Trofimow lächelte und versicherte ihm, dass sich der FSB nicht selbst überwache. Er schlug Sascha vor, bei Korschakows Behörde, dem FSO, nachzufragen.

»Ich rief also Korschakows rechte Hand General Rogosin an. Ich konnte selbst kaum glauben, was ich ihn da fragte: ›Georgi Georgijewitsch, Anatoli Wassilijewitsch hier möchte gern wissen, ob ihr unser Büro überwachen lasst?‹ Rogosin lachte nur und sagte: ›Die Oligarchen sollten ständig überwacht werden, Sascha.‹«

Sascha erwartete von Trofimow wenigstens einen Hinweis darauf, was er als Nächstes tun sollte. Aber der General schwieg eisern. Zum ersten Mal in seinem Leben wusste Sascha nicht, auf welcher Seite er stand, »weil ich keine Entscheidung treffen konnte«.

»Er nahm sich das Ganze sehr zu Herzen«, erinnerte sich Marina später. »Er nahm stark ab und konnte nachts nicht mehr schlafen.«

In der Zwischenzeit quälte den Präsidenten ein ähnlicher Gewissenskonflikt, denn er musste sich ebenso zwischen den beiden Lagern entscheiden: Wem sollte er vertrauen? Beresowski und dem Schatten-Hauptquartier oder Korschakow und den Nachrichtendiensten? Auch Jelzin fand nachts keinen Schlaf mehr, aber im Gegensatz zu Sascha konnte er sich den Luxus, lange darüber nachzugrübeln, nicht leisten. In seinen Memoiren *Mitternachtstagebuch* beschreibt er die einsamen, qualvollen Stunden nachdenklicher Unsicherheit, die er im Jahr 1996 durchlebte: Waren die Wahlen wirklich schon so gut wie verloren? Durfte er wirklich bis zum Äußersten gehen, um die Kommunisten aufzuhalten? Selbst wenn das bedeutete, die russische Verfassung außer Kraft zu setzen? Waren wirklich Gewalt und Blutvergießen nötig, um das Blutbad zu verhindern, das die Kommunisten zweifellos anrichten würden, sobald sie die Macht wieder an sich gerissen hatten?

Am 17. März 1996 fasste er einen Entschluss.

An jenem Tag wurde Beresowski um sechs Uhr früh durch einen Anruf von Walentin Jumaschew geweckt. »Es ist alles aus«, keuchte er panisch. »Boris Nikolajewitsch hat gerade dem Vorschlag zugestimmt, die Wahlen auszusetzen.«

Nachdem der Präsident sich bis tief in die Nacht mit Korschakow und seinen Leuten beraten hatte, unterschrieb er drei Dekrete: Er wollte die Duma auflösen, die Kommunistische Partei verbieten und die Präsidentschaftswahlen um zwei Jahre verschieben.

Beresowski musste Jelzin dazu bringen, seinen Plan zu revidieren, und dafür brauchte er die Hilfe zweier Männer: Tschubais und Premierminister Tschernomyrdin. Als Jelzin schließlich sein Kabinett zu einer geheimen Sitzung einberief, in der er seine Dekrete offiziell verkünden wollte, hatte Beresowski seine Verbindungen zu den beiden bereits nach allen Kräften ausgenutzt.

Jelzin eröffnete die Sitzung mit den Worten, er schlage als Antwort auf die kürzlich erfolgte Resolution der Duma zur Neugründung der UdSSR drastische Maßnahmen vor. Gleichzeitig gab er offen zu, dass dies nur ein Vorwand sei. Ihm sei vollkommen bewusst, dass er damit die Verfassung verletze, aber dies sei nötig, um Russland ein für alle Mal von der Geißel des Kommunismus zu befreien. Er werde die volle Verantwortung übernehmen.

Schweigen senkte sich über die schockierte Versammlung. Nach einer Pause ergriff Premierminister Tschernomyrdin das Wort und sprach sich gegen Jelzins Entscheidung aus. Es gebe keinen Grund für solch drastische Schritte, da die Umfrageergebnisse des Präsidenten sich kontinuierlich verbesserten. Dann meldete sich überraschend Innenminister Anatoli Kulikow zu Wort und warnte, dass er nicht für die Loyalität seiner Truppen garantieren könne, sollten die Kommunisten zu Massenprotesten aufrufen. Er schloss, indem er seinen Rücktritt ankündigte. Damit hatte niemand gerechnet.

Aber selbst jetzt hielt Jelzin noch an seiner Entscheidung fest, denn seine anderen Berater – der FSB, das Militär, die Nachrichtendienste und seine beiden stellvertretenden Premierminister Soskowetz und Kadannikow – unterstützten sein Vorhaben. Ihrer Meinung nach sei die Situation völlig unter Kontrolle, und schließlich werde die Verfassung ja nicht abgeschafft, sondern nur für zwei Jahre außer Kraft gesetzt. Der Zweck rechtfertigte die Mittel.

Korschakow triumphierte. Er hielt eine Ledermappe mit dem Siegel des Präsidenten in den Händen, in der sich die drei Erlasse befanden. Spezialeinheiten des FSB standen bereit, Medien- und Kommunikationszentralen in der ganzen Stadt zu besetzen. Obendrein schien es, als habe Tschernomyrdin mit seiner Kritik an Jelzins Entscheidung gerade seine politische Karriere beendet und damit den Weg für Korschakows Wunschkandidaten für das Amt des Premierministers, Oleg Soskowetz, frei gemacht. Tschubais, Gussinki und Beresowski würden unter einem solchen Regime nicht lange überleben.

Aber die heftigen Reaktionen Kulikows und Tschernomyrdins hatten Jelzin verunsichert, und der Präsident zögerte noch. Sein nächstes Manöver brachte die anwesenden Falken vermutlich völlig aus der Fassung: Er zog sich in sein Büro zurück, um noch einmal über seinen Entschluss nachzudenken. Bleierne Stille herrschte im Kreml. Jelzin war allein in dem berühmten Raum, in dem schon Iwan der Schreckliche, Peter der Große, Stalin und Chruschtschow ihre wichtigsten Entscheidungen getroffen hatten. Wie Jelzin in seinen Memoiren berichtet, befand er sich in einem schrecklichen Gewissenskonflikt. Würde er als der Mann in die Geschichte eingehen, der die Chance verschenkt hatte, Russland nach tausend Jahren Knechtschaft zu befreien?

Dann hörte er, wie eine Tür aufging. Seine Tochter Tatjana stürmte in sein Büro.

»Papa, du musst diesen Mann noch anhören!«

Während Jelzin mit seinen Generälen über den geplanten Staatsstreich sprach, hatten sie und Walentin Jumaschew – das bewährte Tanja-Walja-Team – den einzigen Mann in den Kreml geschleust, der genug Verstand, Mut und Chuzpe besaß, um Jelzin umzustimmen: Anatoli Tschubais.

Tschubais betrat das Büro mit hochrotem Kopf, wie immer, wenn er besonders aufgeregt war. Er verschwendete keine Zeit mit Höflichkeiten und bezeichnete Jelzins Vorhaben geradeheraus als »Wahnsinn«. Er sprach davon, dass Jelzin damit einen Bürgerkrieg entfesseln würde, und bezeichnete Korschakow und Co. als Marionetten des KGB, die einzig und allein die Kontrolle über den Präsidenten interessiere. Er schloss mit den im Brustton der Überzeugung vorgetragenen Worten, das Schatten-Hauptquartier werde Jelzin den Sieg sichern, falls die Wahlen wie geplant stattfinden würden.

Tschubais lieferte sich ein hitziges Wortgefecht mit Jelzin, aber danach war der Präsident überzeugt.

Jelzin kehrte zu den Ministern zurück, zog seine Dekrete zurück und befahl der Gruppe um Korschakow, sich von jetzt an aus dem Wahlkampf herauszuhalten. Tschubais erhielt grünes Licht für seine Kampagne.

Die Mannschaft des Schatten-Hauptquartiers stürzte sich mit Feuereifer erneut in den Wahlkampf. ORT und NTW bildeten eine gemeinsame Front gegen Sjuganows Propaganda auf den vielen regionalen Fernsehsendern, die immer noch unter kommunistischer Kontrolle standen. Jelzins Slogans »Wähle mit dem Herzen!« und »Wer nicht wählt, verliert!« waren allgegenwärtig und fanden sich in Wohnzimmern, auf Bannern und Werbetafeln im ganzen Land. Gussinski sicherte Jelzin die Unterstützung Luschkows und überschwemmte ganz Moskau mit Fotos, die den Präsidenten mit dem Bürgermeister zeigten. Beresowski traf sich mit General Lebed und bot ihm an, heimlich seinen Wahlkampf zu finanzieren, um die kommunistischen Wähler zu spalten.

21. April 1996

Der tschetschenische Präsident Dschochar Dudajew wird durch einen Anschlag mit Lenkwaffen getötet, die auf das Signal seines Satellitentelefons ausgerichtet waren. Vor seinem Tod hatte Dudajew mit einem liberalen Abgeordneten der Duma in Moskau über eine Friedensinitiative verhandelt. Sein Nachfolger ist Selimchan Jandarbijew.

27. Mai 1996

Präsident Jelzin, Premierminister Tschernomyrdin und Jandarbijew unterzeichnen im Kreml nach siebzehn Monaten Krieg mit geschätzten vierzigtausend Opfern ein Waffenstillstandsabkommen.

Am 16. Juni erreichte Jelzin nach einem anstrengenden Wahlkampf, für den er das ganze Land bereist hatte, eine knappe Mehrheit von fünfunddreißig Prozent der Wählerstimmen und lag damit vor seinem kommunistischen Rivalen Sjuganow, der dreiundzwanzig Prozent der Stimmen erhielt. Nach dem neuen russischen Wahlgesetz bedeutete das eine Stichwahl zwischen den beiden am 4. Juli. Beresowskis Strategie ging auf: Durch die Unterstützung für Lebed hatte der Sozialdemokrat Jawlinski Stimmen verloren. Der ehemalige Fallschirmjäger Lebed erzielte einen starken dritten Platz mit fünfzehn Prozent der Stimmen, die größtenteils der kommunistischen Basis entstammten. Jawlinski lag mit sieben Prozent auf dem vierten Platz. Wladimir Schirinowski erhielt nur sechs Prozent.

Der Präsident zweifelte keine Sekunde daran, dass er seinen Sieg in der ersten Wahlrunde ausschließlich den Anstrengungen von Tschubais, Gussinski und Beresowski zu verdanken hatte. Am Morgen des 17. Juni versammelte er das Team im Kreml um sich, um den Schlachtplan für die Stichwahlen auszuarbeiten. Alle waren bester Stimmung. Die Koalition aus Reformern und Oligarchen schien den Kreml fest im Griff zu haben.

Außerdem gelang Jelzin am folgenden Tag noch ein wahrer Geniestreich: Er versicherte sich Lebeds Unterstützung, ernannte ihn im Gegenzug zum Vorsitzenden des Nationalen Sicherheitsrates und übertrug ihm die Aufgabe, schnellstmöglich eine Lösung für den Tschetschenienkonflikt zu finden. Jelzins Sieg bei der Stichwahl war damit so gut wie gesichert.

Einen Tag später schlug Korschakow zu.

Am Nachmittag des 18. Juni ahnte Sascha Litwinenko, dass etwas in der Luft lag. Ein befreundeter operativer Aufklärer beklagte sich über einen Sonderauftrag, den er kurz vor Feierabend bekommen hatte: Direktor Barsukow wollte dringend alle verfügbaren Informationen über Tschubais, Gussinski und Beresowski auf den Schreibtisch bekommen.

»Mir schoss sofort der Gedanke durch den Kopf: Sie bereiten sich darauf vor, die drei zu verhaften«, erinnerte sich Sascha.

»Hast du daran gedacht, Boris zu warnen?«, fragte ich.

»Nein«, erwiderte er. »Das wäre Hochverrat gewesen, und dazu war ich nun wirklich nicht bereit. Die Vorstellung gefiel mir natürlich nicht. Ich betrachtete Boris als Freund, und ich wusste, dass die Verhaftung politisch motiviert war. Aber wenn man eine Uniform trägt, führt man die Befehle seiner Vorgesetzten aus. Sonst hat man beim Militär nichts verloren.«

»Hättest du ihn verhaftet, wenn man es dir befohlen hätte?«

»Damals ja. Ich war ein loyaler Offizier, der dafür ausgebildet war, Befehle zu befolgen. Aber ich hätte es nicht gern getan.«

»Hättest du auch auf Demonstranten geschossen?«

»Das weiß ich nicht. Zu meinem Glück blieb mir diese Entscheidung erspart.«

An jenem Nachmittag des Jahres 1996 fragte sich Sascha, warum man ihn nicht in die laufenden Vorbereitungen einbezog. Schließlich war er doch die beste Verbindung zu Beresowski, über die der FSB verfügte. Zweifelten seine Vorgesetzten etwa an seiner Loyalität? Oder hatten sie einen besonders heiklen Auftrag für ihn vorgesehen? Er wollte gerade nach Hause gehen, da klingelte sein Telefon. Es war Korschakows Stellvertreter General Rogosin.

»Sascha, komm doch bitte morgen Nachmittag um vier in mein Büro«, sagte er.

Sie wollen mich also tatsächlich gegen Boris einsetzen, dachte Sascha. Genau, wie Boris prophezeit hat. Gott steh uns beiden bei.

Aber das Treffen mit Rogosin fand nie statt. Als Sascha am folgenden Nachmittag das Vorzimmer des Generals betrat, verließ Rogosin gerade in höchster Eile sein Büro.

»Soll ich warten, Georgi Georgijewitsch?«, fragte Sascha.

»Nein, nein. Ich muss mich dringend um etwas kümmern. Wir verschieben das Gespräch auf morgen.«

Es kam jedoch nicht zu einer neuen Verabredung.

In den frühen Abendstunden des 19. Juni 1996 traf Igor Malaschenko, Gussinskis rechte Hand, im Club ein. Auf der Veranda fand er Beresowski und Tschubais. Beresowski trank in gehobener Stimmung ein Gläschen Château Latour. Tschubais hingegen wurde von Sekunde zu Sekunde unruhiger.

Er versuchte schon seit vier Stunden vergeblich, seinen engsten Vertrauten Arkadi Jewstafiew zu erreichen. Es war noch nie vorgekommen, dass dieser ohne Vorwarnung einfach verschwand. In heller Panik rief Tschubais bei all seinen Bekannten in der Stadt an und bat sie, nach ihm Ausschau zu halten.

Schließlich erhielt er die Hiobsbotschaft: Jewstafiew und Sergej Lisowski, dem die Agentur Media International gehörte, waren von Korschakows Leuten beim Verlassen eines Regierungsgebäudes verhaftet worden. Man hatte eine halbe Million Dollar in bar bei ihnen gefunden.

Igor Malaschenko schilderte die Situation mit den Worten, es habe sich »entsetztes Schweigen« auf der Terrasse breitgemacht. Die große Menge Bargeld überraschte niemanden: Lisowskis Agentur koordinierte das Musikprogramm für Jelzins Wahlkampf, und seine Rockstars und Pop-Sternchen sangen nur gegen Cash. Aber dass Korschakow jetzt offen gegen Tschubais' Leute vorging, verhieß nichts Gutes. Da war noch mehr im Busch.

»Ich glaube, wir sollten ins Haus gehen«, schlug ein um die Sicherheit der Männer besorgter Leibwächter vor.

Nach und nach traf der Rest der Gruppe ein: Gussinski war von seinen Bodyguards unter der Führung des beeindruckenden Zyklopen umringt, der eine riesige Pumpgun trug. Außerdem kamen noch Boris Nemzow, ein aufsteigender Stern der Liberalen, und Alfred Koch, der Privatisierungsminister.

Später rekonstruierte Malaschenko die Ereignisse jenes Abends: »Wie üblich behielten nur Boris und Gussinski einen kühlen Kopf. Sie berieten sich mit Tschubais und verschafften sich einen Überblick darüber, wer uns helfen konnte.« Zwei Fernsehsender, ein direkter Draht zum Präsidenten in Form des Duos Tanja-Walja und als Verbündete wahrscheinlich der Premierminister und General Lebed.

Dem Duo Tanja-Walja war es zum dritten Male in jenem Jahr bestimmt, die russische Demokratie zu retten. Kurz nach Mitternacht trafen die beiden im Club ein. Und alle waren sich im Nachhinein einig, dass dies das wichtigste Ereignis der gesamten Affäre gewesen war. In den frühen Morgenstunden hatten sich Scharfschützen auf dem Dach postiert, das Gebäude war umstellt. Aber es war klar: Niemand würde es wagen, das Feuer zu eröffnen, solange sich die Tochter des Präsidenten im Hausinneren aufhielt.

Tatjanas Gegenwart verschaffte den im Club verschanzten Oligarchen ein gewisses Maß an Sicherheit, und sie begannen, sich um
die beiden Verhafteten Jewstafiew und Lisowski Sorgen zu machen.
Irgendwann griff Tschubais zum Telefonhörer und schrie den FSB-
Direktor Barsukow an: »Wenn den beiden auch nur ein Haar ge-
krümmt wird, dann bist du erledigt!« Natürlich war das nur eine
leere Drohung, aber der Anblick des in den Hörer brüllenden Tschubais hob zumindest die Stimmung der Anwesenden wieder.

Nachdem Jelzins Tochter im Club eingetroffen war, rief sie sofort
im Haus ihres Vaters an und bestand darauf, dass man ihn weckte.
»Papa, du musst dir unbedingt die Nachrichten ansehen«, sagte sie.
»Es passiert etwas ungemein Wichtiges.«

Der NTW-Nachrichtensprecher Jewgeni Kisselew befand sich bereits auf dem Weg ins Studio. Beresowski alarmierte General Lebed
und ließ ihn ebenfalls zum Sender bringen.

»Dies war wahrscheinlich die wichtigste Nachrichtensendung in
der Geschichte von NTW«, erinnerte sich Malaschenko. »Und iro-
nischerweise war sie nur für eine einzige Person bestimmt: den Präsidenten. Wenn Tatjana ihn nicht geweckt hätte, wäre alles verloren
gewesen.«

Wenn ich mich in Moskau befand, ging ich meistens spät ins Bett
und ließ den Fernseher eingeschaltet. In jener Nacht hörte ich um
ungefähr ein Uhr, dass NTW eine Sondersendung ankündigte, die
gleich beginnen sollte. Eine Stunde später erklärte Jewgeni Kisselew
mit düsterem Gesicht, dass sich in Russland gerade ein Staatsstreich
abspiele: Zwei Wahlkampfhelfer Jelzins seien vom Geheimdienst
verhaftet worden. Ziel des Coups sei, die Regierung zu destabilisieren und den nationalen Notstand auszurufen. Er übergab das Mikrofon an General Lebed, der mit seiner tiefen Stimme verkündete,
der Staatsstreich werde »mit grausamer Härte niedergeschlagen«.
Fünfzehn Minuten später strahlte ORT die Sendung erneut aus.

Ich verstand überhaupt nichts, also griff ich zum Hörer und rief
Boris Beresowski im Club an. Er war ganz außer sich vor Aufregung.

»Schau's dir einfach an«, sagte er. »Die Idioten haben verloren. Ihnen war nicht klar, wie mächtig die Medien sind.«

Der Präsident sah die Sendung zu Hause, erledigte einen Anruf und ging schlafen. Um vier Uhr morgens befanden sich Arkadi Jewstafiew und sein Begleiter wieder auf freiem Fuß.

Am folgenden Morgen wurde Tschubais ins Büro des Präsidenten zitiert. »Ich werde verlangen, dass er Korschakow und Soskowetz fristlos feuert«, sagte er zu Beresowski, als die beiden zum Kreml aufbrachen. »Er soll Barsukow gleich mitfeuern«, entgegnete Beresowski. »Wenn einer dieser Kerle an der Macht bleibt, geht das Ganze früher oder später von vorn los. Ich werde dafür sorgen, dass vor dem Kreml ein paar Kamerateams warten.« Inzwischen wusste Beresowski, wie er verhindern konnte, dass der launenhafte Präsident seine Entscheidungen widerrief: Er musste die Meldung sofort im Fernsehen übertragen lassen.

Um neun Uhr morgens entließ Jelzin in einer im ganzen Land gesendeten Fernsehansprache Korschakow, Barsukow und Soskowetz.

Als Sascha Litwinenko am nächsten Morgen zur Arbeit erschien, stand die gesamte Führungsriege des FSB »unter Schock«.

Aber ein Assistent Barsukows zitierte Sascha in sein Büro und überbrachte eine letzte Warnung: »Richte Beresowski aus, dass er ein toter Mann ist, falls Korschakow oder Barsukow irgendetwas zustößt.«

Pflichtbewusst überbrachte Sascha die Nachricht.

8. Juli 1996

Vier Tage nach Jelzins entscheidendem Sieg bei den Stichwahlen kommt es erneut zu Kampfhandlungen in Tschetschenien. Wer den Waffenstillstand gebrochen hat, bleibt reine Spekulation.

Kriegstrommeln

KAPITEL 5

Die Rebellen

6. August 1996

*Tausende Rebellen rückten unter dem Befehl des tschetschenischen
Rebellenführers Aslan Maschadow nach Grosny vor und kesseln die
dort stationierten, mehrere Tausend Mann starken russischen Truppen ein. Nach zwei Wochen erbitterter Kampfhandlungen zieht sich
die russische Armee aus der Hauptstadt zurück. Gegen den Widerstand seiner Generäle, die Grosny mit massiven Bombenangriffen dem
Erdboden gleichmachen wollen, beauftragt Präsident Jelzin seinen
Nationalen Sicherheitsberater Alexander Lebed damit, Friedensverhandlungen aufzunehmen. Am 31. August unterzeichnen Lebed und
Maschadow das Abkommen von Chasawjurt, das den Rebellen de facto die Herrschaft über die Republik, den sofortigen Abzug der Streitkräfte und freie Wahlen garantiert. Die offizielle Entscheidung darüber, ob Tschetschenien die Souveränität erhält, wird auf das Jahr 2001
verschoben.*

Grosny, September 1996

Achmed Sakajew – der Sicherheitsberater des vorläufigen Präsidenten von Tschetschenien – richtete sich in seinem neuen Büro ein,
das sich in einem der wenigen noch intakten Gebäude von Grosny
befand. Er hatte in den vergangenen zwei Jahren die Hölle auf Erden
durchlebt.

Vor dem Zusammenbruch der Sowjetunion war Sakajew Schauspieler im Theater von Grosny gewesen und hatte bei Inszenierungen von Shakespeare-Stücken und den russischen Klassikern mitgewirkt. Damals träumte er von einer kulturellen Wiedergeburt Tschetscheniens, wenn die Ära des Kommunismus zu Ende sein würde. Nach dem Zusammenbruch der UdSSR und Tschetscheniens Unabhängigkeitserklärung wurde er Leiter der Schauspielergewerkschaft und bezeichnete sich selbst scherzhaft als »Möchtegern-Ronald Reagan«. Als der Krieg begann, tauschte er seine Bühnenkostüme gegen die Feldkleidung der Guerillakrieger, deren Erkennungszeichen ein grünes Stirnband mit einer islamischen Inschrift und eine Kalaschnikow waren. Sakajew hatte im August den Angriff auf Grosny von Süden her befehligt und russische Truppen in die Flucht geschlagen, die seinen Männern zahlenmäßig deutlich überlegen waren. Dennoch kehrte er nur zu gern in sein ziviles Leben zurück und übernahm seinen neuen Posten in der Regierung des Präsidenten Jandarbijew.

Im selben Monat – die Übergangsregierung hatte es noch nicht geschafft, die massive Guerillabewegung vollständig zu entwaffnen – wurde Sascha Litwinenko zu einem Einsatz in Moskau geschickt. Und eine seltsame Laune des Schicksals sollte dafür sorgen, dass gerade dieser Einsatz den zerbrechlichen Frieden mit Tschetschenien erneut in Gefahr brachte.

Der Frieden war unter anderem deshalb so zerbrechlich, weil eine wichtige Persönlichkeit nicht mehr am Leben war: Dschochar Dudajew, der einzige Mann, der es Sakajews Meinung nach geschafft hätte, die zerstrittenen Fraktionen und Anführer des tschetschenischen Widerstands unter sich zu vereinen.

Sakajew hatte Dudajew Anfang 1990 kennengelernt, als dieser General der Luftwaffe im estnischen Tartu gewesen war. Kein anderer Tschetschene hatte in der Roten Armee jemals einen so hohen Rang erreicht. Anfangs misstraute Sakajew dem charmanten sechsundvierzigjährigen Offizier mit dem gepflegten Schnauzbart und der lächerlich wirkenden sowjetischen Armeemütze. Ein General musste sich der Kommunistischen Partei gegenüber hundertprozentig loyal verhalten. Alle Nichtrussischstämmigen mussten sich außerdem vollständig assimilieren und möglichst mit einer Russin verheiratet sein. Auf Dudajew traf dies alles zu. Er sprach nicht einmal fließend Tschetschenisch. Aber auf einer Konferenz hörte er Sakajews Ansprache über die Wiedergeburt der tschetschenischen Nation und war beeindruckt. Dies war ein Mann, der ihr Volk in die Freiheit führen konnte. Der Schauspieler Sakajew erkannte sofort, wie unschätzbar wichtig Dudajews Charisma für ihre Sache war. Vielleicht hatte der Aufenthalt in Estland – das sich schon immer als besonders rebellisch hervorgetan hatte – Dudajew geprägt. Die Esten verehrten ihn jedenfalls, weil er während antisowjetischer Unruhen Moskaus Befehl, den estnischen Fernsehsender zu schließen, einfach ignoriert hatte.

Nach dem Zusammenbruch der Sowjetunion kehrte Dudajew nach Tschetschenien zurück, ging in die Politik und wurde bald zum Präsidenten gewählt. Im November 1991 erklärte er Tschetschenien zum unabhängigen Staat. Sakajew sah sich das Ganze aus der Ferne an, bis ihn Dudajew an einem Novembertag des Jahres 1994 zu sich bestellte und ihm die Position des Kulturministers in seinem Kabinett anbot.

Einen Monat später brach der erste Tschetschenienkrieg aus.

Wie so viele Kriege begann auch dieser, weil beide Seiten sich verrechnet hatten. Nach dem Kollaps der Sowjetunion glaubten die Tschetschenen wie die Bürger so vieler anderer Sowjetrepubliken an ihre baldige Unabhängigkeit. Diese Erwartungen wurden durch die Entscheidung des Kreml bestärkt, den Staatsbesitz neu zu verteilen. Die Rote Armee rückte aus Tschetschenien ab und übergab ihre Ausrüstung an die Regierung Dudajew: Panzer, Kanonen, Flugzeuge, Gewehre und Munition. Diese Entscheidung sollte die Armee später bitter bereuen.

Aber Tschetschenien war im Gegensatz zu Estland oder Georgien keine Sowjetrepublik gewesen, sondern eine der sechsundachtzig Provinzen der Russischen Föderation und gleichzeitig eine ethnisch autonome Region. Moskau war nicht der Ansicht, dass Tschetschenien volle Souveränität zustand. Die Tschetschenen legten dagegen Protest ein und erklärten sich einseitig für unabhängig, genau wie Tatarstan, eine weitere Region mit hauptsächlich muslimischer Bevölkerung, die mitten in Russland lag. Im Februar 1994 reiste Präsident Jelzin nach Tatarstan und unterzeichnete gemeinsam mit dem mächtigen Präsidenten Mintimer Schaimijew einen Föderationsvertrag mit Sonderrechten, der Schäimijew letztlich die Kontrolle über die regionale Politik in dem rohstoffreichen Land mit seinen 3,7 Millionen Einwohnern überließ. Moskau kümmerte sich weiterhin unter anderem um die Verteidigung, die Währung, das Rechtswesen und die Steuerbehörde.

Die Tschetschenen erwarteten eine analoge Behandlung und hätten wahrscheinlich wie Tatarstan gern auf ihre formale Unabhängigkeit verzichtet, wenn man ihnen erlaubt hätte, ihre Staatsangelegenheiten selbst zu regeln. Aber der Kreml bot keine Verhandlungen an. Die gebirgige Region, in der nur 1,1 Millionen Menschen lebten, wirkte aus der Sicht Moskaus im Vergleich zum reichen Tatarstan zu unbedeutend. Gespräche wurden immer wieder verschoben. Mitte 1994 änderte sich die Stimmung in Moskau rapide, und Jelzin konnte es sich nicht mehr leisten, einer weiteren Region die Souveränität zu gewähren, nicht einmal, wenn es sich um eine reine Formalität handelte. Stattdessen entschloss er sich, die Regierung zu stürzen und durch eine Administration zu ersetzen, die auf einer Linie mit Moskau lag.

Im Sommer 1994 autorisierte er eine verdeckte Operation zur Unterstützung der Dudajew-feindlichen Kräfte, die sich hauptsächlich aus Exiltschetschenen zusammensetzten, die in Moskau lebten. Dudajew schlug die Revolte nieder und nahm zahlreiche russische Soldaten gefangen, die sich als aufständische Tschetschenen ausgegeben hatten. Er führte die Gefangenen im Fernsehen vor und bezeichnete Jelzin öffentlich als Lügner, was diesen in Rage versetzte. Im Dezember 1994 griff er Tschetschenien mit allem an, was die russische Armee zu bieten hatte. Er verließ sich auf die Einschätzung seines Verteidigungsministers Pawel Gratschew, der ihm großspurig versichert hatte, »ein Regiment Fallschirmjäger« werde Grosny »innerhalb von zwei Stunden einnehmen«. Litwinenko verfolgte mit einigen FSB-Kollegen eine Fernsehübertragung des Vormarschs der russischen Truppen auf Grosny. Alle ließen sich vom patriotischen Eifer anstecken, jubelten und stießen auf einen schnellen Sieg an.

»Worüber freust du dich eigentlich?«, fragte ihn Marina damals. »Es wird viele Tote geben. Und es ist ein Krieg im eigenen Land.«

Damals weigerte sich Sascha sogar, den Einsatz in Tschetschenien Krieg zu nennen. Er wiederholte die Prahlereien des Verteidigungsministers über das Regiment Fallschirmjäger, die das Ganze in zwei Stunden erledigen würden. Die Tschetschenen seien primitive Schafhirten, die keine Chance gegen die russische Armee hätten.

Als NTW einige Wochen nach Kriegsbeginn grauenvolle Bilder von der Zerstörung Grosnys sendete, verloren Saschas Kommentare zwar an Arroganz, aber an den Tschetschenen ließ er weiterhin kein gutes Haar. Diese Banditen leisteten erbitterten Widerstand und kämpften um jeden Zentimeter Boden, sagte er. Eine Bombardierung sei die billigste Methode, um sie auszuräuchern, denn dabei würden weniger Russen ihr Leben verlieren als im Bodenkampf. Sascha war mit Leib und Seele Offizier. Er verabscheute die Schrecken des Krieges, hielt ihn jedoch für notwendig, um die innere Stabilität Russlands zu bewahren.

Dies änderte sich im Januar 1996 während der Belagerung von Perwomaiskoje. Eines Tages rief er Marina aus dem Büro an, eröffnete ihr, man schicke ihn nach Dagestan, und bat sie, den Fernseher einzuschalten. In den folgenden zwei Wochen klebte sie förmlich vor dem Bildschirm. Sie hoffte, sie würde ihren Mann irgendwo unter den russischen Soldaten entdecken, die das Dorf umzingelten, in dem eine Gruppe Aufständischer rund hundertzwanzig Bewohner als Geiseln genommen hatte. Marina begriff schnell, dass nicht alles nach Plan lief, und der Umstand, dass er sich nicht bei ihr meldete – was sehr untypisch für ihn war –, steigerte ihre Angst noch.

Das Geiseldrama nahm seinen Lauf, und sie sah, wie hilflos die russischen Oberbefehlshaber der Situation gegenüberstanden. Sie hatten keine Erklärung dafür, wie sich knapp dreihundert eingekesselte Rebellen so lange gegen Tausende russischer Soldaten behaupten konnten. Die Armee hatte das Dorf vier Tage lang mit massivem Artilleriebeschuss und Luftangriffen geradezu pulverisiert, aber sie schafften es trotzdem nicht, es einzunehmen. Ebenso wenig konnten sie erklären, warum die Bombardierung überhaupt genehmigt worden war, während ein Großteil der Geiseln noch am Leben war. Wie konnte der Rebellenführer Salman Radujew mit seiner Guerillatruppe »Einsamer Wolf« drei russische Belagerungsringe durchbrechen und aus dem Dorf entkommen?

Zwei Tage nach dem Ende des Geiseldramas klingelte es an der Haustür. Es war Sascha.

»Zuerst erkannte ich ihn gar nicht«, erinnerte sich Marina. »Vor der Tür stand ein vollkommen erschöpfter Fremder mit leerem Blick. Er konnte kaum gehen und hatte Frostbeulen an den Füßen.«

Er brauchte einige Tage, um wieder zu Kräften zu gelangen. Und danach tat er etwas, das Marina noch nie erlebt hatte. Er erzählte ihr, was geschehen war.

Seine Schilderungen erfüllten sie mit Entsetzen. Seine Truppe, die aus einigen operativen Aufklärern des Moskauer FSB bestand, war ohne jede Ausrüstung, ohne Schutzkleidung, ja sogar ohne ausreichend Verpflegung und Wasser mitten ins Gefecht geschickt worden. Man befahl ihnen, das Dorf zu Fuß zu stürmen. Der Angriff erfolgte über ein offenes Feld, das keine Deckung bot, und sie mussten sich zurückziehen, als sie unter Raketenbeschuss ihrer eigenen Leute gerieten. Sascha und die anderen verbrachten die eiskalten Winternächte in einem unbeheizten Bus. Man hatte ihnen zwar Konserven, aber weder Löffel noch Gabeln gegeben. Nicht einmal Messer hatten sie, um wenigstens die Dosen öffnen zu können. Zwei Tage lang vergaß man sie einfach, und sie harrten – abgeschnitten von aller Kommunikation – ohne Einsatzbefehle in dem Bus aus. Schließlich irrte Sascha so lange durch den eisigen Nebel, bis er ein beheiztes Gemeinschaftszelt entdeckte. Dort fand er ein paar russische Generäle vor. Sie waren bis zur Besinnungslosigkeit betrunken.

Am dritten Tag der Belagerung tauchte quasi aus dem Nichts eine Kommandoeinheit auf, deren Befehlshaber Sascha kannte. Es war ein alter Freund, mit dem er die Offiziersschule besucht hatte. Die Neuankömmlinge wussten auch nicht genau, was sie zu tun hatten, aber wenigstens waren sie angemessen ausgerüstet, gekleidet und ausgebildet. Der Befehlshaber nahm die hilflosen FSB-Agenten unter seine Fittiche und rettete sie damit sehr wahrscheinlich vor dem sicheren Erfrierungstod.

»In Perwomaiskoje gab es keine funktionierende Befehlskette. Niemand wusste, wer verantwortlich war, und es gab keinerlei Koordination«, sagte mir Sascha später. »Wir waren auf uns allein gestellt. Die Natur war so unwirtlich, dass sie uns genauso schwer zu schaffen machte wie die Tschetschenen. Wahrscheinlich setzte sie uns sogar noch schlimmer zu. Und allmählich fragte ich mich, unter wessen verdammtem Befehl wir eigentlich standen.«

Am letzten Tag des Einsatzes machten sie ihren ersten Gefangenen: einen ungefähr siebzehnjährigen tschetschenischen Jungen. Die Armee hatte es endlich geschafft, das Dorf einzunehmen, aber ein Großteil der Terroristen hatte sich bereits durch die feindlichen Linien davongestohlen. Perwomaiskoje lieferte ein Bild der Verwüstung: Bombenkrater, ausgebrannte Häuser und überall Leichen von Rebellen, Dorfbewohnern, Geiseln und russischen Soldaten. Es war ein entsetzlicher Anblick.

Der Junge war offenbar von seinen Kameraden getrennt worden und den Russen direkt in die Arme gelaufen.

»Er hatte schreckliche Angst und erwartete, dass wir ihn schlagen würden«, erinnerte sich Sascha. »Aber ich nahm ihn beiseite, weil ich mit ihm reden wollte. Der Junge stammte aus Grosny und wirkte sehr intelligent. An seinem klaren, fließenden Russisch hörte ich, dass er eine gute Schulbildung besaß. Es interessierte mich, weshalb er sich den Terroristen angeschlossen hatte. Warum war er nicht in der Schule geblieben? Seine Antwort werde ich nie vergessen. Er sagte: ›Krieg ist schrecklich, aber wir müssen kämpfen. Direkt nach Kriegsausbruch hat sich meine gesamte Schulklasse den Kämpfern angeschlossen.‹ Seine Worte erinnerten mich an die Erzählungen meines Großvaters. Auch er und seine Klassenkameraden hatten sich im Großen Vaterländischen Krieg gegen die Deutschen freiwillig gemeldet. Mir wurde klar, dass diese Männer keine Terroristen waren, obwohl sie Zivilisten angriffen. Schuljungen schließen sich nicht klassenweise terroristischen Banden an. Dies war der Freiheitskampf eines Volkes.«

Bei einem toten tschetschenischen Kommandeur fand Sascha ein Feldtagebuch, das ihn tief beeindruckte. Es bildete einen beschämenden Kontrast zu den schlampigen Methoden der russischen Kommandeure. Am Ende jedes Kampftages hatte der Tschetschene nüchterne Listen über seine verbliebenen Kämpfer, seine Munition und die Vorräte angelegt. Das Notizbuch war ein Musterbeispiel für organisierte Kriegsführung.

»Ich glaube, in Perwomaiskoje wurde mir zum ersten Mal klar, dass dieser Krieg nicht leicht zu gewinnen war. Aber ich hielt ihn immer noch für ein notwendiges Übel zum Wohle Russlands. Erst später fragte ich mich, ob es nicht sinnvoller gewesen wäre, die Tschetschenen einfach in Ruhe zu lassen«, sagte er.

In den Listen der Kämpfer, die das Notizbuch enthielt, waren auch arabische Namen aufgeführt. Das war der erste Hinweis darauf, dass die Tschetschenen von Ausländern unterstützt wurden. Eine wichtige Information. Sascha übergab das Buch seinem Vorgesetzten. Am nächsten Tag leitete der FSB-Direktor die Listen an die Presse weiter, als Beweis dafür, dass »ausländische Söldner« an der Geiselnahme mitgewirkt hatten. Sogar Jelzin selbst erwähnte in einer Übertragung aus dem Kreml das erbeutete Feldtagebuch.

Sascha befand sich unter den Zuhörern auf der Pressekonferenz, die FSB-Direktor Michail Barsukow am 20. Januar 1996 in Dagestan abhielt. Er hörte seinen Vorgesetzten sagen: »Wir setzten die mobilen Raketenwerfer hauptsächlich ein, um psychologischen Druck auszuüben ... die lokale Bevölkerung ... und die Tschetschenen sollten sie sehen ... Wir hatten drei Raketenwerfer, aber nur einer kam zum Einsatz. Mit ihm nahmen wir ein anderthalb Kilometer vom Dorf entferntes Gebiet auf der anderen Seite des [Flusses] Terek auf tschetschenischem Territorium unter Beschuss. Wir vermuteten, dass sich dort Rebellen versammelt hatten, und wollten verhindern, dass die Banditen von ihnen Unterstützung erhielten.«

Sascha war fassungslos und verfluchte den General innerlich. Er war über das schlammige Feld auf das Dorf zugerannt, links und rechts von ihm waren diese Raketen explodiert und hatten zwei seiner Kameraden getötet. Wie konnte Barsukow es wagen, die ganze Welt derart schamlos anzulügen? Jelzin wiederholte dieselben Lügen in einer späteren Fernsehansprache aus dem Kreml. Er beschrieb Perwomaiskoje als »Dudajews Festung mit Feldschanzen, Bunkern, unterirdischen Verbindungsgängen zwischen den Häusern, Schießanlagen und schwerem Kampfmaterial. Hier im Kreml wussten wir nicht, dass wir einer riesigen unterirdischen Festungsanlage der Rebellen gegenüberstehen werden. Sie bestand seit längerer Zeit und wurde einsatzbereit gehalten.«

Das alles waren Lügen. Diese Erfahrung erschütterte Litwinenkos Vertrauen in das System zutiefst. Trotzdem war er immer noch der Überzeugung, dass Russland diesen Krieg gewinnen musste. Er hatte nichts gegen die Tschetschenen, aber er war Patriot. Einen Krieg gegen dieses Volk zu verlieren war für ihn inakzeptabel.

Nach zwei Jahren, die vierzigtausend Soldaten das Leben kosteten, verlor Russland diesen Krieg tatsächlich. Die Tschetschenen hatten ebenfalls schreckliche Verluste zu beklagen, und den schlimmsten erlitt das Land am 21. April 1996. An diesem Tag hätte Sakajew Präsident Dudajew eigentlich begleiten sollen, musste aber der Beerdigung seines Vaters beiwohnen. Dieser Umstand rettete ihm wahrscheinlich das Leben.

Dudajew, seine Frau Alla, eine Schriftstellerin, und vier Assistenten fuhren mit zwei Wagen in die Berge. Als sie gegen sechs Uhr abends anhielten, lagen die Täler bereits im Schatten, aber der Hügel, auf dem die Fahrzeuge parkten, war noch ausreichend hell. Alla sollte live in einer Sendung von Radio Liberty sprechen, die Frauen Russlands dazu aufrufen, den Frieden zu fördern, und danach eines ihrer Gedichte vorlesen. Vorher wollte Dudajew aber noch den Duma-Abgeordneten Konstantin Borowoi in Moskau anrufen, der sich mit allen Kräften um eine friedliche Lösung des Konflikts bemühte. Der Präsident hatte ein Satellitentelefon, das ihm Freunde in der Türkei beschafft hatten. Sakajew gefiel nicht, dass Dudajew es benutzte, und er warnte ihn davor, dass Lenkraketen das Signal zur Zielerkennung nutzen konnten. Dudajew beruhigte ihn. Dies sei amerikanische Technik, über die Russland gar nicht verfüge. Und Dudajew wusste, wovon er sprach. Schließlich war er General der Luftwaffe gewesen.

Und die Amerikaner, fuhr Dudajew fort, würden Russland in diesem Konflikt nicht militärisch unterstützen. Das hätten ihm zuverlässige Mitarbeiter in der türkischen Regierung versichert. Der in Prag beheimatete amerikanische Sender Radio Liberty war eine wichtige Informationsquelle für die Rebellen. Außerdem, fügte Dudajew hinzu, sei auch Jelzin bereit, Verhandlungen mit ihm in Erwägung zu ziehen. Und die Amerikaner würden nach dem Krieg sicherlich ebenfalls mit ihm verhandeln wollen. Schließlich sei er der Einzige, der in dieser ölreichen Region Stabilität garantieren und »die Verrückten« – die radikalen Islamisten – im Zaum halten könne. Warum sollten die Amerikaner ihn also ausschalten wollen?

Während der Präsident und seine Assistenten das Satellitentelefon auf der Motorhaube des einen Fahrzeuges, eines Geländewagens, aufbauten, die Antenne ausrichteten und die Verbindung mit Moskau herstellten, wartete Alla mit ihrem Bodyguard Musa am nahe gelegenen Rand einer Schlucht.

Nach einiger Zeit hörte Alla Flugzeuge, aber Musa beruhigte sie: Die Maschinen flögen viel zu hoch, um eine Gefahr darzustellen. Das schrille Pfeifen der auf sie zusausenden Raketen traf sie völlig unvorbereitet. Die Schockwelle schleuderte Alla über den Rand der Schlucht; sie schaffte es gerade noch, sich an ein paar Ästen festzuhalten, um nicht in den Abgrund hinunterzustürzen. Als sie sich wieder auf der Straße befand, war der Geländewagen vollkommen zerstört. Die Raketen hatten genau ins Ziel getroffen, und Musa hielt den sterbenden Präsidenten in seinen Armen.

Die Moskauer Presse feierte den Mordanschlag als Triumph einer neuen Technologie, die ein geheimes Waffenlabor des FSB entwickelt hatte. Sakajew glaubte kein Wort davon. Von einer solchen Präzision konnten russische Ingenieure nur träumen. Dudajew hatte selbst gesagt, dass nur Amerika über die technischen Möglichkeiten verfügte. Sakajew war überzeugt davon, dass irgendjemand das Satellitentelefon des Präsidenten in der Türkei mit einem Peilsender präpariert hatte und dass die russischen Raketen durch amerikanische Satelliten zu ihrem Ziel gelenkt worden waren.

Im ersten Tschetschenienkrieg waren Litwinenko und Achmed Sakajew noch Feinde gewesen. Erst sehr viel später trafen sie sich in London wieder und wurden schließlich Freunde. Allerdings wusste Sakajew bereits von Saschas Existenz, bevor er seinen richtigen Namen kannte.

»Wir wussten, das ein russischer Agent von Kriegsbeginn an oft aus Moskau anreiste und vom FSB-Hauptquartier in Naltschik aus arbeitete«, sagte Sakajew mir später. Saschas Heimatstadt Naltschik ist die Hauptstadt von Kabardino-Balkarien, einer weiteren überwiegend muslimischen Provinz im Nordkaukasus.

»Wir hatten ebenfalls einen Agenten in den Naltschiker FSB eingeschleust«, fügte Sakajew hinzu. »Er berichtete uns, der Name des russischen Offiziers sei Alexander Wolkow, und er stamme aus der

Region. Wir fanden ohne großen Aufwand heraus, dass sein wirklicher Name Sascha Litwinenko war, denn die Familie seines Vaters war in der Stadt gut bekannt.«

Während des Krieges arbeitete Sascha hauptsächlich von Naltschik aus. Die einzige Ausnahme war seine Beteiligung an der Belagerung von Perwomaiskoje in Dagestan.

»Er war verdammt gut«, berichtete Sakajew. »Er schleuste bei uns Maulwürfe ein. Das war eine beachtliche Leistung. Es war nämlich beinahe unmöglich, einen Tschetschenen zu finden, der für die Russen arbeiten wollte. Aber er rekrutierte nicht nur einen, sondern gleich drei. Dank unserem Mann in Naltschik konnten wir sie zwar enttarnen, aber das ändert nichts an der Tatsache, dass Sascha sein Handwerk hervorragend beherrschte.«

Von dessen zweiter erfolgreicher Operation erfuhr Sakajew erst Jahre später. Zu Kriegsbeginn hatte der FSB Chamad Kurbanow, Dudajews Repräsentanten in Moskau, verhaften lassen. Auf Litwinenkos Anraten hin wurde er wieder freigelassen und bekam die Erlaubnis, seinen Wohnsitz nach Naltschik zu verlegen, wo Sascha ihn weiter beschatten konnte. Die abgehörten Gespräche führten den FSB zu Tschetschenen, die im russischen und europäischen Exil lebten und die mit den Separatisten sympathisierten und zusammenarbeiteten.

»Wenn ihr von Saschas Existenz wusstet, warum habt ihr ihn nicht ausgeschaltet?«, fragte ich Sakajew eines Abends, als wir gemeinsam in seinem Londoner Haus aßen.

»Damit hätten wir unseren eigenen Mann gefährdet. Aber inzwischen würde ich sagen: weil Allah es so gewollt hat. Sonst hätte ich nie das Glück gehabt, ihn in London kennenzulernen.«

Alla Dudajew, die Witwe des Präsidenten, kannte Sascha bereits während des Krieges. Nach dem Tod ihres Mannes beschloss die Rebellenregierung, sie in die Türkei zu schicken. Am 27. Mai wollten sie und ihr Bodyguard Musa mit falschen Papieren auf dem Flughafen von Naltschik in ein Flugzeug steigen. Sie wurden entdeckt und festgehalten. Es dauerte nicht lange, bis Oberstleutnant »Wolkow« aus Moskau eintraf, um sie zu verhören.

»Alla war nicht misshandelt worden, hatte aber trotzdem große Angst«, erzählte Sakajew. »Die Leute, die sie verhaftet hatten, wirkten ziemlich einschüchternd. Dem unerwartet freundlichen Offizier vertraute sie jedoch sofort. Sie sagte mir, er sei für einen Geheimdienstler ›erstaunlich intelligent und feinfühlig‹ gewesen.«

Sascha hatte mir bereits erzählt, was damals passiert war. Man hielt Alla in Stalins ehemaliger Datscha im Luftkurort Kislowodsk fest. Zu ihrer Bewachung hatte man Agenten des FSB postiert, die sonst einen sehr rauen Umgang mit ihren Gefangenen pflegten und nicht recht wussten, wie sie mit einer trauernden Frau umgehen sollten. Man hatte ihnen nur befohlen, sich ihr gegenüber diplomatisch zu verhalten.

Er sollte zwei Dinge herausfinden: Erstens, ob ihr Mann tatsächlich tot war oder den Anschlag überlebt hatte und sich in einem tschetschenischen Bergdorf versteckte. Und zweitens, wo sich sein Grab befand, falls er wirklich tot war. Die Russen wollten verhindern, dass aus seiner letzten Ruhestätte ein Wallfahrtsort wurde.

Als Sascha eintraf, hatten Alla und ihre Bewacher gerade in Stalins luxuriösem Esszimmer Platz genommen und wollten zu Mittag essen. Alle schwiegen. Die neunundvierzigjährige Alla, eine zarte blonde Frau mit typisch slawischen Gesichtszügen, trug schwarze Trauerkleidung. »Sie war sehr angespannt und verängstigt«, erinnerte er sich. Er musste seinen ganzen Charme einsetzen, um mit ihr ins Gespräch zu kommen. Er begann damit, dass er ihr sein Mitgefühl und sein Beileid ausdrückte. Obwohl sie den Verdacht hegte, dass dies sein Part im bekannten Spiel »Guter Bulle – schlechter Bulle« sein könnte, berührte sie seine Freundlichkeit. Nach dem Essen führten sie ihr Gespräch fort – das von einer versteckten Kamera aufgezeichnet wurde –, und sie erzählte ihm ihre Lebensgeschichte. Sie war eine Offizierstochter, die ihre Kindheit in einer Militärbasis im Norden der Sowjetunion verbracht hatte. Danach war sie zur Frau eines Generals und zur First Lady ihrer bergigen Wahlheimat aufgestiegen und schließlich die Waffengefährtin eines Guerillaführers geworden.

Nach einer Stunde war Sascha davon überzeugt, dass Dudajew tatsächlich tot war. Gerade wollte er seine zweite Aufgabe – die Frage nach seiner letzten Ruhestätte – in Angriff nehmen, da erfuhr er, dass Präsident Jelzin Alla Dudajew begnadigt hatte. Sie durfte gehen.

Der Krieg endete mit dem Abkommen von Chassawjurt im August 1996. Sascha teilte dieselbe Meinung mit einem Großteil seiner FSB-Kollegen und der militärischen Führung: Das Ganze war eine Schande. All dieses Leiden, all diese Zerstörung. Und wofür? Seine Freunde waren umsonst gestorben. Da General Lebed den Friedensvertrag ausgehandelt hatte, betrachteten Litwinenko und die anderen Offiziere ihn von nun an als Schurken, der aus politischen Gründen die Soldaten verraten hatte – die Menschen, die gekämpft und ihr Leben geopfert hatten. Die Öffentlichkeit reagierte hingegen mit großer Erleichterung auf das Abkommen von Chassawjurt, was Lebeds Chancen erhöhte, bei der nächsten Präsidentschaftswahl möglicherweise Jelzins Nachfolge anzutreten.

Im September 1996 übernahm Achmed Sakajew sein neues Amt, doch es gab kaum Aussichten auf eine dauerhafte Stabilität in der Region. Beinahe eine halbe Million Menschen, vierzig Prozent der tschetschenischen Vorkriegsbevölkerung, waren heimatlos geworden, lebten nun in überfüllten Dörfern oder vegetierten in Flüchtlingslagern dahin. Die Hauptstadt Grosny, die knapp zwei Jahre zuvor noch eine florierende Stadt mit vierhunderttausend Einwohnern gewesen war, lag in Schutt und Asche. Tausende von mit Kalaschnikows bewaffneten Jugendlichen zogen durch die Straßen.

Die Warlords Schamil Bassajew und Salman Radujew, die sich durch spektakuläre Überfälle auf die Russen ausgezeichnet hatten, dachten überhaupt nicht daran, ihre Milizen aufzulösen und die neue Regierung anzuerkennen. Obendrein waren immer noch zwei russische Brigaden in Tschetschenien stationiert, die keine Anstalten machten, das Land zu verlassen, obwohl General Lebed ihren Abzug in Chassawjurt zugesichert hatte. Die Kriegsbefürworter in Moskau hatten sich gegen Lebed verschworen. Aus Sakajews Sicht hing der zerbrechliche Friede vor allem davon ab, wie fest der General im Sattel saß.

Eines Abends im September führte ein Team von FSB-Leuten unter Saschas Leitung eine Razzia bei einer großen privaten Sicherheitsfirma in Moskau durch, der die Beteiligung an Entführungen und Schutzgelderpressung vorgeworfen wurde. Die Firmenleitung bestand aus ehemaligen Offizieren des GRU, der Nachrichtenabteilung des Innenministeriums. Zwischen GRU und FSB herrschte seit Langem Rivalität. Litwinenkos Männer brachen einen riesigen Safe auf. Bei der Überprüfung des Inhalts fand er zu seiner Überraschung eine Generalsuniform und einige als »streng geheim« markierte Akten vor.

»Sie haben kein Recht, diese Dokumente einzusehen«, sagte der kreideweiß gewordene Firmenchef.

»Aber genau das werde ich tun«, gab er zurück. »Und wie kommen diese Papiere überhaupt in Ihren Safe? Die dürften gar nicht hier sein. Haben Sie sie gestohlen?«

»Sie gehören dem Nationalen Sicherheitsberater General Lebed. Er wollte sie hier aufbewahren, weil sein Büro nicht sicher genug ist.«

Sascha begab sich in ein Nebenzimmer und untersuchte die Akten sorgfältig.

Die Dokumente gehörten tatsächlich Lebed. Unter anderem fand er den Personalausweis und private Fotos des Generals. Ein Dokument beschäftigte sich mit Korruption im Innenministerium und brachte mehrere Spitzenbeamte mit zahlreichen Verstößen gegen das Korruptionsgesetz in Verbindung. Einige Namen waren ihm vertraut.

Die nächste Akte enthielt einen Bericht des GRU über den Tschetschenienkrieg, darunter auch Details über den Anschlag auf Dudajew. Sascha erfuhr, dass der GRU entgegen allen Vermutungen bei dem Mord eine eher untergeordnete Rolle gespielt und nur die Flugzeuge zur Verfügung gestellt hatte, von denen aus die Raketen abgefeuert worden waren. In dem Bericht wurde sein FSB-Kollege General Jewgeni Chocholkow als Hauptverantwortlicher für den Anschlag genannt. Außerdem brachte man ihn mit der Operation in Verbindung, die zum Kauf des amerikanische Raketenleitsystems geführt hatte und bei der riesige Geldsummen auf mysteriöse Art verschwunden waren.

Die dritte Akte enthielt den Entwurf für einen Erlass, mit dem Lebed eine »Russische Legion« einrichten wollte, eine fünfzigtausend Mann starke Elitetruppe, die dem Nationalen Sicherheitsrat unterstehen und Spezialeinsätze gegen »Bedrohungen für die nationale Sicherheit« ausführen sollte.

Kurz gesagt, Sascha hatte hier General Lebeds gesammelte schmutzige Wäsche vor sich: zwei Akten, mit denen er den FSB und das Innenministerium in seiner Hand hatte. Er konnte den kriegsbegeisterten Direktoren jederzeit mit zwei handfesten Skandalen drohen, falls sie ihm in die Quere kommen sollten. Und eine dritte Akte, die dokumentierte, dass Lebed eine Armee ins Leben rufen wollte, die direkt seiner Kontrolle unterstand. Zusammengefasst lieferten diese Unterlagen die Erklärung dafür, wie Lebed seine politischen Probleme mit der Moskauer Kriegspartei zu lösen gedachte.

Als er sich mit dem Inhalt der Dokumente vertraut gemacht hatte, traf endlich ein offizieller Ermittler in der Firma ein.

»Damit kann ich nichts anfangen«, sagte der, als er die Akten sah.

»Was soll das heißen? Das ist schließlich Ihr Job«, protestierte Sascha.

»Diese Dokumente haben nichts mit der Sache zu tun, in der ich ermittle.«

»Aber laut Gesetz müssen alle Dokumente, die nicht für die Öffentlichkeit bestimmt sind, konfisziert werden. Und als ›streng geheim‹ klassifizierte Akten gehören auf jeden Fall dazu.«

Doch der Ermittler weigerte sich schlicht, die Papiere an sich zu nehmen. Daraufhin rief Sascha General Wjatscheslaw Woloch, seinen Vorgesetzten bei der FSB-Antiterrorabteilung ATZ, an. Woloch hörte ihm zu und versprach, sich gleich wieder bei ihm zu melden. Sascha wartete vergeblich auf diesen Rückruf. Der Ermittler schlug vor, Litwinenko solle warten, bis er seine Arbeit erledigt habe, und die Dokumente dann selbst als neuen Fall bearbeiten.

Sascha hatte eine bessere Idee. Er rief im Büro von Innenminister Anatoli Kulikow an, den er persönlich kannte. Er war mit einem jungen Offizier, dem Sohn von Kulikows verstorbener Frau, befreundet, den der Minister adoptiert hatte und wie seinen leiblichen Sohn liebte. Sascha hatte seine Beziehungen zu Kulikow noch nie zuvor genutzt, aber jetzt brauchte er sie. Kulikow und Lebed waren erbitterte Konkurrenten.

Zehn Minuten später rief Kulikow zurück.

»Anatoli Sergejewitsch, wir haben streng geheime Dokumente von Lebed gefunden«, sagte Sascha.

»Warum rufen Sie mich deshalb an? Sie haben doch Vorgesetzte.«

»Meine Vorgesetzten wissen nicht, was sie tun sollen.«

»Verstanden«, sagte Kulikow in verändertem Tonfall. »Was haben Sie gefunden?«

»Geheime Memos und Akten mit kompromittierenden Informationen über die gesamte Führungsriege des Innenministeriums«, berichtete Sascha.

»Über mich auch?«, fragte Kulikow.

»Nein. Nur über Ihre Stellvertreter.«

»Gut.« Kulikow klang erleichtert. »Ich schicke jemanden zu Ihnen, der die Dokumente einer offiziellen Überprüfung unterziehen wird.«

General Alexander Lebed wusste, dass Innenminister Anatoli Kulikow versuchte, ihn auszuhebeln. Die beiden befanden sich auf Kollisionskurs, und ihm war klar, dass sie nicht beide in der Regierung bleiben konnten. Lebed scherzte sogar offen darüber. »Zwei Vögel können nicht im selben Nest leben«, sagte er gern. Dies war ein Wortspiel mit ihren Namen. »Lebed« bedeutet auf Russisch »Schwan«, und Kulikow bedeutet »Schnepfe«. Mit großer Besorgnis beobachtete Lebed, dass Kulikow offenbar beschlossen hatte, sich mit Anatoli Tschubais zu verbünden, dem Stabschef des Kreml, der inzwischen quasi im Alleingang Jelzins Präsidentschaft organisierte.

Jelzin wurde von Tag zu Tag schwächer. Seine nächste Herzoperation war für Anfang November geplant, und niemand wusste, ob der alte Mann sie überstehen würde. Die Verfassung bestimmte Premierminister Tschernomyrdin als Nachfolger, aber für viele galt Lebed, der in der ersten Wahlrunde den dritten Platz erreicht hatte, als rechtmäßiger Thronfolger. Wenn man von der Kriegspartei einmal absah, zollten alle Lebed großen Respekt dafür, dass er den Krieg in Tschetschenien beendet hatte. Sollte Jelzin sterben, würde Lebed bei Neuwahlen Tschernomyrdin mit Leichtigkeit schlagen. Und der letzte Mann, den Tschubais am Steuer Russlands gebrauchen konnte, war der renitente General, der früher bei offiziellen Empfängen im Kreml in weißen Socken zu schwarzen Schuhen erschienen war und dazu einen grell karierten Anzug getragen hatte.

Am 13. Oktober beging Lebed einen entscheidenden Fehler. Um seine Position gegenüber Tschubais zu verbessern, verbündete er sich mit General Korschakow, dem ehemaligen Sicherheitsberater Jelzins, der bei den Geheimdiensten immer noch großes Ansehen genoss. Sie zeigten sich zusammen bei einer politischen Versammlung in Tula, einer Industriestadt hundertfünfzig Kilometer südlich von Moskau. Sie lag im Herzen von Lebeds ehemaligem Wahlkreis, und in diesem Bezirk wollte sich auch Korschakow als Abgeordneter für die Duma aufstellen lassen.

»Ich habe einen würdigen Nachfolger gefunden«, verkündete Lebed mit seiner sonoren Bassstimme, der gleichen sonoren Stimme, mit der er nur drei Monate zuvor geschworen hatte, den von Korschakow geplanten Staatsstreich erbarmungslos niederzuschlagen. Anschließend sprach Korschakow. Er bezeichnete Tschubais als »verfassungswidrigen Regenten« im Kreml.

Durch seinen Auftritt mit dem Geheimdienst-General, der den Liberalen ein Dorn im Auge war, besiegelte Lebed sein Schicksal. Die Reformer verbündeten sich prompt mit der Kriegspartei, um Lebed aufzuhalten. Boris Beresowski flog nach New York und zeigte George Soros das Dokument zur Russischen Legion, das Sascha bei der Razzia im September gefunden hatte.

»Du solltest dich nicht von Lebeds Rolle als Friedensstifter in Tschetschenien blenden lassen«, erklärte Beresowski. »Der Westen vergleicht ihn mit de Gaulle, aber er ist bestenfalls ein zweiter Pinochet und schlimmstenfalls ein neuer Franco. Wärst du bereit, dieses Memo einigen Leuten in Washington zu zeigen?« Noch am selben Tag schickte ich das Memo per Fax an meinen Kontaktmann im Russland-Büro des US-Außenministeriums.

In Moskau sollte bald der große Showdown stattfinden. Nach einem besonders feindseligen Verhör in der Duma brachte Lebed ein Dokument mit kompromittierenden Informationen über Kulikow in Jelzins Büro.

Am nächsten Tag hackte die Schnepfe dem Schwan ein Auge aus. Der untersetzte Kulikow, der seine mit Orden übersäte Generalsuniform trug, behauptete in einer Live-Übertragung im Fernsehen, Lebed versuche, die Macht an sich zu reißen, und seine Russische Legion sei verfassungswidrig, denn sie solle die Befugnis erhalten (und hier las er aus dem Memo vor), »die politischen und militärischen Führer extremistischer, terroristischer und separatistischer

Bewegungen zu identifizieren, psychologisch zu untersuchen, zu isolieren, zu rekrutieren, zu diskreditieren und zu liquidieren. Dasselbe gilt für die Führer anderer Organisationen, deren Aktivitäten die nationale Sicherheit bedrohen.«

Am folgenden Morgen bestellte Tschernomyrdin die oberste Führungsriege aller Nachrichtendienste zu einer Konferenz, bei der sich Lebed und Kulikow gegenseitig anbrüllten. Am Ende ließ Tschernomyrdin die Anklage, es handle sich um einen versuchten Staatsstreich, fallen, aber für den Plan mit der Russischen Legion übernahm Lebed die volle Verantwortung. Tschernomyrdin beschuldigte ihn daraufhin des »primitiven Bonapartismus«.

Während Lebed noch versuchte, einen Termin bei Jelzin zu bekommen, stellten seine Bodyguards vier Undercover-Polizisten, die Lebed auf Kulikows Geheiß hin beschattet hatten. Am späten Nachmittag hatte der kranke Präsident endgültig die Nase voll. Er bestellte ein Kamerateam von ORT zu sich nach Hause und unterzeichnete vor laufender Kamera einen Erlass, mit dem er den Nationalen Sicherheitsberater seines Amtes enthob, ein Akt, der live im Fernsehen übertragen wurde. Mit einer Stimme, der seine Enttäuschung und seine körperlichen Schmerzen deutlich anzuhören waren, verurteilte Jelzin Lebed dafür, dass er Zwietracht gesät hatte: »Es kommt mir vor, als fände ein Wahlkampf statt. Aber die nächsten Wahlen sind erst im Jahr 2000 … Wir müssen ein Team bilden, das sich so einig ist wie die Finger an einer Hand. Aber … Lebed spaltet das Team … Das kann ich nicht akzeptieren. Korschakow arbeitet nicht mehr für die Regierung, [aber Lebed] hat ihn in Tula als seinen Nachfolger dargestellt. Nun, er hätte eine bessere Wahl treffen sollen. Die beiden haben zu viel gemeinsam.«

Wie Jelzin in seinen Memoiren schrieb, hatte er genug von Generälen und wollte von nun an nur noch mit Zivilisten zusammenarbeiten. Nach einer Woche hatte er ein neues Sicherheitsteam zusammengestellt. Iwan Rybkin, ein ehemaliger Duma-Sprecher, der Jelzin treu ergeben war, trat Lebeds Nachfolge als Vorsitzender des NSC an, Boris Beresowski war als sein Stellvertreter für Tschetschenien verantwortlich.

»Warum tust du dir das an, Boris?«, fragte ich, als ich davon erfuhr. »Hast du nichts Besseres zu tun, als dich mit den Tschetschenen herumzuärgern? Das Ganze wirkt wie eine Schmierenkomödie.«

»Das ist es auch, aber leider schießen sie nicht mit Platzpatronen. Die Kriegspartei hat uns zwar geholfen, Lebed loszuwerden, aber wir können ihnen nicht die Kontrolle über die Situation in Tschetschenien überlassen. Wenn der Krieg wieder ausbricht, ist dieses Land verloren. Außerdem will sonst niemand diesen Job machen, das kannst du mir glauben.«

Am 5. November 1996 unterzog sich der inzwischen fünfundsechzigjährige Boris Jelzin einer Operation am offenen Herzen. Siebeneinhalb Stunden später wurde der Eingriff als Erfolg bezeichnet. Die Ärzte versicherten, Jelzin werde vollständig genesen.

Achmed Sakajew nahm erleichtert zur Kenntnis, dass Rybkin Lebeds Nachfolge angetreten hatte. Der ehemalige Sprecher der Duma galt als standhafter Kämpfer für den Frieden. Beresowski hingegen war ein unbeschriebenes Blatt für Sakajew. Doch ein paar Tage später landete ein russisches Regierungsflugzeug mit den beiden Männern an Bord auf einem Militärflugplatz bei Grosny, und Sakajew lernte Boris Beresowski kennen. Er war angenehm überrascht. Beresowski war gelassen, so zielorientiert, dass es an Zynismus grenzte, und vor allen Dingen nicht von jenem Dämon des verletzten Nationalstolzes besessen, der bisher alle Russen getrieben hatte, mit denen Sakajew in Verhandlungen getreten war. Ihre nostalgische Sehnsucht nach dem verlorenen Imperium war ein langsam wirkendes Gift: Sakajew kam es so vor, als gäben die Russen den Tschetschenen die Schuld an allem Unglück in ihrer jüngeren Geschichte, von der neuen Übermacht Amerikas bis hin zum sinkenden Ölpreis. Dieses irrationale Ressentiment war das größte Hindernis für Sakajews kurzfristige Pläne: Er wollte, dass die zwei verbliebenen russischen Brigaden aus Tschetschenien abrückten, und er wollte einen endgültigen Vertrag unterzeichnen, in dem das Thema Unabhängigkeit ein für alle Mal geklärt war.

»Glaubst du, Boris' gelassene Einstellung euch gegenüber hatte irgendetwas damit zu tun, dass er Jude ist?«, fragte ich Sakajew Jahre später.

»Möglich«, antwortete Sakajew. »Aber als das später zum Problem wurde, lag es nicht an uns.«

Von Beresowskis erstem Tag als Mitarbeiter des NSC an begannen die Kommunisten eine üble Hetzkampagne gegen ihn. Sie behaupteten, er habe die israelische Staatsbürgerschaft angenommen, und man dürfe ihm deshalb auf keinen Fall die Sicherheit der Nation anvertrauen.

»Wir hatten nichts gegen Juden«, erklärte Sakajew. »Schließlich haben nicht sie uns getötet, sondern die Russen. Ihr Volk hat unendliches Leid ertragen, und auch unser Volk hat gelitten. Und eine Verbindung zu Israel – falls es sie überhaupt gab – hätte uns nicht geschadet. Weißt du, Dudajew hat mir einmal erzählt, er habe eine Vision von einem Bündnis zwischen Tschetschenien, Georgien, der Türkei und Israel, das von den Vereinigten Staaten unterstützt würde.«

»Ein Bündnis gegen wen?«, fragte ich.

»Russland natürlich. Und radikale Islamisten. Leider haben die Amerikaner es vorgezogen, uns an die Russen zu verraten. Aber egal. Das ist Schnee von gestern.«

»Weißt du, was Boris als Erstes zu mir gesagt hat?«, fuhr er fort. »Er sagte: ›Ihr haltet euch für einen unabhängigen Staat. Wir – die russische Regierung – halten euch für einen Teil der Föderation. Aber wir sollten uns im Moment nicht mit den Problemen rumschlagen, bei denen wir uns sowieso nicht einig werden. Wir sollten uns Schritt für Schritt um die Probleme kümmern, für die es eine Lösung gibt.‹ Daraufhin sprachen wir über die erforderliche Logistik für den Abzug der Truppen. Mir wurde klar, dass ihm die Vorstellung eines Osteuropa ohne Rote Armee keine Kopfschmerzen bereitete.«

Sakajew war außerdem von Anfang an von Beresowskis und Rybkins Selbstvertrauen beeindruckt.

»Sie hatten keine Angst davor, heikle Probleme anzugehen. Einige Entscheidungen konnten sie an Ort und Stelle treffen, zum Beispiel, was Amnestien und den Austausch von Gefangenen betraf. Wenn die Entscheidung nicht bei ihnen lag, sagten sie einfach: ›Das müssen wir abklären‹ oder ›Wir sind derselben Meinung, aber das wird Überzeugungsarbeit kosten.‹ Sie waren ehrlich zu uns, und wir vertrauten ihnen.«

Sakajew beschrieb, wie sich ihm die Aufgabenverteilung zwischen Beresowski und Rybkin darstellte. »Beresowski war fürs Kreative zuständig, schlug verschiedene Optionen vor und dachte sich Lösungen aus. Rybkin war der Besonnene, der Zweifler. Er hörte zu und sagte dann: ›Das können wir versuchen, aber damit kommen wir niemals durch.‹ Beresowski war der Broker, und Rybkin der Sprecher. Und ihre stärkste Waffe war ORT. Beresowski hatte immer ein Kamerateam dabei. Wenn wir einen Durchbruch erzielten oder vor einem Problem standen, ging Rybkin auf Sendung, um Jelzin direkt zu erreichen – der jede Nacht die Spätnachrichten anschaute –, und ihm die Tatsachen zu präsentieren, bevor unsere Gegner reagieren konnten.«

Nichtsdestotrotz bemühten sich sowohl die Moskauer Kriegspartei als auch die aufständischen Warlords in den tschetschenischen Bergen auf unterschiedliche Art nach Kräften, die Verhandlungen zum Scheitern zu bringen.

»Ich bekam einen Eindruck davon, wie meine Pendants im Kreml arbeiteten, als ich Ende November in Moskau eintraf«, erinnerte sich Sakajew.

Die ersten Abkommen waren unterschriftsreif. Sie definierten den gesetzlichen Rahmen für Tschetscheniens Selbstverwaltung bis zu den nächsten Wahlen. Weiterhin ungelöst blieb das Problem der zwei russischen Brigaden, die immer noch in Tschetschenien stationiert waren. Die Tschetschenen bestanden darauf, dass sie abrückten, wie es ihnen im Abkommen von Chassawjurt zugesichert worden war.

Am Donnerstag, dem 21. November, traf sich Sakajew mit Beresowski im Bürotrakt des Sicherheitsrates, der sich im Verwaltungsgebäude des Kreml befand. Ihn erwarteten enttäuschende Nachrichten. Innenminister Kulikow, der Oberbefehlshaber für Tschetschenien, hatte den Abzug der Truppen blockiert. In einer Fernsehansprache hatte er verkündet, die beiden Brigaden würden noch weitere fünf Jahre im Land bleiben.

»Sprich selbst mit Kulikow, damit du siehst, mit wem du es zu tun hast«, schlug Beresowski vor.

Daraufhin suchte Sakajew Kulikow auf. Der Minister sah ihn an, »wie ein Soldat einen Floh anschaut«, was im russischen Militärjargon tiefste Verachtung ausdrückt. »Diese zwei Brigaden bleiben im Land, und damit basta. Dies bestimmt ein Sondererlass des Präsidenten.«

»Dann werde ich nicht unterzeichnen«, wetterte Sakajew. »Die Verhandlungen sind eingefroren, bis der letzte russische Soldat Tschetschenien verlassen hat!«

»Bitte sehr!«, sagte Kulikow kalt.

Aber am Samstagmorgen rief Beresowski Sakajew im Hotel an: »Ihr habt die Zusage. Der Präsident hat den Befehl für den Abzug unterzeichnet!« Beresowski hielt noch eine weitere Überraschung für Sakajew bereit. Sein eigener Premierminister Aslan Maschadow befand sich in Moskau und war gerade zum Weißen Haus unterwegs, wo er mit Tschernomyrdin eine Pressekonferenz geben würde.

Sakajew schaltete den Fernseher ein und erfuhr von einem neuen Erlass des Präsidenten, der den sofortigen und vollständigen Abzug aller russischen Truppen aus Tschetschenien anordnete.

»Wie hast du das gemacht?«, fragte Sakajew, als er Beresowski bei der Zeremonie im Weißen Haus die Hand schüttelte.

»Na ja, ich schickte dich am Donnerstag zu Kulikow und wusste, dass der Präsident den Erlass noch am selben Abend unterzeichnen würde«, erklärte Beresowski. »Aber ich wollte sicherstellen, dass Kulikow keinen Verdacht schöpfte. Direkt nach eurem Gespräch sollte Kulikow nämlich nach Warschau fliegen und an einer Konferenz osteuropäischer Innenminister teilnehmen. Wir haben dich als Köder benutzt. Du warst so enttäuscht. Kulikow hat dir deine Enttäuschung angesehen. So war es absolut sicher, dass er seine Reise antreten würde. Sonst wäre er vielleicht zum Kreml gerannt und hätte eine schlimme Szene gemacht. Und wer weiß, wozu das geführt hätte! – Es tut mir aufrichtig leid, dass ich dich getäuscht habe, mein Freund.«

Jahre später führte ich ein aufschlussreiches Telefongespräch mit Iwan Rybkin, der sich in seiner Datscha vor den Toren Moskaus befand. Er erzählte mir, was sich hinter den Kulissen wirklich abgespielt hatte.

Am späten Donnerstagabend startete eine NSC-Maschine mit Beresowski und Rybkin an Bord in Richtung Tschetschenien. Der Flug unterlag strengster Geheimhaltung, denn Beresowski und Rybkin wollten um jeden Preis verhindern, dass Kulikows Leute zu früh von ihrem Vorhaben erfuhren. Da sie den Telefonleitungen nicht trauten, entschlossen sie sich, nach Tschetschenien zu fliegen und Maschadow persönlich darüber zu informieren, dass Jelzin den Abzug genehmigt und den Erlass unterzeichnet hatte. Beim Anflug auf Grosny meldete der Pilot Beresowski, dass die Armee den Flughafen abgeriegelt hatte.

»Was ist mit Naltschik? Makschakala? Sleptsowsk?«, erkundigte sich Rybkin.

»Kein Flughafen im Nordkaukasus wird uns die Landeerlaubnis erteilen.«

Das liegt nicht am Wetter, dachte Rybkin. Das Militär hatte irgendetwas vor.

»Haben wir genug Treibstoff?«

»Er reicht noch für ungefähr eine Stunde«, sagte der Pilot. Sie wendeten und landeten in Wolgograd, das sechshundert Kilometer weiter nördlich lag. Es war vier Uhr morgens.

Im Hotel am Flughafen schliefen sie drei Stunden. Am Morgen organisierten Rybkins Leute die Landeerlaubnis für den inguschetischen Flughafen Sleptsowsk. Maschadow und seine Männer fuhren von Grosny aus mit dem Auto dorthin. Beresowski und Rybkin eröffneten ihnen, dass ihnen eine Reise nach Moskau bevorstand, weil Jelzin den Abzug der Truppen genehmigt hatte. Sie starrten die beiden ungläubig an.

»Warum wissen wir davon noch nichts?«, fragten die Tschetschenen.

»Vertraut uns«, baten die Russen.

Am späten Freitagnachmittag landete ihr Flugzeug unbemerkt in Moskau.

Am Samstagmorgen warteten die beiden Premierminister in Rybkins Datscha darauf, dass Jelzin den Truppenabzug im Fernsehen verkündete.

Anschließend unterzeichneten sie endlich das Abkommen. Bis zum letzten Augenblick glaubte Maschadow nicht, dass sie es wirklich geschafft hatten.

*Die Grenze zwischen Tschetschenien und
Dagestan, 14. Dezember 1997*

*Der tschetschenische Warlord Salman Radujew wird an einem Grenz-
übergang aufgehalten. Er ist auf dem Weg zu einer Konferenz von
Tschetschenen, die in Dagestan leben. Die russischen Polizisten machen Anstalten, ihn festzuhalten. Eine Sicherheitseinheit von Radujews Miliz stürmt den Grenzposten, entwaffnet die russischen Polizisten und nimmt einundzwanzig Männer als Geiseln. Die tschetschenische
Regierung befiehlt Radujew, die Geiseln freizulassen, aber der weigert
sich und droht, sie zu töten, wenn sich die russische Militärführung
nicht bei ihm dafür entschuldigt, dass sie ihn aufgehalten hat.*

Boris Beresowski traf am Morgen des 18. Dezember, vier Tage nach
dem Geiseldrama, in Salman Radujews Festung Nowje Gordali ein.
Er sollte mit allen Mitteln verhindern, dass der Konflikt durch den
Zwischenfall erneut aufflammte. Das Innenministerium wurde mit
jeder Stunde, die seine Polizisten gefangen waren, unruhiger. Der
Warlord verbarg hinter seinem Vollbart, der dunklen Brille und der
Baseballkappe, dass sein Gesicht bei einem Schusswechsel entstellt
worden war. Er hatte allen Bitten und allem Druck der Separatisten-
regierung widerstanden, seine Gefangenen wieder freizulassen. Radujew erkannte das Abkommen von Chassawjurt nicht an, weil die
tschetschenische Unabhängigkeitsfrage darin ungeklärt blieb. Jetzt
verlangte er wenigstens eine Entschuldigung von russischer Seite,
weil man ihn an seiner Reise nach Dagestan gehindert hatte.

»Ich entschuldige mich bei dir, Salman«, sagte Boris Beresowski.

»Hör doch auf, Boris. Von dir will ich keine Entschuldigung«,
antwortete Radujew.

Plötzlich hörten sie draußen ein lautes Knattern. Zwei nicht ge-
kennzeichnete Kampfhubschrauber waren aus dem Nichts aufgetaucht und feuerten mehrere Maschinengewehrsalven auf Radujews
Camp ab. Dann verschwanden sie wieder. Niemand wurde verletzt.

»Die da meine ich, Boris«, sagte Radujew. »Die wissen doch, dass
du hier bist! Ich will, dass diese Leute sich bei mir entschuldigen.«

Nach dreistündigen zähen Verhandlungen hatten sich die beiden beinahe darauf geeinigt, dass Radujew die Geiseln im Austausch gegen elf seiner Männer freilassen würde, die die russische Armee vor einem Jahr in Perwomaiskoje gefangen genommen hatte. Sie einigten sich auch darauf, diesen Handel vor der Öffentlichkeit geheim zu halten. Aber Radujew bestand immer noch darauf, dass Russland sich bei ihm entschuldigte.

Um zu demonstrieren, dass ihnen die Zeit davonlief, schaute Beresowski betont auffällig auf seine Armbanduhr.

»Schöne Uhr«, sagte Radujew. »Ist das eine Rolex?«

»Nein, eine Patek Philippe.«

»Nie gehört. Ist die Marke besser als Rolex? Wie viel hast du dafür bezahlt?«

»Fünfzigtausend Dollar«, sagte Beresowski.

»Schöne Uhr.«

»Sie gehört dir«, sagte Beresowski und nahm sie ab.

Radujew spielte ein paar Minuten lang mit der Armbanduhr.

»Gut, du bekommst deine Polizisten. Du kannst sie heute noch mitnehmen, wenn du mir dein Wort gibst, dass meine Männer freigelassen werden.«

Am gleichen Tag, an dem Beresowski mit Radujew verhandelte, drangen maskierte Männer am frühen Morgen in das Lager des Roten Kreuzes im tschetschenischen Dorf Nowje Atagi ein. Mit ihren schallgedämpften Waffen töteten sie sechs ausländische Mitarbeiter – fünf Frauen und einen Mann –, die schlafend in ihren Betten lagen. In der folgenden Nacht wurden fünf Russen, die in Grosny lebten, auf dieselbe Art exekutiert. Das tschetschenische Staatsoberhaupt Aslan Maschadow bezeichnete die Vorfälle als »nationale Katastrophe«.

Sakajew erklärte mir später: »Diese Morde waren sehr untypisch, sogar für die Aufständischen in den Bergen. Niemand bekannte sich zu ihnen, es wurden keine politischen Forderungen gestellt. Die Opfer wurden nicht ausgeraubt. Für uns war die Sache klar: Diese Exekutionen waren das Werk des russischen Geheimdienstes, der die Wahlen und den Truppenabzug torpedieren wollte.«

Grosny, 27. Januar 2007

*In ganz Tschetschenien drängen sich Wahlberechtigte in den Wahllo-
kalen, um an den – in den Worten der anwesenden EU-Beobachter –
»legalen, demokratischen und freien« Präsidentschaftswahlen teilzunehmen. Das Mandat bekommt der fünfundfünfzigjährige ehemalige
Offizier der sowjetischen Armee Aslan Maschadow, der während des
Krieges militärische Operationen gegen Russland koordiniert hatte. Er
wird mit einer überwältigenden Mehrheit von neunundsechzig Prozent der Stimmen ins Amt gewählt. Der Guerillaführer Schamil Bassajew, der einen terroristischen Angriff auf Budjonnowsk geleitet hatte,
liegt weit abgeschlagen auf dem zweiten Platz und bekommt nur sechzehn Prozent der Stimmen. Der Übergangspräsident Selimchan Jandarbijew liegt mit fünfzehn Prozent an dritter Stelle.*

Eines Tages Ende April 1997 bestellte mich Boris Beresowski in den
Club und begrüßte mich mit der Frage: »Kannst du einen CIA-Agenten spielen?«

»Erstens ist es ein Verbrechen, sich als Bundesbeamter auszugeben«, sagte ich lächelnd. »Und zweitens hoffe ich sehr, dass diesmal
nicht geschossen wird. Ich kenne dich ein bisschen zu gut.«

»Du arbeitest doch für George Soros, nicht wahr?«, strahlte Beresowski und fügte hinzu: »Hast du eine Visitenkarte? Das ist beeindruckend genug. Die Russen halten die Soros Foundation ohnehin
für eine Organisation der CIA. Komm, wir fahren zu meiner Datscha. Du wirst die mächtigen USA verkörpern, und dazu brauchst du
uns nur mit deiner Anwesenheit zu beehren.«

In der Datscha angelangt, erwartete uns eine gedeckte Tafel für
vier Personen, an der bereits Sicherheitsberater Iwan Rybkin und
der tschetschenische Vizepremier Mowladi Udugow Platz genommen hatten, der den islamistischen Flügel in Maschadows Regierung vertrat. Auf der Tagesordnung stand die genaue Formulierung
für den Friedensvertrag, der den Krieg offiziell beenden sollte. Die
Unterzeichnung war für den folgenden Monat angesetzt.

Die Szene wirkte sehr surreal: Rybkin strahlte das Selbstvertrauen eines ehemaligen Apparatschiks der alten Sowjetunion aus.

Beresowski trank genießerisch seinen Château Latour. Udugow unterbrach die Diskussion, um das Abendgebet zu sprechen. Ich versuchte nur, wichtig auszusehen und die Macht der Vereinigten Staaten zu verkörpern, so gut ich eben konnte.

Der Vertrag war fast fertig. Er begann mit einem Absatz, der in hehren Worten die Versöhnung zwischen den beiden Nationen und das Ende ihres »jahrhundertealten Konfliktes« pries. Was fehlte, war der rechtliche Rahmen, auf dem das Dokument basieren sollte. Rybkin und Beresowski wollten das Abkommen ausdrücklich auf die russische Verfassung gründen. Udugow bestand darauf, den Vertrag in den Prinzipien und Normen des Völkerrechts zu verankern.

Sie diskutierten beinahe drei Stunden darüber und einigten sich schließlich auf einen Kompromiss. Beide Seiten fügten einen rechtlichen Verweis ihrer Wahl ein. In der endgültigen Fassung wurden beide Verweise gestrichen, also war die Diskussion völlig sinnlos gewesen. Dabei lernte ich etwas sehr Wichtiges über den Friedensprozess. Die Anführer beider Seiten hatten miteinander weniger Probleme als mit den Fanatikern in ihren eigenen Reihen.

Am 28. April 1997 explodierte um kurz vor sieben Uhr morgens eine Bombe im Bahnhof des südrussischen Ferienorts Pjatigorsk. Zwei Menschen wurden getötet und mehr als vierzig verletzt. Der Frieden in Tschetschenien war erneut in Gefahr. Präsident Jelzin, der rund zweihundertfünfzig Kilometer entfernt am Schwarzen Meer Urlaub machte, ordnete sofort strenge Sicherheitsvorkehrungen für den gesamten Föderationskreis Südrussland an.

Innenminister Anatoli Kulikow machte tschetschenische Terroristen für den Anschlag verantwortlich und verkündete, zwei in Pjatigorsk verhaftete Tschetscheninnen hätten gestanden, die Bombe gelegt zu haben. Er behauptete, die beiden Frauen seien gesuchte Terroristinnen, deren Beteiligung an dem Geiseldrama von Perwomaiskoje im Januar 1996 erwiesen sei. Er enthüllte auch, dass am Abend zuvor einige Tschetschenen eine russische Polizeiwache an der Grenze zu Dagestan überfallen hätten.

»Jetzt ist wohl allen klar, dass die Kriegspartei nicht in Moskau, sondern in Grosny sitzt«, schäumte Kulikow im Fernsehen.

Zwei Tage später eröffneten die Tschetschenen Beresowski und Rybkin in Grosny, dass eine der Frauen, die Kulikow namentlich genannt hatte, sich bester Gesundheit erfreue und in Grosny lebe. Die andere Frau war vor einem Jahr getötet worden. Journalisten fanden heraus, dass die beiden Frauen, die ihre Namen tragen und den Anschlag von Pjatigorsk »gestanden« hatten, bereits lange vor der Explosion verhaftet worden waren. Sakajew sagte später: »Wir waren sicher, dass es sich bei dem Vorfall um reine Provokation handelte.« Die Tschetschenen übergaben Beresowski und Rybkin sofort ihr Beweismaterial. Rybkin ging auf Sendung und griff Kulikow scharf an. Das ermöglichte das allgegenwärtige ORT-Team, das Beresowski mitgenommen hatte.

»Sowohl in Tschetschenien als auch in Russland gibt es Elemente, die den zerbrechlichen Frieden zerstören wollen. Wir werden diese Leute aufhalten ... egal, welche Posten sie bekleiden oder wie viele Sterne sie an ihren Uniformen tragen«, sagte er in einem Live-Interview an der Gangway seines Flugzeugs.

»Und dann passierte die Katastrophe«, erinnerte sich Sakajew, der bei dem Gedanken daran erneut in Rage geriet. »Dieser Idiot Salman Radujew bekannte sich zu dem Anschlag im Bahnhof.« Guerillaführer Radujew befehligte immer noch eine Miliz und suchte nach Möglichkeiten, sich mehr Glaubwürdigkeit zu verschaffen. Er verkündete, er habe mit dem Anschlag den Mord an Präsident Dudajew rächen wollen. »Wir wussten zweifelsfrei, dass er nichts damit zu tun hatte«, sagte Sakajew. »Maschadow war außer sich. Er befahl, Radujew wegen Falschaussage festzunehmen. So stachelten sich unsere Kriegsparteien gegenseitig an. Und mir wurde erstmals bewusst, dass die Russen bereit waren, fingierte Terroranschläge auf ihre eigenen Leute zu verüben, damit sie uns die Schuld daran in die Schuhe schieben konnten.«

Bis zu den Sprengstoffanschlägen auf Moskauer Wohnhäuser sollten noch zwei Jahre vergehen.

Kreml, 12. Mai 1997

Vertrag über Frieden und Grundlagen der Beziehungen zwischen Russland und der Tschetschenischen Republik von Itschkerien.

In dem Bestreben, ihren jahrhundertealten Antagonismus zu beenden und stabile, gleichberechtigte Beziehungen zu etablieren, die beiden Parteien zum Vorteil gereichen, verpflichten sich die geschätzten unterzeichnenden Parteien hiermit:

1. Bei der Lösung aller Dispute auf jegliche Gewalt oder Androhung von Gewalt zu verzichten.

2. Ihre Beziehungen gemäß den Prinzipien und Normen des Völkerrechts zu entwickeln. Interaktionen zwischen den beteiligten Parteien basieren auf spezifischen Übereinkünften und Verträgen.

3. Dieser Vertrag dient als Grundlage für weitere Übereinkünfte und Abkommen in allen Aspekten der Beziehungen zwischen den Parteien.

4. Dieser Vertrag existiert in zweifacher Ausfertigung. Beide Exemplare sind vor dem Gesetz gleichwertig bindend.

5. Dieser Vertrag tritt am Tag der Unterzeichnung in Kraft.

Boris Jelzin
Aslan Maschadow

KAPITEL 6

Die Verschwörer

6. Juni 1997, an der Grenze zwischen Tschetschenien und Dagestan

Vier russische Journalisten werden aus der Gewalt ihrer tschetscheni-schen Entführer freigelassen und in Boris Beresowskis Privatflugzeug nach Moskau zurückgebracht. Tschetscheniens Präsident Aslan Ma-schadow gibt öffentlich seine Freude über diese positive Entwicklung kund. Der Erlass, mit dem er Entführungen unter Todesstrafe gestellt hat, zeigt offenbar Wirkung. Außerdem hat er Spezialeinsätze der Po-lizei angefordert, um alle Geiseln zu befreien, die sich immer noch in den Händen von Warlords befinden. »Maschadows Erfolg wird seinen Einfluss stärken«, sagt Russlands Nationaler Sicherheitsberater Iwan Rybkin. »Aber das wird nicht überall in Grosny und Moskau Begeiste-rung auslösen.«

Moskau, Sommer 1997

Die zwei Tschetschenienkriege waren im Grunde genommen nur ein einziger Konflikt, der durch eine zweieinhalbjährige Pause un-terbrochen wurde. Während dieser Pause geriet Saschas geordnete Welt endgültig aus den Fugen, denn er verstrickte sich immer tiefer in den Machtkampf zwischen der Leitung des FSB und Beresowskis Kreis im Kreml. In dieser Zeit begann auch die Fehde zwischen den Mitgliedern der Gruppe Davos, die schließlich Jelzins Regierung de-stabilisieren sollte. George Soros und ich fanden uns in verschiede-nen Lagern der neu entstandenen Kluft wieder, denn unsere Sympathien galten zum ersten Mal nicht derselben Seite. Ich hätte schon Anfang Juni ahnen können, dass unsere Wege sich trennen würden. Damals erzählte mir Beresowski, er versuche, Gasprom, den größten Erdgasproduzenten der Welt, zu übernehmen, und sei dabei wieder einmal auf Soros' Hilfe angewiesen.

Für den 28. Juni 1997 war eine Vorstandssitzung von Gasprom angesetzt. Beresowski erklärte, mit einer größeren Investition von Soros würde er es schaffen, den Vorsitz der Firma zu übernehmen. Premierminister Tschernomyrdin hatte ihm bereits seine Unterstützung zugesagt. Sobald Beresowski den Vorsitz über den Konzern inne hätte, wollte er Gasproms undurchsichtige Strukturen aufbrechen, das Management modernisieren und den Giganten zu einer transparenten Firma nach westlichem Vorbild umgestalten. Man erwartete für die Zukunft einen steilen Anstieg der europäischen Nachfrage nach Erdgas, und das würde Gasprom zu einem der mächtigsten Konzerne der Welt machen.

George Soros stattete gerade in Budapest der europäischen Zentrale seiner Stiftung einen Besuch ab. Er sei interessiert, sagte er am Telefon. Er wolle sich mit Beresowski treffen.

Am 7. Juni, einem Samstag, flogen wir am frühen Morgen in Beresowskis Gulfstream nach Budapest. Der Privatjet war quasi Beresowskis zweite Heimat. Ich fragte mich oft, wie er es schaffte, seine Arbeit für die Regierung mit seinen anderen Geschäften zu vereinbaren, ohne dabei vor Erschöpfung zusammenzubrechen. In den Tagen vor der Reise nach Budapest hatte er in Den Haag an einer Konferenz über russisch-tschetschenische Beziehungen teilgenommen, in Kiew mit dem ukrainischen Präsidenten Leonid Kutschma über die Aufteilung der sowjetischen Schwarzmeerflotte verhandelt, in Baku über die Pipeline diskutiert, die kaspisches Öl zu den Export-Terminals an der russischen Schwarzmeerküste leiten sollte, und in Dagestan die freigelassenen russischen Journalisten abgeholt.

Im privaten Sektor hatte Beresowskis Investment-Fonds gerade einen Vertrag mit General Motors über eine Opel-Fabrik in Nordwestrussland unter Dach und Fach gebracht, seine Manager bei Aeroflot bereiteten die russische Airline auf die Privatisierung vor, und er hatte Wladimir Potanin bei der endgültigen Versteigerung von einundfünfzig Prozent Sibneft-Anteilen überboten. Potanin, ebenfalls Oligarch und Mitglied der Gruppe Davos, hatte sich um die Aktienmehrheit der Ölfirma bemüht, die Beresowski seit dem »Kredite-gegen-Aktien«-Programm treuhänderisch verwaltete. Diese Aktion kam für Beresowski völlig überraschend. Potanins Angebot wurde zwar wegen einer Formsache disqualifiziert, aber sein Vorgehen deutete darauf hin, dass in der Koalition, die Jelzin zwei Jahre zuvor an die Macht gebracht hatte, nicht alles zum Besten stand. 1995 setzte Tschubais Staatsbesitz als Sicherheit gegen Kredite ein und hatte ihn, wie erwähnt, an eine kleine Anzahl Bankiers verteilt. Damals einigten sich die Begünstigten darauf, dass diese Verträge nicht rückgängig gemacht werden duften. Das gesamte Programm war ursprünglich Potanins Idee gewesen, und er hatte auch am stärksten davon profitiert: Seine Unexim-Bank hatte sich Norilsk Nickel – den größten Produzenten von Nichteisenmetallen in Russland – und die Ölfirma Sidanko unter den Nagel gerissen. Sidanko war sogar noch größer als Beresowskis Konzern Sibneft.

»Potanin und Tschubais schaffen sich eine Machtgrundlage für Tschubais' Wahlkampf im Jahr 2000«, sagte Beresowski auf dem Flug nach Budapest.

Potanin war der Oligarch mit den engsten Beziehungen zu Tschubais. Nach den Wahlen von 1996 machte man ihn zum stellvertretenden Wirtschaftsminister. Seine Unexim-Bank erhielt die lukrativsten staatlichen Aufträge, darunter die Finanzverwaltung der Staatlichen Zollbehörde. Im März 1997 gestaltete Jelzin seine Administration um und schuf dabei die sogenannte Regierung der jungen Reformer. Potanin wurde von Tschubais als Wirtschaftsexperte im Kabinett ersetzt. Um seine Position zu stärken, stellte man ihm ein frisches Gesicht zur Seite: den sechsunddreißigjährigen Boris Nemzow, der nicht mit den Privatisierungsskandalen der Vergangenheit in Verbindung gebracht wurde. Tschubais' Nachfolger als Stabschef des Kreml wurde der Journalist Walentin Jumaschew, der engste Freund von Jelzins Tochter. Nach der Neuordnung des Kabinetts kehrte Potanin zu seinen Bankgeschäften zurück, aber sein Bündnis mit Tschubais wurde dadurch umso enger. Viele Schlüsselpositionen in der Wirtschaft wurden mit Unexim-Mitarbeitern besetzt, unter anderem im Föderalen Sicherheitsausschuss, im Finanzministerium und in der Staatlichen Kommission für Insolvenzfragen. Als sich der Kampf um Gasprom verschärfte, verhärteten sich auch die Fronten zwischen Potanin und Tschubais einerseits und Tschernomyrdin und Beresowski andererseits. Mit George Soros auf seiner Seite hatte Beresowski gute Chancen, den Wettstreit mit einem Schlag zu seinen Gunsten zu entscheiden.

Gasprom war ein solcher Hauptgewinn, dass Soros nicht widerstehen konnte. Beresowski und er besiegelten ihre neue Partnerschaft per Handschlag. Dann flog Soros weiter, um seinen seit Langem geplanten Urlaub an der Adria anzutreten. An Bord seiner Yacht diktierte er einen Brief an den »lieben Boris«: Er verpflichtete sich, sofort eine Milliarde Dollar zu investieren, was ihm rund drei Prozent des Konzerns sichern würde. Er behielt sich außerdem für die folgenden zwei Jahre die Option auf den Kauf von Gasprom-Aktien im Wert von zwei Milliarden Dollar vor. Gesetzt den Fall, natürlich, Beresowski würde Vorstandsvorsitzender des Energiegiganten. In dem Brief beschwor Soros außerdem den Gasprom-Vorstand, auch Nichtrussen den uneingeschränkten Aktienkauf zu ermöglichen. Der Westen müsse Vertrauen zu dem neu entstandenen russischen Markt gewinnen, und dies sei der beste Weg, schrieb er. Außerdem hätten die russischen Aktienbesitzer dadurch enorme Gewinne zu erwarten, denn die Aktienpreise würden auf diese Weise zweifellos in astronomische Höhen schnellen.

Ich organisierte per Telefon einen Hubschrauber, der Soros von der Adria zum nächsten Flughafen im Balkan bringen sollte. Von dort aus musste er mit einem Learjet nach Sotschi am Schwarzen Meer fliegen, wo Premierminister Tschernomyrdin gerade Urlaub machte. Sie wollten sich am Samstag, den 14. Juni 1997, dort treffen.

In den frühen Morgenstunden des 12. Juni wurde ich in meiner Moskauer Wohnung durch einen Anruf aus dem Schlaf gerissen.

»In einer Viertelstunde wird ein Wagen bei dir sein. Ich muss auf dem Weg nach Sotschi noch etwas erledigen. Wir machen einen Zwischenstopp in Grosny«, bedeutete mir Boris Beresowski knapp.

Auf der Rollbahn eines Flughafens bei Moskau erwartete uns eine riesige Militärmaschine, deren Motoren bereits liefen. Dies war das mobile Hauptquartier des Nationalen Sicherheitsrates.

»Wenn meine Kollegen wüssten, dass ich einen Amerikaner an

Bord gelassen habe, würden sie durchdrehen«, sagte Beresowski, der mit Rybkin in dem sonst nur den Kommandeuren vorbehalten Salon an Bord saß. »Außer Iwan Petrowitsch [Rybkin] und meinem Bodyguard Sergej weiß niemand, wer du bist. Also verhalte dich bitte unauffällig. Wenn wir über Staatsgeheimnisse sprechen, wird Sergej so lange auf dich aufpassen.«

Nach dem Start führte mich ein Wachmann in den hinteren Teil der Maschine. Mich erwartete eine eindrucksvolle Szenerie. Im Kommunikationsbereich saßen ein Dutzend mit Kopfhörern ausgestattete Armeeoffiziere und starrten auf Monitore, über die sie offenbar mit dem gesamten russischen Verteidigungsapparat verbunden waren. In der anschließenden Sektion hockten zwei Dutzend grimmig aussehende Speznas-Fallschirmjäger in voller Kampfmontur. Ihre Kalaschnikows lagen ordentlich gestapelt in einer Ecke. Schließlich erreichte ich ein winziges Kabuff, in dem Sergej mich erwartete. Ich kannte ihn bereits aus dem Club.

»Wenn wir gelandet sind, bleiben Sie dicht bei mir und sagen mir Bescheid, falls Sie etwas brauchen«, sagte er. »Wenn diese Tschetschenen herausfinden, dass Sie Amerikaner sind, wird man auf der Stelle versuchen, Sie zu entführen.« Wir landeten. Ich beobachtete durch ein Fenster, wie die Fallschirmjäger rings um das Flugzeug in Position gingen. Ein Kleinlaster, dem ein Jeep mit bis an die Zähne bewaffneten Tschetschenen folgte, näherte sich der Maschine. Rybkin, Beresowski, zwei weitere NSC-Mitarbeiter, Sergej und ich stiegen in den Kleinlaster. Sechs einsame Zivilisten inmitten tschetschenischer Militärs. Sie verließen mit uns den Flughafen, unsere Speznas-Eskorte blieb bei der Maschine.

»Es wäre sinnlos, sie mitzunehmen«, erklärte Sergej. »Sie sind den Tschetschenen hoffnungslos unterlegen, und wir wollen vermeiden, dass sie mit ihren Kämpfern in Kontakt kommen. Die traditionelle tschetschenische Gastfreundschaft ist zwar nicht mehr das, was sie einmal war, aber immer noch unser bester Schutz.«

Wir fuhren ungefähr eine Viertelstunde lang durch eine vom Krieg verwüstete Landschaft, vorbei an ausgebombten Häusern, verkohlten Baumskeletten und einem ausgebrannten russischen Panzer.

Dann hielten wir vor einem Haus, das wie durch ein Wunder unversehrt geblieben war. Die tschetschenische Delegation traf bald nach uns mit einem Konvoi aus Jeeps und schweren Geländewagen ein: Präsident Maschadow trug Tarnkleidung, Achmed Sakajew – den ich damals zum ersten Mal sah – einen Anzug. Begleitet wurden die beiden von Udugow, dessen Kopf eine traditionelle tschetschenische Pelzmütze zierte. Sergej und ich warteten im Flur, bis die Besprechung vorbei war. Mit uns warteten sechs angsteinflößende Guerillakrieger in schwarzen Kampfanzügen, die mit den unterschiedlichsten Automatikwaffen ausgerüstet waren. Wir saßen stumm da und starrten uns gegenseitig an.

Die Verhandlungen dauerten eine Stunde. »Maschadow wird uns nach Sotschi begleiten und sich dort mit Tschernomyrdin treffen«, erklärte mir Beresowski auf der Rückfahrt zum Flugzeug.

Später erfuhr ich, dass diese Treffen die ersten Schachzüge des neuen großen Spiels waren, bei dem es um die Kontrolle des nordkaspischen Öls ging.

Es gab bereits eine Pipeline von der aserbaidschanischen Hauptstadt Baku zum russischen Schwarzmeerhafen Noworossijsk, die knapp hundertfünfzig Kilometer durch tschetschenisches Territorium verlief. Tschetschenien bestand darauf, als souveräner Partner gleichberechtigt mit Russland und Aserbaidschan zu entscheiden, ob die Pipeline wieder geöffnet werden sollte.

Die Moskauer Hardliner weigerten sich, die Tschetschenen als Partner anzuerkennen, weil Russland dadurch noch weiter gedemütigt werde: Schließlich sei der freie Zugang zur Pipeline ein wichtiger Grund für den Tschetschenienkrieg gewesen. Aber Beresowski und Rybkin sahen ihre Aufgabe nicht darin, Russlands Gesicht zu wahren; für sie war nur wichtig, dass die Pipeline bald wieder geöffnet würde. So wollten sie verhindern, dass ein von den Amerikanern unterstütztes Vorhaben für den Bau einer neuen, nicht durch Russland verlaufenden Pipeline von Baku zum türkischen Mittelmeerhafen Ceyhan genehmigt wurde.

Am 13. Juni war ich quasi der einzige Zuschauer bei der gemeinsamen Erklärung, die Maschadow und Tschernomyrdin vor den allgegenwärtigen ORT-Kameras in Sotschi abgaben. Sie hielten sich in einer russischen Regierungsdatscha auf, die einst Stalins Sommersitz gewesen war. Die Villa lag in einer parkähnlichen Gartenanlage mit mächtigen Zypressen und exotischen Blumenrabatten. Wir waren nur knapp dreihundert Kilometer von Tschetschenien entfernt, aber dies war eine völlig andere Welt. Maschadow und Tschernomyrdin verkündeten, alle Hindernisse für die Neueröffnung der Pipeline seien aus dem Weg geräumt, ein Finanzabkommen sei bereits unterzeichnet und der Grundstein für ein Zollabkommen zwischen Russland und Tschetschenien gelegt. Den Moskauer Falken gefiel das gar nicht, aber sie konnten nichts dagegen unternehmen. Jedenfalls nicht in diesem Moment.

Im Lauf des Vormittags traf auch George Soros ein, der braun gebrannt war und erholt wirkte. Er war von Stalins berühmtem Domizil am Schwarzen Meer genauso beeindruckt wie ich. Wiktor Tschernomyrdin begrüßte ihn wie einen alten Freund und erinnerte ihn scherzhaft an den Vortrag gegen den Kommunismus, den er ihm bei ihrer letzten Begegnung gehalten hatte. Nun war Soros an der Reihe. Beim Mittagessen betonte er die Vorzüge des freien Marktes und der Firmentransparenz und versprach, seine Investition von drei Milliarden Dollar würde auch andere Westler davon überzeugen, dass Investitionen in Russland weniger Risiko bargen als bisher angenommen.

Beresowski strahlte. Die drei Männer gaben sich die Hand und besiegelten damit den Handel. Später spazierten Beresowski und Soros eine Weile am Strand entlang, um die Details auszuarbeiten. Als Soros zurückkam, nahm er mich beiseite.

»Bezahlt Boris dich dafür, dass du dieses Treffen arrangiert hast?«, fragte er.

»Natürlich nicht«, erwiderte ich. »Ich dachte, ich arbeite für dich.«

»Gut. Bist du zufällig immer noch russischer Staatsbürger?«

»Nein. Die russische Staatsbürgerschaft wurde mir aberkannt, als ich die UdSSR verließ. Und vor zehn Jahren wurde ich in den USA eingebürgert.«

»Das ist ein Problem«, sagte Soros nachdenklich. »Boris und ich haben uns darauf geeinigt, ein Anlagevehikel für diese Investition zu gründen und es zwischen uns aufzuteilen. Aber laut dem Gesetz müssen mehr als fünfzig Prozent der Firma russischen Staatsbürgern gehören. Wir brauchen also dringend einen Russen, dem ich vertrauen kann.«

»Ich habe aus erster Ehe eine Tochter, die in Moskau lebt und Russin ist. Sie hat allerdings vor, in absehbarer Zeit in die USA auszuwandern.«

»Das reicht vollkommen«, erwiderte Soros. »Besorg meinen Leuten eine Kopie ihres Ausweises, sobald wir wieder in Moskau sind. Sie bekommt ein Viertelprozent der Firma.«

Mit einem Mal verspürte auch ich einen Hauch der Gier, von der Leute wie Beresowski und Soros angetrieben werden. Weil ich zur richtigen Zeit am richtigen Ort gewesen war, durfte ich damit rechnen, Millionär zu werden.

Doch diesmal fiel das Kartenhaus in sich zusammen. Der Plan für die Gasprom-Übernahme platzte an dem Tag, an dem Soros in Moskau landete. Dort traf er sich nämlich mit Boris Nemzow, der ihm erklärte, seit er im März der Regierung beigetreten sei, werde alles Geschäftliche genau nach Gesetz geregelt. Er riet Soros dringend von einer Investition in Gasprom ab, denn die Übernahme sei noch von den alten Räuberbaronen organisiert worden. Wenn sie gelänge, würde das die neuerdings spürbaren Bemühungen der Regierung um Fair Play sabotieren.

Soros machte sofort einen Rückzieher und verwandelte sich vom hungrigen Investor wieder in den Philanthropen ohne persönliche Agenda – so wirkte es jedenfalls. Er stimmte zu, dem russischen Haushalt eine Milliarde Dollar zu leihen – und damit die Zeit des Wartens auf die Einnahmen der Euro-Bond-Verkäufe zu überbrücken –, und zog sich aus dem Wettrennen um die Übernahme von Gasprom zurück.

Während wir zum Club fuhren, wo Soros Beresowski seine Entscheidung persönlich mitteilen wollte, war er in sehr düsterer Stimmung und brach sein Schweigen nur ein einziges Mal: »Weißt du was? Ich beneide dich. Du hast dir mit meinem Geld ein Ticket für die erste Reihe verschafft und darfst in aller Ruhe das Spektakel genießen. Ich kann mir das nicht leisten. Sobald ich auftauche, werde ich auf die Bühne gestellt und muss mitspielen.«

Im Club eröffnete er Beresowski, dass der Gasprom-Deal geplatzt sei. Beresowski schaffte es nur mit großer Mühe, sich zu beherrschen. Sobald Soros gegangen war, explodierte er: »Wie konnte er das tun? Wir haben den Handel mit Handschlag besiegelt! Hat er diesen Clowns wirklich geglaubt? Weiß er denn nicht, dass Nemzow nur ein Aushängeschild ist? Er soll der ›Tschubais mit menschlichem Touch‹ sein, den ausländische Investoren zu Gesicht bekommen. Ich habe ihn im März eigenhändig dafür ausgesucht, als wir noch ein funktionierendes Team waren. Ich war ehrlich zu George. Ich habe ihn nach Sotschi mitgenommen, damit er sieht, wie das System funktioniert. Potanin streut allen Sand in die Augen. George hat sich von ihm blenden lassen!«

Ich wusste nicht, was ich sagen sollte. Natürlich war auch ich enttäuscht, nicht zuletzt, weil meine eigenen Aussichten, Millionär zu werden, sich gerade in Luft aufgelöst hatten. War Soros wirklich so naiv? Oder wusste er etwas, das wir nicht wussten? Er war mein Boss, aber allmählich glaubte ich, dass Beresowski den Kreml besser verstand als er.

Bald sollte sich jedoch herausstellen, dass George Soros weiter im Spiel war. Boris Jordan, ein amerikanischer Investmentbanker russischer Abstammung, überzeugte ihn davon, ausgerechnet Beresowskis schärfsten Konkurrenten Wladimir Potanin mit einer Milliarde Dollar zu unterstützen, als dieser fünfundzwanzig Prozent des russischen Telekommunikationskonzerns Swjasinvest ersteigern wollte. Swjasinvest hatte das Monopol auf dem russischen Markt. In dem Wettbieten standen Soros und Potanin Wladimir Gussinski gegenüber, der sich als strategischen Partner die spanische Firma Telefonica de España gesucht hatte. Privatisierungsminister Alfred Koch überwachte die Versteigerung.

Am 26. Juli wurde der Gewinner verkündet: Soros und Potanin hatten für 1,88 Milliarden Dollar ein Viertel des Konzerns gekauft. Das Ergebnis löste einen handfesten Skandal aus. Gussinski, der 1,77 Milliarden geboten hatte, war empört. Er behauptete, die Versteigerung sei manipuliert gewesen. Gleichzeitig beschwerte er sich – was ein bisschen inkonsequent wirkte – darüber, Tschubais habe ihm persönlich garantiert, dass den Regeln des Paktes von Davos zufolge Gussinskis Höchstgebot nicht überboten werde. Beresowski stellte sich auf Gussinskis Seite. Tschubais gab zurück, alles sei ehrlich und legal abgelaufen, und dies sei der Beginn einer neuen Ära des blitzsauberen Kapitalismus.

Damit endete der Pakt von Davos. In den folgenden drei Monaten gingen die Verlierer zum Angriff über und nutzten die volle Macht ihrer Medienimperien, um den Gewinnern Vetternwirtschaft nachzuweisen. Sie zeichneten das düstere Bild eines Russland in der Hand des mächtigen Bankiers Potanin, der wiederum bedingungslos durch den berüchtigten Wall-Street-Spekulanten George Soros unterstützt werde. Der Streit nahm nationale Ausmaße an, zerstörte die Jelzin-Regierung und lähmte sie bis zur Handlungsunfähigkeit. Meinungsumfragen ergaben, dass der Stern der »jungen Reformer« unaufhaltsam sank.

Ich erinnere mich, dass ich damals ein ernstes Gespräch mit Beresowski führte und meine Bedenken darüber zum Ausdruck brachte, dass dieser Konflikt womöglich die Regierung zerstören und gleichzeitig den Kommunisten und Nationalisten neuen Auftrieb verschaffen würde. Warum machten alle so viel Aufhebens darum, ob Gussinski nun eine weitere Telefongesellschaft bekam oder nicht?

Beresowski sah mich an und sagte ungeduldig: »Darum geht es nicht. Es ist mir völlig egal, ob Gussinski diese Firma bekommt oder nicht. Und es geht auch nicht darum, ob fair gespielt wurde. Jedes Ergebnis wäre manipuliert gewesen. Es geht darum, dass Tolja [Tschubais] macht, was er will, weil der verfluchte Bolschewik plötzlich beschlossen hat, dass er der Staat ist.«

Je mehr sich der Konflikt zuspitzte, desto deutlicher zeichnete sich ab, dass nicht Gussinski und Potanin die eigentlichen Gegner waren. Sie bildeten nur die Front für den Kampf zwischen den beiden wichtigsten Drahtziehern in Jelzins Regierung: dem ultimativen Technokraten Tschubais und dem Supertycoon Beresowski. Hier kollidierten zwei völlig entgegengesetzte politische Weltanschauungen in Bezug auf die Rolle der Oligarchen im neuen Russland.

Beresowski war der Ansicht, die aus dem Pakt von Davos hervorgegangenen Oligarchen müssten noch jahrelang eine entscheidende Rolle in der russischen Politik spielen. Dies sei ihre historische Mission, da sie die Erzfeinde aller Kommunisten und Geheimdienstler und grundsätzlich prodemokratisch ausgerichtet seien. Außerdem seien sie die Einzigen, die wirklich Veränderungen bewirken könnten, und daher die besten Garanten für allgemeine Freiheit. In anderen Worten: Was LogoVAZ nützt, hilft auch der russischen Demokratie.

Tschubais war genau vom Gegenteil überzeugt: Seiner Ansicht nach sollten Geschäftsleute bei ihren Geschäften bleiben. Die Oligarchien – die durch die Großzügigkeit des Staates überhaupt erst ermöglicht wurden – müssten streng kontrolliert und dem Staat untergeordnet werden. Es war beachtlich, dass sich Tschubais' Einstellung in nur zwei Jahren um hundertachtzig Grad gewendet hatte. Seine erklärte Begeisterung für den Laisser-faire-Kapitalismus war flammenden Lobreden auf staatliche Kontrolle gewichen.

Im Nachhinein wird mir klar, dass mein Zwist mit George Soros in diesen Tagen seinen Anfang nahm. Ich war entschieden auf Beresowskis Seite; Soros hingegen stellte sich hinter den »neuen« Tschubais.

Ich versuchte Soros zu erklären, dass Russland keine freiheitliche Tradition hatte. Seine demokratischen Institutionen waren immer noch schwach und instabil. Es gab weder einen Mittelstand noch eine bürgerliche Gesellschaft. Russlands Probleme rührten seit Jahrhunderten daher, dass der Kreml uneingeschränkte Machtbefugnisse hatte. In diesem Kontext konnte jede alternative Machtzentrale, die ein Gegengewicht zum Staat zu bilden vermochte, nur einen Fortschritt – selbst, wenn es sich bei dieser Machtzentrale um eine Vereinigung geldgieriger Oligarchen handelte. Sie bildeten einen Ersatz für das fehlende System institutioneller »Checks and Balances« – der Kontrolle und des Gleichgewichtes im Staat.

Für Soros verkörperte Beresowski jedoch genau jenen ungehemmten, westlichen Kapitalismus, gegen den er zu Felde zog. Er betrachtete Russland als Paradebeispiel für die Übel, die er im selben Jahr im *Atlantic Monthly* angeprangert hatte. In einem Artikel mit dem Titel »Die kapitalistische Bedrohung« argumentierte er: »... der schlimmste Feind einer offenen Gesellschaft ... ist nicht länger die kommunistische, sondern die kapitalistische Bedrohung«.

Moskau, 19. August

NTW-Präsident Igor Malaschenko enthüllt, dass sein Sender mehr als eine Million Dollar Lösegeld bezahlt hat, um fünf Journalisten zu befreien, die drei Monate zuvor in Tschetschenien entführt wurden. Der stellvertretende Nationale Sicherheitsberater Beresowski bestätigt, dass auch für andere Entführungsopfer Lösegeld gezahlt worden ist. Der zerbrechliche Frieden in Tschetschenien bleibt instabil, da die Trupps der Warlords immer wieder Geiseln nehmen.

Während sich im Kreml die Kapitalisten unablässig gegenseitig der Vetternwirtschaft bezichtigten, fand in den Geheimdiensten eine weit gefährlichere Entwicklung statt. Ende August 1997 nahm die berufliche Laufbahn von Sascha Litwinenko eine unerwartete Wendung. Er wurde in eine geheimnisumwitterte, streng geheime Abteilung des FSB versetzt, die unter dem Namen URPO – Abteilung für Operationen gegen kriminelle Vereinigungen – bekannt war. Von nun an sollte er unter dem Befehl eines Mannes stehen, den er einige Monate zuvor noch ausgeforscht hatte.

Es geschah nach einem Disput mit General Woloch, seinem Chef im ATZ. Sascha war gerade von einer Operation zurückgekehrt, als Woloch ihn zu sich zitierte.

»Ich habe hier einen Bericht darüber vorliegen, dass deine Leute auf einen Verdächtigen geschossen und den Mann verwundet haben. Ich verlange eine Erklärung.«

Sascha erklärte, sein Team habe einen gefährlichen Verbrecher – einen Drogendealer, auf dessen Konto bereits mehrere Morde gingen – verhaftet. Der Mann habe versucht zu fliehen. Daraufhin habe ein Offizier gemäß den Vorschriften des FSB drei Warnschüsse abgefeuert und den Mann schließlich mit einem Beinschuss fluchtunfähig gemacht. Nach der Verhaftung sei der mutmaßliche Gangster sofort in ein Krankenhaus gebracht worden.

Woloch reagierte mit einem Wutausbruch. Eine Sensationsstory über wild gewordene FSB-Agenten, die in der Moskauer Innenstadt wahllos Menschen niederstreckten, sei nun wirklich das Allerletzte, was er gebrauchen könne, schrie er Sascha an und befahl ihm, den

Offizier, der geschossen hatte, sofort zu suspendieren. Aber Sascha schrie zurück, stürmte türenknallend aus dem Zimmer und ging sofort zum Büro des FSB-Direktors Nikolaj Kowaljow.

Kowaljow kannte Sascha seit Jahren, da er die Angewohnheit hatte, sich nicht lange mit hierarchischen Befehlsstrukturen abzugeben, sondern direkt mit seinen einfachen Offizieren in Kontakt zu treten. Sascha gehörte zu denjenigen, die auch ohne Anmeldung bei ihm vorsprechen durften.

Sascha erklärte Kowaljow seine Sicht der Sachlage. Die Staatsanwaltschaft habe keine Beschwerde eingereicht, und alle beteiligten FSB-Mitarbeiter hätten sich streng an die Vorschriften gehalten. Es gebe keinen Grund für eine Untersuchung des Falles, und er werde auf keinen Fall zulassen, dass an seinen Offizieren ein sinnloses Exempel statuiert werde. Schließlich drohte Sascha sogar mit Kündigung. Kowaljow ließ ihn reden und widersprach nicht. Er stimmte Saschas Lobreden auf seine Mannschaft zu und bezeichnete sie als »gute Leute, ein starkes Team«. Ohne Vorwarnung ließ er die Bombe platzen. »Ich versetze euch zur URPO. Dein direkter Vorgesetzter dort ist Oberst Gussak. Ich habe bereits mit ihm gesprochen, und er ist einverstanden.« Alexander Gussak war ein ehemaliger ATZ-Kollege von Sascha.

Er war sprachlos. Vor einigen Monaten hatte er Kowaljow doch eine Akte vorgelegt, die General Jewgeni Chocholkow, den Leiter dieser Abteilung, schwer belastete. Was bewog seinen Chef nun dazu, ihn ausgerechnet zur URPO zu versetzen?

Zu Kriegsbeginn im September 1994 hatte Chocholkow, ein untersetzter Mann mit muskulösen Armen, die ihm den Spitznamen »der Bulle« eingetragen hatten, eine Sektion der Operationsabteilung des ATZ geleitet und war damals im gleichen Rang wie Sascha gewesen. Nach Kriegsende wurde er jedoch überraschend zum General befördert, und man übertrug ihm die Leitung der neu eingerichteten Abteilung URPO.

Chocholkows raketenhafter Aufstieg gefiel ATZ-Operationsleiter Wjatscheslaw Woloch gar nicht. Saschas Boss, dem früher auch Chocholkow unterstanden hatte, befürchtete, die neue Abteilung würde mit seiner eigenen konkurrieren.

Durch inoffizielle Kanäle hörte Sascha von einem heftigen Streit zwischen Woloch und Chocholkow. Auslöser für den Zwischenfall war die Tatsache, dass Chocholkow offenbar über Nacht ein reicher Mann geworden war. Chocholkow weigerte sich, Woloch seinen plötzlichen Wohlstand zu erklären, und sagte ihm, er solle sich aus seinen persönlichen Angelegenheiten heraushalten. Im Sommer 1996 hatte Woloch Sascha zu sich bestellt und ihm aufgetragen, Chocholkows »schmutzige Wäsche zu durchwühlen«.

Sascha begann damit und stieß tatsächlich schon bald auf Hinweise, die Chocholkow mit bekannten Figuren des usbekischen organisierten Verbrechens in Verbindung brachten. Vor dem Zerfall der Sowjetunion war Chocholkow in Usbekistan stationiert gewesen.

Bald danach berichtete eine Quelle im Innenministerium, die Abteilung für organisierte Kriminalität der Moskauer Polizei habe hochexplosives Informationsmaterial über Chocholkows Aktivitäten vor einigen Jahren. Angeblich existierte ein Videoband, das ihn im Gespräch mit Kriminellen zeigte. Es überraschte Sascha nicht, dass die Polizei diese belastenden Informationen noch nicht weitergeleitet hatte. Die Moskauer Polizei war als besonders korrupt bekannt, und falls dieses Band wirklich existierte, war es eine nützliche Versicherungspolice. Sie konnten es jederzeit einsetzen, um sich die URPO vom Hals zu halten.

Im September 1996 fand schließlich die Razzia in Moskau statt, bei der Sascha die Dokumente entdeckte, die Lebed das Genick brechen sollten. In der Akte, die Informationen des GRU zu Tschetschenien enthielt, fiel auch Chocholkows Name sehr häufig. Irgendwann vor 1996 hatte Chocholkow vier Monate lang in Deutschland, wo er sich als amerikanischer Geschäftsmann ausgab, als verdeckter Ermittler gearbeitet. Die Operation war vom damaligen FSB-Direktor Michail Barsukow persönlich angeordnet worden. Auslandseinsätze fielen eigentlich nicht in den Aufgabenbereich des FSB, das als reiner Inlandsnachrichtendienst angelegt war, sondern wurden normalerweise vom Auslandsnachrichtendienst SWR oder dem militärischen Nachrichtendienst GRU übernommen. Aber diese Operation hatte eine dezidiert russische Angelegenheit zum Ziel: Es ging um die Anschaffung eines mehrere Millionen Dollar teuren elektronischen Sicherheitssystems für den Präsidententrakt des Kreml.

Dank dieser Operation genoss Chocholkow fortan sehr hohes Ansehen beim damaligen Sicherheitsbeauftragten des Kreml, Alexander Korschakow. Der Einsatz unterlag strengster Geheimhaltung, denn der Export der Technologien, an denen Korschakow interessiert war, wurde von den Amerikanern streng reglementiert. Womöglich gab es noch einen weiteren Grund dafür, die Operation geheim zu halten: Auf Chocholkows Einkaufsliste stand außerdem ein amerikanisches Raketenleitsystem, mit dem Cruise Missiles auf bestimmte Inland-Funksignale – zum Beispiel das Signal eines Satellitentelefons – gelenkt werden konnten. Mit einem solchen System war der tschetschenische Präsident Dschochar Dudajew aus dem Verkehr gezogen worden.

Diese Informationen allein ließen bei Sascha noch keine Alarmglocken läuten. Schließlich war es seiner Meinung nach völlig legitim, den Kreml so sicher wie möglich zu machen und den politischen Führer einer rebellischen Provinz auszuschalten. Doch in dem Bericht wurden Anschuldigungen erhoben, dass im Laufe der Operation mehrere Millionen Dollar auf rätselhafte Weise verschwunden seien.

Ob diese Anschuldigungen der Wahrheit entsprachen oder nicht, war vorerst zweitrangig. Für Sascha, der den Auftrag erhalten hatte, Chocholkows »schmutzige Wäsche zu durchwühlen«, waren sie ein gefundenes Fressen.

Unter der Schirmherrschaft seiner vorgesetzten Generäle Woloch und Tromifow legte Sascha die Ergebnisse seiner Nachforschungen FSB-Direktor Nikolaj Kowaljow vor. Der dankte ihm und versprach, die Angelegenheit weiterzuverfolgen. Aber nichts geschah. Chocholkow baute weiterhin seine neue, streng geheime Abteilung URPO aus, und Saschas Bemühungen blieben wieder einmal ergebnislos.

Und nun befahl ihm Kowaljow auch noch, unter Chocholkows Kommando zu arbeiten.

»Mach dir um Chocholkow keine Sorgen«, sagte der Direktor, den Saschas fassungsloses Gesicht offenbar köstlich amüsierte. »Ich will einen Mann in dieser Abteilung, dem ich vertrauen kann. Wenn dir irgendetwas Ungewöhnliches auffällt, kommst du sofort zu mir. Das ist ein Befehl.«

Die URPO war zwar dem FSB zugeordnet, genoss aber einen weithin autonomen Status. Die Abteilung beschäftigte rund vierzig operative Aufklärer und verfügte über einen separaten Car-Pool, eigene Technikspezialisten, eine Spezialeinheit und eigene Agenten. Ihre Zentrale befand sich nicht in der Lubjanka, dem Hauptquartier des Geheimdienstes, sondern in einem unauffälligen Gebäude in einiger Entfernung. Sascha begriff schnell, dass die URPO sich bei ihren Operationen gegen mutmaßliche Verbrecher nicht immer im Rahmen der Legalität bewegte.

Die meisten URPO-Mitarbeiter waren Veteranen des Tschetschenienkrieges, der ohnehin erst den Anlass für die Einrichtung einer solchen Abteilung geliefert hatte. Außergewöhnliche Umstände erforderten offenbar, dass der Arm des Gesetzes auch außerhalb des Gesetzes operieren durfte. Sascha gefiel dieses Konzept nicht. Zu Kriegszeiten ließen sich solche Exzesse womöglich noch als Kollateralschäden rechtfertigen, aber Russland hatte Tschetschenien nie formal den Krieg erklärt. Die Stationierung russischer Truppen auf tschetschenischem Gebiet war immer als eine Art polizeiliche Maßnahme betrachtet worden, um Ruhe und Ordnung in der russischen Provinz aufrechtzuerhalten.

Nachdem die staatlichen Ordnungskräfte von ihrem neuen Recht, Tschetschenen zu foltern und zu töten, reichlich Gebrauch gemacht und auf diesem Gebiet einige Erfahrungen gesammelt hatten, lag es nahe, diese Vorgehensweise auch im Kampf gegen das organisierte Verbrechen in der Heimat einzusetzen.

Sascha erzählte mir, wie die URPO bei der Rekrutierung neuer Mitarbeiter vorging: Sie suchte nach operativen Aufklärern, an deren Händen Blut klebte. Ein Offizier war beispielsweise nach einer Haftstrafe rehabilitiert und der URPO zugeteilt worden. Der Mann war ins Gefängnis gewandert, weil er einen mutmaßlichen Vergewaltiger und Mörder, den er wegen unzureichender Beweislage laufen lassen musste, in Selbstjustiz getötet hatte. Einige ranghohe URPO-Offiziere hatten in Eigenregie vier dagestanische Gangster »unschädlich gemacht«, die das Pech gehabt hatten, sich für ihre Schutzgelderpressung ausgerechnet ein Geschäft auszusuchen, das dem Sohn eines ehemaligen KGB-Bosses gehörte.

Sascha war klar, dass die Rekrutierungspolice der URPO auch

Zweifel über seinen Charakter bei mir auslösen würde. Er sprach offen darüber: »Ich bin bestimmt kein Engel, aber an meinen Händen klebt kein Blut. Ich bin in der URPO gelandet, weil Kowaljow mich dort eingeschleust hat. Chocholkow hätte mich niemals von sich aus in Betracht gezogen. Aber eins ist sicher: Früher oder später hätten wir uns die Hände bei der URPO schmutzig machen müssen, denn darauf basierte die gesamte Existenz dieser Abteilung.«

Er leugnete nicht, dass er auch vor seiner Arbeit bei der URPO auf Befehl seiner Vorgesetzten gegen Gesetze verstoßen hatte, aber nun betrat er eine vollkommen andere Welt. Befehle wurden nur mündlich erteilt, es gab keine schriftlichen Berichte. Nichts durfte sich später irgendwie nachweisen lassen, das war oberstes Gebot.

Anfangs fühlte sich Sascha zwar unwohl, hatte aber noch keinen konkreten Anlass zur Sorge. Seine ersten Einsätze richteten sich gegen dieselben »Zielpersonen«, gegen die er auch im ATZ vorgegangen war: Verbrecherbanden, korrupte Polizisten und Kidnapper. In einen ersten Gewissenskonflikt brachte ihn der Fall Trepaschkin. Ende Oktober erhielt Sascha folgende Order: »Deine neue Zielperson ist ein Mann namens Michail Trepaschkin. Arbeite dich in seine Akte ein.«

Sascha studierte die Dokumente. Es stellte sich heraus, dass Oberstleutnant Trepaschkin nach zehn Jahren Dienstzeit beim KGB in Konflikt mit seinen Vorgesetzten geraten und daraufhin aus dem Geheimdienst entlassen worden war. Nun klagte er beim FSB auf Schadenersatz. Er hatte einen offenen Brief an Präsident Jelzin veröffentlicht, in dem er die gesamte Behörde der Korruption bezichtigte. Inzwischen arbeitete Trepaschkin als ranghoher Ermittler bei der Zollaufsicht. Sascha hörte von seinem Vorgesetzten: »Wir sollten uns um ihn kümmern« und stellte sich erst einmal dumm.

»Was meinen Sie mit ›um ihn kümmern‹?«

»Nun, die Situation ist recht heikel. Er will den Direktor vor Gericht zerren und gibt überall Interviews. Wir sollen dafür sorgen, dass er den Mund hält. Der Befehl kommt vom Direktor persönlich.«

»Wie sollen wir das machen?«

»Wir könnten ihm eine Waffe unterschieben.«

»Vergessen Sie's! Er ist ein operativer Aufklärer und kennt alle Tricks. Damit kommen wir vor Gericht niemals durch.«

Allmählich verlor Saschas Vorgesetzter die Geduld: »Nun gut, dann bringen wir ihn eben um. Wir sagen, er habe Widerstand geleistet, als wir ihm seinen FSB-Ausweis abnehmen wollten, woraufhin wir ihn in Notwehr erschießen mussten. Stell dich nicht dümmer, als du bist, Sascha. Du weißt doch genau, was wir hier machen, oder etwa nicht? Wir sind eine Spezialeinheit. Wir sind hier, um Probleme zu lösen, und nicht, um dumme Fragen zu stellen.«

»Also gut. Ich brauche ein bisschen Zeit, um den Fall genauer zu untersuchen und unsere Optionen abzuwägen«, sagte Sascha.

Er wollte den Befehl nicht ausführen, also versuchte er, Zeit zu schinden. Vielleicht konnte er den Auftrag sabotieren, indem er ihn über ein oder zwei Monate verschleppte.

4. November 1997

Anatoli Tschubais und Boris Nemzow treffen sich mit Präsident Jelzin in seiner Datscha. Sie nutzen den Umstand, dass Premierminister Tschernomyrdin gerade Urlaub macht, und präsentieren Jelzin den Entwurf für einen Erlass, mit dem Boris Beresowski seines Amtes enthoben werden soll. Als Begründung führen sie an, dass der stellvertretende Nationale Sicherheitsberater sich als »graue Eminenz des Kreml« geriert und damit die präsidiale Autorität untergräbt. Jelzin, dem der »Krieg der Oligarchen« schon lange ein Dorn im Auge ist, stimmt dem Erlass zu. Eine Woche später steht in allen Zeitungen, dass eine Tochterfirma der Unexim-Bank Tschubais und vier Geschäftspartnern am Vorabend der Swjasinvest-Versteigerung jeweils 90 000 Dollar überwiesen hat, die als »Vorschuss« deklariert wurden. Wutentbrannt lichtet Jelzin die Reihen der jungen Reformer, feuert unter anderem Alfred Koch aus dem Kabinett und enthebt Tschubais seines Amtes. Ein neuer Nationaler Sicherheitsrat darf sich von nun an mit der Situation in Tschetschenien beschäftigen.

In jenem Herbst wurde Sascha gebeten, an einer Einsatzbesprechung teilzunehmen. Seine Vorgesetzten diskutierten über den Plan, Omar Dschabrailow, einen prominenten Tschetschenen, der in Moskau lebte, zu entführen und von seiner Familie ein Lösegeld zu erpressen. Damit sollten einige Geiseln ausgelöst werden, die sich in der Gewalt tschetschenischer Entführer befanden. Sascha war anwesend, weil er sich mit Entführungen gut auskannte.

»Ich saß zwischen all diesen Leuten und redete darüber, wie man einen Mann am besten entführt«, erinnerte sich Sascha. »Und zwar, weil ich schon mehrfach Geiseln befreit hatte. Das Ganze kam mir vor wie absurdes Theater. Meine Chefs hatten überhaupt keine moralischen Bedenken. Für sie ging einfach ihr Tschetschenienkrieg in die nächste Runde. Einen Tschetschenen zu entführen, um Lösegeld zu erpressen, gehörte für sie ganz selbstverständlich dazu.«

Anfang Dezember waren die Vorbereitungen für Dschabrailows Entführung schon weit fortgeschritten: Operative Aufklärer der URPO überwachten jede Bewegung ihres Zielobjekts, sein Telefon wurde abgehört, seine täglichen Gewohnheiten bis ins Detail studiert und alle seine Kontakte überprüft. Datum, Zeit und Ort der Operation standen bereits fest: Man wollte ihn entführen, wenn er am Theater eintraf, um den Auftritt des berühmten tschetschenischen Folklore-Tänzers Mahmud Esambajew zu sehen.

Sie hatten sich sogar bereits die gezielten Falschinformationen zurechtgelegt, die nach der Operation in den Medien gestreut werden sollten. Dschabrailow war Teilhaber des Moskauer Radisson-Hotels. Am 3. November 1996 war sein amerikanischer Geschäftspartner Paul Tatum von einem unbekannten Täter in der Nähe des Hotels erschossen worden. Eine »FSB-Quelle« sollte der Presse mitteilen, dass die Ermittler eine Verbindung zwischen Dschabrailows Entführung und dem Mord an Tatum vermuteten.

Während die Vorbereitungen liefen, wurde Sascha immer depressiver, denn er wusste, dass er nach dieser Operation der URPO auf Gedeih und Verderb ausgeliefert sein würde. Er bat sogar seine ehemaligen Vorgesetzten im ATZ, ihn wieder einzustellen. Aber niemand wollte sich mit Chocholkow anlegen.

Doch da geschah ein Wunder: Bei der letzten strategischen Sitzung vor der Operation weigerten sich die Mitglieder des SWAT-Teams, das den Plan in die Tat umsetzen sollte, den Einsatz durchzuführen. Sie wollten nur agieren, wenn im Voraus bezahlt würde. Bei der letzten Entführung hätten sie sich auf eine nachträgliche Bezahlung eingelassen, und ihr Anteil sei bis heute nicht bei ihnen eingegangen. Nie wieder. Entführung nur gegen Vorkasse.

Der Einsatz wurde um unbestimmte Zeit verschoben.

Am 27. Dezember bestellte ein Stellvertreter von Chocholkow, Alexander Kamyschnikow, alle Mitarbeiter von Saschas Abteilung in sein Büro und befahl ihnen, die Arbeit an ihrem aktuellen Fall – einer Untersuchung darüber, inwieweit die Mafia das Moskauer Polizeipräsidium unterwandert hatte – abzuschließen.

»Mit solchen Fällen sollten wir uns überhaupt nicht abgeben«, verkündete er. »Wir sind eine *Spezial*einheit. Habt ihr das hier gelesen?« Er hielt eine Ausgabe von *Der Handlanger der Macht* in die Höhe. Das Buch war die erst kürzlich erschienene Autobiografie von Pawel Sudoplatow, der unter Stalin als geschäftsführender Direktor die Auslandsabteilung des NKWD geleitet hatte. Zu den Operationen, für die er verantwortlich gewesen war, hatte unter anderem der Mord an Leo Trotzki gehört.

»Dies muss unser Vorbild sein!« Er wedelte mit dem Buch. »Alle müssen das lesen. Das ist ein Befehl. Wir haben eine neue Art Zielperson zu bekämpfen. Es gibt in Russland kriminelle Elemente, die auf offiziellem Weg nicht unschädlich gemacht werden können, denn sie sind so reich, dass sie sich vor Gericht jederzeit freikaufen werden. Diese Leute sind eine Bedrohung für unser Land. Litwinenko, Sie kennen doch Beresowski, nicht wahr? Dann werden Sie die Ehre haben, ihn aus dem Verkehr zu ziehen.«

Sascha antwortete nicht, aber sein Verstand arbeitete fieberhaft. Bis vor Kurzem war Beresowski noch Nationaler Sicherheitsberater gewesen, und er war auch weiterhin beratend für den Kreml tätig. Über den Mord an einer so wichtigen Persönlichkeit auch nur zu reden war Wahnsinn und verstieß gegen die Antiterrorgesetze. Soweit Sascha informiert war, hatte niemand in der URPO eine persönliche Fehde mit Beresowski. Der Befehl musste von ganz oben oder von einem externen Auftraggeber gekommen sein. Es war allerdings durchaus möglich, dass man Sascha damit nur provozieren und seine Reaktion testen wollte.

Kamyschnikow fragte ihn direkt: »Sie würden Beresowski doch ausschalten, nicht wahr?«

Sascha schüttelte wortlos den Kopf, deutete mit dem Zeigefinger an seine Schläfe und machte kreisförmige Bewegungen. Diese Geste bedeutete: »Halten Sie mich für so lebensmüde, dass ich darauf antworte? Wer weiß, wer dieses Gespräch abhört!«

Nach der Sitzung versammelten sich Saschas engste Mitarbeiter in seinem Büro. Sie versuchten zu begreifen, was gerade geschehen war, und entschieden sich schließlich, das Ganze ihrem Vorgesetzten Alexander Gussak zu berichten, der wegen einer Erkrankung nicht im Büro war.

»Warum überrascht euch das?«, sagte Gussak, nachdem er sie angehört hatte. »Chocholkow hat mit mir bereits darüber gesprochen, dass Beresowski aus dem Verkehr gezogen werden soll.«

Sascha konnte den Urlaub, den er Anfang Januar 1998 bekam, nicht genießen. Er verschwieg Marina den Grund für seinen Kummer, aber sie spürte, dass etwas ganz und gar nicht in Ordnung war. Er mied Partys. Er weigerte sich, in ein Konzert zu gehen, für das sie bereits Karten hatten. Wenn sie versuchte, ihn aufzuheitern, seufzte er nur: »Ach, mein Liebling. Wenn du nur wüsstest, wie wenig mir zum Feiern zumute ist.«

Sascha kehrte nach dem Urlaub ins Büro zurück, und seine Vorgesetzten sprachen das Thema Beresowski nicht noch einmal an. Nichtsdestotrotz wussten er und seine Mitarbeiter, dass ihre Abteilung früher oder später an politischen Einsätzen teilnehmen musste. Sascha und seine Leute diskutierten hitzig über die Optionen, die ihnen offenstanden: Entweder sie befolgten stillschweigend alle Befehle und hofften auf das Beste, oder sie gaben ihr Wissen an Kowaljow weiter, was Sascha ursprünglich vorgeschlagen hatte.

Saschas Stellvertreter, Major Andrej Ponkin, ein wuchtiger Mann mit gutmütigem Gesicht, votierte gegen die zweite Variante: Er war davon überzeugt, dass Kowaljow genau wusste, was in der URPO vor sich ging. Er würde sich hinter Chocholkow stellen und sie über die Klinge springen lassen.

Ponkin schlug als Erster vor, direkt zu Beresowski zu gehen. Der habe es bereits geschafft, Korschakow und Barsukow loszuwerden. Mit seiner Unterstützung hätten sie vielleicht eine Chance, argumentierte Ponkin. Nach einiger Diskussion stimmten ihm alle zu, und Sascha bekam den Auftrag, Beresowski zu kontaktieren. Seine Vorgesetzten Gussak und Schebalin überließen ihm nur zu gern den Vortritt.

Es dauerte einen Monat, bis Sascha einen Termin bei Beresowski bekam. Nach den Wahlen von 1996 hatten sich ihre Wege getrennt und sie sich beinahe ein Jahr nicht mehr gesehen. Mitte Februar rief er zum ersten Mal im Büro von Beresowski an. Doch dieser erholte sich gerade in einer Schweizer Klinik von einer Rückenverletzung, die er bei einem Schneemobilunfall erlitten hatte. Erst Mitte März erreichte Sascha Beresowski, der vollauf mit Kreml-internen Intrigen beschäftigt war.

Obgleich Beresowski nicht mehr für den Nationalen Sicherheitsrat arbeitete, war er weiterhin als spezieller Berater für Walentin Jumaschew, den Stabschef des Kreml, tätig. Diese Position verschaffte ihm gewaltigen Einfluss auf die Personalpolitik des Präsidenten. Jelzin bereitete sich darauf vor, das gesamte Kabinett aufzulösen und auf diese Weise sowohl Tschubais als auch Innenminister Anatoli Kulikow mit einem Schlag loszuwerden.

Sascha bekam trotz all des Aufruhrs am 20. März einen Termin bei Beresowski. Er kam direkt zur Sache: »Boris Abramowitsch, meine Vorgesetzten haben mir befohlen, dich zu töten.«

Anfangs glaubte Beresowski ihm nicht. Ihm waren ähnliche Warnungen bereits vorher zugetragen worden. Doch bei der Erwähnung von Chocholkows Namen horchte er auf. Sein komplexer Verstand registrierte die Bedrohung, die in dieser Information lag, sah darin gleichzeitig aber auch die Gelegenheit, seinen Feinden in den Geheimdiensten einen vernichtenden Schlag zu versetzen.

Er sagte, er würde sich gern mit Mitarbeitern aus Saschas Abteilung unterhalten.

Nach den Gesprächen mit Schebalin und Ponkin machte sich Beresowski schließlich doch Sorgen und ging sofort zu FSB-Direktor Kowaljow.

Danach überschlugen sich die Ereignisse.

Am folgenden Tag zitierte Kowaljow Sascha und seine Kollegen zu sich ins Büro, wo sie ihre Anschuldigungen wiederholten. War es möglich, dass das Ganze nur ein schlechter Scherz gewesen sei, fragte Kowaljow. Nein, beteuerten die Agenten, das sei kein Scherz gewesen. Es sei ja kein Geheimnis, wie die URPO arbeite. Der Direktor versprach, sofort eine interne Untersuchung einzuleiten, befahl ihnen absolutes Stillschweigen und entließ sie dann.

Ein paar Stunden später stürmte Gussak in Saschas Büro.

»Ich habe gerade mit Chocholkow gesprochen«, sagte er. »Er will die Angelegenheit mit Beresowski im Guten regeln. Du sollst sofort zu ihm kommen.«

»Warum um alles in der Welt bist du zu ihm gegangen?«, fuhr Sascha ihn an. »Der Direktor hat uns doch gesagt, wir sollen den Mund halten.«

»Für wie dumm hältst du mich eigentlich? Der Direktor hat ihn doch selbst informiert.«

Sobald Gussak gegangen war, rief Sascha Kowaljow auf einer sicheren Leitung an: »Nikolaj Dimitriewitsch, du hast uns eine geheime Untersuchung des Falles versprochen. Aber ich habe gerade erfahren, dass Chocholkow bereits Bescheid weiß.«

Der Direktor schwieg einen Augenblick und sagte dann: »Gussak muss es ihm erzählt haben. Halte dich von ihm fern.«

Sascha ging sofort zu Gussak und wiederholte die Worte des Direktors. Gussak wurde leichenblass.

»Begreifst du, was hier vor sich geht? Der Direktor schickt mich zu Chocholkow und behauptet anschließend dir gegenüber, es sei meine Idee gewesen. Wenn wir die Sache nicht schnellstens ins Reine bringen, machen die mich zum Sündenbock. Weißt du, was Chocholkow zu mir gesagt hat? ›Wenn es zum Schlimmsten kommt, dann sollten Sie den Direktor decken.‹ Sie rollen alle meine Fälle wieder auf und suchen nach einem Grund, mich rauszuwerfen. Geh sofort zu Beresowski und sag ihm, alles sei nur ein Scherz gewesen.« Gussak war vollkommen in Panik.

»Nein. Dafür ist es zu spät«, sagte Sascha. »Jetzt sind sie hinter uns her.«

Er ging nach Hause und rief Beresowski über eine ungesicherte Telefonleitung an. Es war der 14. April.

»Boris Abramowitsch, sie vertuschen alles. Der Direktor hat Chocholkow informiert.«

»Genau das habe ich erwartet«, sagte Beresowski. »Morgen Vormittag um zehn Uhr habt ihr im Kreml einen Termin mit Jewgeni Sawostjanow, dem stellvertretenden Stabschef für Sicherheitsfragen. Bring all deine Leute mit.«

Sawostjanow hörte sie an, registrierte, dass es ihnen ernst war, und sicherte ihnen im Namen der Regierung einen Termin bei einem Bundesanwalt zu, vor dem sie ihre Aussagen wiederholen sollten.

KAPITEL 7

Whistleblower – die Informanten

Am Morgen des 19. April 1998 fuhren Marina und Sascha zu Freunden, mit denen sie Ostersonntag feiern wollten, den einzigen kirchlichen Feiertag, der siebzig Jahre kommunistische Herrschaft überdauert hatte. Marina bemalte am Vortag Eier und hatte *kulitsch* gebacken, den würzigen runden Hefekuchen, der normalerweise mit *pascha* gegessen wird, einem Quarkgericht mit Rosinen. Besser ließ sich das Ende der Fastenzeit nicht begehen, die allerdings weder Sascha noch Marina einhielten.

Es war ein schöner Frühlingstag. Der letzte Schnee war weggetaut, und die Sonne schien so ungewöhnlich warm, dass sie zum ersten Mal seit Monaten die Winterjacken zu Hause ließen. Die gedrückte Stimmung, unter der Sascha seit Anfang des Jahres gelitten hatte, schien sich in Luft aufgelöst zu haben. Er wirkte fröhlich und zuversichtlich. In Marina keimte die Hoffnung auf, dass er die Probleme, die ihm so zur Last geworden waren, endlich bewältigt hatte.

Nach dem Essen, es war inzwischen Nachmittag geworden, klingelte Saschas Handy. Er lauschte aufmerksam und wurde sehr nachdenklich. Dann sagte er Marina, sie müssten jetzt gehen.

»Wohin denn?«, fragte sie.

»Das wirst du gleich sehen.« Er schwieg die ganze Fahrt über und wirkte völlig abwesend.

»Ich weiß nicht, ob es an seinem Tonfall oder seinem Gesichtsausdruck lag«, erinnerte sich Marina später, »aber mir wurde augenblicklich klar, dass ich gleich die fremde Welt betreten würde, vor der er mich all die Jahre nach Kräften beschützt hatte.« Sie sollte recht behalten. An jenem Ostersonntag warteten eine Menge »großer Überraschungen« auf sie.

Sie fuhren zur Wohnung von Saschas Kollegen Wiktor Schebalin, wo bereits ein weiterer Mann wartete, den Marina nicht kannte. Während sie mit Schebalins Frau plauderte, schlossen sich die drei Männer ungefähr eine Stunde lang in dessen Büro ein. Schließlich verabschiedete sich der Unbekannte, und kurz danach brachen Schebalin, Sascha und Marina, die am Steuer saß, zur Wohnung von Alexander Gussak auf. Dort erwartete sie bereits ein Kollege von Sascha. Es war Andrej Ponkin, von dem Marina zwar schon viel gehört hatte, dem sie aber jetzt zum ersten Mal persönlich begegnete.

Die Männer waren sehr nervös. Gussak lief ruhelos auf und ab und rauchte dabei eine Zigarette nach der anderen. Marina wollte sich zurückziehen, aber Sascha bedeutete ihr mit einer Geste, zu bleiben. Schließlich brach Schebalin das Schweigen, und seine Worte versetzten Marina den ersten Schock des Abends:

»Am Montag wollen sie uns alle verhaften.«

Der Mann, der sie bei Schebalin erwartet hatte, arbeitete für die FAPSI, die Föderale Agentur für Regierungsfernmeldewesen und Information, die ungefähr der amerikanischen NSA entspricht. Er hatte Sascha und Schebalin mit Informationen aus einem abgehörten FSB-Telefonat versorgt, in dem es um eine Gruppe Verdächtiger gegangen war, die am folgenden Tag im Hauptquartier Lubjanka verhaftet werden sollte.

»Das passt exakt«, sagte Sascha. »Kowaljow hat mich gestern angerufen und uns alle für morgen Vormittag um zehn in sein Büro bestellt.«

Marina erinnerte sich genau an die Dynamik der darauf folgenden Diskussion. Schebalin blieb ganz ruhig, schürte aber mit seinen Kommentaren die Ängste der anderen immer weiter. Er betonte die Verlässlichkeit seiner Quelle bei der FAPSI. Außerdem sei es naheliegend, dass Kowaljow sie jetzt verhaften lassen wolle. Schließlich sei der Termin für ihre Anhörung auf Ende der folgenden Woche angesetzt.

Gussak und Sascha waren extrem aufgeregt und stritten sich. Ponkin schaute immer wieder von einem zum anderen, hielt sich den mächtigen Schädel und stimmte abwechselnd beiden Streithähnen zu.

Gussak war sehr blass und wirkte völlig verängstigt. Er wiederholte wie ein Mantra, es sei noch nicht zu spät, die ganze Sache abzublasen. Er warf Sascha vor, er habe »sie in diese Scheiße hineingeritten«, und schrie, zu Beresowski zu gehen sei »die dümmste all deiner dummen Ideen« gewesen. Er selbst hätte diesem Vorschlag niemals zugestimmt, wäre er vorher ausreichend informiert gewesen. Sascha schrie zurück, wenn es nach Gussak ginge, würden sie »wahllos alle umbringen, die Chocholkow aus dem Weg räumen will«, und das würde sie nur noch tiefer in die Scheiße reiten. Sie wären mit den Fäusten aufeinander losgegangen, wenn Schebalin und Ponkin sie nicht zurückgehalten hätten.

Marina hörte stumm und fassungslos zu. Zuerst begriff sie überhaupt nicht, worum es ging. Mit jedem heftigen Wortwechsel wurde ihr zwar klarer, in welchem Dilemma ihr Mann und seine Kollegen steckten, aber sie wollte es sich nicht eingestehen. Stattdessen redete sie sich ein, es gehe nur um eine Übung für den Ernstfall.

Schließlich brachte Sascha seine Kollegen dazu, ihm einigermaßen ruhig zuzuhören. Sie hätten bereits mit dem Kreml gesprochen und damit alle Brücken hinter sich abgebrochen, gab er zu bedenken. Sie stünden nun zwischen zwei feindlichen Parteien: der Regierung auf der einen und dem FSB auf der anderen Seite. »Wenn wir jetzt einen Rückzieher machen, fühlen sich beide Seiten verraten, und wir sind auf jeden Fall erledigt«, beschwor er seine Kollegen. Ihre einzige Chance sei, auf Beresowskis Hilfe zu setzen. Schließlich habe der auch Korschakow und Barsukow ausgehebelt. Sascha war überzeugt davon, dass Beresowski auch diesmal als Gewinner aus dem Kampf hervorgehen würde.

Seine Argumente klangen sehr überzeugend. Falls man sie am Montag tatsächlich verhaftete, konnten sie am Mittwoch nicht vor dem Untersuchungsausschuss aussagen. Mit der Zustimmung der anderen rief Sascha bei Beresowski an.

»Kommt sofort in meine Datscha«, sagte Beresowski.

Es war fünf Minuten vor Mitternacht.

Gussak, Ponkin, Sascha und Marina trafen in Beresowskis Datscha ein – Schebalin hatte es vorgezogen, zurückzubleiben – und standen vor Sergej Dorenko, dem beliebtesten Nachrichtensprecher von ORT. Beresowski hatte ihn mitsamt einem Kamerateam in seine Villa einbestellt.

Neun Jahre später betrachtete ich in New York die Filmaufnahmen aus dieser Nacht. Unwillkürlich stellte ich mir vor, wie sich die arme Marina damals gefühlt haben musste, als sie mutterseelenallein diese Geständnisse hörte. Zum ersten Mal in ihrem Leben bekam sie einen Einblick in die Welt, in der Sascha lebte. Anfänglich leistete Beresowski ihr noch Gesellschaft, aber nach einer halben Stunde zog er sich zurück. Er hatte das alles schon einmal gehört, und er brauchte dringend seinen Schlaf.

Im Nachhinein verdächtigte Sascha Schebalin, von Anfang an als Maulwurf gearbeitet und seine Kollegen bespitzelt zu haben. In jener Nacht war er nicht mit zu Beresowski gefahren, angeblich, weil er noch etwas zu erledigen hatte. Wollte er sich neue Instruktionen bei seinen Auftraggebern vom FSB holen? War womöglich seine in ruhigem Ton vorgetragene Ankündigung »Am Montag werden wir alle verhaftet« nur ein Mittel gewesen, ihnen Angst einzujagen und ihre Aussage zu verhindern? Falls dem so war, ging der Schuss jedenfalls nach hinten los, denn nur so kam es zu den mitternächtlichen Aufzeichnungen, die Sascha und seinen Kollegen wahrscheinlich das Leben retteten.

Später wurde Sascha klar, dass Schebalin nur an lange im Voraus geplanten Aktionen gegen den FSB teilgenommen, sich aus allen spontanen Aktivitäten grundsätzlich herausgehalten und nie selbst die Initiative ergriffen hatte.

Gussak hingegen war aufrichtig. Es fiel ihm sehr schwer, sich für eine Seite zu entscheiden. Er versuchte fieberhaft abzuschätzen, wer am Ende als Sieger dastehen würde, und verteilte seine Loyalität möglichst gleichmäßig. Anfangs war er gegen eine Aufdeckung des Skandals und hatte die Informanten nicht in den Kreml begleitet. Außerdem bildete er weiterhin Chocholkows Kontakt zu Sascha. Aber in jener Nacht in Beresowskis Datscha nahm er mit Feuereifer an dem Geständnismarathon vor den Kameras teil und hielt keine Informationen zurück. Sechs Monate später, im November 1998, hielten Sascha und seine Freunde ihre inzwischen legendäre Pressekonferenz ab. Gussak machte einen Rückzieher und verließ aus Angst um seine persönliche Sicherheit sogar die Stadt.

Die drei anderen Whistleblower Ponkin, German Scheglow und Konstantin Latjischenok hielten Sascha bis zuletzt die Treue. Sie unterstützten ihn bedingungslos und gingen mit ihm gemeinsam unter.

Interessanterweise tauchte Gussak, der inzwischen in Moskau als Rechtsanwalt arbeitete, neun Jahre später wieder auf und gab der BBC nach Saschas Tod ein Interview. Er bestätigte, dass Chocholkow ihm den Auftrag gegeben hatte, Beresowski zu töten. Er habe dies jedoch nicht als ernst gemeinten Befehl aufgefasst, versicherte Gussak. Er »hätte den Auftrag nur ausgeführt, wenn FSB-Direktor Kowaljow ihm den Befehl dazu höchstpersönlich gegeben hätte«.

In jener Osternacht in Beresowskis Datscha waren alle Whistleblower so redselig wie reuige Sünder, die ihre letzte Beichte ablegen. Als Marina den Berichten über eine Stunde lang zugehört hatte, musste sie der Wahrheit ins Auge sehen: Sascha und seine Freunde, die abwechselnd auf den fassungslosen Dorenko einredeten, machten sich gerade ihre eigene Behörde zum Todfeind. Sie erfuhr von dem Auftrag, Trepaschkin »zum Schweigen zu bringen«, von der geplanten Entführung Dschabrailows, den Gesprächen über den Plan, Beresowski umzubringen. Und von vielen anderen Vorgängen, die Sascha als »illegal und kriminell« bezeichnete. Marina kannte Saschas Weltanschauung. Für ihn gab es nur Schwarz oder Weiß, und sie vermutete, dass seine Kollegen und Arbeitgeber in den Geheimdiensten eine ähnliche Auffassung vertraten. Sascha lehnte sich gegen die *kontora* auf, und sie befürchtete, dass der FSB ihn von nun an als Feind betrachten und als solchen unerbittlich verfolgen würde.

Obwohl die Whistleblower das Videoband am liebsten gleich gesendet hätten, entschieden sie sich am folgenden Morgen dagegen.

Beresowski stimmte der Entscheidung zu: »Solche Filme sind besonders wirksam, wenn die Öffentlichkeit sie nicht zu Gesicht bekommt«, sagte er beim Abschied. »Vielleicht sollten wir den Kreml-Stab zu einer Privatvorführung einladen, aber im Moment ist das nicht nötig. Und ich vermute, dass eure Chefs ohnehin bereits wissen, was ihr die ganze Nacht gemacht habt. Ihr solltet euch nichts anmerken lassen und am Donnerstag wie geplant vor den Bundesanwälten aussagen. Wir werden ja sehen, was dann passiert.«

Er wirkte äußerst zufrieden mit sich.

Sascha und seine Leute wurden am folgenden Morgen nicht im FSB-Hauptquartier Lubjanka verhaftet. Kowaljow versuchte noch, mit ihnen zu verhandeln, aber das Gespräch blieb ergebnislos.

Zwei Tage später wiederholten sie ihre Aussagen vor den Bundesanwälten. Die Bundesanwaltschaft leitete eine Untersuchung ein, für deren Dauer sowohl Chocholkow als auch Sascha und seine Kollegen vorübergehend vom Dienst suspendiert wurden.

Am 25. Mai druckte die liberale Moskauer Wochenzeitung *Nowaja Gaseta* einen Artikel von Juri Schtschekotschichin, der neben seiner journalistischen Tätigkeit auch Duma-Abgeordneter und Mitglied des Parlamentarischen Antikorruptionsausschusses war. Schtschekotschichin zitierte aus einem Brief, den er in Erfüllung seiner Aufsichtspflichten an FSB-Direktor Kowaljow geschickt hatte. Er hatte Kowaljow unter anderem folgende Fragen gestellt:

Trifft es zu, dass das Militärgericht eine Untersuchung gegen die Abteilung URPO des FSB eingeleitet hat?

Trifft es zu, dass der Leiter der Abteilung URPO direkt dem FSB-Direktor unterstellt ist?

Trifft es zu, dass die Abteilung URPO neue Mitarbeiter eine Erklärung unterschreiben lässt, in der sie sich verpflichten, »jedem Befehl« bedingungslos zu gehorchen?

Trifft es zu, dass einige Agenten der URPO sich der Schutzgelderpressung und des versuchten Mordes schuldig gemacht haben? Trifft es außerdem zu, dass mehrere Offiziere der FSB-Abteilung für Innere Angelegenheiten die mutmaßlich gesetzwidrigen Vorgänge in der Abteilung URPO dem Kreml-Stab gemeldet haben?

Schtschekotschichins Artikel schlug ein wie eine Bombe. Jahre später fragte ich in London sowohl Sascha als auch Beresowski, ob sie oder einer ihrer Mitarbeiter dem Parlamentsvertreter diese Informationen zugespielt hatten. Beide beteuerten standhaft, sie hätten nichts damit zu tun. Schtschekotschichin war aktives Mitglied der sozialdemokratischen Jabloko-Partei und machte aus seiner Abneigung gegen die Oligarchen im Allgemeinen und Beresowski im Besonderen keinen Hehl.

Schtschekotschichins Fragen an Kowaljow deuteten eher darauf hin – hier waren sich Sascha und Beresowski einig –, dass er einen eigenen Verbindungsmann im Kreml oder vielleicht auch in der FSB-Abteilung für Innere Angelegenheiten haben musste. Schtschekotschichin wusste offenbar nichts über die geplante Entführung von Dschabrailow und den befohlenen Anschlag auf Trepaschkin, sonst hätte er sie sicherlich erwähnt.

Schtschekotschichin kann keine Auskunft mehr erteilen. Er starb am 3. Juli 2003, anscheinend an einer Vergiftung, offiziellen Angaben zufolge an einer heftigen allergischen Reaktion. Zum Zeitpunkt seines Todes untersuchte er ebenfalls einen Skandal im FSB.

Tschetschenien, Sommer 1998

Die wirtschaftliche Situation ist chaotisch, immer mehr militante Muslime strömen aus dem Ausland nach Tschetschenien. Verbrecherbanden entdecken für sich das lukrative Geschäft der Lösegelderpressung. Die Regierung Maschadow schätzt, dass sich rund fünfundsechzig Menschen – darunter zwei britische Staatsbürger – in der Gewalt von Entführern befinden. Iwan Rybkins Nachfolger Walentin Wlassow, der neue Sonderbeauftragte der russischen Regierung für Tschetschenien, wird auf der Straße nach Grosny mit vorgehaltener Waffe entführt. Maschadow befiehlt die Auflösung der extremistischen Milizen, was zu bewaffneten Auseinandersetzungen führt, bei denen neun Menschen ihr Leben verlieren. Am 23. Juli entkommt Maschadow selbst nur knapp einem Attentat. Eine Autobombe explodiert, während er mit seiner Wagenkolonne vorbeifährt. Ein Leibwächter Maschadows wird getötet.

Walentin Jumaschew besprach sich oft mit Boris Beresowski, wenn es darum ging, wichtige Regierungsämter zu verteilen. Mitte Juni bat er den Tycoon um seine Meinung zu einem seiner Assistenten. Der Name des Mannes war Wladimir Putin.

Beresowski kannte Putin, der damals Vizebürgermeister von Russlands zweitgrößter Stadt St. Petersburg war, schon recht lange. Bei ihrer ersten Begegnung arbeitete Beresowski noch hauptsächlich im Automobilgeschäft. Damals galt Putin als völlig unbestechlich, was im Beamtenmilieu eine Seltenheit war. Seit Mai 1998 leitete er die Präsidialverwaltung des Kreml.

»Warum interessierst du dich für ihn?«

»Wir überlegen gerade, ob wir ihn zum FSB-Chef machen sollen.«

Jumaschew erklärte, der Präsident lege besonders großen Wert darauf, dass der neue FSB-Direktor ihm gegenüber hundertprozentig loyal sei. Aber er misstraute allen Generälen, die im FSB Führungspositionen besetzten, da sie alle wie Pech und Schwefel zusammenhielten. Putin sei vor allem für seine unbedingte Loyalität bekannt. Weil sein früherer Chef Anatoli Sobtschak, der ausgesprochen antikommunistische Bürgermeister von St. Petersburg, nicht für eine zweite Amtszeit gewählt wurde, weigerte sich Putin, ihn zu verraten, und suchte sich stattdessen lieber einen anderen Job. Der neue Bürgermeister bot ihm seinen alten Posten wieder an, weil er wusste, dass Putin in viele von Sobtschaks Geheimnisse eingeweiht war. Putin lehnte das Angebot ab, zog nach Moskau und ergatterte einen unbedeutenden Posten im Kreml.

Eine Episode, in der Putin eine wichtige Rolle gespielt hatte, beeindruckte den Präsidenten besonders nachhaltig: Im November 1997 organisierte er die »Rettungsaktion für Sobtschak« unter hohem persönlichem Risiko. Der neue Bürgermeister von St. Petersburg hatte mit Sobtschak, einer Schlüsselfigur in Jelzins Revolution von 1991, noch eine Rechnung zu begleichen. Unterstützt von Generalstaatsanwalt Juri Skuratow, der wie er mit den Kommunisten sympathisierte, leitete er ein Gerichtsverfahren gegen Sobtschak ein. Moskauer Liberale baten sofort Jelzin um Hilfe. Der aber zögerte. Sich mit der Generalstaatsanwaltschaft anzulegen war ein hoher Preis dafür, einem alten Freund zu helfen.

In der Zwischenzeit erlitt Sobtschak während eines Verhörs einen Herzinfarkt und wurde in ein Krankenhaus gebracht. Am selben Tag unterzeichnete Skuratow in Moskau den Haftbefehl gegen ihn. Zwei Tage später traf Putin in St. Petersburg ein und verhalf Sobtschak zu einer filmreifen Flucht. Sobtschaks loyale Helfer trickten die polizeilichen Überwacher aus, legten den ehemaligen Bürgermeister auf eine Bahre und transportierten ihn vom Krankenhaus zum Flughafen, wo bereits ein Privatjet wartete. Am folgenden Tag tauchte Sobtschak, begleitet von seiner Frau, in einer Pariser Herzklinik wieder auf.

Jumaschew sprach mit Beresowski natürlich auch über Putins Laufbahn im KGB. Er war im Dienst der Ersten Hauptabteilung für Auslandsspionage in der DDR stationiert gewesen und übernahm nach dem Fall der Mauer im Auftrag des KGB einen Posten als Assistent des Rektors für Internationale Fragen an der Universität St. Petersburg. Er stieg bis zum Rang eines Oberstleutnants auf und quittierte nach dem Zusammenbruch der UdSSR seinen Dienst beim KGB.

Beresowski gefiel die Vorstellung, einem Oberstleutnant die Befehlsgewalt über hochdekorierte Generäle zu übertragen. Die Spitzenfunktionäre des FSB würden den Neuzugang nicht in ihren exklusiven Altherrenclub aufnehmen, sondern ihn im Gegenteil sogar bewusst schneiden. Dieser Umstand würde Putins Loyalität dem Kreml gegenüber nur noch steigern.

»Ich unterstütze ihn hundertprozentig«, sagte Beresowski. Sascha und seine Kollegen hatten die URPO durcheinandergewirbelt, und Beresowski hatte im Hintergrund die Fäden gezogen. Welch Ironie des Schicksals, dass dadurch ein Mann aus der Bedeutungslosigkeit gehoben und an die Spitze eines mächtigen Geheimdienstes befördert wurde, der sich als ihre schlimmste Bedrohung erweisen sollte.

»Es waren einmal zwei Brüder, ein Weiser und ein Narr«, sagte Sascha einmal zu mir. »Als ich Boris vor den Moskauer Polizisten gerettet hatte, sagte er mir, von nun an seien wir Brüder. Der Narr bin ganz offensichtlich ich. Obwohl ich der Narr bin, behielt ich am Ende recht. Ich sagte ihm von Anfang an, dass er Putin nicht trauen dürfe. Aber er glaubte mir nicht.«

Am 25. Juli 1998 trat der neue Direktor seinen Posten an. Beresowski drängte Sascha: »Sprich bei Putin vor und sag ihm, wer du bist. Du wirst gleich merken, dass wir dank deiner Hilfe einen Spitzenmann einsetzen konnten.«

Sascha und der neue FSB-Direktor waren sich auf Anhieb unsympathisch. Putin behandelte ihn kühl und förmlich. Er hörte sich zwar schweigend Saschas leidenschaftliche Rede über die in der Behörde grassierende Korruption an, wollte die anderen Informanten aber nicht kennenlernen.

»Ich erkenne den Charakter eines Mannes an seinem Händedruck«, sagte Sascha nach dem Treffen zu Marina. »Seiner war kalt und schlaff. Ich konnte in seinen Augen lesen, wie sehr er mich verabscheute.«

Zwei Jahre später fuhren wir gemeinsam durch die nächtliche Türkei, und ich erfuhr, wie Sascha den Mann einschätzte, der wie er Oberstleutnant gewesen war und zu seinem unerbittlichen Verfolger wurde. Saschas Meinung nach hatte Putin den Dienst beim KGB nie wirklich quittiert, und seine Loyalität galt ihm nach wie vor. Zwischenzeitlich hatte er auch Männern wie Sobtschak oder Jelzin treu gedient, aber sobald er an den Busen seines ersten Arbeitgebers zurückkehrte, war er sofort wieder mit Leib und Seele Geheimdienstler. Wie Sascha es ausdrückte: Sobald Putin FSB-Direktor geworden war, holten die Generäle seine alte Personalakte aus dem Schrank, bliesen den Staub weg und nahmen ihn mit Freuden wieder auf. »Für sie war er der verlorene Sohn, der in den Schoß der Familie heimgekehrt ist. Und um ihn davon zu überzeugen, machten sie ihm zum Einstand ein kleines Geschenk. Ich erfuhr kurz vor unserer ersten Begegnung davon.«

Drei Wochen bevor Putin offiziell zum neuer FSB-Direktor ernannt wurde, kursierten bereits Gerüchte darüber, dass die Tage seines Vorgängers Kowaljow gezählt seien. Dann geschah ein Mord. Sascha hielt das Verbrechen für ein Werk des FSB, eine Art Willkommensgruß für Kowaljows potenziellen Nachfolger. In den frühen Morgenstunden des 2. Juli wurde Lew Rochlin, Armeegeneral a. D. und Duma-Abgeordneter, in seiner Datscha im Schlaf erschossen. Die Polizei erklärte sofort, seine Frau Tamara habe gestanden, den Mord »aus persönlichen Gründen« begangen zu haben.

Rochlin hatte die »Bewegung zur Unterstützung der Armee und der Verteidigungsindustrie« gegründet und die Truppen befehligt, die 1995 Grosny eingenommen hatten. Er übte unermüdlich Kritik an Präsident Jelzin und gehörte zu den Anführern der von den Kommunisten geführten parlamentarischen Opposition. Er hatte sogar offen dazu aufgerufen, das »verhasste Regime« zu stürzen. Bei der Armee war er ungeheuer beliebt, und sollten die Spitzenmilitärs jemals einen Staatsstreich planen, galt er als sicherster Kandidat für die Führerrolle. Im Kreml würde sicherlich niemand um ihn trauern.

Fast augenblicklich begannen die Spekulationen. Journalisten und Oppositionsführer mutmaßten, er sei einem politisch motivierten Anschlag zum Opfer gefallen, den der FSB organisiert habe. Am 7. Juli behaupteten Rochlins Tochter und sein Schwiegersohn in einem Fernsehinterview, die wirklichen Mörder seien in die Datscha eingebrochen, hätten den General getötet und seine Frau dann gezwungen, ein Geständnis abzulegen. Zuerst habe sie sich geweigert, aber die Mörder hätten gedroht, ihre ganze Familie auszulöschen, wenn sie nicht gestehen würde. Später widerrief Tamara Rochlina ihr Geständnis.

Rochlins Beerdigung wohnten zehntausend Menschen bei, was den FSB dazu bewog, eine sehr ungewöhnliche Erklärung zu veröffentlichen: Sie hätten mit dem Mord an dem General nichts zu tun. Einige Tage später wurden in der Nähe von Rochlins Datscha drei verkohlte Leichen gefunden, was den Verschwörungstheorien noch mehr Nahrung gab. Waren die drei Mörder ebenfalls liquidiert worden, um alles zu vertuschen?

Vor dem Termin bei Putin traf sich Sascha mit seinem alten Mentor General Anatoli Trofimow, der inzwischen im Ruhestand war. Sie spazierten durch enge Seitenstraßen der Moskauer Innenstadt und plauderten. Sascha erzählte Trofimow alles über den URPO-Skandal: Er sprach über die Anhörung, das Dorenko-Videoband und die großen Erwartungen, die Boris Beresowski an den neuen FSB-Direktor knüpfte.

Trofimow wirkte skeptisch. »Ich glaube, du hast verloren, Sascha.«

»Warum?«

»Verstehst du das nicht? Der Mord an Rochlin war bestimmt das Werk der *kontora*. Und der neue Mann an der Spitze muss das vertuschen. Er kann es sich nicht leisten, diesen Fall aufzuklären. Das ist eine Art Versicherungspolice.«

Trofimow mochte Sascha. Er traf sich auch weiterhin heimlich mit ihm und gab ihm wertvolle Ratschläge, bis er Russland schließlich den Rücken kehrte. Am 10. April 2005 wurden Trofimow, der inzwischen als Sicherheitsberater tätig war, und seine junge Frau vor den Augen ihrer vierjährigen Tochter in Moskau auf offener Straße erschossen.

Es gibt keine Beweise, die Trofimows Theorie über den Mord an Rochlin stützen. Tamara Rochlina wurde im November 2000 wegen Mordes an ihrem Ehemann zu einer achtjährigen Haftstrafe verurteilt, aber im Sommer 2001 widerrief der russische Oberste Gerichtshof das Urteil und leitete ein Wiederaufnahmeverfahren ein. Später entschied der Straßburger Europäische Gerichtshof für Menschenrechte, die russische Regierung müsse Rochlins Witwe achttausend Euro Schmerzensgeld zahlen, weil sie zwei Jahre unrechtmäßig inhaftiert gewesen sei. In Moskau wurde sie vor Gericht erneut schuldig gesprochen, die Strafe aber zur Bewährung ausgesetzt. Sie legte keinen Widerspruch gegen das Urteil ein, beteuert aber bis heute ihre Unschuld und behauptet, drei maskierte Eindringlinge hätten ihren Mann ermordet.

Egal, ob Trofimow nun richtig oder falsch lag; für Sascha stand eines zweifelsfrei fest: Der FSB hatte in seinem neuen Direktor eine verwandte Seele gefunden.

»Putin hat sich mit Leib und Seele der *kontora* verschrieben. Für ihn bin ich ein dreckiger Verräter«, sagte er Jahre später zu mir. »Es spielt keine Rolle, dass er durch mich diesen Posten bekommen hat. Er musste denen beweisen, dass er sich mir gegenüber nicht verpflichtet fühlte. Deswegen ließ er mich schließlich auch verhaften. Und nachdem er durch Boris Präsident geworden war, machte er genau das Gleiche mit ihm.«

28. Juli 1998

Einige Mitglieder der russischen Regierung bilden eine Gruppe, die unter dem Namen Friedenspartei bekannt wird. Tschernomyrdin, Lebed und Beresowski gehören dazu. Sie rufen zu einer Versöhnung mit Tschetschenien auf, weil »der Preis, den wir für unsere Fehler und unser Schweigen in der jüngsten Vergangenheit bezahlt haben, zu hoch war. Russland darf auf keinen Fall in die [Gewalt der] neunziger Jahre zurücksinken.« Russlands neuer Ministerpräsident Sergej Kirijenko verkündet, er werde sich mit dem tschetschenischen Präsidenten Maschadow treffen, um über Wirtschaftsverträge zu verhandeln.

Anfang August zogen sich über Russlands Wirtschaftslandschaft düstere Wolken zusammen. George Soros prophezeite einen Sturm, und er täuschte sich nur sehr selten. Russlands Abstieg in die Finanzkrise begann mit dem Bröckeln der asiatischen Märkte. Internationale Anleger zogen sich aus vielen neu entstandenen Märkten zurück, unter anderem auch dem russischen. Der Ölpreis sank in den Keller, und damit war die wichtigste Einnahmequelle Russlands bedroht. Im Januar 1998 lag der Preis für ein Barrel bei fünfzehn Dollar, dem niedrigsten Wert seit 1994. Im August war er auf weniger als dreizehn Dollar pro Barrel gefallen. Die russische Regierung hatte kaum Steuereinahmen, da ein Großteil der Wirtschaft das Finanzamt umschiffte. Im Mai verabschiedete die von den Kommunisten dominierte Duma eine Resolution, mit der sie dem Vertrauen der Investoren einen empfindlichen Schlag versetzte: Ausländer durften nur eine bestimmte Menge der Aktien von UES erwerben, dem größten Energieversorger Russlands. Den nächsten Schlag erhielt der Staatshaushalt bei der Versteigerung von Rosneft, der letzten großen Ölfirma, die sich noch in Staatshänden befand. Niemand gab ein Gebot ab. Die Regierung konnte viele ausstehende Löhne nicht bezahlen. Überall im Land blockierten streikende Kohlearbeiter die wichtigsten Schienenstrecken.

Die einzige Einnahmequelle, die der Regierung noch zur Verfügung stand, waren kurzfristige Staatsanleihen, die in Rubel bewertet wurden. Aber da die Anleger die Situation als riskant einschätzten, verlangten sie immer höhere Zinssätze, die Spitzenwerte von hundertfünfzig Prozent erreichten. Um die Zinsen zu bezahlen, musste die Regierung immer mehr Anleihen verkaufen und verstrickte sich immer tiefer in die Schuldenfalle.

Russlands Wirtschaftsexperten waren davon überzeugt, dass der Westen ihnen aus der Patsche helfen würde, wenn die Situation sich weiter verschlechterte. Schließlich war das 1994 in Mexiko auch geschehen. Sie nahmen an, Russland sei »zu wichtig. Der Westen wird nicht zulassen, dass wir scheitern.«

Also verkauften sie weiter Anleihen und bettelten beim IWF um höhere Kredite. Anatoli Tschubais, der hinter den Kulissen weiterhin Jelzins Wirtschaftsteam leitete, formulierte es so: Man habe sich beim IWF Kredite im Wert von zwanzig Milliarden Dollar »erschummelt«, weil »das der einzige Ausweg war, der uns blieb«.

George Soros wusste genau, was in Russland vor sich ging. Schließlich hatte auch er dem Staat Geld geliehen, um den drohenden Bankrott zu verhindern, bis die nächste Finanzspritze aus dem Westen eintraf. Als der russische Interbankmarkt Anfang August durch Liquiditätsprobleme kurzzeitig gelähmt wurde, entschied er sich, die Alarmglocken zu läuten.

Am 13. August 1998 veröffentlichte er in der *Financial Times* einen offenen Brief, der mit den Worten begann: »Die Finanzkrise der russischen Märkte nähert sich einem kritischen Punkt.« Um eine Katastrophe zu vermeiden, müsse die russische Regierung unbedingt den Rubel »kontrolliert« um fünfzehn bis fünfundzwanzig Prozent abwerten und eine »Fremdwährungsschuldverschreibung« einführen, was im Endeffekt eine neue, an den Dollar gebundene Währung bedeutete. Soros forderte gleichzeitig die G7-Staaten dazu auf, weitere fünfzehn Milliarden Dollar in die russische Staatskasse zu pumpen.

Er wollte mit seinem Brief nur den Westen auf das Problem aufmerksam machen und der russischen Regierung einen Ausweg zeigen. Doch es war, als habe Soros ein Streichholz an einen Benzinkanister gehalten: Die Aktienkurse an der Moskauer Börse sanken in den Keller, auf den Straßen wurden Rubel zu astronomischen Kursen in Dollar getauscht, und die Banken konnten sich gegenseitig nicht mehr bezahlen. Am 17. August konnte die Zentralbank den

Rubel nicht länger konsolidieren und gab den Wechselkurs frei. Die Preise stiegen explosionsartig. Alle versuchten verzweifelt, ihr Erspartes in Dollar umzutauschen. Aus mehreren Regionen wurde gemeldet, dass es wegen weitverbreiteter Hamsterkäufe zu Lebensmittelknappheiten kam. Am 23. August löste Jelzin die Kirijenko-Regierung auf. Russen standen vor den Banken Schlange, um ihre Ersparnisse abzuheben. Banken meldeten Zahlungsunfähigkeit an, und die russische Regierung stellte die Einlösung der kurzfristigen Staatsanleihen ein.

Nach Beendigung der Krise waren mehrere russische Banken in Konkurs gegangen, und Millionen Russen hatten ihr Erspartes verloren. Ausländische Anleger erlitten Verluste in einer Gesamthöhe von dreiunddreißig Milliarden Dollar. George Soros allein verlor zwei Milliarden.

Boris Beresowski hatte die Finanzkrise wirtschaftlich unbeschadet überstanden. Er besaß keine Bank, seine Ölfirma nahm Dollar ein und bezahlte die meisten Rechnungen in Rubel. Die Abwertung bescherte ihm sogar Gewinne.

Auf politischer Ebene hatte der Kollaps allerdings für ihn katastrophale Auswirkungen. Nachdem zwei Versuche Jelzins, Wiktor Tschernomyrdin wieder als Premierminister einzusetzen, an der Duma gescheitert waren, beugte sich der Präsident schließlich dem Druck der Kommunisten und akzeptierte deren Kompromisskandidaten, den Außenminister Jewgeni Primakow, ehemals Leiter des Auslandsnachrichtendienstes SWR. Primakow und Beresowski waren erbitterte Feinde.

Zum ersten Mal seit dem Zerfall der Sowjetunion stand ein Mann der Regierung vor, der weder Demokrat noch Reformpolitiker war. Der achtundsechzigjährige Primakow war ein Veteran der KGB-Auslandsspionage und wurde hinter seinem Rücken verächtlich »Primus« genannt. Er war immer noch der alten Ideologie des sowjetischen Imperiums verhaftet und betrachtete den Westen langfristig als geopolitische Bedrohung. Aus seinen KGB-Tagen kannte er viele antiamerikanisch eingestellte Diktatoren und pflegte unter anderem Freundschaften zu Saddam Hussein und Slobodan Milošević.

Er befürwortete ein staatlich dominiertes Wirtschaftsmodell, und was Reformen anging, waren ihm Recht und Ordnung wichtiger als Bürgerrechte und Freiheit. Seine Einstellung gegenüber dem russischen Kapitalismus ließ alle Geschäftsleute des Landes erschauern. Er begnadigte nämlich einhunderttausend russische Strafgefangene mit der Begründung: »Wir schaffen in den Gefängnissen Platz, den wir für die Wirtschaftskriminellen brauchen.«

Und die Verkörperung des kapitalistischen Übels war für Primakow kein anderer als Boris Beresowski. Die beiden hatten noch eine alte Rechnung zu begleichen: den Wettstreit um die russische Fluggesellschaft Aeroflot.

Während des Aufbaus von ORT im Jahr 1995 interessierte sich Beresowski auch für Aeroflot. Bald entdeckte er, dass sich die Fluggesellschaft – mehr noch als die anderen ehemaligen Zugpferde der sowjetischen Wirtschaft – fast vollständig in der Hand der Geheimdienste befand. Er wusste, dass er sich mit sehr mächtigen, zu allem bereiten Gegnern anlegen musste, um diese hochdotierte Anlage unter seine Kontrolle zu bringen.

Er ließ sich nicht abschrecken, und im Spätsommer 1995 witterte er seine Chance. Jelzin hatte den Posten des Geschäftsführers von Aeroflot neu besetzt, und im Gegensatz zu seinem Vorgänger war Marschall Jewgeni Schaposchnikow kein Kommunist. Gorbatschows ehemaliger Verteidigungsminister hatte sich 1991 in den letzten Tagen der UdSSR auf Jelzins Seite geschlagen. Schaposchnikow hatte noch nie im Management gearbeitet und bat Beresowski, ihm dabei zu helfen, die Firma zu modernisieren. Aeroflot verlor nämlich Geld und hatte im laufenden Jahr mit seinen hundertzehn Flugzeugen, die hundertzwei Länder anflogen, insgesamt nur dreieinhalb Millionen Passagiere befördert. Da Beresowski darauf spekulierte, dass die Airline bald privatisiert werden würde, schickte er Schaposchnikow seine besten Manager unter der Leitung von Nikolaj Gluschkow. Der fünfundvierzigjährige Finanzexperte, der eigentlich in Physik promoviert hatte, war Beresowskis Partner im Automobilgeschäft gewesen. Als Gluschkow im Februar 1996 seinen neuen Job antrat, stellte er bald erschrocken fest, dass das »Agentenproblem« viel schwerwiegender war als bisher angenommen.

Während der »Schocktherapie« zwischen 1991 und 1993 hatte man die Geheimdienste größtenteils sich selbst überlassen. Sie wurden kaum noch beaufsichtigt und bekamen nur unzureichende finanzielle Mittel. Gluschkow entdeckte, dass die Spione die nationale Airline als lukrative Einnahmequelle nutzten, aus der sie ihre Auslandsspionageeinsätze finanzierten und mehrere Tausend Agenten rund um den Globus bezahlten.

»Wir fanden unglaubliche Dinge heraus«, sagte mir Gluschkow zehn Jahre später in London. »Im Ausland wurden die Finanzen von Aeroflot von geheimnisvollen Offshore-Gesellschaften verwaltet; wir fanden nicht einmal die Namen der Geschäftsführer heraus.«

Die Einnahmen aus den Ticketverkäufen verteilten sich auf 352 ausländische Konten, aber es war unmöglich festzustellen, wer diese Konten verwaltete. Alle Leiter der Aeroflot-Büros im Ausland arbeiteten für den Auslandsgeheimdienst SWR oder den militärischen Geheimdienst GRU und unterstanden nicht der Kontrolle des russischen Firmenvorstands.

»Und noch schlimmer war, dass dreitausend der insgesamt vierzehntausend Aeroflot-Angestellten eigentlich Geheimagenten waren! Der Personalchef war FSB-Offizier. Der Sicherheitsbeauftragte war FSB-Offizier. Und an diese Leute kamen wir nicht ran. Weißt du, was ich gemacht habe?« Gluschkow lächelte. »Ich habe ihnen eine Rechnung geschickt. Ich schrieb einen Brief an SWR-Direktor Primakow und General Barsukow vom FSB und bat sie, ihre Angestellten zukünftig selbst zu bezahlen.« Das war im Sommer 1996.

Postwendend kam ein Anruf von Korschakow, der in den Hörer schrie, er werde Gluschkow »vernichten«, wenn er »weiterhin die Rechte der Geheimdienste missachte«.

»Aber das war erst der Anfang«, fuhr Gluschkow fort. »Richtig schlimm wurde es, als wir den Cashflow umleiteten. Wir schlossen einfach alle 352 Konten im Ausland und leiteten alle Auslandseinnahmen direkt zu Andava um, einer von uns kontrollierte Finanz- und Verwaltungszentrale in der Schweiz. Danach wurden sie richtig wütend.«

Jahre später sprach ich im Laufe meiner Recherchen für dieses Buch mit einem russischen Überläufer, der seinen Namen geändert hat und nun in einer kleinen europäischen Stadt lebt. Er sagte mir, dass die in Genf stationierten Agenten des SWR bereits 1995 begonnen hätten, Beresowski zu beschatten, wenn er sich in der Schweiz aufhielt. Sie überwachten all seine geschäftlichen Aktivitäten. Besondere Aufmerksamkeit widmeten sie seinen Besuchen bei Andava, der von Gluschkow eingerichteten Verwaltungsfirma, die sich um die neuerdings zentralisierten Auslandseinnahmen von Aeroflot kümmerte. Der SWR leitete sein Material an die Moskauer Staatsanwaltschaft weiter, und diese Informationen bildeten später die Grundlage für den sogenannten Aeroflot-Skandal.

Mein Informant erzählte mir von einem SWR-Niederlassungsleiter aus Genf, der mit Aeroflot-Geldern äußerst großzügig SWR-Aktivitäten finanziert hatte, bis Gluschkow die finanzielle Leitung der Firma übernahm und ihm den Geldhahn zudrehte. Eines Tages musste der zuständige Verbindungsmann bei Aeroflot, der ebenfalls SWR-Offizier war, dem Niederlassungsleiter mitteilen, dass er ihm nicht länger Bargeld verschaffen konnte. Wie mein Informant mir sagte, versiegten durch die Aeroflot-Säuberung auf einen Schlag dreißig Prozent der Mittel – mehrere Hunderttausend Dollar –, die der Niederlassung für ihre Einsätze zur Verfügung gestanden hatten.

»Der Niederlassungsleiter verfluchte Boris hemmungslos und sagte, wer ihn aus dem Weg räume, würde Mütterchen Russland einen großen Dienst erweisen«, berichtete meine Quelle. Er fügte hinzu, dass bei Korschakows nächstem Besuch in Genf »die Gespräche – bei denen reichlich Alkohol floss – meistens um das Aeroflot-Problem und Boris kreisten«.

Mit dem Ausschalten der Geheimdienste besserte sich die Performance der Fluglinie stetig. Gluschkow ließ die Flugzeuge nach westlichem Standard versichern, ersetzte die altersschwache russische Flotte durch geleaste Boeings, stellte attraktive Angestellte ein, die mindestens zwei Sprachen beherrschten, und verbesserte die Qualität der Bordverpflegung. Nach nur drei Jahren schrieb die Firma schwarze Zahlen, und der Wert der Aeroflot-Aktien stieg von sieben auf hundertfünfzig Dollar.

Anfang 1998 gehörten der Regierung immer noch einundfünfzig Prozent von Aeroflot. Der Rest befand sich in den Händen privater Anleger, die größtenteils für die *Firma* arbeiteten. Beresowskis Partner Roma Abramowitsch begann diskret, die Anteile vieler Kleinaktionäre aufzukaufen, da allseits erwartet wurde, dass die Regierung ihre Mehrheit bald zur Versteigerung freigeben würde.

Im Frühling 1998 wurde auch ich kurz in die Aeroflot-Geschichte verwickelt. Ich stellte Beresowski einen strategischen Investor aus Amerika vor, der an mehreren Fluggesellschaften beteiligt war. Der Buy-out-Spezialist, zuständig für managementgeführte Übernahmen, war dafür bekannt, dass er gern riskante Projekte anpackte und so gut wie alle Firmen, in die er investierte, auf Erfolgskurs brachte. Dies war mein zweiter Versuch, am russischen Goldrausch teilzuhaben.

Der Investor analysierte die Firma und den potenziellen Markt für ihr Angebot und bot Beresowski an, in die Privatisierung von Aeroflot einzusteigen und ihn mit beträchtlichen Mengen an Geld und Expertisen zu unterstützen. Selbst beim Ausbruch der Finanzkrise ließ seine Begeisterung nicht nach. Er sagte, er wolle an dem Geschäft festhalten, da er grundsätzlich langfristig kalkuliere.

Ein paar Wochen später blies Beresowski sehr zum Erstaunen des Investors das Geschäft ohne Vorwarnung ab. Beresowski lieferte eine einfache Erklärung für sein Verhalten, doch der Amerikaner wiederholte nur verständnislos: »Der Primakow-Faktor?« Beresowski war davon überzeugt, dass der neue Premierminister im Weißen Haus eine Privatisierung von Aeroflot auf keinen Fall genehmigen würde, und er konnte nicht einmal mehr garantieren, dass Gluschkow und sein Team noch lange in der Firma bleiben würden. Was er auch nicht wusste, war, wie lange man ihn selbst noch dulden würde.

Der Amerikaner flog enttäuscht nach Hause. Und auch ich hatte wieder einmal eine Gelegenheit, reich zu werden, knapp verpasst.

19. August 1998

Bewaffnete islamische Fundamentalisten, die den radikalen Wahhabiten angehören, besetzen zwei Dörfer in der südrussischen Provinz Dagestan, erklären sie zu »autonomem islamischem Gebiet« und führen die Scharia ein. Die Regierung Maschadow erwartet von russischer Seite eine sofortige Niederschlagung der Aufständischen. Statt-

dessen handelt der Innenminister eine vage Vereinbarung aus, die es den Wahhabiten erlaubt, auf unbestimmte Zeit in den Dörfern zu bleiben. Gleichzeitig steigt die Anzahl der Geiselnahmen in Tschetschenien. Inzwischen befinden sich mehr als hundert Menschen in der Gewalt von Entführern. Der russische stellvertretende Innenminister Wladimir Ruschailo beginnt, Maschadows Beamte zu umgehen und mit den Kidnappern direkt zu verhandeln. Boris Beresowski unterstützt ihn dabei, und gemeinsam erreichen sie, dass mehr als fünfzig Geiseln freigelassen werden. Am 20. September fliegt Beresowski die zwei Briten Jon James und Camilla Carr, die vierzehn Monate Gefangenschaft hinter sich haben, in seinem Privatjet in die Freiheit. Er streitet ab, dass er Lösegeld für sie bezahlt hat.

Primakows Aufstieg durchkreuzte nicht nur Beresowskis Pläne für Aeroflot, sondern schadete ihm auch persönlich sehr. Im Kreml konnte er zwar seinen Einfluss noch durch seine Beziehungen zu Stabschef Walentin Jumaschew und Jelzins Tochter Tatjana geltend machen, aber auch deren Position war durch die neue Entwicklung geschwächt worden.

Jelzin selbst war offenbar in eine tiefe Depression verfallen, seit man ihn zur Bildung eines Kabinetts gezwungen hatte, das ihm nicht gefiel. Vor der Krise hatte der Kreml das Kabinett hauptsächlich dadurch kontrolliert, dass Minister ernannt und gegebenenfalls auch gefeuert wurden. Aber der frischgebackene Premierminister verdankte seinen Posten nicht dem Präsidenten. Jelzin konnte es sich nicht leisten, ihn zu feuern, jedenfalls nicht momentan. Der Premierminister befand sich im Vorteil und übte nun seinerseits Druck auf den Präsidenten aus. Er drängte darauf, dass Jelzin Spitzenpositionen mit Kandidaten besetzte, die auf seiner Linie lagen. Um wieder eine gewisse Stabilität zu gewährleisten, argumentierte Primakow, sei es sinnvoll, wenn im Kreml Leute säßen, die bereit seien, mit der Duma zusammenzuarbeiten.

Beresowskis Stern war offensichtlich im Sinken begriffen. Im Club drängten sich nicht länger Menschen, die auf einen Termin mit ihm warteten. Die Bar mit dem ausgestopften Krokodil war wie ausgestorben. Und Anfang November geschah etwas noch viel Unangenehmeres. Beresowski wurde zum Mittelpunkt einer hässlichen öffentlichen Debatte, in der es darum ging, inwieweit die Juden die Schuld an Russlands wirtschaftlicher Misere trügen. Alles begann mit einer Rede des kommunistischen Duma-Abgeordneten General Albert Makaschew bei einer Versammlung in der südwestrussischen Industriestadt Samara. Er behauptete, dass die Juden – er benutzte allerdings das russische Schimpfwort *shidy* – in Jelzins innerem Zirkel für den Schlamassel verantwortlich seien, in dem das Land steckte. Die Menge applaudierte begeistert. Sie »trinken das Blut der einheimischen Völker im Staat; sie zerstören Industrie und Agrikultur«, hetzte Makaschew. Sofort nach der Rede standen Journalisten bei Beresowski Schlange und baten ihn um eine Reaktion. Offenbar hielt ein beträchtlicher Teil der russischen Bevölkerung Boris Beresowski und seine Freunde im Kreml für die Verkörperung einer »zionistischen Verschwörung«.

Während Boris Beresowski sich darauf gefasst machte, dass der neue Premierminister Schritte gegen ihn unternahm, befanden sich Sascha und seine Freunde auf Kollisionskurs mit dem FSB-Direktor Putin.

Nach seinem Treffen mit Putin keimte in Sascha der Verdacht auf, dass man seine Kollegen und ihn überwachte. Bald war er davon überzeugt, dass ihre Telefonate abgehört wurden. Bei einer vorübergehenden Suspendierung mussten sie ihre Dienstwaffen und Dienstmarken abgeben. Die Abteilung für Innere Angelegenheiten suchte in ihren alten Fällen nach Ungereimtheiten, die sich gegen sie verwenden ließen. Irgendwie gelangte eine gefälschte Meldung an die Presse, Sascha und mehrere Offiziere aus seiner Abteilung seien angeblich in die Wohnung eines Moskauer Geschäftsmanns eingebrochen und hätten eine große Summe Geld gestohlen.

Nachdem er aus dem Kreml die Anweisung erhalten hatte, löste Putin die URPO auf. Chocholkow wurde jedoch nicht entlassen, sondern auf einen gemütlichen Ruheposten in der Steuerbehörde versetzt. Kamyschnikow wurde wieder seiner alten Abteilung ATZ zugeteilt. Alle Mitarbeiter der URPO bekamen neue Posten – außer den fünf Informanten. Der ganze FSB war sich einig, dass ihre Karrieren beendet waren.

Am 30. September legte die Generalstaatsanwaltschaft den URPO-Skandal plötzlich zu den Akten, ohne dass irgendwelche Schritte unternommen worden waren. Bei seiner letzten Aussage vor dem Staatsanwalt begegnete Sascha Trepaschkin, den er erkannte, weil sich in seiner Akte ein Foto von ihm befunden hatte.

Mit den Worten »Hallo, Mischa. Ich wäre beinahe dein Mörder geworden«, stellte er sich vor.

»Dann wäre ich ja beinahe dein Opfer geworden. Freut mich, dich kennenzulernen.«

Eine Woche später erreichte Beresowski ein offizielles Schreiben, in dem stand, die formelle Untersuchung habe sich auf zwei Episoden konzentriert. Es sei bestätigt worden, dass sich »am 27. Dezember 1997 [Hauptmann] A. P. Kamyschnikow in der Gegenwart von Litwinenko, Schebalin, Ponkin und Latjischenok einige gedankenlose Äußerungen Sie betreffend erlaubt hat. Diese Äußerungen ziehen zwar seine [Kamyschnikows] Führungsqualitäten in Zweifel, stellten aber keine Morddrohung dar«.

Zweitens waren die Ermittler zu dem Ergebnis gelangt, dass bei einem Gespräch zwischen General Chocholkow und Oberst Gussak im November 1997 »Chocholkow Gussak fragte, ob er Sie töten würde«. Allerdings habe »es für dieses Gespräch keine weiteren Zeugen gegeben«. Außerdem stand »Chocholkows Frage, ob Gussak Sie ›ausschalten‹ würde, im Zusammenhang mit einer Angelegenheit, die nichts mit Ihnen zu tun hatte. Oberst Gussak fasste Chocholkows Worte also nicht als Befehl auf, einen Mord zu begehen.«

Die beiden anderen Zielobjekte Trepaschkin und Dschabrailow erhielten ähnliche Briefe.

Beresowski hatte so etwas schon erwartet. Zu diesem Zeitpunkt wusste er bereits, dass Generalstaatsanwalt General Skuratow heimlich mit Primakow einige hochpolitische Ermittlungen plante, deren Ziel der innerste Kreis des Kreml sein sollte. Die URPO-Untersuchung hatte der Kreml initiiert. Es war nicht überraschend, dass Skuratow den Fall nicht weiterverfolgte.

Mitte Oktober trafen sich die Whistleblower mit Beresowski im Club und diskutierten ihre Möglichkeiten. Sascha blieb standhaft: Sie durften auf keinen Fall aufgeben. Er sagte, im FSB sei eine Vertuschungsaktion im Gange, aber sie könnten all ihre Anschuldigungen beweisen. Das Gespräch, in dem es darum ging, dass es höchst illegal gewesen war, Beresowski »auszuschalten«. Sie sollten ihre Beweise der Öffentlichkeit vortragen. Man zog die Schlinge um ihren Hals immer enger zu. Publicity war die einzige Verteidigungsmaßnahme, die ihnen noch blieb.

Trepaschkin, der sich ihnen angeschlossen hatte, unterstützte Sascha. Schebalin schwieg wie gewöhnlich, und Ponkin, Scheglow und Latjischenok stimmten Sascha nach einigem Zögern ebenfalls zu. Gussak hatte schon vor Wochen jeden Kontakt zu ihnen abgebrochen. Er wusste, aus welcher Richtung der Wind wehte.

Beresowskis erster Impuls war, direkt zu Putin zu gehen, aber er entschied sich schließlich dagegen. An diesem Punkt war Putin immer noch ein Rätsel für ihn. Nach seiner Ernennung zum FSB-Direktor versteckte er sich wie ein Einsiedlerkrebs in seinem Schneckenhaus. Vielleicht war es an der Zeit, ihn hervorzulocken. Wenn er wirklich die Absicht hatte, den FSB zu reformieren, dann sollte er allmählich damit anfangen. Beresowski dachte eine Woche lang nach und stimmte dann zu: Das Beste war, an die Öffentlichkeit zu gehen.

Am 13. November veröffentlichten die Tageszeitungen einen offenen Brief von Beresowski an Putin, in dem er ihn drängte, den URPO-Skandal weiterzuverfolgen. Er schrieb, die Whistleblower seien nach ihrem mutigen Einsatz von ihren Vorgesetzten mit den Worten beschimpft worden, sie »hätten patriotische Männer daran gehindert, einen Juden zu töten, der halb Russland ausgeraubt hat«. Diese Anschuldigung wog im Licht des Skandals, den General Makaschews antisemitische Hetzreden ausgelöst hatten, besonders schwer.

Vier Tage später gaben Sascha und seine Freunde eine Pressekonferenz. Sascha und Trepaschkin trugen ihre Alltagskleidung, die vier anderen verbargen ihre Gesichter hinter Skimasken. Die Konferenz war eine Sensation, aber nicht aus den erhofften Gründen. Die Presse konzentrierte sich nur auf eine ihrer vielen Anschuldigungen: den geplanten Mord an Beresowski. Dessen Bekanntheitsgrad überschattete die eigentliche Botschaft der Whistleblower. Es schien niemanden zu interessieren, wie es um den FSB stand.

Beresowski gelang es trotz der Publicity nicht, Putin aus der Reserve zu locken. Der neue FSB-Chef reagierte wütend, aber vorsichtig. Er höhnte, die Informanten hätten keine haltbaren Beweise, und niemand wisse, ob nicht sie selbst die schwarzen Schafe seien. Über den Inhalt ihrer Anschuldigungen verlor er kein Wort.

Nach der Konferenz trafen sie sich mit General Trofimow, um darüber zu reden, was schiefgelaufen war. Trofimow war der Meinung, das Timing sei einfach schlecht gewesen. In gewisser Hinsicht waren auch die Whistleblower der Finanzkrise zum Opfer gefallen. Ihr wichtigster Verbündeter Beresowski war Anfang 1998 noch ein mächtiger Mann gewesen, hatte aber zum Jahresende einen Großteil seines Einflusses eingebüßt. Außerdem musste er sich selbst schützen, seit Primakow im Weißen Haus regierte.

Am 7. Dezember 1998 unterbrach Jelzin einen Krankenhausaufenthalt, entließ seinen Stabschef Walentin Jumaschew und ersetzte ihn durch General Nikolaj Bordjuscha, den Generalsekretär des Nationalen Sicherheitsrates, der früher die Soldaten des Grenzschutzes befehligt hatte. Offenbar hatte der Präsident allmählich genug von Zivilisten und entschloss sich, den Generälen wieder zu vertrauen.

»Jetzt wird man mich entweder töten oder ins Gefängnis werfen, Marina«, prophezeite Sascha düster.

IV

Präsidentschaftswahl
(auf Russisch)

KAPITEL 8

Der Loyalist

Tschetschenien, 8. Dezember 1998

Bei einem sechzig Kilometer von Grosny entfernten Dorf wird ein Sack entdeckt, in dem sich die abgetrennten Köpfe von vier Geiseln – drei britischen und einem neuseeländischen Staatsbürger – befinden. Sie wurden offenbar nach einer gescheiterten Befreiungsaktion getötet, die Maschadows Antiterroreinheit durchgeführt hatte. Die tschetschenische Regierung macht Arbi Barajew, den Anführer einer radikalen Wahhabiten-Gruppe, für die Entführung und den Mord verantwortlich. Barajew droht, Russland mit einer Flutwelle des Terrors zu überschwemmen, sollten Maschadows Truppen seine Festung Urus-Martan angreifen. Die islamistischen Oppositionsführer Schamil Bassajew und Mowladi Udugow verlangen, dass Maschadow zurücktritt.

Die endgültige Abwendung Saschas vom FSB traf zeitlich mit der fatalen Verschlechterung des vergleichsweise harmonischen Verhältnisses zwischen Russland und Tschetschenien zusammen, das auch dank Beresowskis Bemühungen seit einem Jahr zwischen den Ländern geherrscht hatte. Für Achmed Sakajew lag die Schuld daran eindeutig auf russischer Seite: »Das Verhältnis verschlechterte sich sofort, nachdem Rybkin und Boris nicht mehr an den Verhandlungen teilnahmen«, erklärte er später. Sakajew glaubte, dass der russische Geheimdienst im Sommer 1998 systematisch damit begonnen hatte, radikale Islamisten zu unterstützen, um die Regierung Maschadow zu destabilisieren.

»Wir wollten einen säkularen, demokratischen muslimischen Staat errichten, der sich am Westen orientiert, eine Art zweite Türkei. Wir hofften sogar, dass wir irgendwann der NATO beitreten könnten«, erklärte Sakajew. »Aber plötzlich tauchen aus dem Nichts all diese Wahhabiten auf, die offenbar über unbegrenzte Mittel verfügten und einen Islam predigten, der uns vollkommen fremd war. Wie kamen diese Leute wohl nach Tschetschenien? Über Moskau – sie hatten nämlich russische Visa.«

Im Juli 1998 griff die Regierung Maschadow hart gegen die bewaffneten Rebellen durch und verhaftete dabei auch einige Wahhabiten. Sie wurden nach Jordanien ausgewiesen.

»Sie hatten alle reichlich Kampferfahrung«, erinnerte sich Sakajew. »Aber sie gehörten nicht zu ›den Afghanen‹, den von Amerika ausgebildeten Mudschaheddin, die in Afghanistan gegen die Sowjets gekämpft hatten. Sie waren zwar Araber, sprachen aber fließend Russisch. Sie gehörten zum ehemaligen Kader des KGB im Nahen Osten. Und wir wussten, dass sie ihr Geld nicht aus Saudi-Arabien, sondern aus Moskau bekamen.«

Er wies darauf hin, dass Khalid Scheich Mohammed, der spätere Drahtzieher der Anschläge vom 11. September, bereits 1997 versucht hatte, nach Tschetschenien zu gelangen. Damals hatte er sich noch nicht mit Osama bin Laden verbündet. An der Grenze zu Aserbaidschan wurde ihm die Weiterreise untersagt. Ingesamt vier der Terroristen, die später an den Anschlägen vom 11. September beteiligt waren – darunter auch Mohammed Atta –, versuchten, auf gleichem Weg nach Tschetschenien einzureisen, und wurden ebenfalls nicht ins Land gelassen. Das Land war nach außen hin beinahe hermetisch abgeriegelt.

»Also erklär mir doch bitte, wie diese Burschen, die wir festnahmen, es geschafft haben sollen, mit ihren jordanischen Pässen und ihrem typisch arabischen Äußeren in einer russischen Botschaft ein Visum zu bekommen, nach Moskau und dann in den Nordkaukasus zu fliegen – wozu man eine Spezialerlaubnis braucht –, ohne dass der FSB es gemerkt hätte? Das ist völlig unmöglich!

Besonders schlau war Stepaschins Aktion, die drei dagestanischen Dörfer unter seinen Schutz zu stellen! Wir versuchten, die Wahhabiten aus Tschetschenien zu vertreiben, also boten sie ihnen einen Zufluchtsort auf russischem Territorium und ließen sie durch den FSB beschützen.«

Besonders empört war Sakajew über die florierende Geiselwirtschaft. Da die Russen grundsätzlich Lösegeld zahlten, ermutigten sie die abtrünnigen Warlords zu weiteren Entführungen und versorgten sie gleichzeitig mit beträchtlichen finanziellen Mitteln. Die tschetschenische Regierung hingegen war notorisch knapp bei Kasse. Sakajew behauptete, die Russen hätten allein sieben Millionen Dollar für die Auslösung von Jelzins Abgesandtem Walentin Wlasow gezahlt, der im Mai 1998 entführt und im November wieder freigelassen wurde. Die russischen Geheimdienste hatten sich ein Netzwerk aufgebaut, über das sie mit den Kidnappern direkt verhandelten. Oberstleutnant Daud Korigow, der Innenminister der benachbarten Region Inguschetien, war Russlands wichtigster Mittelsmann. Koordiniert wurden die Transaktionen von russischer Seite aus durch den stellvertretenden Innenminister Wladimir Ruschailo.

»Es war unmöglich für uns, diese Ketten zu sprengen«, beklagte sich Sakajew. »Es gab eine richtige Arbeitsteilung: Eine Verbrecherbande spezialisierte sich auf die Entführungen, die zweite war für die Unterbringung der Geiseln verantwortlich, und die dritte kümmerte sich um die Verhandlungen mit Russland. Diese Leute kauften und verkauften sich gegenseitig Menschen, als seien sie auf einem Viehmarkt.«

In Sakajews Augen war es besonders schlimm, dass auf höchster Ebene niemand zugab, dass Lösegelder bezahlt wurden. »Die Briten und die Franzosen unterstützten die russische Praxis, wenn Bürger ihrer eigenen Staaten betroffen waren. Das war allgemein bekannt. Aber vor der Öffentlichkeit leugneten sie es standhaft.«

Anfangs versuchte die tschetschenische Regierung noch, die Russen davon zu überzeugen, mit den Lösegeldzahlungen aufzuhören. Da das nicht wirkte, ging Maschadow schließlich an die Öffentlichkeit und warf der russischen Regierung vor, sie ermutige die Entführer mit ihrem Verhalten. Die Geheimdienste bezichtigte er sogar ganz offen der Zusammenarbeit mit den Entführern. Aber nach seiner Rede blühte das Lösegeldgeschäft weiter.

Beresowski erklärte mir, dass er als stellvertretender Nationaler Sicherheitsberater direkt mit den Radikalen verhandelt hatte – was der offiziellen Politik des NSC entsprach. Auch Maschadow hatte ihn zum direkten Kontakt mit den Geiselnehmern gedrängt. 1997 übergab Beresowski im Auftrag der Regierung persönlich zwei Millionen Dollar Finanzhilfe an Bassajew, der damals stellvertretender tschetschenischer Ministerpräsident für den Wiederaufbau gewesen war. Es war ein Koffer voller Bargeld, denn in Tschetschenien gab es damals keine Banken mehr.

»Nach meinem Ausscheiden aus dem Nationalen Sicherheitsrat bat mich Vize-Innenminister Ruschailo, ihn weiterhin bei den Verhandlungen mit den Geiselnehmern zu unterstützen, da ich als der Mann galt, dem die Tschetschenen vertrauten. Ich bereue meine Arbeit nicht. Wir haben mindestens fünfzig Entführte gerettet, die sonst garantiert getötet worden wären, da die meisten einfache Soldaten waren. Und alles war ganz offiziell, der Kreml wusste genau Bescheid und hatte unser Vorgehen genehmigt. Das kannst du mir glauben.«

Beresowski bestätigte mir jedoch nicht, dass er für die Befreiung der beiden Briten Jon James und Camilla Carr im September 1998 Lösegeld gezahlt hatte. Er sagte nur: »Der britische Botschafter Sir Andrew Wood bat mich um Hilfe. Daraufhin sprach ich mit Boris Nikolajewitsch [Jelzin], der mir sagte: ›Tu alles, was nötig ist, um die beiden zu befreien.‹ Und das habe ich getan.«

In einer Hinsicht waren sich Beresowski und Sakajew jedoch einig: Die anfänglich nur losen Kontakte zwischen dem FSB, den Geiselnehmern unter den Warlords und den radikalen Wahhabiten vertieften sich im Laufe der Zeit beträchtlich. Am Ende standen einige tschetschenische Rebellengruppen sogar unter der Leitung des russischen Geheimdienstes. Ihrer Meinung nach wusste die FSB-Führung genau, an wen sie sich wenden musste, um den zweiten Tschetschenienkrieg zu provozieren. Aber der eigentliche Krieg konnte nur durch einen Geniestreich des ehemaligen FSB-Direktors und damaligen Ministerpräsidenten Wladimir Putin zum Ausbruch kommen.

Putins Aufstieg vom Hauptquartier Lubjanka ins Weiße Haus nahm am 22. Februar 1999 seinen Anfang auf der Geburtstagsfeier von Lena Beresowskaja. Putin erschien auf der kleinen privaten Feier, zu der nur Familienmitglieder und enge Freunde eingeladen waren. Für große Verwunderung sorgte dies nicht nur bei Beresowski und seiner Frau, sondern auch bei vielen politischen Repräsentanten Russlands.

Beresowskis Fehde mit »Primus« Primakow war in vollem Gange, und Politikexperten schlossen bereits Wetten darauf ab, dass der Oligarch diesmal den Kürzeren ziehen würde. Die Beresowskis entschieden sich zum ersten Mal seit Jahren gegen eine große Geburtstagsfeier, weil sie niemanden unter Druck setzen wollten. Für die Moskauer Elite war es inzwischen gefährlich geworden, Verbindungen zu Beresowski zu pflegen.

Zwei Tage vor der Feier waren die beiden bei der Weltpremiere des ersten russischen Blockbusters im Hollywood-Stil, *Der Barbier von Sibirien*, gewesen, die im Kongresspalast des Kreml stattgefunden hatte. In dem Gebäude drängten sich fünftausend ausgesuchte Angehörige der Moskauer Hautevolee. Als Beresowski und seine Frau die Halle betraten, hielten die Gäste instinktiv Abstand.

Die Leute waren aus gutem Grund vorsichtig. In den vergangenen Wochen hatte ganz Moskau darüber gesprochen, dass Generalstaatsanwalt Juri Skuratow Beresowskis Imperium in einer beispiellosen Säuberungsaktion angegriffen hatte.

Die Fehde begann mit einem Ermittlungsverfahren der Steuerbehörde gegen ORT wegen ausstehender Steuerbeträge. *Jeder* in Russland schuldete dem Staat Steuern, aber an ORT wurde ein Exempel statuiert. Kurz danach folgte der nächste Schlag gegen Beresowski. Bundesermittler, die von Fernsehkameras und maskierten Speznas-Soldaten begleitet wurden, durchsuchten vierundzwanzig Moskauer Büros und Wohnungen, deren Eigentümer und Bewohner irgendwie mit Beresowski in Verbindung standen. Unter anderem wurde die Sibneft-Zentrale auf den Kopf gestellt. Offiziell wurde die Aktion mit der Suche nach Beweisen für illegale Abhöreinrichtungen begründet, die Beresowskis privater Sicherheitsdienst dort angeblich installiert haben sollte.

Anfang Februar feuerte man Gluschkow und sein gesamtes Team bei Aeroflot. Skuratows Abteilung verkündete, man werde eine Untersuchung wegen des Verdachts der Veruntreuung von Firmengeldern einleiten. Die Ermittlungen konzentrierten sich insbesondere auf das Schweizer Unternehmen Andava, in dem, wie erwähnt, die Einnahmen aus den Auslandsverkäufen von Aeroflot-Flugtickets zusammenflossen.

Beresowski zweifelte keinen Augenblick daran, dass diese Vorfälle von Premierminister Primakows langfristiger Strategie geleitet waren, alles zu diskreditieren, was mit Jelzin zusammenhing. Schließlich stand in diesem Jahr die nächste Parlamentswahl an. Das Problem war nur, dass der Präsident Beresowskis Einschätzung nicht teilte, sondern Primakow ganz und gar vertraute.

Seit Ende 1998 und bis ins Jahr 1999 hinein machten Jelzin seine körperlichen Beschwerden und immer wiederkehrenden Depressionen schwer zu schaffen. Er war teilnahmslos und schob wichtige Entscheidungen auf die lange Bank. Es erfüllte ihn mit Bitterkeit, dass seine ehemaligen Günstlinge, die »jungen Reformer« und ihre Bankiersfreunde, ihn offenbar im Stich gelassen und nur an ihren eigenen Vorteil gedacht hatten, statt sich mit ihm gemeinsam auf einen entscheidenden Kampf gegen die Kommunisten zu konzentrieren. Und auch den Geheimdiensten stand er misstrauisch gegenüber. In seinen Memoiren *Mitternachtstagebuch* schrieb er, dass er allein in Primakow eine verwandte Seele gefunden habe, einen reformorientierten ehemaligen Sowjetfunktionär, der wie er die Vorzüge der Demokratie erkannt habe. Ursprünglich hatte Jelzin vorgehabt, sich gemeinsam mit Primakow im Jahr 2000 aus der Politik zurückzuziehen und einer neuen Generation von Reformpolitikern die Macht zu übergeben.

Beresowski hingegen durchschaute Primakows wahre Absichten schon, als viele andere sich noch von ihm blenden ließen. Vielleicht lag das daran, dass er ihn aus den Tagen des Tauziehens um Aeroflot noch gut in Erinnerung hatte.

Beresowski hatte nur sehr wenige Verbündete, die noch über so viel Kampfgeist verfügten, dass sie wenigstens versuchten, Primakow aufzuhalten. Unter anderem gehörten dazu der ehemaligen Stabschef Jumaschew, Jelzins Tochter Tatjana, Roma Abramowitsch und Jelzins Wirtschaftsberater Alexander Woloschin. Das Grüppchen wurde bald »die Familie« getauft, und Beresowski avancierte zum inoffiziellen Anführer, da er mehr als zehn Jahre älter war als die anderen.

Der Einfluss, den »die Familie« auf den Präsidenten ausübte, war weit geringer, als politische Beobachter annahmen. Jelzin ließ sich nicht manipulieren, und er überprüfte vor jeder Entscheidung alle Optionen, die ihm zur Verfügung standen. Außerdem mochte Jelzin Beresowski nicht besonders, was diesem jede direkte Einflussnahme zusätzlich erschwerte. Beresowski war zwar die treibende Kraft der Gruppe, gab seine Ratschläge aber lieber indirekt über Tanja-Walja an den Präsidenten weiter.

Roma Abramowitsch war das jüngste »Familienmitglied« und erst vor Kurzem zu der Gruppe gestoßen. Ende 1997 bat er Beresowski, ihn Tanja-Walja vorzustellen, und sie verstanden sich auf Anhieb. Roma wurde einer ihrer engsten Freunde, worüber Beresowski sich sehr freute. Wie er einmal zu Roma sagte, »kann ich zwar mit ihnen arbeiten, aber nicht mit ihnen leben. Ich möchte sie nicht übers Wochenende einladen und auch keine Bootstouren mit ihnen unternehmen. Aber es ist wichtig, dass du es tust.« Sowohl Beresowski als auch Roma hatten sich in der Zwischenzeit Yachten und Anwesen an der Côte d'Azur zugelegt, wohin sie sich zurückzogen, wenn ihnen die Moskauer Hektik zu viel wurde.

»Wenn es gut fürs Geschäft ist, verbringe ich gern meine gesamte Freizeit mit ihnen«, gestand Roma lächelnd. Beresowski wusste, dass hinter der Fassade des schüchternen, liebenswürdigen Abramowitsch ein berechnender, gerissener Einzelgänger lauerte, der die Schwächen seiner Mitmenschen sehr genau wahrnahm und sich als wahrer Meister im Networking herausgestellt hatte. Er und Beresowski hatten schnell begriffen, welche Gruppendynamik in der »Familie« herrschte: Die einen verfügten über Einfluss, die anderen über das nötige Kleingeld. Beresowski und Roma hatten zwar beide Geld, aber Abramowitsch war praktischer veranlagt und organisierter. Es dauerte nicht lange, bis alle finanziellen und »technischen« Details des »Familienlebens« zu seiner Domäne wurden, was ihm den Spitznamen »Schatzmeister« einbrachte.

Ein sechster Mann stand kurz vor der Aufnahme in die »Familie«: FSB-Direktor Wladimir Putin. Beresowski traf sich nach seiner Ernennung mehrmals mit ihm, und Tanja-Walja unterstützten den neuen Geheimdienstchef nach Kräften. Nach den anfänglichen Unstimmigkeiten, die Litwinenkos Anschuldigungen ausgelöst hatten, verbesserte sich das Verhältnis zwischen Beresowski und Putin, nicht zuletzt deshalb, weil sie beide gegen die gleichen Feinde kämpften. Primakow verabscheute Putin und hätte lieber einen anderen Mann am Steuer der *kontora* gesehen, »einen echten Profi« aus dem alten Kader der KGB-Führung. Wenn Primakow Jelzin aufsuchte – wozu er oft in ein Krankenhaus gehen musste –, drängte er ihn jedes Mal dazu, Putin auszuhebeln.

Dennoch gab es keinerlei persönliche Bindung zwischen Putin und Beresowski, bis dieser bei Lena Beresowskajas Geburtstagsparty auftauchte. Beresowski erfuhr davon erst, als ihn sein Sicherheitsbeauftragter vorwarnte und sagte, der FSB-Direktor sei auf dem Weg zu Beresowskis Datscha und werde in zwanzig Minuten eintreffen. Zuerst dachten alle, es sei etwas passiert. Beresowski ging nach draußen, um den Überraschungsgast persönlich zu empfangen. Putins Sicherheitskräfte bildeten einen Halbkreis um das Auto ihres Chefs. Als die Autotür geöffnet wurde, sah Beresowski zuerst einen riesigen Rosenstrauß, hinter dem der zierlich gebaute FSB-Chef beinahe verschwand.

Verblüfft begrüßte Beresowski Putin mit den Worten: »Wolodja, ich weiß deine Geste sehr zu schätzen, aber willst du wirklich dein Verhältnis zu Primakow noch mehr verschlechtern?«

»Was Primakow von mir hält, ist mir völlig egal«, antwortete Putin. »Ich bin dein Freund, und das sollten vor allem gewisse Leute ruhig wissen. Sie wollen dich zum Paria abstempeln, aber ich weiß, dass du sauber bist.«

Viele Jahre später in London glaubte Beresowski immer noch daran, dass Putins Geste an Lenas Geburtstag aufrichtig gewesen war. »Er kam nicht aus unlauteren Motiven zu mir. Es hätte ihm auch gar nichts genützt. Damals gehörte nicht ich zu Jelzins Favoriten, sondern Primakow. Es lag wirklich nicht in Putins Interesse, Primakow zu der Annahme zu verleiten, dass wir beide unter einer Decke steckten.«

Diese Unterhaltung fand nach Saschas Tod statt, und ich konnte kaum glauben, dass Beresowski Putin nach allem, was geschehen war, immer noch Aufrichtigkeit bescheinigte. Es passte einfach nicht zusammen: Putin als selbstloser Freund, der Beresowski in der Not zur Seite stand. Sollte derselbe Putin wirklich kaltblütig den

Mord an Sascha initiiert haben? Beides zusammen konnte unmöglich stimmen.

»Das ist es ja gerade!«, rief Beresowski, dessen mathematischer Verstand durch solche Rätsel beflügelt wurde. »Ich habe sehr viel darüber nachgedacht. Hat dich schon mal jemand verraten?«

»Ja, das ist schon vorgekommen«, antwortete ich.

»Hast du ihm den Tod gewünscht? Hättest du ihn umbringen lassen, wenn das möglich gewesen wäre?«

»Natürlich nicht!«

»Genau. Und das ist der Unterschied! Putin ist ein großartiger Teamspieler, seine Mannschaft kann sich hundertprozentig auf ihn verlassen. Ein solcher Mann kann doch auf keinen Fall ein Mörder sein, dachte ich. Aber irgendwann wurde mir klar, was passiert sein muss. Diese KGB-Leute sind nicht amoralisch, im Gegenteil. Sie folgen sogar einem sehr strengen moralischen Kodex. Es ist nur nicht derselbe, den Menschen wie du und ich beachten. Sie werden von Anfang an darauf trainiert, ihren Leuten bis in den Tod die Treue zu halten. Aber die Konsequenz, die sich daraus ergibt, ist, dass ein Treuebruch auch mit dem Tod bestraft werden muss. Für Putin war Sascha ein Verräter. Sascha hat versucht, mir das zu erklären, aber ich habe ihn erst begriffen, als es bereits zu spät war.«

Und so wurde Putin an Lena Beresowskajas Geburtstag ein vollwertiges Mitglied der »Familie«. Bei den dringenden Problemen, mit denen die Gruppe gerade zu kämpfen hatte, sollten sich seine speziellen Fähigkeiten bald als unverzichtbar herausstellen: Skuratow musste irgendwie an weiteren Angriffen gehindert werden und Jelzin endlich einsehen, dass sein Ministerpräsident hinter seinem Rücken nach der Macht griff und versuchte, das Land wieder in Richtung der sowjetischen Vergangenheit zu steuern.

Bis heute konnte nicht geklärt werden, bei welcher Gelegenheit das schicksalhafte Videoband entstand. Beresowski gab an, er habe erst von seiner Existenz erfahren, als bereits der ganze Kreml darüber tuschelte. In *Mitternachtstagebuch* schrieb Jelzin, dass ein »pornographisches Video«, auf dem angeblich sein Generalstaatsanwalt Juri Skuratow zu sehen sei, Ende Januar 1999 Stabschef General Bordjuscha »zugespielt wurde«. Jelzin schrieb auch, Skuratows »Freunde ...

aus der Finanz- und Geschäftswelt« seien diejenigen gewesen, »die sich die Schwäche des Ermittlers zunutze gemacht haben«.

Das Moskauer Boulevardblatt *Argumenti i Fakti* spekulierte in einem Leitartikel, die schlechte Qualität des Schwarz-Weiß-Videos deute darauf hin, dass die Aufnahmen von den Geheimdiensten gemacht worden seien. »Sie sind nämlich die Einzigen, die zu pleite sind, um ihre Ausrüstung auf den neuesten Stand zu bringen.«

Der gut informierte Journalist und Parlamentarier Juri Schtschekotschichin schrieb in einem Artikel für die *Nowaja Gaseta*, der Mann, von dem die Aufnahmen stammten, sei ein Mitarbeiter des Generals gewesen, der später einen Posten im Kreml erhalten habe. Letztlich spielte es keine Rolle, von wem der Kreml das Band bekommen hatte. Wichtig war, dass es eine Reihe von Ereignissen auslöste, die später als Russlands Monicagate bekannt werden sollten.

Am 1. Februar 1999 konfrontierte Jelzins Stabschef General Bordjuscha Skuratow mit dem Video und zwang ihn, seinen Rücktritt einzureichen. Am 16. März wurde das Band auf Kanal Zwei in den Spätnachrichten gezeigt, allerdings mit dem Vermerk, die Ausstrahlung sei für Zuschauer unter achtzehn Jahren nicht geeignet. Am nächsten Morgen versammelte sich der Föderationsrat, das Oberhaus des russischen Parlaments, denn die russische Verfassung verlangte, dass über Skuratows Rücktrittserklärung abgestimmt wurde. Das Ergebnis war eine vernichtende Niederlage für Jelzin. Skuratow gab an, er sei von Jelzins Beratern zur Demission gezwungen worden. Der Rat reagierte prompt und votierte einstimmig gegen die Amtsenthebung des Generalstaatsanwalts.

Wutentbrannt feuerte Jelzin seinen Stabschef und bestellte Skuratow, Primakow und Putin zu sich ins Krankenhaus, wo er gerade wegen eines Magengeschwürs behandelt wurde. Er habe bisher nichts von der Existenz des Bandes gewusst, sagte er. Aber unter diesen Umständen halte er es für besser, wenn Skuratow von seinem Posten zurücktrete.

Skuratow bezeichnete das Band als Fälschung, woraufhin Jelzin Putin den Auftrag gab, das Video vom FSB forensisch analysieren zu lassen. So würde sich zweifelsfrei erweisen, ob es echt sei oder nicht.

An diesem Punkt machte Skuratow einen fatalen Fehler. Er sagte Jelzin, wenn er auf seinem Posten bleiben dürfe, werde er die Ermittlungen wegen Korruption einstellen, in die die Tochter des Präsidenten verwickelt war. In seinen Memoiren schreibt Jelzin, dass er zuerst überhaupt nicht begriff, worauf Skuratow hinaus wollte.

Skuratow ließ nicht locker. Der nächste Generalstaatsanwalt werde große Schwierigkeiten haben, »dieses verzwickte Problem aus der Welt zu schaffen«, fügte er vielsagend hinzu. Er wandte sich an Primakow, von dem er sich Unterstützung erhoffte: »Sag ihm, dass ich recht habe, Jewgeni Maximowitsch.«

Laut Jelzin schwieg Primakow sehr lange und sagte dann: »Wenn Boris Nikolajewitsch mich bitten würde, zurückzutreten, würde ich seine Bitte sofort erfüllen. Du solltest deinen Rücktritt einreichen, Juri Iljitsch.«

»Du hast mich also verraten«, gab Skuratow wütend zurück.

Es wirkte, als hätten die beiden vor diesem Treffen ein stillschweigendes Abkommen geschlossen. Dieser Punkt markierte den Beginn von Primakows Niedergang – nicht jedoch das Ende von Skuratow, denn der weigerte sich standhaft, zurückzutreten.

Acht Monate lang stritt sich der Kreml wegen Skuratows Amtsenthebung mit dem Parlament. Jelzin ernannte einen neuen Stabschef, dessen Aufgabe es war, die Feindseligkeiten nicht ausufern zu lassen. Es war Beresowskis Schützling Alexander Woloschin. Skuratow blieb trotzig an Ort und Stelle und fuhr mit seinen höchst publikumswirksamen Ermittlungen fort, was den letzten Rest Glaubwürdigkeit vernichtete, über den Jelzin noch verfügte. Die nächsten Meinungsumfragen zeigten, dass nur noch eine einstellige Prozentzahl der Wähler hinter dem Präsidenten stand. Russland drohte in politisches Chaos abzudriften. Der Rest der Welt hingegen schenkte der Seifenoper, die sich im Kreml abspielte, kaum Beachtung. Nach dem Skandal um Monica Lewinsky reichte die Sexaffäre eines unbedeutenden Generalstaatsanwalts nicht mehr aus, um international die Gemüter zu erregen. Der einzige russische Regierungsbeamte, der es im Westen in die Schlagzeilen schaffte, war Primakow. Am 23. März war er nach Washington unterwegs, als ihn die Nachricht von Amerikas Bombenangriff auf Serbien erreichte. Aus Protest flog er auf der Stelle nach Russland zurück, was ihn zum Helden aller russischen Kommunisten und Nationalisten machte.

Am 25. März 1999 wurde Sascha Litwinenko in der Moskauer Innenstadt von Ermittlern der Militärpolizei verhaftet. Ihm wurde vorgeworfen, Ende 1997 seine Stellung missbraucht und einen Verdächtigen körperlich angegriffen zu haben.

*Grosny: Am 21. März überlebt Präsident Aslan Maschadow einen wei-
teren Attentatsversuch. Zwei Tage zuvor wurde auf einen belebten
Markt der Stadt Wladikawkas, die rund fünfundvierzig Kilometer von
der Grenze zu Tschetschenien entfernt liegt, ein brutaler Bombenan-
schlag verübt. Bei der Explosion kamen fünfzig Menschen ums Leben.
In Moskau weist FSB-Chef Wladimir Putin Maschadows Anschuldigungen zurück, die Anschläge seien das Ergebnis einer Verschwörung
»gewisser Kräfte« in Moskau. Am 29. März wird Putin zum Generalsekretär des russischen Nationalen Sicherheitsrates ernannt, was ihn
zum Hauptverantwortlichen für die Tschetschenienpolitik des Landes
macht. Als FSB-Direktor bleibt er weiterhin im Amt. Bis zum 15. April
postiert Russland Tausende zusätzliche Polizisten und Streitkräfte
entlang der tschetschenischen Grenze. Im russischen Fernsehen behauptet der Oberbefehlshaber der Binnenstreitkräfte, Ziel der Tschetschenen sei es, »Inguschetien, Dagestan und Tschetschenien zu einem
autonomen islamischen Staat zu vereinen und sich damit den direkten Zugang zum NATO-Mitglied Türkei zu sichern«.*

Bis heute lässt sich nicht mit Sicherheit sagen, wer Saschas Verhaftung angeordnet hatte. Zwischen den beiden Behörden, die sich mit
seinem Fall beschäftigten, klaffte zum damaligen Zeitpunkt eine
tiefe politische Kluft: Auf der einen Seite stand Skuratows Generalstaatsanwaltschaft, auf der anderen Putins FSB.

Sascha war überzeugt davon, dass ihn Putin persönlich Skuratows Handlangern ausgeliefert und dass Politik dabei keine Rolle gespielt hatte. Seinen Angaben zufolge sei Juri Barajew – Staatsanwalt
des Militärgerichts und Skuratows rechte Hand – ehrlich überrascht
gewesen, als er von seiner Verhaftung erfuhr. Anfänglich wurde er
von gewöhnlichen Ermittlern verhört, aber irgendwann betrat plötzlich Barajew in seiner Generalsuniform das Verhörzimmer. Er blät-

terte Saschas Adressbuch durch und konnte sein Erstaunen nicht verbergen.

»Hier stehen ja die Nummern von Beresowski und Jumaschew«, sagte er. »Kennen Sie die tatsächlich? Moment, Sie sind doch der Kerl, der im Fernsehen war. Da haben wir ja einen richtigen VIP geschnappt.«

»Die Entscheidung, ob meine Akte an die Generalstaatsanwaltschaft geleitet wurde oder nicht, konnte nur Putin treffen«, sagte Sascha. »Und er hat mich vom ersten Augenblick an verabscheut. Außerdem verschaffte es ihm noch einen politischen Vorteil. Wenn er mich den Wölfen zum Fraß vorwarf, würden die FSB-Generäle ihn nicht länger als Verbündeten von Boris Beresowski betrachten.«

Sascha war der Meinung, Putin habe sofort nach der Pressekonferenz vom November ein Ermittlungsverfahren gegen ihn einleiten lassen.

Putin hatte aus seiner Abneigung gegen Sascha nie einen Hehl gemacht. Im Dezember 1998 sagte er Elena Tregubowa, der Kreml-Korrespondentin von *Kommersant*: »Ich persönlich kann gut verstehen, dass diese Leute Boris Beresowski wirklich Angst eingejagt haben. Er war schließlich schon einmal nur knapp einem Anschlag entkommen, also glaubte er sofort, dass eine weitere Verschwörung gegen ihn geplant wurde. Ich dagegen glaube, dass diese Offiziere einen Skandal fabrizierten, um sich werbewirksam in der Öffentlichkeit darzustellen ... Ich habe Litwinenko entlassen und seine Einheit aufgelöst ... weil FSB-Offiziere keine Pressekonferenzen zu geben haben. Das gehört nicht zu ihrer Arbeit. Und sie sollten auch niemals interne Skandale vor den Augen der Öffentlichkeit ausbreiten.«

Jahre später, am 7. Februar 2007, kam Putin in einer Rede im Kreml erneut auf das Thema zu sprechen. Er stellte die Ereignisse ein wenig anders dar: Sascha sei »wegen Missbrauchs seiner Position« aus dem FSB entlassen worden, weil er »bei Verhaftungen gegen Verdächtige tätlich geworden war ... und Sprengstoff gestohlen hatte«. Diese Vorwürfe wurden nach Saschas Verhaftung gegen ihn erhoben.

Damals glaubten alle, Putin habe mit der Sache nichts zu tun: Saschas Verhaftung galt als indirekter Schlag gegen Beresowski und Teil des Feldzugs, den Skuratow gegen ihn führte.

Beresowski erfuhr von Saschas Verhaftung, während er sich in Paris auf die entscheidende Phase seiner Schlacht gegen Skuratow vorbereitete.

Am 2. April verkündete Putin auf einer Pressekonferenz, der FSB beurteile das Pornovideo als authentisch. Die öffentliche Verkündung des Untersuchungsergebnisses sollte Skuratows Image Schaden zufügen, bewirkte aber genau das Gegenteil. Vielleicht lag das an Putins ungeheuer frommem Gesichtsausdruck. Ein befreundeter Polizist sagte mir: »Allen war klar, dass dieser Mann noch nie mit zwei Mädchen in einem Hotel gewesen war. Nicht einmal mit einem.«

Am selben Tag erließ Skuratow Haftbefehle gegen Beresowski und Gluschkow wegen Verdachts auf die Unterschlagung von 250 Millionen Dollar Aeroflot-Geldern durch die Firma Andava. Beresowski gab sofort eine Presseerklärung ab, in der er die Anschuldigungen als politisch motivierte Lügen bezeichnete: »Die Zeit, in der wir von Männern mit nackten Hintern regiert wurden, ist ein für alle Mal vorbei«, sagte er den Journalisten. Fürs Erste jedoch saß Beresowski mit seiner Frau in Frankreich fest. Gluschkow hielt sich in Israel auf und versuchte sich zu entscheiden, ob er politisches Asyl beantragen und die ganze Geschichte von Primakows Rachefeldzug für dreitausend Aeroflot-Spione publik machen sollte.

Am 21. April kehrte Beresowski nach Moskau zurück, um sich den Vorwürfen zu stellen und seinen Namen reinzuwaschen. Er erklärte sich bereit, mit den Ermittlern zusammenzuarbeiten, allerdings unter der Bedingung, dass der Haftbefehl gegen ihn aufgehoben werde. Am selben Tag erlitt Jelzin einen weiteren Rückschlag. Auch sein zweiter Versuch, Skuratow seines Amtes zu entheben, scheiterte, wenn auch mit einem weniger demütigenden Ergebnis von neunundsiebzig zu einundsechzig. Ministerpräsident Primakow schwor dem Präsidenten erneut ewige Treue. Das Damoklesschwert der Ermittlungen Skuratows schwebte gefährlich nahe über Tatjanas Kopf. Die »Familie« brauchte dringend Beresowskis Rat.

Nach seiner Ankunft in Moskau sprach Beresowski sofort bei der Generalstaatsanwaltschaft, Skuratows Machtzentrale, vor. Er wurde vier Stunden lang verhört, offiziell des »unlauteren Geschäftsgebarens« und der Geldwäscherei angeklagt und – laufen gelassen, jedenfalls vorläufig. Draußen warteten bereits Kamerateams auf ihn, um seine Reaktion live in den Nachrichten zu übertragen.

»Die Ermittlungen gegen mich wurden vom Premierminister initiiert und verstoßen gegen russisches Gesetz«, sagte er in die Mikrofone. »Primakow und Skuratow versuchen gemeinsam, die Autorität des Präsidenten zu untergraben.«

Auf der Fahrt nach Hause klingelte sein Handy. Am Apparat war Tschernomyrdin, den der Präsident gebeten hatte, die Wogen des Skandals zu glätten. Er sagte, Primakow habe die Nachrichten gesehen und erwarte Beresowski im Weißen Haus. Er sei ihm eine Erklärung schuldig.

Beresowski verließ nach anderthalb Stunden Gespräch das Büro des Premierministers. Er war ungewöhnlich wortkarg. »Ewige Liebe haben wir uns nicht geschworen«, sagte er den wartenden Reportern. »Wir haben darüber gesprochen, dass man Politik nicht mit Strafrecht verwechseln darf.«

Jahre später erzählte mir Beresowski, was in Primakows Büro geschehen war.

»Ich gebe dir mein Ehrenwort, dass ich mit den Aeroflot-Ermittlungen nichts zu tun habe«, begann Primakow. »Ich habe hier eine Kopie der offiziellen Untersuchungsakte. Du wirst nirgendwo eine Kommunikation mit meinem Büro finden. Ich würde gerne Wiktor Tschernomyrdin als Zeugen zu uns rufen.«

Er klingelte, und Tschernomyrdin betrat den Raum.

Beresowski holte die Kopie eines Briefes von Skuratow an Primakow aus seiner Tasche, in dem die Anschuldigungen im Aeroflot-Fall detailliert dargestellt wurden. (Beresowski wollte mir nicht sagen, woher er den Brief hatte. »Ich habe meine Quellen«, war sein einziger Kommentar.) Quer über die Seite stand in der Handschrift des Premierministers: »Gerichtliche Untersuchung einleiten und Anklage erheben. Primakow«

»Ich kann nicht glauben, dass ich das geschrieben haben soll. Ist das wirklich meine Schrift?«, stammelte Primakow völlig außer Fassung.

»Darf ich jetzt gehen, Jewgeni Maximowitsch?«, fragte Tschernomyrdin.

Als sie wieder allein waren, sagte Primakow: »Was willst du, Boris Abramowitsch? Ich habe gehört, du seist an der Sber-Bank interessiert.«

»Ich bin schon seit Jahren kein Geschäftsmann mehr, Jewgeni Maximowitsch. Aber es wäre schön, wenn ich dein neuer Assistent werden dürfte«, sagte Beresowski trocken.

Der Premierminister teilte seinen Sinn für Humor offenbar nicht. Er war völlig verwirrt. »Aber ... aber was würden die Kommunisten dazu sagen?«

»Das war nur ein Scherz, Jewgeni Maximowitsch«, sagte Beresowski und verließ den Raum.

Beresowski suchte am nächsten Tag Putin in seinem Büro im FSB-Hauptquartier auf. Als sich die schweren Eisentore hinter seinem Mercedes schlossen, erschauerte er unwillkürlich. Der Wagen fuhr langsam in den Innenhof des Lubjanka-Gebäudes. Wie viele Tausend Menschen waren zu Sowjetzeiten durch dieses Tor gegangen und nie wieder zurückgekehrt?

Ein unauffällig aussehender Mann geleitete ihn zum Fahrstuhl, der ihn in das neu eingerichtete Büro des Direktors im dritten Stock brachte. Putin hatte sein Büro seinem asketischen Geschmack entsprechend umdekorieren lassen: helles Holz, die Einrichtung streng funktional. Offenbar hatte seine Zeit in Ostdeutschland geschmacksbildend gewirkt. Das alte Chefbüro, in dem KGB-Altmeister wie Berija und Andropow den Kalten Krieg geführt hatten, war auf Befehl des neuen Direktors in einen Tempel der Effizienz verwandelt worden, der die neue Behörde widerspiegeln sollte.

Putins zierliche Gestalt verschwand fast hinter dem gigantischen Schreibtisch, den eine Bronzestatue von Felix Dserschinski zierte, dem Gründer der gefürchteten sowjetischen Geheimpolizei Tscheka, des Vorläufers der GPU. Der Direktor gebot Beresowski zu schweigen, indem er den Finger an die Lippen legte. Dann winkte er ihn zu sich und deutete mit der Hand auf die Hintertür. Sie durchquerten ein privates Esszimmer und verließen es durch eine weitere schmale Hintertür.

Beresowski sah sich um. Sie befanden sich in einem kleinen, fensterlosen Kabuff vor einer Fahrstuhltür. Offenbar war dies der Weg,

auf dem der Geheimdienstchef unbemerkt zu seinem privaten Fahrstuhl gelangte.

»Wir sollten hier reden. Dieser Raum ist abhörsicher«, sagte Putin.

Auf Beresowskis Agenda standen nur zwei Themen: Primakow
und Sascha Litwinenko.

Russische Politik wird durch ein besonderes Merkmal bestimmt,
das kaum zu greifen ist. Der Herr im Kreml, sei er nun Zar, Generalsekretär oder Präsident, ist dem Volksglauben nach von einer my-
thischen Aura namens *wlast* umgeben, was übersetzt in etwa »das
Recht zu regieren« bedeutet. Auf diese Aura der Macht reagiert die
Bevölkerung instinktiv mit einem gewissen Maß an Demut und Respekt. Alle russischen Herrscher der Geschichte weisen diese Eigenschaft auf, die dem jeweiligen Machtinhaber einen Zug von absolu-
ter, monarchischer Autorität verleiht. Sie alle sind somit Teil einer
inoffiziellen Herrscherdynastie, die von den Romanows über Lenin,
Stalin, Chruschtschow und Breshnew bis zu Gorbatschow und Jelzin reicht. Daher rührt auch die Tradition, dass jedes Staatsoberhaupt einen Erben bestimmen muss. Praktisch gesehen bedeutete
dies – wie Putin, Beresowski und alle anderen genau wussten –, dass
der Mann, den Jelzin zu seinem Nachfolger ernannte, bei der Wahl
automatisch mit einem Vorteil von zwanzig bis vierzig Prozent der
Wählerstimmen ins Rennen gehen würde. Daran änderte auch die
Tatsache nichts, dass Jelzins eigene Umfrageergebnisse miserabel
waren. Zum Erben der *wlast* bestimmt zu werden war ein mythi-
scher Ritterschlag, der unabhängig von der Beliebtheit des aktuellen
Staatsoberhauptes funktionierte.

Das Wahljahr 2000 war nur noch acht Monate entfernt. Der siebzig-
jährige Primakow, ein Überbleibsel der alten Sowjetunion, um den
sich alle Kommunisten und ehemaligen Apparatschiks scharten,
war nicht der richtige Mann, um Russland ins neue Jahrhundert zu
führen. Er musste die politische Bühne verlassen, darauf hatte er
sich mit dem Präsidenten schon bei seinem Amtsantritt verständigt.
Aber wer sollte ihn ersetzen? Wen würde Jelzin zum Erben ernennen, zum nächsten Präsidenten Russlands?

Beresowski und Putin, die in dem kleinen Raum vor dem Fahrstuhl im ehemaligen KGB-Hauptquartier standen, spürten die Last der Verantwortung, die die Situation ihnen auferlegte. Ihre Meinung würde »die Familie« wahrscheinlich überzeugen, und das wiederum würde den Präsidenten beeinflussen.

Doch dieser automatische Wahlvorteil reichte noch nicht aus. Der Nachfolger brauchte ein Programm, mit dem er den kommunistischen Wunschkandidaten – womöglich sogar Primakow höchstpersönlich, dessen Popularität in den vergangenen Wochen gestiegen war – schlagen konnte.

Putin und Beresowski gingen alle möglichen Kandidaten auf ihrer kurzen Liste durch. Nach den Skandalen und der Finanzkrise des Vorjahres hatten Reformer von Tschubais' Schlag, wie zum Beispiel Nemzow oder Kirijenko, nicht den Hauch einer Chance, die Wahl zu gewinnen. Das Gleiche galt für Tschernomyrdin, dem der Ruch des Versagers anhaftete. Lebed war eine Möglichkeit, aber der würde das Land in eine Art Militärdiktatur verwandeln. Es gab nur zwei Bundespolitiker, die, wenn auch mit Einschränkungen, infrage kamen: Innenminister Sergej Stepaschin und Verkehrsminister Nikolaj Axionenko. Sie hatten unterschiedliche Stärken und Schwächen, aber ideal waren sie beide nicht.

»Und was ist mit dir, Wolodja?«, fragte Beresowski unvermittelt.

»Was soll mit mir sein?« Putin verstand nicht, worauf Beresowski hinauswollte.

»Kannst du dir vorstellen, Präsident zu werden?«

»Ich? Auf keinen Fall. Dafür bin ich nicht der richtige Typ. Das ist kein Leben für mich.«

»Was hast du denn sonst vor? Oder willst du den Rest deines Lebens hier verbringen?«

»Ich wäre gern ...« Er zögerte. »Ich wäre gern ein zweiter Beresowski.«

»Das glaubst auch nur du«, sagte Beresowski lachend.

Sie wechselten das Thema.

Beresowskis nächste Frage betraf Sascha.

»Ich will dir nichts vormachen«, sagte Putin. »Du weißt ja, was ich von Litwinenko halte. Er hat dich benutzt, und er ist ein Verräter. Aber wenn dir so viel an ihm liegt, werde ich versuchen, ihm zu helfen. Leider kann ich nicht besonders viel für ihn tun, da er sich in den Händen von Skuratows Militärgericht befindet. Wenn wir Skuratow losgeworden sind, können wir uns um Litwinenko kümmern.«

Beresowski fand Putins Argumente durchaus nachvollziehbar. Aber sein Gesichtsausdruck gefiel ihm nicht.

»Boris«, fuhr Putin fort, »ich weiß, dass du das nicht hören willst, aber der Mann hat Dreck am Stecken.«

»Das glaube ich nicht«, widersprach Beresowski. »Dafür kenne ich ihn zu gut.«

»Ich habe die Beweise mit eigenen Augen gesehen.«

Es trat eine verlegene Pause ein. Seltsam, dachte Beresowski. Putin und Sascha sind wahrscheinlich die einzigen Männer im FSB, die wahrhaft unbestechlich sind. Und sie hassen sich wie die Pest.

»Er ist ein Verräter«, wiederholte Putin. »Aber ich werde mein Möglichstes für ihn tun.«

Es war spät geworden. Putin griff nach dem Türknauf. Er ließ sich widerstandslos drehen, das Schloss ging aber nicht auf. »Mist«, sagte Putin. »Hier funktionieren nicht einmal die Schlösser, und du willst mich zum Präsidenten von Russland machen. Für den Aufzug braucht man einen Spezialschlüssel. Wir stecken hier fest. Hallo! Ist da irgendjemand?«, schrie er und hämmerte gegen die Wand, die den Vorraum vom Hauptflur trennte. »Hier spricht Putin! Wir haben uns ausgesperrt!«

Sie mussten zehn Minuten lang klopfen, bis sie jemand hörte und aus dem engen Raum befreite.

In der Zwischenzeit saß Sascha im Gefängnis Lefortowo in Einzelhaft und versuchte, mit seiner Situation klarzukommen.

»Anfangs stand ich völlig unter Schock«, schrieb er später in *The Gang from Lubyanka.* »In der ersten Nacht bekam ich kein Auge zu; ich starrte die ganze Nacht die Decke an. An dem Tag, an dem ich verhaftet wurde, gab es Schneeregen, und die Straßen waren voller Matsch. Ich mag diese Jahreszeit nicht, und Ende März hält mich nur noch die Vorfreude auf die Sonne bei Laune. An meinem ersten Tag im Gefängnis ließ man mich eine halbe Stunde in einem winzigen Innenhof herumlaufen, von Mauer zu Mauer waren es höchstens sechs Schritte. Ich blickte nach oben, und der Himmel über mir war strahlend blau. Irgendwo dort oben war die Sonne. Ich war durch ein Gitterdach mit Stacheldraht von ihr und dem blauen Himmel getrennt. Ich wurde fast verrückt. Über Nacht hatte der Frühling Einzug gehalten, ohne dass ich es erleben durfte, weil ich in diesem feuchten, kalten Zwinger steckte. Es war unerträglich, und ich bat meine Wächter, mich wieder zurück in meine Zelle zu bringen.«

Einige Jahre später hielt Sascha, inzwischen im Londoner Exil lebend, einen Moment lang bei der Oscar-Wilde-Statue inne und las die Inschrift: »Wir Menschen liegen alle in derselben Gosse, aber einige von uns blicken zu den Sternen auf.« Der Spruch versetzte ihn augenblicklich in seine Zeit im Gefängnis zurück. »Genau so habe ich mich damals gefühlt. Ich lag in der Gosse und blickte zu den Sternen auf.«

Am dritten Tag seiner Einzelhaft trat er in den Hungerstreik. Er verlangte nach einem Menschenrechtsanwalt und wurde so hysterisch, dass man ihm ein Beruhigungsmittel spritzte. Am nächsten Tag bekam Sascha Besuch vom Gefängnisdirektor. Der alte Mann kannte ihn gut, da Sascha als FSB-Agent früher oft in diesem Gefängnis gewesen war.

»Mach dich nicht selbst kaputt, mein Sohn«, sagte er. »Das ist nicht das Ende der Welt, und du wirst all deine Kraft brauchen. Hör auf damit.«

Die väterlichen Worte und die Freude über ein bekanntes Gesicht aus seinem alten Leben beruhigten Sascha. Er nahm wieder Nahrung zu sich und dachte nach.

»Ich versuchte, meine Situation zu bewerten. Warum war ich hier? War ich nun schuldig oder unschuldig? Formal war ich natürlich unschuldig, weil die Bezichtigungen gegen mich frei erfunden waren. Aber ich hatte auch erlebt, dass Menschen unschuldig im Gefängnis gelandet waren, aufgrund eines Fehlers oder weil sie reingelegt worden waren. Zu denen gehörte ich nicht. Ich war wegen meiner Pressekonferenz hier. Es stimmte, ich konnte es nicht leugnen. Ich hatte kaltblütig eine Pressekonferenz abgehalten. Das ist zwar für sich genommen kein Verbrechen. Aber mir war durchaus klar, dass ich dafür unter Umständen im Gefängnis landen würde.

Ich habe sogar mit meiner Frau darüber gesprochen, ob man mich nun verhaften würde oder nicht. Die meisten Leute würden wahrscheinlich sagen: ›Geschieht ihm recht. Er hätte den Mund halten sollen.‹ Und so grübelte ich in einem fort.«

In diesen ersten Wochen in Lefortowo begriff er zum ersten Mal in seinem Leben, dass zwischen seiner Auflehnung und seiner Beziehung zu Marina eine Verbindung bestand. Bevor er sie kennenlernte, war er seiner Behörde bedingungslos ergeben gewesen und hatte ihren Ehrenkodex absolut treu eingehalten. Von seinen Vorgesetzten kritisiert zu werden und bei der *kontora* in Ungnade zu fallen wäre das Schlimmste gewesen, was ihm hätte widerfahren können. Jetzt wäre das Schlimmste, Marina zu verlieren.

»Ich gehörte nun Marina«, erklärte er mir später. »Sie kam und nahm mich einfach in Besitz. Wenn ich vor unserer ersten Begegnung einen Lügendetektortest gemacht hätte, wäre meine Antwort auf die Frage, was ich mit dem Wort ›Liebe‹ verbinde, ›Mein Vaterland‹ gewesen. Auf das Wort ›Treue‹ hätte ich ›Meinen Diensteid‹ und auf das Wort ›Gehorsam‹ ›Meine Befehle‹ geantwortet. Und darüber hätte ich nicht einmal nachdenken müssen. Weil ich der Behörde gehörte, wie ein Kind zu seinen Eltern gehört. Ich hatte ja nie wirkliche Eltern.«

Marina änderte all das mit einem Schlag. Von dem Augenblick an, in dem er sie zum ersten Mal sah, gehörte er nur noch ihr und niemandem sonst. Mit Natalja, seiner ersten Frau, war es nicht so gewesen. Aber Marina sprengte die Ketten um sein Herz, von deren Existenz er nicht einmal gewusst hatte.

»Wenn ich vor meiner Begegnung mit ihr in der URPO gelandet wäre, hätte ich alle Befehle wie ein Roboter befolgt. Aber sie brach den Bann, unter dem ich stand. Durch sie lernte ich, Dinge zu hinterfragen. Die Bekanntschaft mit Boris machte mich endgültig zu dem Mann, der ich heute bin. Weil er mir Dinge erklärte und nicht wie meine Vorgesetzten nur brüllte: ›Weil ich es sage!‹«

In den einsamen Stunden, in denen Sascha in Lefortowo die Zellendecke anstarrte, quälten ihn Schuldgefühle gegenüber seinen zwei Familien. Er hatte keine Ersparnisse. Hoffentlich war Marina so vernünftig gewesen, Beresowski um Hilfe zu bitten. Aber selbst diese Bitte würden seine Ankläger bestimmt gegen ihn verwenden, so wie sie es im Jahr zuvor mit seiner ersten Frau Natalja gemacht hatten. Die Abteilung für Innere Angelegenheiten hatte sie zum Hauptquartier bestellt, ihr alle Nachweise über Unterhaltszahlungen an sie abgenommen und sie gezwungen, eine Erklärung zu unterschreiben, Sascha habe sie bedroht.

Auf dem Höhepunkt des Skandals im November hatte Putin im Fernsehen behauptet, Sascha komme seiner Unterhaltspflicht nicht nach. »Die Frau eines Teilnehmers an der Pressekonferenz hat mich um Hilfe gebeten.«

»Warum hast du das gemacht?«, hatte Sascha sie damals angeschrien. »Verstehst du nicht, dass du dich damit in Lebensgefahr bringst? Die werden dich umbringen und mir den Mord in die Schuhe schieben.«

»Das wusste ich nicht«, hatte sie weinend geantwortet. »Ich bin nur eine einfache Frau. Sie haben mir Angst eingejagt.«

Für einen operativen Aufklärer gehörten solch schmutzige Tricks zum Handwerk. Aber es war unfassbar, dass der FSB-Direktor selbst nicht davor zurückschreckte. Kowalew oder Barsukow hätten so etwas nie getan.

Sascha hatte alle Zeit der Welt, um in Ruhe nachzudenken, aber Marina musste sich sehr schnell an die neue Situation gewöhnen. Sie erfuhr von Ponkin und den anderen von Saschas Verhaftung. Sie holten Marina abends von der Arbeit ab und versuchten, sie zu trösten. Plötzlich musste sie sich um tausend Dinge gleichzeitig kümmern. Am folgenden Morgen rief jemand aus Beresowskis Büro bei ihr an. Beresowski sei im Ausland, aber ein Anwalt werde sich mit ihr in Verbindung setzen. Ein Ermittler der Staatsanwaltschaft schickte ihr eine Vorladung. Sie brachte Tolik für ein paar Tage zu seinen Großeltern. So schnell wie möglich ging sie zum Anwalt, der ihr jedoch von Anfang an sagte, mit politischen Fällen kenne er sich nicht aus, da er Militärrechtler sei.

»Die politische Seite wird wahrscheinlich nicht vor Gericht entschieden. Ich werde alles tun, um Ihrem Mann zu helfen, und den politischen Aspekt ausklammern.«

Beresowski sorgte dafür, dass Marina monatlich tausend Dollar erhielt. Dies entsprach ungefähr dem Einkommen Saschas.

Er rief aus Paris an: »Mach dir keine Sorgen, wir holen ihn da raus.« Was hätte er sonst sagen sollen, fragte sie sich später.

»Wann kann ich ihn sehen?«, war ihre erste Frage an den Ermittler in Lefortowo, Sergej Barsukow.

Barsukow behandelte sie kühl und förmlich. Er erklärte ihr die Regeln: Sascha stünden pro Monat zwei Besuche zu, die Termine bestimme der zuständige Ermittler. Der März sei schon beinahe vorbei, also würde sie ihn ab April zweimal im Monat sehen dürfen. Falls es keinen Grund gebe, ihr das Besuchsrecht zu entziehen. Zuerst müsse ihre Wohnung durchsucht werden, sagte er abschließend und legte ihr einen Durchsuchungsbefehl vor.

Worauf hatten sie es abgesehen? Die Anklage gegen Sascha stand doch bereits, wollten sie noch etwas anderes hervorzaubern? Sie stellten die ganze Wohnung auf den Kopf, fanden aber nichts Interessantes. Natürlich besaß Sascha geheime Dokumente, aber die bewahrte er nicht zu Hause auf.

Die Anschuldigungen gegen ihren Mann fand Marina einfach lächerlich. Vor achtzehn Monaten sollte Sascha bei der Aushebung einer Verbrecherbande angeblich einen gewissen Wladimir Chartschenko zusammengeschlagen haben, den Fahrer des Verdächtigen. Die erlittene Körperverletzung war ein blauer Fleck, »der so groß war wie eine Fünf-Kopeken-Münze«. Der Anwalt sagte ihr, sie solle sich keine Sorgen machen. Wenn man die Politik außer Acht ließe, würde kein Gericht der Welt ihren Mann verurteilen.

Anfang April durfte Marina Sascha zum ersten Mal besuchen. Sie stand um sechs Uhr früh auf. Sie wollte rechtzeitig beim Gefängnis sein, wo ab acht Uhr die Besucher Schlange standen, um sich registrieren zu lassen. Während sie wartete, lauschte sie den Gesprächen der anderen Besucherinnen, und allmählich beschlich sie eine nagende Angst: Hatte sie womöglich zu viele Geschenke mitgebracht und die festgelegte Obergrenze für Seife und Teebeutel überschritten? Was, wenn man sie noch an der Tür abwies?

Nach der Registrierung musste Marina noch weitere drei Stunden warten, bis man sie in das Besuchszimmer führte, wo Sascha bereits hinter einer dicken Glasscheibe saß. Sie unterhielten sich über ein Telefon, und ein Wachmann lauschte mit versteinerter

Miene jedem Wort ihrer Unterhaltung. Sie durften nicht über Saschas Verhaftung reden und keinesfalls einen Satz von sich geben, der als Geheimcode interpretiert werden konnte. Sie sprachen über die Familie, das Wetter, wie es ihnen gesundheitlich ging und über all die anderen Dinge, die nur ihnen beiden etwas bedeuteten. In den sieben Monaten, die Sascha in Lefortowo verbrachte, waren Marina sechzehn solcher Besuche vergönnt.

Lefortowo ist ein außergewöhnliches Gefängnis. Es hat ein ausreichend großes Budget, wird effizient verwaltet – und ist ungeheuer deprimierend. Für Sascha war das Schrecklichste die Stille, die dort herrschte. Er kam sich vor wie unter einer Glasglocke, die jedes Geräusch von ihm abschirmte.

»Lefortowo nimmt dir allen Lebensmut«, schrieb er später in *The Gang from Lubjanka*. »Die Mauern strahlen negative Energie aus, und angeblich meiden sogar Vögel das Gelände und fliegen daran vorbei. Vielleicht liegt es daran, dass in Lefortowo so viel Schreckliches geschehen ist – Massenhinrichtungen und Folter.«

Seit es den FSB gab, war Lefortowo für Kapitalverbrecher reserviert: Hier saßen Spione, Mafiabosse und unverbesserliche Wirtschaftskriminelle ein. Sascha bildete die Ausnahme, sein Verbrechen wirkte daneben geradezu unbedeutend: Er sollte jemanden zusammengeschlagen haben. Nichtsdestotrotz behandelte man ihn wie einen Schwerverbrecher und ließ ihm das gesamte Spektrum psychologischer Tricks zukommen, die dem System zur Verfügung standen.

Der zuständige Ermittler ließ ihn von Anfang an spüren, dass sein Fall im Grunde genommen bereits entschieden war. Er sagte, da sei nichts zu machen. Man werde ihn verurteilen, in den Ural schicken und dann unauffällig aus dem Weg räumen. Niemand werde ihn vermissen, sich um ihn kümmern oder auch nur Mitgefühl haben, wiederholte Barsukow immer wieder gern. Sascha sei ein Verräter, und er wisse ja, was man mit Verrätern mache.

Natürlich wollte ihm Sergej Barsukow damit zu verstehen geben, dass Sascha sein Schicksal immer noch abwenden konnte. Schließlich hatte er sich selbst in diese ausweglose Situation manövriert – und wozu das Ganze? Sascha sollte endlich zugeben, dass es ein

Fehler gewesen sei, sich mit Beresowski einzulassen. Wenn er der Wahrheit ins Auge sah und sich eingestand, dass es sich nicht lohnte, für Beresowski sein Leben zu opfern, dann würde der Ermittler sich dafür einsetzen, dass Saschas missliche Lage ein Ende nahm.

Nach sechsunddreißig Tagen Einzelhaft, die nur durch die regelmäßigen Predigten Barsukows unterbrochen wurden, stand Sascha am Rande eines Nervenzusammenbruchs. Plötzlich erhielt er einen Zellenkameraden. Er wusste, dass der Mann ihn aushorchen sollte, aber es war ihm egal. Er freute sich über die Möglichkeit, mit einem Menschen zu reden, auch wenn wahrscheinlich jedes Wort aufgezeichnet wurde.

In den sieben Monaten in Lefortowo lebten nacheinander fünf oder sechs Männer in seiner Zelle. Er durchschaute sie alle sofort. Man hatte sie zu langjährigen Gefängnisstrafen verurteilt und ihnen die Möglichkeit geboten, dem Gulag zu entgehen. Durch das Bespitzeln ihrer Mitgefangenen entzogen sie sich dieser Hölle auf Erden. Sie konnten ihre Zeit im sauberen Gefängnis Lefortowo verbringen. Alle folgten mehr oder weniger der gleichen Methode: Zuerst bauten sie ein Vertrauensverhältnis zu ihrem »Objekt« auf, redeten über Familienangelegenheiten und gemeinsame Interessen und erzählten ihre Lebensgeschichte. Ganz allmählich vermittelten sie ihrem Opfer ein Gefühl der Hoffnungslosigkeit und Ohnmacht und gaben ihm zu verstehen, wie sinnlos es war, sich dem System zu widersetzen. Abhängig vom Auftrag, brachten sie ihr Objekt dazu, Informationen preiszugeben, die der Ermittler hören wollte. Sascha kannte die Routine gut: »Zelleninterne Informationsbeschaffung« hatte in seiner Ausbildung zu seinen Lieblingsfächern gehört.

Er vertrieb sich die Zeit damit, Katz und Maus mit dem unsichtbaren Ermittler zu spielen, der seine Zellengenossen schickte. Einen Spitzel brachte er dazu, alles zuzugeben. Er sagte ihm auf den Kopf zu, er sei ein Informant, und wenn er hier rauskäme, könnte er sich die FSB-Akte des Mannes besorgen. Er habe Freunde in der Behörde, die sie ihm für ein paar Hundert Dollar überlassen würden.

Am folgenden Tag bestellte ihn der für Lefortowo zuständige Ermittler zu sich: »Was soll das? Wieso erzählst du meinem Mann einen solchen Scheiß?«

»Ich mag den Kerl nicht«, sagte Sascha. »Er schnarcht. Schick mir einen anderen.«

Sascha wunderte sich immer wieder über die Richtung der Fragen, die der Ermittler und die Zellengenossen ihm stellten: Alle interessierten sich hauptsächlich für die »Kreml-Familie«, also Jumaschew, Woloschin, Tatjana, Roma und Pawel Borodin, den Liegenschaftsverwalter des Kreml. Wie gestalteten sie ihren Alltag, in welchem Verhältnis standen sie zueinander, welche Kontakte pflegten sie zur Außenwelt, wie viel Geld gaben sie wofür aus? Offenbar schätzten die Ermittler Saschas Status in Beresowskis innerstem Kreis vollkommen falsch ein. Natürlich hatte er all diese Leute – mit Ausnahme von Borodin – persönlich kennengelernt, aber er stand ihnen keinesfalls so nahe, dass er auf solche Fragen hätte antworten können. Nicht einmal, wenn er es gewollt hätte.

Damals verstand Sascha die politischen Absichten nicht, die den Verhören zugrunde lagen. Vor seiner Verhaftung hatte er noch nie von der »Familie« gehört. Später, in London, analysierten wir beide seine Erlebnisse im Gefängnis. War er nun Skuratows Gefangener gewesen? Oder doch Putins?

Wir diskutierten stundenlang darüber, aber keine Theorie lieferte eine vollständige Erklärung für den Verlauf der Ermittlungen.

Putin brauchte keine Informationen über die Beziehung zwischen Jelzins Tochter und Jumaschew, mit denen er tagtäglich zu tun hatte. Er war auch nicht hinter Borodins Geheimnissen her, denn er hatte zwei Jahre direkt unter ihm gearbeitet. Und doch saß Sascha in Putins Gefängnis, weil Putins Abteilung für Innere Angelegenheiten Anklage gegen ihn erhoben hatte. Warum wurde er also mit Fragen bombardiert, die im Grunde genommen eine Ermittlung gegen Putin darstellten?

Wir begriffen schließlich, dass wahrscheinlich beide Theorien stimmten. Putin hatte sich Skuratows bedient, um Sascha ins Gefängnis zu bringen, weil der das seiner Meinung nach verdient hatte. Er wusste, dass Sascha ihn nicht kompromittieren konnte, also warf er ihn Skuratow zum Fraß vor. Der Generalstaatsanwalt verfolgte ihn, weil er Beresowskis Freund war. Putin verfolgte ihn, weil er die *kontora* verraten hatte.

Die Fragen, über die Beresowski und Putin diskutiert hatten, quälten auch den Präsidenten im Kreml: Wen sollte er als Thronerben einsetzen? Wie Jelzin in seinen Memoiren *Mitternachtstagebuch* schrieb, war Primakows Schicksal Ende April besiegelt. Er »bedauerte es zwar sehr«, aber Jewgeni Maximowitschs politische Palette sei »zu sehr von der Farbe Rot dominiert« gewesen.

Jelzin sprach zwar mit niemandem darüber, nicht einmal mit dem ins Auge gefassten Erben selbst, aber er hatte sich bereits für einen Nachfolger entschieden: den loyalen, unbestechlichen Wladimir Putin. Das Problem war nur, dass er seine Entscheidung noch nicht bekannt geben durfte. Er wollte vermeiden, »dass die Bevölkerung sich in den trägen Sommermonaten an Putin gewöhnt. Wir dürfen das Geheimnis auf keinen Fall zu früh lüften, sonst verschwenden wir das Überraschungselement. Und das ist bei den Wahlen ungeheuer wichtig.«

So lange konnte Primakow aber nicht mehr im Amt bleiben, also brauchte Jelzin eine Übergangslösung. Er entschied sich für den gemäßigten Stepaschin, den die Duma ohne großen Widerstand akzeptierte. Die Kommunisten rieben sich die Hände, weil sie glaubten, ihn bei den bevorstehenden Präsidentschaftswahlen ohne großen Aufwand schlagen zu können. Jelzin hatte folgenden Plan: Übertrug er das Amt für ein paar Monate Stepaschin und würde zum richtigen Zeitpunkt Putin ins Spiel bringen, wären seine Gegner völlig aus dem Konzept gebracht.

Am 12. Mai wurde Primakow abgesetzt, und die Duma bestätigte Sergej Stepaschin widerspruchslos als neuen russischen Premierminister. Boris Beresowskis Freund Wladimir Ruschailo übernahm das Amt des Innenministers. Primakow brach in einen wohlverdienten Urlaub auf und durfte sich mit dem inoffiziellen Titel »beliebtester Politiker Russlands« schmücken. Seine Umfrageergebnisse lagen bei sechzig Prozent, Jelzin erreichte gerade mal zwei Prozent Zustimmung.

In den Sommermonaten verlagert sich das politische Leben Russlands ins Grüne, in die Datschen im Umkreis der Hauptstadt. Tanja-Walja besuchten an einem schwülen Abend Ende Juni den NTW-Geschäftsführer Igor Malaschenko in seiner Datscha. Ihr Auftrag war, herauszufinden, was Malaschenko von Putin hielt. Durfte dieser mit der Unterstützung von NTW rechnen, falls Jelzin ihn zum Thronerben ernennen sollte?

»Ich war entsetzt«, erinnerte sich Malaschenko Jahre später. »Er gehörte zum KGB. Man kann doch keinen KGB-Mann zum Präsidenten wählen. Das ist eine Verbrecherorganisation.«

»Aber du kennst ihn doch gar nicht«, protestierten Tanja-Walja. »Du hast ein falsches Bild von ihm. Er ist ein echter Liberaler, ein loyaler Freund. Er hat Sobtschak nicht verraten, und er wird auch uns nicht verraten. Papa hält große Stücke auf ihn.«

Malaschenko wollte sich erst mit Putin treffen, bevor er eine endgültige Entscheidung traf. Am 6. Juni, einem Sonntag, arrangierte Peter Aven – ein Oligarch aus der Gruppe Davos, der die Alfa-Bank gegründet hatte – ein Abendessen in seiner Datscha und lud sowohl Malaschenko als auch Putin ein. Putin brachte seine beiden Töchter mit.

Der Anblick von Avens opulent ausgestatteter Luxusvilla muss Putins Töchtern einen Schock versetzt haben. Die beiden Teenager waren schließlich nur die bescheidenen Umstände gewohnt, in denen ein unbestechlicher russischer Regierungsbeamter lebte.

Die Konversation beim Abendessen verlief schleppend. Die Unterhaltung kreiste hauptsächlich um die Wasserknappheit in der Moskauer Innenstadt. Putin schwieg eisern und benahm sich »wie ein Held in Feindeshand«. Schließlich stieß Malaschenkos Frau zu ihnen und brachte neuen Schwung mit. Sie hatte gerade ihre Tochter zum Flughafen gebracht, die ein Internat in England besuchte.

Das brachte die Tischgesellschaft auf ein neues Thema: englische Privatschulen. Putin und seine Töchter schwiegen weiterhin beharrlich.

Ein paar Stunden später rief Malaschenkos Tochter von Heathrow aus an, weil niemand sie am Flughafen abgeholt hatte. Sie bat ihre Mutter, mit der Schule zu telefonieren, weil die Schüler nicht ohne Aufsicht reisen durften.

»Es ist Sonntagabend. In der Schule ist mit Sicherheit niemand mehr«, sagte Malaschenkos Frau. »Sei ein großes Mädchen, nimm dir ein Taxi und gib dem Fahrer die Adresse. Er wird dich dorthin bringen.«

Sie legte auf. Da ergriff Putin zum ersten Mal an diesem Abend das Wort.

»Das war ein Fehler. Für einen Kidnapper wäre es kein Problem, sich als Taxifahrer auszugeben.«

Malaschenko starrte ihn fassungslos an. Sollte das etwa ein Scherz sein?

Aber Putin hatte seine Warnung ernst gemeint. Malaschenko sei in Russland ein wichtiger Meinungsmacher, erklärte er, eine potenzielle Zielperson für westliche Geheimdienste. Ein Mann von seiner Bedeutung dürfe die Sicherheit seiner Familie nicht auf die leichte Schulter nehmen.

Die Bemerkung war weder ironisch noch bösartig gemeint. Putin war aufrichtig um die Sicherheit von Malaschenkos Tochter besorgt.

»Und da war sie, die typische KGB-Einstellung«, erklärte mir Malaschenko. »Als ich ihn das sagen hörte, wusste ich, was für ein Mensch er war. Wie konnte ich guten Gewissens einen solchen Mann dabei unterstützen, Russlands neuer Präsident zu werden?«

Die Kluft zwischen Putin und Malaschenkos NTW sollte sich im Lauf der folgenden Monate noch aus anderen Gründen vertiefen. Putins beiläufige Bemerkung bei jenem ersten Abendessen löste eine Reihe von Ereignissen aus, die darin gipfelten, dass Putins Polizei ein Jahr später die NTW-Studios stürmte.

Am 11. Juli reisten Jelzin und seine Familie nach Sawidowo, rund hundert Kilometer nördlich von Moskau. In diesem landschaftlich sehr reizvollen Gebiet lag die Sommerresidenz des Präsidenten. Vier Tage später kehrte Walja Jumaschew nach Moskau zurück und suchte sofort Boris Beresowski auf.

»Boris Nikolajewitsch hat sich für Putin entschieden«, sagte er. »Wird er annehmen? Was glaubst du?« Beresowski antwortete, er habe ihn bereits gefragt, und Putin sei nicht interessiert am Amt des Präsidenten. »Dann ist es deine Aufgabe, ihn umzustimmen«, sagte Jumaschew. »Du bist der Einzige, auf den er hören wird.«

Am 16. Juli landete Beresowskis Gulfstream-Jet am Flughafen Biarritz im Golf von Biscaya. Putin, seine Frau und seine Töchter wohnten in einem bescheidenen Hotel mit Meerblick. Die beiden Männer trafen sich zum Mittagessen.

»Boris Nikolajewitsch hat mich geschickt. Er will dich zum Premierminister machen.«

Er musste nicht deutlicher werden. Aller Wahrscheinlichkeit nach war Putin damit automatisch zum nächsten russischen Präsidenten gekürt und würde als jüngster Spross der Herrscherdynastie im Kreml regieren.

»Ich weiß nicht, ob ich dieser Aufgabe gewachsen bin«, antwortete Putin sofort. Beresowski merkte, dass er über die Möglichkeit bereits nachgedacht hatte.

»Ja, ich weiß. Du wärst lieber ein zweiter Beresowski.«

»Das war kein Witz«, unterbrach ihn Putin. »Macht mich lieber zum Geschäftsführer von Gasprom. Das reizt mich viel mehr.«

Inzwischen hatte Beresowski begriffen, was Putins Charakter ausmachte. Er war ein Offizier, der nur innerhalb der Befehlskette funktionierte. Sobald er an der Spitze stand, würde ihm niemand mehr Befehle erteilen dürfen, und das verunsicherte ihn wahrscheinlich. Aber Beresowski wusste auch, dass Putin ein loyaler Teamspieler war, und diese Eigenschaft konnte ihm nur nützen.

»Wolodja, ich verstehe dich vollkommen. Diesen Ärger tut sich niemand gern an. Aber vergiss eines nicht: Du bist der Einzige, der für dieses Amt infrage kommt. Nur du kannst Primakow schlagen. Und wir werden dich die ganze Zeit unterstützen. Lass uns bitte nicht im Stich.«

Eine längere Pause trat ein. Schließlich sagte Putin mit einem beinahe resignierten Seufzer: »Du hast ja recht. Aber ich muss das von Boris Nikolajewitsch persönlich hören.«

»Das wirst du auch, deshalb hat er mich ja zu dir geschickt. Ich sollte herausfinden, ob du seine Entscheidung akzeptierst. Ein Präsident will schließlich kein Nein zu hören bekommen.«

Putin akzeptierte.

Machatschkala, Dagestan, 7. August 1999

Russische Truppen gehen mit Artillerie- und Luftangriffen gegen militante Wahhabiten vor, die einige Dörfer nahe der tschetschenischen Grenze in ihre Gewalt gebracht haben. Zweitausend Menschen flüchten vor den Kampfhandlungen und werden in einer provisorischen Zeltstadt auf dem Marktplatz der dagestanischen Hauptstadt untergebracht. Augenzeugenberichten zufolge sind zwei russische Hubschrauber abgeschossen worden. Die zweitausend Mann starke Wahhabiten-Miliz unter der Führung von Schamil Bassajew will das Territorium erweitern, das die Rebellen bereits seit fast einem Jahr unter ihrer Kontrolle haben. Am 8. August kehrt Premierminister Stepaschin von einer Amtsreise durch die betroffenen Gebiete nach Moskau zurück. Bei seiner Ankunft erfährt er, dass Jelzin ihn abgesetzt und sein gesamtes Kabinett aufgelöst hat. Zum dritten Mal in diesem Jahr findet in Russland ein Regierungswechsel statt.

Der designierte Premierminister Wladimir Putin schwört, im Süden Russlands für Recht und Ordnung zu sorgen.

KAPITEL 9

Die Sieger

Buinaksk, Dagestan, 4. September 1999

Eine Autobombe zerstört ein Gebäude, in dem die Familien russischer Soldaten untergebracht sind. Bei dem Anschlag sterben vierundsechzig Menschen, hundertdreiunddreißig werden verletzt. Am folgenden Tag dringen mehrere Hundert bewaffnete Männer von Tschetschenien aus nach Dagestan vor und besetzen erneut die Grenzdörfer, die ihnen russische Truppen erst wenige Wochen zuvor abgetrotzt hatten. Tausende Flüchtlinge strömen in die Provinzhauptstadt Machatschkala. Die tschetschenische Regierung Maschadow weist jede Verantwortung für den Überfall von sich und distanziert sich von den Milizen. In Moskau beruft Premierminister Putin den Nationalen Sicherheitsrat zu einer Konferenz ein.

Washington, D.C., September 1999

Wladimir Putins steiler Aufstieg überraschte sogar die meisten Russlandexperten.

An einem sonnigen Septembertag lud die Soros Foundation Wiktor Kress, den Gouverneur der sibirischen Region Tomsk, nach Washington ein. Ich nahm Kress zu einem offiziellen Lunch im Außenministerium mit, wo sich Russlandexperten und politische Berater aus der ganzen Stadt versammelt hatten, um mit ihm zu sprechen.

»Mr. Kress, wer wird Ihrer Meinung nach der nächste russische Präsident?«, war die erste Frage.

»Was glauben Sie?«, erwiderte Kress.

»Primakow? Luschkow? Jawlinski? Nemzow? Lebed? Sjuganow?«

»Wladimir Putin«, sagte Kress.

Ein Raunen ging durch die Versammlung. Putin war zwar der neue Premierminister – bereits der sechste während Jelzins Präsidentschaft –, aber seine Umfrageergebnisse lagen bei nur zwei Prozent, während Primakow solide zweiundzwanzig Prozent erreicht hatte. Bis vor zwei Monaten hatte kaum jemand je den Namen Wladimir Putin gehört.

Wer war dieser Mann?

Der Mann, den Sascha Litwinenko für seinen Tod verantwortlich machte, wurde am 7. Oktober 1952 in Leningrad (dem heutigen St. Petersburg) geboren. Sein Vater war Arbeiter in einer Fabrik, die Eisenbahnwaggons produzierte. Laut *Aus Erster Hand*, einem Band eilig zusammengestellter Interviews, die am Vorabend der Präsidentschaftswahlen 2000 veröffentlicht wurden, war seine Mutter eine »gütige ... aber nicht sehr gebildete Frau«.

Sie hatte in den unterschiedlichsten Bereichen gearbeitet, war Verkäuferin in einem Lebensmittelgeschäft, Glaswäscherin in einem Labor und Nachtwächterin in einem Gebrauchtwarenladen. Sie hatte die Hungersnot während der deutschen Blockade von Leningrad überlebt und war bei der Geburt Putins bereits einundvierzig. Als Kind kränkelte er oft.

Putins Vater war ein Veteran des Volkskommissariats für innere Angelegenheiten NKWD (einer Vorläuferorganisation des KGB), der im Krieg eine schwere Verletzung am Bein davongetragen hatte. Putins ehemalige Klassenlehrerin Wera Gurewitsch lernte ihn kennen, weil sie die Familie aufsuchte, um mit ihr über Putins mangelhafte Schulleistungen und sein aufsässiges Verhalten im Unterricht zu sprechen. Ihrer Beschreibung nach war er ein »ernster, schweigsamer Mann, in dem eine alte Wut gärte«. Ihr fiel auf, »dass in dieser Familie niemand seine Zuneigung körperlich zum Ausdruck brachte«, und sie nannte Putins Vater »einen strengen, aber herzensguten« Mann. Wenn der junge Putin zu sehr über die Stränge schlug, griff der Vater zu seinem Ledergürtel.

Alexander »Sascha« Litwinenko
1966 mit seiner Mutter in
Naltschik
(Alle Fotos ohne Copyright-
Angabe wurden von den Autoren
zur Verfügung gestellt.)

Hochzeit von Sascha
und Marina Litwinenko,
14. Oktober 1994

Sascha, Marina und
Tolik feiern ihren
ersten Silvester-
abend in London.

Sascha Litwinenko bei seiner Ausbildung

Sascha Litwinenko (re.) während der Belagerung von Perwomaiskoje im ersten Tschetschenienkrieg 1996

Verhandlungen in Tschetschenien: Jelzin, Rybkin, Beresowski, Udugow, Maschadow, Sakajew (v. l.)

© Alexander Potapow / Kommersant

Wladimir Gussinski und
Boris Beresowski 1996

© AP Images / Alessandro della Valle

George Soros in Davos

© Michail Klimetjew / ITAR-TASS / Landov

Wladimir Putin im
Kreml

Die Pressekonferenz 1998, auf der Sascha Litwinenko Korruptionsvorwürfe gegen den FSB erhob

The aftermath of a truck bomb which exploded outside an apartment building in Volgodonsk on Sept 16 1999, killing 18 and injuring 288.

2002 machte Boris Beresowski den FSB für die Bombenanschläge auf Moskauer Wohnhäuser im Jahr 1999 verantwortlich.

Das Zweite Wissenschaftliche Forschungslabor (NIT-2)
des FSB in Moskau, in dem angeblich Polonium gelagert
werden soll

Das Haus der
Litwinenkos im
Norden Londons

Der Dumaabgeordnete Sergej Juschenkow, der an den Ermittlungen über die Bombenanschläge auf Moskauer Wohnhäuser im Jahr 1999 beteiligt war. Am 17. April 2003 wurde er von einem Unbekannten vor seinem Haus erschossen.

Die Moskauer Journalis-
tin Anna Politkowskaja

Sascha Litwinenkos ehemaliger Kollege Michail Trepaschkin, der Anschuldigungen gegen den FSB erhob und daraufhin inhaftiert wurde

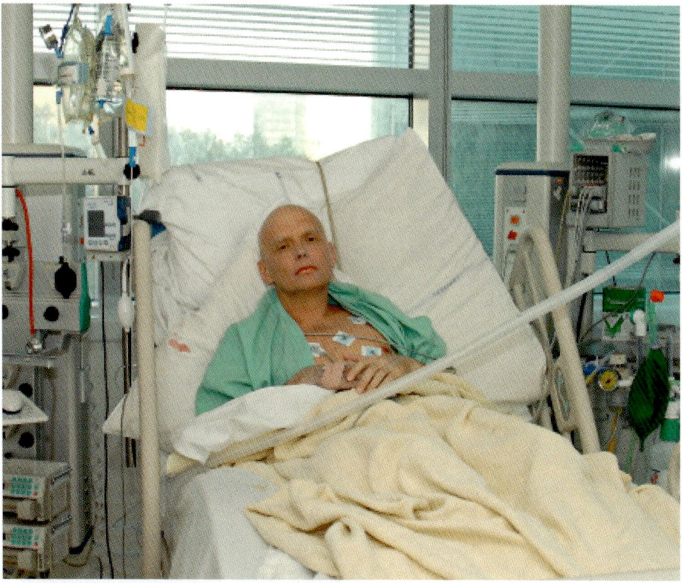

Sascha Litwinenko auf dem Sterbebett

Dimitri Kowtun und Andrej Lugowoi

Mario Scaramella

Die deutsche Polizei untersucht
2006 Dimitri Kowtuns Auto auf
radioaktives Material.

Alex Goldfarb mit dem
Toxikologen John Henry

Marina Litwinenko bei de
Beerdigung ihres Mannes

Die Fabrik, in der Putins Vater arbeitete, wies der Familie ein rund zwanzig Quadratmeter großes Zimmer in einer »Kommunalwohnung« zu. Sie lag im fünften Stock eines hässlichen Hochhauses in der Basskowgasse 12 und war nur zu Fuß zu erreichen. Leningrads Prachtstraße Newski-Prospekt war etwa zwanzig Minuten entfernt. Gurewitsch erinnerte sich, dass »die Wohnung nur sehr spartanisch ausgestattet war und die Familie weder über heißes Wasser noch über eine Badewanne verfügte. Auf dem Flur befand sich die abstoßende, kalte und deprimierende Gemeinschaftstoilette … Eigentlich gab es keine Küche, der Gasherd stand in einem fensterlosen Teil des Flurs. An der gegenüberliegenden Wand hing ein Waschbecken. Dazwischen blieb kaum Raum für eine Person. Und hinter dieser sogenannten Küche wohnte noch eine weitere Familie.«

Der junge Wladimir wurde nur Wolodja gerufen. So nannten ihn später auch seine Freunde. Zu seinen frühesten Erinnerungen zählt Putin den Anblick der Ratten, die scharenweise den Hauseingang bevölkerten. Als Kind jagte er sie mit einem Stock bewaffnet vor sich her. »Einmal sah ich eine riesige Ratte und verfolgte sie. Ich schaffte es, sie in eine Ecke zu drängen … Sie drehte sich um und griff mich an. Ich hatte das nicht erwartet und bekam einen gehörigen Schreck. Jetzt verfolgte die Ratte mich … aber ich war schneller. Ich knallte die Tür hinter mir zu, und die Ratte prallte dagegen.« An diesem Tag lernte er »ein für alle Mal, was es bedeutet, ›jemanden in die Enge zu treiben‹«.

Wie Putin freimütig zugab, war er in seiner Jugend ein *schpana*, was umgangssprachlich junger Tunichtgut bedeutet. Daher stammten auch die vielen Kraftausdrücke, mit denen er später das Vokabular seiner öffentlichen Reden anreicherte. Er war zwar körperlich klein, aber zäh. Ein Klassenkamerad erinnerte sich, dass der junge Putin bei Schulhofprügeleien »wie ein kleiner Tiger kämpfte. Er sprang seine Gegner an und schreckte nicht davor zurück, sie zu kratzen, zu beißen und sie an den Haaren zu ziehen.« Obwohl seine Lehrerin und sein Vater sich nach Kräften bemühten, ihn auf den rechten Weg zu bringen, freundete er sich mit den schlimmsten Rabauken der Nachbarschaft an: zwei Brüdern, die sich auf den Dächern der

Wohnhäuser, in Garagen und Lagerhäusern herumtrieben. Die drei schworen sich unverbrüchliche Freundschaft.

In *Aus Erster Hand* räumt Putin ein, ihm wäre »wahrscheinlich ein übles Ende« beschieden gewesen, wenn er nicht im Alter von elf Jahren zum Kampfsport gefunden hätte. Sein Judotrainer »spielte eine entscheidende Rolle« bei seiner Entwicklung. Er »holte ihn von der Straße«. Anfangs wollte er Judo lernen, »um sich auf der Straße und in der Schule zu verteidigen«. Doch er lernte durch den Sport vor allem Disziplin, Konzentration und taktisches Denken. Judo wurde seine große Leidenschaft. Er kämpfte, so sein Trainer, »wie ein Schneeleopard. Er wollte um jeden Preis gewinnen.«

Putins Lehrerin Wera Gurewitsch begrüßte diese neue Leidenschaft, weil sie ihn von Dummheiten abhielt. Der Sport wurde ihm bald wichtiger als die Gesellschaft seiner Klassenkameraden. Putin erlangte den Schwarzen Gürtel und gewann mehrere Stadtmeisterschaften.

Während des Studiums wurde er Leningrader Judomeister und betrieb den Sport auch während seiner Ausbildung zum Nachrichtendienstoffizier. Ein ehemaliger Kommilitone Putins aus der 101. Schule der Ersten Hauptverwaltung des KGB (die auch unter dem Namen Andropow-Institut »Rotes Banner« bekannt war), der inzwischen in Washington lebt, erinnert sich an »Geschrei und Gekreisch« in der Turnhalle. »Ohne hinzusehen«, wusste er, dass »Putin gerade trainierte«.

In *Aus Erster Hand* sagt Putin selbst, dass er in seiner Zeit als jugendlicher Herumtreiber und Schulhofrowdy eine gesunde Portion Sozialdarwinismus erwarb. In der Beschreibung seiner Judokämpfe erläutert er seine Kampftechniken detailliert und betont den gewalttätigen Charakter dieser sportlichen Begegnungen. Jahre später zeigten sich diese Eigenschaften beim Präsidenten Putin an der unterdrückten Aggressivität, die sowohl seinen Worten als auch seinen Taten anhaftete. Zum Beispiel in einer weithin zitierten Äußerung, mit der er sein Machtverständnis erklärte: »Wir haben Schwäche gezeigt, und die Schwachen verlieren.«

Jahre später erklärte mir Beresowski, dass Putins Wahlkampfmanager 1999 ihm absichtlich ein besonders kriegerisches Image verpassten, weil dies die Stimmung in großen Teilen der russischen Bevölkerung widerspiegelte. Ihr Nationalstolz hatte empfindlich unter dem unrühmlichen Ende des Kalten Krieges gelitten, und sie sehnten sich nach einer »starken Hand«, die dem Land wieder Ordnung und Stabilität bringen würde. Die riesige Kluft, die zwischen den wenigen Superreichen und den verarmten Massen klaffte, hatte zu einer allgemeinen Verbitterung geführt. Die Menschen hatten allen Grund, einem asketischen, introvertierten, stahlharten Mann aus dem Volk zuzujubeln. Putin verkörperte den Underdog, der nicht aufgibt und einen eigentlich aussichtslosen Kampf gewinnt. Er bot den frustrierten Bürgern ein lang ersehntes Ventil für ihre Wut.

Im Gegensatz zu den amerikanischen Experten wussten Moskaus Politiker genau, dass Jelzin Putin zu seinem Nachfolger erkoren hatte. Ich erinnere mich an ein Gespräch, das ich damals mit meiner alten Freundin Mascha Slonim führte, die ich noch aus meiner Zeit als sowjetischer Dissident kannte. Inzwischen war sie eine Leitfigur des politischen Journalismus in Moskau.

»Richte Boris aus, dass er dabei ist, einen großen Fehler zu machen«, sagte sie. »Putin ist ein KGB-Mann, und mit dem KGB tanzt man nicht, wenn man nicht verlieren will. Natürlich ist Primakow auch ein KGB-Mann. Aber wenigstens ist er alt und wird nicht mehr lange unter uns weilen. Der Neue wird uns eine sehr lange Zeit begleiten.«

Mascha und ich gehören zu den Menschen, die dem KGB grundsätzlich misstrauen. Es fällt uns sehr schwer, *Kontora*-Mitglieder unbefangen und vorurteilsfrei zu beurteilen.

Ich erwähnte Maschas Warnung Beresowski gegenüber, aber er wehrte dies mit den Worten ab, er vertraue Putin voll und ganz. Wenn Putin nicht seiner Meinung sei, dann sage er es ihm ehrlich ins Gesicht, zum Beispiel habe er Sascha Litwinenko vor ihm ganz offen als Verräter bezeichnet. Politisch liege Putin auf seiner Wellenlänge, und er sei unbedingt loyal. Er gab mir ein Beispiel.

»Ich habe ihm gesagt, wie er die Wahl garantiert gewinnt. ›Sperr mich ins Gefängnis, solange der Wahlkampf läuft, Wolodja‹, habe ich ihm gesagt. ›Damit ziehst du Primakow den Boden unter den Füßen weg. Sobald die Wahlen vorbei sind, lässt du mich einfach wieder frei.‹«

»Wie hat er reagiert?«

»Er gab zu, dass ich die Situation richtig beurteilte. Aber er sei sicher, mir würde noch etwas anderes einfallen.«

Als Präsident Putin Beresowski ein Jahr später aus Russland vertrieben hatte, erinnerte ich den Tycoon an unser Gespräch.

»Na ja, wahrscheinlich hat er mir nur nach dem Mund geredet.«

»Kannst du dich im Nachhinein an einen Hinweis erinnern, dass der Mann dich die ganze Zeit hinters Licht geführt hat?«, fragte ich.

»Ich bekam nur ein einziges Mal Zweifel.«

Die Episode ereignete sich Ende August 1999. Beresowski war gerade auf dem Weg zu seiner Datscha, da erreichte ihn ein Anruf von Putin. Er bat ihn um ein sofortiges Treffen. Beresowski ließ den Wagen wenden und fuhr zum Weißen Haus. Putin empfing ihn in Primakows altem Arbeitszimmer. An der Einrichtung hatte sich nicht viel verändert, aber Boris fiel auf, dass die Bronzestatuette des Tscheka-Gründers Dserschinski, die er noch aus Putins FSB-Büro in Erinnerung hatte, inzwischen hier auf dem Schreibtisch stand.

Putin war weiß vor Wut.

»Dein Freund Gussinski war gerade hier. Er hat mir gedroht.«

»Warum?«

»Er sagte, Primakow werde auf jeden Fall Präsident werden, und ihr würdet alle im Gefängnis landen. Tanja, Walja und du. Und mich würde man auch einsperren, weil ich dich gedeckt hätte.«

»Wolodja, ich weiß nichts über die Ermittlungen gegen Tanja und Walja, aber der Aeroflot-Skandal ist wirklich nur Primakows Groll gegen mich zuzuschreiben.«

»Ich weiß, ich weiß«, unterbrach ihn Putin ungeduldig. »Ihr habt meiner Behörde dadurch schließlich ordentlich geschadet. Darum geht es nicht. Der Kerl hat es gewagt, mir zu drohen.«

»Gussinski ist ein Mistkerl. Er wollte deine Reaktion testen, das ist genau sein Stil.«

»Niemand hat das Recht, mir zu drohen. Er wird das noch bereuen. Ich wollte nur, dass du Bescheid weißt.«

Damit war Beresowski entlassen. Warum musste ich mir das persönlich anhören?, fragte er sich auf dem Heimweg.

»Diesen Gesichtsausdruck hatte ich zuvor nur ein einziges Mal bei ihm gesehen«, erinnerte sich Beresowski später. »So hatte er dreingeblickt, als er über Saschas Verrat sprach. Diese Unerbittlichkeit ließ mich kurz an meiner bisherigen Einschätzung zweifeln. Und natürlich die Dserschinski-Statuette.«

Beresowski grübelte beinahe einen Monat lang. Sollte er nun Jelzins Thronerben unterstützen? Der scheidende Präsident glaubte, dass Putin acht Jahre zuvor ein für alle Mal aus dem Geheimdienst ausgetreten war und jetzt zur Riege der Reformer gehörte. War diese Einschätzung richtig? Oder war er im Herzen immer noch ein KGB-Mann? Vielleicht ließ sich Jelzin noch davon überzeugen, einen anderen Nachfolger zu bestimmen. Beresowski sprach mit Roma Abramowitsch über seine Zweifel und bat den jungen Mann, am 7. Oktober nach St. Petersburg zu fliegen und dort an Putins Geburtstagsfeier teilzunehmen. Die Stimmung auf der Party würde ihm sicherlich einen Hinweis liefern, falls Putin immer noch mit Leib und Seele der *kontora* angehörte.

Nach der Party beruhigte Abramowitsch ihn.

»Du wolltest mich zum Spion unter Spionen machen«, sagte er. »Aber ich habe keine Spione gesehen. Ganz normale Leute in seinem Alter, alle in Jeans. Einer spielte Gitarre. Kein einziger KGB-Mann weit und breit.«

»Wie geht es seiner Frau?«, fragte Beresowski. »Hat sie sich wieder erholt?«

Ljudmila Putina hatte 1993 in St. Petersburg einen beinahe tödlichen Autounfall erlitten. Sie überlebte mit einer schweren Wirbelsäulenverletzung, musste sich mehreren komplizierten Operationen unterziehen und befand sich seit Jahren in physiotherapeutischer Behandlung.

»Sie bewegt sich immer noch ein bisschen steif.«

»Gibt es eine andere Frau in seinem Leben?«

»Ich habe die letzten fünf Jahre überprüft. Keine einzige«, sagte Abramowitsch mit boshaftem Lächeln.

Elena Tregubowa gehörte in den neunziger Jahren zu den Hauptattraktionen des Kreml. Sie war jung, groß, attraktiv und emanzipiert. Sie wusste, dass Männer ihre Gegenwart genossen, und sie hatte keine Skrupel, ihren Charme auf der Jagd nach der nächsten

Spitzenstory einzusetzen. Elena war Kreml-Korrespondentin für *Kommersant*, Russlands Äquivalent zur *Financial Times*.

Sie hegte eine gewisse Verachtung für die krankhaft ehrgeizigen, intriganten Kreml-Politiker und bezeichnete sie als »Mutanten«. 2003 veröffentlichte sie ein Enthüllungsbuch mit dem Titel *Die Mutanten des Kreml*, das die russischen Bestsellerlisten stürmte. Vermutlich war es gerade ihre verblüffende Arroganz, die ihre hochrangigen Interviewpartner dazu anstachelte, ihr besonders viel zu erzählen. Obwohl sie kein Blatt vor den Mund nahm, war sie die meistgefragte Reporterin im Kreml.

Elena Tregubowa behauptet, sie habe Wladimir Putin der Welt vorgestellt. Er hatte ihr bereits im Mai 1997 ein Interview gegeben, nachdem er gerade von der Liegenschafts- zur Präsidialverwaltung des Kreml gewechselt hatte. Später schrieb sie, ihr erster Eindruck sei der eines »unauffälligen, langweiligen, grauen kleinen Mannes gewesen ... dessen Augen nicht einmal farblos oder desinteressiert wirkten, sondern einfach nichtssagend ... [er] verschmolz mit den Farben seines Büros wie ein Chamäleon«.

Offenbar gelang es ihr damals, sich nichts davon anmerken zu lassen, denn Putin gab ihr ein Exklusivinterview, in dem er sich über die Rolle der Geheimdienste im Kampf gegen die Korruption ausließ.

»Der FSB, oder vielmehr sein Vorgänger, der KGB, hat sich bisher nicht mit kriminellen Machenschaften befasst, sondern sich ausschließlich auf den Nachrichtendienst konzentriert«, dozierte er. »Deshalb herrscht dort vergleichsweise wenig Korruption.« Er bezeichnete die Geheimdienste als Russlands letzte Bastion gegen korrupte Regierungsbeamte. »Wenn es sein muss, werden wir sie ins Gefängnis sperren.«

Tregubowa fiel auf, dass er »seine kämpferischen Aussagen immer mit einem besonders forschen Zucken der Unterlippe untermalte, das dem verächtlichen Lächeln eines Halbstarken ähnelte. Offenbar sah er sich selbst als den Mann der Stunde, der Russlands korrupte Politiker und alle anderen Gegner seines geliebten ›Geheimdienstes‹ auslöschen würde, ohne dafür von seinem Stuhl aufstehen zu müssen.«

Siebzehn Monate später, im Dezember 1998, interviewte Tregubowa Putin, der inzwischen zum FSB-Direktor aufgestiegen war, in seinem Büro im Lubjanka-Gebäude noch einmal. Da bat er sie aus heiterem Himmel um eine Verabredung.

»Ich zwang mich zu einem freundlichen Lächeln und fragte mich, ob er mich gerade als Agentin anwerben wollte oder mit mir flirtete«, schrieb sie später in *Die Mutanten des Kreml*. Schließlich gewann die Reporterin den Kampf gegen die Frau, die »bereits der bloße Gedanke mit Entsetzen erfüllte«. Sie nahm die Einladung an.

Er entführte sie zu einem Abendessen in ein populäres Sushi-Restaurant, aus dem sein Sicherheitsdienst alle anderen Gäste vertrieben hatte. Sie versuchte, sich wie eine Journalistin zu verhalten, während er ihr »linkische« Avancen machte.

»Lenotschka«, sagte er schließlich, »warum redest du nur von Politik? Nimm doch lieber einen Drink.«

Weit und breit waren weder Gäste noch Agenten zu sehen. Sie fragte Putin: »Hast du den gesamten Block räumen lassen?«

»So ein Blödsinn«, protestierte er. »Ich habe nur einen Tisch für uns zwei reserviert. Ich bin ein Mann. Darf ich etwa nicht mit einer attraktiven jungen Frau, die obendrein noch eine talentierte Journalistin ist, zu Abend essen? Ich bin der Direktor des FSB. Glaubst du etwa, das mache ich zum ersten Mal?«

»Wie oft kommt so etwas denn vor?«, fragte sie neugierig und bereute es sofort. Sie spürte, dass er die Frage »zu persönlich« nahm.

»Na ja, nicht so oft … nur ausnahmsweise.«

Sie war zu weit gegangen. Seine Einladung, mit ihm nach St. Petersburg zu fahren und dort Silvester zu verbringen, lehnte sie unter einem Vorwand ab und verabschiedete sich so schnell wie möglich.

Wie sie in *Die Mutanten des Kreml* schrieb, war sie erstaunt über das Talent, mit dem Putin sich seinen Gesprächspartnern anpasste.

»Er ist ein phänomenaler ›Reflektor‹ und kann wie ein Spiegel auf sein Gegenüber wirken. Wenn man mit ihm spricht, hält man ihn für einen Seelenverwandten. Ich habe später erlebt, wie er diese außergewöhnliche Gabe bei Gipfeltreffen mit ausländischen Regierungschefs eingesetzt hat, die er für sich gewinnen wollte.«

Er ahmte sogar ihre Körpersprache nach. Auf offiziellen Fotos »hat man das Gefühl, dass da nicht der amerikanische und der russische Präsident sitzen, sondern zwei George Bush, die sich mit einem identischen Lächeln betrachten ... Er setzt dieses Talent so geschickt ein, dass sein Gegenüber nichts davon merkt.«

Die Szene im Sushi-Restaurant machte Tregubowas Buch zum Bestseller. Und das verschaffte ihr einige mächtige Feinde. Als *Mutanten im Kreml* Kurs auf die Spitze der russischen Bestsellerlisten nahm, explodierte eines Tages eine kleine Bombe im Flur vor ihrem Apartment, wobei ihre Tür eingedrückt wurde. Sie blieb unverletzt, lebt aber seitdem hauptsächlich im Ausland und hat im April 2007 in Großbritannien Asyl beantragt.

Anfang September waren die Ermittlungen zu Saschas Fall endlich abgeschlossen, und die Gerichtsverhandlung begann. Marina und ihr Anwalt sprachen bei dem Präsidenten des Moskauer Bezirksmilitärgerichts vor, einem General.

»Machen Sie sich keine Sorgen«, sagte er. »Ich bin ein alter Mann, und ich verspreche Ihnen eine faire Verhandlung.« Er setzte den Termin für Anfang Oktober fest und teilte dem Fall einen Richter zu.

Die Verteidigung erhob sofort Antrag auf Aussetzung der »restriktiven Maßnahmen« und bezog sich dabei auf eine russische Variante des *Habeas-Corpus*-Prinzips.

Saschas Anwalt beantragte, den Beklagten bis zur Verhandlung auf freien Fuß zu setzen. Er sei zum ersten Mal straffällig geworden, stelle keine Gefahr für die Öffentlichkeit dar und habe keinen Grund zur Flucht.

Am 15. September wurde der Antrag Richter Wladimir Karnauch vorgelegt, der äußerst desinteressiert wirkte. Er las die Petition, blätterte ein paar Minuten in der dicken Ermittlungsakte, verzog an einigen zufällig aufgeschlagenen Stellen das Gesicht und gab dem Antrag statt. Marina konnte es nicht fassen.

»Ich war gleich doppelt schockiert«, erinnert sie sich. »Ich war der Verzweiflung nahe gewesen. Und jetzt, nach all diesen Monaten, stellte sich heraus, dass es auch innerhalb dieses monströsen Systems ganz normale, vernünftige Menschen gab. Es stellte sich heraus, dass auch in Russland Gerechtigkeit möglich war. Aber dann wurde ich ungeheuer wütend. Dieser gelangweilte Mann hatte nur ein paar Minuten gebraucht, um unsere monatelange Qual zu beenden. Ohne mit der Wimper zu zucken! Seine Entscheidung wirkte beinahe willkürlich. Als hätte er unseren Antrag auch ablehnen können. Vielleicht wäre es schon vor Monaten möglich gewesen, Sascha aus dem Gefängnis zu holen. Das ist eine verkehrte Welt, in der Menschen mit einem Fingerschnippen ins Gefängnis gebracht und aus dem Gefängnis befreit werden, dachte ich.«

Der Anwalt unterbrach ihre Grübeleien. »Wir sollten uns beeilen«, sagte er. Trotz der guten Nachrichten wirkte er sehr besorgt.

Sie fuhren auf direktem Weg nach Lefortowo.

Ein Beamter nahm den Gerichtsbeschluss an sich, überprüfte etwas in den Unterlagen und verließ das Zimmer. Angeblich musste er telefonieren. Als er zurückkam, sagte er: »Es tut mir leid, aber dieses Dokument ist ungültig. Der offizielle Stempel fehlt.«

Sie eilten zurück zum Gericht.

»Seltsam«, sagte Karnauch. »Dort kennt man meine Unterschrift. Warum hat niemand bei mir angerufen?«

Er ging zum Gerichtspräsidenten, ließ ihn den Entlassungsbefehl ebenfalls unterschreiben und gab ihnen das Blatt mit den Worten »Viel Glück« zurück.

Sie fuhren wieder nach Lefortowo.

Der Beamte nahm den Gerichtsbeschluss und verschwand. Eine halbe Stunde später kam er zurück.

»Die Entlassungspapiere wurden nicht ordnungsgemäß überbracht. Sie hätten sie einem Gerichtsdiener übergeben oder per Einschreiben schicken müssen. Da dieser Beschluss nicht auf offiziellem Weg hier eingetroffen ist, können wir ihn nicht bearbeiten.«

»Dafür brauchen wir mindestens zwei Tage«, sagte der Anwalt düster.

Marina rief Beresowski an, der sie sofort in sein Büro bat.

Er hörte sich ihre Geschichte an und telefonierte mit einem Freund im Kreml. Eine Viertelstunde später fuhr ein FSO-Offizier mit Blaulicht und Sirene vor, nahm den Gerichtsbeschluss an sich und lieferte ihn in einem beeindruckenden Umschlag, den Siegel der Regierung zierten, in Lefortowo ab. Offizieller ging es nicht. Marina kam eine halbe Stunde nach dem Beschluss beim Gefängnis an. Der FSO-Wagen hatte sie unterwegs abgehängt.

»Jetzt scheint alles in Ordnung zu sein«, sagte der Gefängnisbeamte. »Wir haben den Beschluss ordnungsgemäß erhalten. Aber es ist schon spät, und es dauert mindestens zwei Stunden, die Entlassung vorzubereiten. Kommen Sie morgen früh wieder.«

Der Anwalt ging zu Sascha, der schon seit dem Morgen in seiner Zelle auf seine Entlassung wartete, und wollte ihm die schlechten Nachrichten überbringen.

Sascha begrüßte ihn mit einem resignierten Grinsen und den Worten: »Ich habe keinen Augenblick geglaubt, dass sie mich wirklich freilassen.«

Er sollte recht behalten. Am nächsten Morgen erhob die Anklage Einspruch gegen die Haftverkürzung und verlangte eine Anhörung. Richter Karnauch wurde durch einen Kollegen ersetzt. Der Anwalt sprach eine halbe Stunde lang mit dem Gerichtspräsidenten und sagte dann zu Marina: »Jewgeni Krawtschenko ist der neue Richter. Ich kenne ihn, er ist ein guter Mann. Aber wir sollten ihn wegen der Haftverkürzung nicht unter Druck setzen. In diesem Gericht gibt es zwei anständige Richter, und der eine hat sich an diesem Fall bereits die Finger verbrannt. Ich will den anderen nicht wegen ein paar Wochen Haft auch noch verlieren. Wenn er sich dafür entscheidet, Sascha freizulassen, dann bekommen wir wieder einen anderen Richter. Und mir wäre es lieber, wenn er Saschas Fall beurteilt. Sascha sollte im Gefängnis bleiben. Es dauert nur noch einen Monat bis zur Verhandlung.«

Saschas Prozess rückte immer näher, und zur gleichen Zeit drohte ein neuer Krieg mit Tschetschenien auszubrechen. Beresowski hatte sich schon seit mehr als einem Jahr nicht mehr öffentlich zur Lage in Tschetschenien geäußert. Die Intrigen im Kreml, die Krankheit des Präsidenten und seine Fehde mit Primakow und Skuratow ließen ihm schlicht keine Zeit dazu. Trotzdem verfolgte er alle Entwicklungen aufmerksam und hielt den Kontakt zu Schlüsselpersonen der tschetschenischen Regierung aufrecht.

Im vergangenen Frühling hatte er auch mehrmals mit dem ehemaligen tschetschenischen Außenminister Mowladi Udugow telefoniert. Maschadow hatte den Führer des radikalislamischen Flügels vor einiger Zeit seines Amtes enthoben. Anfang Juni kam Udugow nach Moskau und traf sich mit Beresowski, dem während dieses Gesprächs klar wurde, dass die Tschetschenen in ihm immer noch den Strippenzieher der russischen Tschetschenienpolitik sahen – was nicht der Wahrheit entsprach. Udugow erörterte mit ihm seinen Plan, die Regierung Maschadow durch ein radikalislamisches Regime zu ersetzen, und behauptete, dies sei nur in Russlands Interesse.

Udugow hatte geopolitische Gründe für den geplanten Umsturz. Maschadow beabsichtige langfristig, Tschetschenien zu einem souveränen Staat zu machen, in den Westen zu integrieren und irgendwann in ferner Zukunft der NATO und der EU beizutreten. Er betrachtete das amerikafreundliche Georgien und die Türkei als Tschetscheniens wichtigste potenzielle Partner in der Region. Um die USA auf seine Seite zu ziehen, wollte Maschadow den Amerikanern, die schon seit Jahren von einer Pipeline zu den kaspischen Ölfeldern träumten, freien Zugang zum Nordkaukasus gewähren. Das liefe natürlich den Interessen Russlands entgegen.

Für den Islam sei das genauso schlimm, argumentierte Udugow, denn Amerika sei nun einmal der große Satan und der erbitterte Feind aller Muslime. Von diesem Standpunkt aus betrachtet, hätten Allahs wahre Gläubige und der russische Staat eindeutig gemeinsame Interessen: Beide wollten auf jeden Fall verhindern, dass der Westen Einzug in den Kaukasus hielt. Jede islamistische Regierung in Grosny wäre automatisch antiamerikanisch und deshalb prorussisch eingestellt.

Udugow wollte Bassajews Wahhabitenmiliz dazu aufstacheln, in Dagestan für Unruhe zu sorgen und Russland zu einem örtlich begrenzten Militärschlag zu provozieren. Dieser werde zweifelsfrei zum Sturz von Maschadow führen. Danach sei die Bahn frei für eine islamische Regierungskoalition unter Bassajew und Udugow, die gern bereit sei, bei der Unabhängigkeitsfrage einen Schritt auf Russland zuzugehen, und ausschließlich religiöse Autonomie verlange. Großmütig bot Udugow an, auch die Gebiete nördlich des tschetschenischen Flusses Terek an Russland zurückzugeben, denn dort lebten hauptsächlich Russen, und er habe kein Interesse daran, sie zum Islam zu konvertieren.

Beresowski hielt nicht sonderlich viel von diesem Plan. Erstens gab es keine Beweise, dass Udugow seine vollmundigen Versprechen überhaupt einhalten konnte. Außerdem waren die Konsequenzen nicht abzusehen, wenn Russland einen islamischen Staat auf seinem Gebiet beherbergte. Andererseits war es dem Kreml wahrscheinlich egal, ob Tschetschenien muslimisch oder säkular regiert wurde, solange es nur nicht mit den Amerikanern gemeinsame Sache machte. Beresowski erklärte Udugow schließlich, er sei der falsche Ansprechpartner, da er auf die russische Tschetschenienpolitik keinen Einfluss mehr habe. Er sagte ihm, er werde seine Vorschläge an die wahren Machthaber weiterleiten, und sprach bald darauf mit Stepaschin, der immer noch Premierminister war, über Udugows Vorschläge. Stepaschin dankte ihm für die Informationen und versprach, sich um die Sache zu kümmern.

Anfang September wiederholte Beresowski dies alles Putin gegenüber. Bassajews Banden kämpften in Dagestan, und die russische Armee hatte bereits mit der Mobilmachung begonnen. Wollte sich Putin etwa tatsächlich auf Udugows Spiel einlassen?

»Was geht hier vor sich, Wolodja?«, fragte Beresowski. »Sei bitte vorsichtig. Stürz dich nicht wegen einer solchen Schnapsidee in einen Krieg. Du weißt doch, Kriege verlaufen grundsätzlich anders als geplant.«

»Wir sollten eine Arbeitsteilung festlegen, Boris«, erwiderte Putin. »Du kümmerst dich um die Wahlen, und ich kümmere mich um Tschetschenien. Vertrau mir. Ich weiß, was ich tue.«

»Okay. Aber hör dir wenigstens meine Meinung dazu an. Danach kannst du immer noch tun, was du für richtig hältst. – Maschadow verliert allmählich die Kontrolle, was sehr schade ist. Schuld daran sind wir: Wir haben kein einziges der Versprechen eingelöst, die wir ihm gegeben haben. Ich weiß nicht, ob es stimmt, dass er sich bei den Amerikanern anbiedern will, aber das ist jetzt sowieso egal. Bassajew und Udugow haben zwar Macht, aber sie sind brutale Gangster. Wenn sie ihren Willen bekommen, dann werden sie den ganzen Nordkaukasus in Aufruhr versetzen. Wir können es uns nicht leisten, ihnen freie Hand zu lassen, und wir können sie nicht einfach ignorieren. Das Beste wäre, sie so lange unter Druck zu setzen, bis sie

bereit sind, mit Maschadow eine Regierungskoalition zu bilden. Dann
würden sie sich gegenseitig aushebeln.«

»Ich werde nicht mit Verbrechern verhandeln«, sagte Putin.

»Dann hilf Maschadow.«

»Du hast doch selbst gesagt, dass niemand mehr auf ihn hört.«

»Dann musst du mit Bassajew und Udugow verhandeln.«

»Du wiederholst dich.«

»Bitte fang keinen Krieg an, Wolodja. Du kannst ihn nicht gewinnen, und er wird sich eine Ewigkeit hinziehen.«

Putin schwieg einen Augenblick.

»Ich habe dir aufmerksam zugehört, Boris. Wir haben noch nichts
endgültig entschieden, und ich verspreche dir, dass wir deine Warnung nicht auf die leichte Schulter nehmen werden. Würdest du mir
dafür einen Gefallen tun?«

»Welchen?«

»Brich die Kontakte zu deinen Tschetschenen ab. Keine weiteren
Telefongespräche, keine weiteren Nachrichten, keine kleinen Gefäl-
ligkeiten unter Freunden. Du kannst dir nicht vorstellen, was meine
Leute mir über dich erzählen. Ich glaube ihnen natürlich nicht, sonst
würden wir beide jetzt nicht miteinander sprechen. Aber allmählich
wird dein Verhalten zu einem Problem für mich.«

»Versprochen«, sagte Beresowski.

*Moskau: Am 9. September 1999 explodiert in den frühen Morgenstun-
den eine Bombe im Erdgeschoss eines Moskauer Wohnhauses in der
Gurjanowa-Straße. Dabei werden vierundneunzig Menschen getötet
und hundertfünfzig verletzt. Vier Tage später zerstört eine weitere
Bombe ein Wohnhaus an der Kaschirskoje-Schnellstraße. Hundert-
neunzehn Menschen sterben bei der Explosion. Niemand bekennt sich
zu den Anschlägen, man verdächtigt tschetschenische Extremisten.
Premierminister Putin benutzt in einer landesweiten Fernsehübertragung Gossensprache und verspricht, »die Terroristen mitsamt ihrem
Scheißhaus in den Boden zu stampfen«. In einem letzten verzweifelten
Versuch, den drohenden Krieg abzuwenden, sucht Maschadow den direkten Kontakt zu Jelzin. Die russischen Streitkräfte an der tschetschenischen Grenze werden massiv verstärkt.*

Die Sprengstoffanschläge auf Moskauer Wohnhäuser machten alle Hoffnungen auf eine friedliche Lösung des Tschetschenienkonfliktes ein für alle Mal zunichte. Beresowski war genauso fassungslos wie die anderen Politikberater. Die Anschläge ergaben nicht den geringsten Sinn. Bassajew und Udugow waren zwar militant und gewaltbereit, aber nicht vollkommen verrückt. Sie wollten Macht, und sie wollten mit dem Kreml verhandeln. Trügen sie die Verantwortung für die Anschläge, hätten sie damit ihr eigenes Todesurteil unterzeichnet.

Putin würde von den Anschlägen wahrscheinlich politisch profitieren, aber es war undenkbar, dass er eine solch abscheuliches Verbrechen in Auftrag gegeben hatte. Nur noch zwei Möglichkeiten blieben übrig: Entweder abtrünnige Geheimdienstler oder ein ausländischer Auftraggeber, der Russland unbedingt in einen Krieg mit Tschetschenien ziehen wollte, steckten dahinter.

Am 10. September verfärbte sich die Bindehaut in Beresowskis Augen plötzlich gelb, und er wurde mit einer akuten Hepatitis ins Krankenhaus eingeliefert. Zum wiederholten Mal geriet er mit negativen Schlagzeilen in die Presse: Das Boulevardblatt *Moskowski Komsomolez* veröffentlichte die »Abschrift« eines Telefonats zwischen ihm und Udugow. Stellenweise war der Inhalt authentisch, aber größtenteils war er frei erfunden. Die Zeitung bezichtigte ihn, zusammen mit Udugow die Unruhen in Dagestan geplant zu haben. Putin hatte Beresowski vor den hässlichen Gerüchten gewarnt, die über ihn im Umlauf waren. Diese Veröffentlichung wirkte besonders giftig. Gussinskis Medienimperium stürzte sich sofort auf die Anschuldigungen und deutete sogar an, die Moskauer Anschläge seien Teil einer Kreml-Verschwörung, und Beresowski sei der Superschurke, der hinter dem Ganzen stecke.

Nach dem zweiten Sprengstoffanschlag in Moskau beschloss Beresowski, eine Pressekonferenz zu geben und sich zu den erhobenen Anschuldigungen zu äußern. Als sein Auto vor der Nachrichtenagentur Interfax am Majakowski-Platz hielt, drängten sich Kamerateams um den Wagen. Mit seinem gelblichen Gesicht und den immer noch verfärbten Augen wirkte er wie der Inbegriff des verschlagenen Bösewichts.

Er begann seine Rede vor den Fernsehkameras mit dem Vorwurf, Luschkow und Gussinski hätten die Abschrift gefälscht und die Bombentragödie für politische Zwecke missbraucht. Als Nächstes beschuldigte er den FSB, »die Situation in Dagestan durch ihre Spielchen mit den Wahhabiten verschlimmert« zu haben. Es sei »unmöglich, dass ihnen entgangen ist, dass die Wahhabiten sich schon seit zweieinhalb Jahren in Dagestan ausgebreitet« hätten.

Er erinnerte die Zuschauer an seine Zeit als Friedensunterhändler und rief die Regierung dazu auf, sofort mit denjenigen Tschetschenen zu sprechen, die verhandlungsbereit waren. Auch mit den Terroristen. »Ich habe keine Angst davor, was man mir nach dieser Rede alles in die Schuhe schieben wird. Ich mache das nicht ... um meinen politischen Stand zu verbessern. Ich will sinnloses Blutvergießen verhindern«, sagte er. »Den nationalen Notstand auszurufen wäre ebenso sinnlos, weil dadurch keine Probleme gelöst werden. Wir können sie schließlich nicht alle töten, also müssen wir mit ihnen reden.«

Es war zu spät. Die unbekannten Täter, die für die Anschläge verantwortlich waren, hatten zumindest eines erreicht: Politiker aller Couleur schrien nach Rache. Sogar der Friedensaktivist Grigori Jawlinski forderte »groß angelegte, wohlüberlegte Vergeltungsmaßnahmen«.

Am Tag der Pressekonferenz explodierte im Morgengrauen ein weiteres Wohnhaus, diesmal in der südrussischen Stadt Wolgodonsk. Siebzehn Menschen starben. Am 19. September 1999, drei Tage nach der Tragödie, hielt Putin eine Rede: Die Friedensverträge von 1996 und 1997 seien »ein Fehler« gewesen, erklärte er. »Diese Leute müssen vernichtet werden. Dazu gibt es keine Alternative.«

Am 23. September 1999 vereitelt die Polizei einen offenbar für den frühen Morgen geplanten Anschlag auf ein Wohnhaus in Rjasan, einer Stadt knapp zweihundert Kilometer südlich von Moskau. Putin befiehlt daraufhin Luftangriffe auf Grosny. Zwei Tage später ändert die Regierung plötzlich ihre offizielle Einschätzung des Vorfalls in Rjasan und erklärt, es habe sich um einen Trainingseinsatz des FSB gehandelt und die Bombe sei nicht echt gewesen.

Rückblickend betrachtet hätte Beresowski wahrscheinlich merken müssen, dass Putin sich nicht auf Udugows Kriegstaktik eingelassen hatte, sondern mit einem Krieg in den Präsidentschaftswahlkampf treten wollte. Beim Vorrücken der russischen Armee nach Tschetschenien glaubte Beresowski immer noch, sie würde den Terek nicht überqueren. Er war nicht Putins Meinung, aber er hatte ihm versprochen, sich aus Tschetschenien herauszuhalten. Also beschloss er, den Dingen eine Zeit lang ihren Lauf zu lassen. Schließlich mussten sie einen Wahlkampf führen, und sie waren immer noch ein Team. Beresowski stürzte sich mit vollem Einsatz in die Parteipolitik. Er reiste durchs Land, um seine neueste Schöpfung anzupreisen: eine russische Regionalpartei namens »Einheit«, mit einem riesigen russischen Bär als Symbol, der ihm im Krankenhaus in einem Fiebertraum erschienen war.

Vor dem eigentlichen Präsidentschaftswahlkampf galt es noch eine weitere entscheidende Schlacht zu gewinnen: die Wahl der Staatsduma-Abgeordneten. Die Staatsduma ist das Unterhaus des russischen Parlaments, und die Wahlen waren für Dezember angesetzt. Beresowski machte sich Gedanken darüber, wie er der mächtigen Koalition Paroli bieten sollte, die sich hinter Primakow gestellt hatte: Sie bestand aus einem Bündnis vieler Regionalgouverneure mit dem Moskauer Bürgermeister Juri Luschkow.

1993 hatte die neue Verfassung den Provinzen das Recht auf die Wahl eigener Regierungen gewährt, und die Gouverneure standen dem Kreml grundsätzlich sehr misstrauisch gegenüber. Sie hatten Angst, dass das Machtzentrum zu großen Einfluss auf ihre Lokalpolitik nehmen wollte. Alle sechsundachtzig Regionalgouverneure saßen im Föderationsrat, dem Oberhaus des Parlamentes, und stellten sich den Entscheidungen des Kreml oft entgegen.

Allerdings konnten sich die Gouverneure nicht darüber einig werden, wer ihr Bündnis anführen sollte. Aus ihrer Perspektive waren alle Provinzen der russischen Föderation gleichberechtigt. Das Bündnis mit dem mächtigen Moskauer Bürgermeister stärkte zwar ihre Position, aber sie zögerten, ausgerechnet Luschkow zum Primus inter pares zu ernennen. Die nahe liegende Lösung war also, dem geschassten Premierminister Jewgeni Primakow diesen Posten anzubieten. Sie ernannten ihn zum Vorsitzenden ihrer Allrussischen

Organisation »Vaterland«. Er hatte zwar keinen eigenen regionalen Wahlkreis, aber er war immerhin der beliebteste Politiker Russlands. Mit ihm war die Unterstützung der ehemaligen Apparatschiks gesichert und die Verbindung zu großen Teilen der Nachrichten- und Sicherheitsdienste hergestellt. Luschkow wurde zusätzlich von Gussinskis Sender NTW gefördert. Zusammengenommen bildeten sie eine politische Kraft, mit der zu rechnen war.

Die Duma-Wahlen wurden zu Boris Beresowskis Obsession. Er kandidierte ebenfalls für ein Mandat, und zwar in der verarmten Nordkaukasusrepublik Karatschai-Tscherkessien. Er flog mit seinen Wahlkampfhelfern kreuz und quer durch die Provinzen, sprach mit skeptischen Regionalpolitikern und Kleinoligarchen, die mit diesen verbündet waren.

In jeder Provinzhauptstadt wiederholten sie denselben Sermon: »Ihr habt euch gegen Jelzin gestellt, weil er euch auf die Füße getreten ist. Wisst ihr nicht mehr, wer euch 1993 eure Rechte verliehen hat? Wenn Primakow erst im Kreml sitzt, dann werden er und seine sowjetischen Kumpanen, die Apparatschiks, die alten Zentralplanspezialisten und die Bürokraten eure Wahlen wieder abschaffen und alle Rechte und Privilegien streichen. Staatspolizisten und Staatsanwälte wird er hierherschicken und lauter kleine Skuratows auf euch loslassen. Die Ära Jelzin wird im Vergleich dazu wie das Paradies erscheinen. Schaut euch Primakow doch an. Er repräsentiert das alte Politbüro. Wollt ihr diesem Mann wirklich eure Stimme geben?«

Beresowski gelang ein echter Geniestreich: Er lenkte das Misstrauen, das die Gouverneure gegen den Kreml hegten, um und konzentrierte es auf Primakow. Es funktionierte. Die Gouverneure kratzten sich nachdenklich den Kopf und stellten sich besorgt vor, wie Primakow im Kreml wüten würde. Die UdSSR wünschte sich keiner von ihnen zurück.

Am 22. September veröffentlichten neununddreißig Gouverneure eine gemeinsame Erklärung, in der sie die Gründung einer neuen pro Jelzin ausgerichteten politischen Bewegung proklamierten. Die Organisation sollte »Einheit« heißen – ein Name, der Beresowski in letzter Minute eingefallen war. Sie wollten nicht selbst für die Staatsduma kandidieren, versprachen aber, die aufgestellten Kandidaten nach Kräften zu unterstützen.

Ein Gouverneur nach dem anderen trat der Vereinigung bei. Sogar einige Mitglieder der »Allrussischen Organisation Vaterland« liefen zur »Einheit« über. Im ganzen Land wurden Kandidaten der neuen Partei aufgestellt und von den Regionalgouverneuren gefördert.

Saschas Verhandlung begann Ende Oktober. Sie fand unter Ausschluss der Öffentlichkeit statt, weshalb Marina bei jeder Anhörung im Flur vor dem Gerichtssaal warten musste. Jedes Mal hoffte sie, Sascha auf dem Weg zum Gerichtssaal und wieder hinaus zu Gesicht zu bekommen.

Die Anklage lautete, Sascha habe 1997 grundlos auf den Fahrer eines Verdächtigen aus dem Mafiamilieu eingeschlagen.

Im Zeugenstand sagte der Mann: »Alle schlugen mit Fäusten und Gewehrkolben auf mich ein und traten mich abwechselnd.«

»Einen Augenblick«, hakte der Richter nach. »Beim ersten Mal haben Sie ausgesagt, dass nur Litwinenko Sie geschlagen hat. Welche Ihrer Aussagen stimmt denn, die von damals oder ihre heutige Aussage?«

»Die heutige.«

»Warum haben Sie gelogen?«

»Weil der Ermittler mir sagte, er habe die Order, Sascha Litwinenko ins Gefängnis zu bringen. Er bat mich, nur ihn zu erwähnen.«

Die Anklage bat um eine Vertagung, die Anhörung wurde wieder und wieder verschoben. Im Gericht munkelte man, Richter Krawtschenko stünde unter enormem Druck, denn der FSB erwarte einen Schuldspruch und die Verhängung der Höchststrafe: acht Jahre Zuchthaus.

Die Verhandlungen wurden am 26. November wiederaufgenommen, und im Gerichtsgebäude wimmelte es von Kamerateams und Journalisten. Die Verteidigung hielt ihr Schlussplädoyer und beantragte Freispruch. Der Richter verließ den Saal, um über das Urteil zu entscheiden. Es dauerte vier Stunden, bis er sein Urteil fällte. Marina wartete im Flur. »Ich war wie versteinert, alles war so unwirklich geworden.«

Schließlich kehrte der Richter zurück und verkündete: »Nicht schuldig. Sie sind ein freier Mann.«

Der Wächter schloss das Gitter auf, um Sascha herauszulassen. Plötzlich brach bei der Tür ein Tumult aus. Maskierte Männer in Tarnanzügen stürmten an Marina vorbei in den Gerichtssaal und drängten die Sicherheitsbeamten zur Seite.

»Aus dem Weg! FSB!« Sascha schrien sie an: »Sie sind verhaftet!«

Sie präsentierten einen Haftbefehl, legten Sascha wieder Handschellen an und führten ihn ab.

Marina streckte die Arme nach ihm aus, aber ein FSB-Mann stieß sie grob zur Seite.

»Fassen Sie meine Frau nicht an!«, schrie Sascha und erhielt daraufhin einen Hieb mit dem Gewehrkolben. Fernsehkameras hatten die ganze Szene aufgezeichnet.

Die maskierten Agenten brachten ihn in ein Verhörzimmer. Bald darauf erschien sein Ermittler Barsukow und stellte ihm eine neue Frage: »Wo warst du am 30. Mai 1996?«

»Das weiß ich nicht mehr«, sagte Sascha.

Barsukow las die neuen Anklagepunkte vor. Sascha sollte das gleiche Verbrechen bei anderer Gelegenheit begangen haben: Am 30. Mai hatte er während eines Einsatzes gegen einen Erpresserring auf einem Moskauer Lebensmittelmarkt angeblich einen Verdächtigen zusammengeschlagen und einem Verkäufer eine Dose Erbsen »abgepresst«.

Er weigerte sich, auf Barsukows Fragen zu antworten.

Dieses Mal brachte man ihn nach Butyrka, das größte Gefängnis von Moskau.

Beresowski suchte am nächsten Morgen Putin im Weißen Haus auf. Er war wütend. Saschas live im Fernsehen übertragene erneute Verhaftung sei grotesk gewesen. Putin hätte das niemals zulassen dürfen, schimpfte Boris. Er habe damit Unfähigkeit signalisiert. Warum sei der FSB in letzter Minute mit einer neuen Anklage hereingestürmt?

Putin entschuldigte sich. Er habe einfach keine Zeit gehabt, den Fall mit voller Aufmerksamkeit zu verfolgen. Schließlich müsse er sich um einen Krieg kümmern. Die Festnahme sei eine Initiative aus den unteren Rängen des FSB gewesen, wo Sascha offenbar viele Feinde habe. Putin versprach, die Angelegenheit in den nächsten Tagen zu regeln.

Am 16. Dezember ordnete das Moskauer Militärgericht an, dass Sascha freigelassen werde. Er durfte die Stadt allerdings nicht verlassen, und man nahm ihm seinen Reisepass ab.

Am 19. Dezember 1999, drei Tage nach Saschas Haftentlassung, strömten die Russen in die Wahllokale, um die neue Duma zu wählen. Beresowskis Kreation, die vier Monate alte Partei »Einheit«, wurde mit zweiundsiebzig Sitzen zweitstärkste Kraft im Parlament. Die Kommunisten blieben mit hundertdreizehn Sitzen stärkste Partei. Primakows »Allrussische Organisation Vaterland« lag mit sechsundsechzig Sitzen auf dem dritten Platz. Tschubais' und Nemzows »Union der rechten Kräfte«, Jawlinskis Sozialdemokraten und Schirinowskis Nationalisten erhielten je neunundzwanzig, einundzwanzig und siebzehn Sitze. Das Wahlergebnis war ein Triumph für Beresowski. Er wurde als Abgeordneter von Karatschai-Tscherkessien unabhängiges Duma-Mitglied. Primakows Aussichten auf die Präsidentschaft hatten sich erheblich verschlechtert. Die Wahl und der Krieg sicherten Putin eine gute Ausgangsposition für die Präsidentschaftswahlen im März. Seine Umfrageergebnisse stiegen auf fünfundvierzig Prozent, Primakows sanken auf elf Prozent.

Nach Veröffentlichung der Ergebnisse lud Putin Boris Beresowski abends ins Weiße Haus ein. Beresowski kam um kurz vor Mitternacht und fand einen feierlich gestimmten Putin vor. Wahrscheinlich hatte er heute zum ersten Mal wirklich begriffen, dass er bald Präsident von Russland werden würde.

»Ich will dir etwas sagen, Boris. Du hast phänomenale Arbeit geleistet«, begann Putin in seinem monotonen Tonfall. »Niemand hat dir geglaubt. Außerdem warst du krank und hast alles vom Krankenbett aus organisiert, das weiß ich. Ich bin nur selten gefühlsbetont, also bedeutet das, was ich dir jetzt sage, wirklich viel. Ich habe genauso wenig wie du einen leiblichen Bruder. Aber von heute an bin ich dein Bruder, Boris. Und das sind keine leeren Floskeln.«

Einen Moment lang verschlug es Beresowski die Sprache. Nie im Leben hätte er eine so emotionale Freundschaftserklärung von Putin erwartet. Der Mann hatte mehr Selbstbeherrschung als alle anderen Menschen, die ihm je begegnet waren. Die einzigen Gefühlsregungen, die Beresowski – wenn auch nur selten – je an ihm beobachtet hatte, waren Wutausbrüche gewesen. Jetzt öffnete ihm Putin sein Herz. Er war blass, und seine Stimme zitterte leicht. Sie sahen sich in die Augen, und für einen Sekundenbruchteil sah Boris einen verwundbaren Menschen vor sich, der seinen plötzlichen Erfolg noch gar nicht fassen konnte.

»Danke, Wolodja. Ich habe es nicht für dich getan, sondern für uns alle. Und – verzeih auch mir mein Pathos – für Russland. Jetzt sind alle Blicke auf dich gerichtet. Du wirst Primakow und Luschkow schlagen und Boris Nikolajewitschs Werk fortsetzen. Darauf sollten wir trinken!«

Am 31. Dezember 1999 erklärte Boris Jelzin in einer landesweiten Fernsehansprache seinen Rücktritt vom Amt des Präsidenten und übergab die Amtsgewalt bis zu den Wahlen im März an Wladimir Putin. Er bat sein Volk nur für einen Fehler um Verzeihung: den Krieg in Tschetschenien.

Grosny, 24. Januar 2000

Tschetschenische Rebellen liefern sich mit der russischen Armee erbitterte Straßenschlachten in allen Teilen der Hauptstadt. Achmed Sakajew, der inzwischen eine tausend Mann starke Truppe befehligt, die den Südwesten der Stadt verteidigen soll, wird durch Schrapnelle aus einem Artilleriegeschoss schwer verwundet. Zehn Tage lang wird er auf einer Liege von Dorf zu Dorf getragen, um der russischen Armee zu entkommen, die massiv nach ihm fahnden lässt. Schließlich kann er über die georgische Grenze fliehen, weil seine Frau die Grenzbeamten mit fünftausend Dollar bestochen hat.

Die Geschichte des vereitelten Attentats von Rjasan erschien erst zu Beginn des neuen Jahres in den Zeitungen. Zu den ersten, die darüber schrieben, gehörten Will Englund von der *Baltimore Sun* und Maura Reynolds von der *Los Angeles Times*. Beide Journalisten hatten Interviews mit den Bewohnern der Nowoselowa-Straße 14/15 geführt und veröffentlichten ihre Artikel am 14. bzw. am 15. Januar. Die Herausgeber der Zeitungen brachten die Storys auf ihren Titelseiten. Beide Journalisten kamen unabhängig voneinander zu der Schlussfolgerung, die Bombe sei echt gewesen, und widersprachen damit den Angaben des FSB, es habe sich um einen »Trainingseinsatz« gehandelt.

In Russland tauchte die Geschichte allerdings erst einen Monat später, am 14. Februar, in der *Nowaja Gaseta* auf. Pawel Woloschin (nicht verwandt mit Alexander Woloschin, dem Stabschef des Kreml), ein junger Journalist und Schüler des investigativen Veteranen Juri Schtschekotschichin, veröffentlichte eine detaillierte Beschreibung der Ereignisse.

Am 22. September 1999 rief Alexej Kartofelnikow, ein Bewohner des zwölfstöckigen Wohnhauses, um 21.15 Uhr bei der Polizei an. Er meldete, vor dem Gebäude parke eine weiße Schiguli-Limousine mit verdeckten Kennzeichen. Zwei verdächtig aussehende Männer trügen gerade Säcke in den Keller. Beim Eintreffen der Polizei war der Schiguli verschwunden. Im Keller fanden die Polizisten drei mit weißem Pulver gefüllte Zentnersäcke, die mit einem Sprengzünder und einer Zeitschaltuhr verbunden waren. Sofort wurde ein Team von Sprengstoffexperten alarmiert, das im Keller Hexogendämpfe entdeckte. Dieser Sprengstoff, der für Artilleriegeschosse verwendet wird, war auch bei den Moskauer Anschlägen benutzt worden. Die Zeitschaltung war auf 5.30 Uhr gestellt.

Das Gebäude wurde evakuiert und die Bombe über Nacht entschärft. Der FSB nahm die Säcke an sich. Die lokale Polizei wurde in höchste Alarmbereitschaft versetzt. Phantombilder von den mutmaßlichen Terroristen – zwei Männern und einer Frau – wurden an zweitausend Polizisten verteilt und im Fernsehen gezeigt. Am nächsten Morgen berichteten die Nachrichtenagenturen im ganzen Land, in Rjasan sei ein Terroranschlag vereitelt worden. Am 23. September pries Premierminister Putin in den Abendnachrichten die Wach-

samkeit der Rjasaner und versprach einen baldigen Sieg in Tschetschenien.

Am 24. September nahmen die Ereignisse eine unerwartete Wendung. FSB-Direktor Nikolaj Patruschew ging auf Sendung und verkündete, der Zwischenfall in Rjasan gehe auf das Konto seiner eigenen Behörde.

»Das war keine Bombe«, erklärte er. »Es war nur ein Trainingseinsatz, der allerdings nicht fehlerfrei durchgeführt wurde. Der angebliche Sprengstoff in den Säcken war harmloser Zucker.«

Ein paar Monate später zitierten Englund, Reynolds und Woloschin jedoch Mieter, Polizisten und einen Sprengstoffexperten, deren Aussagen Patruschews Angaben widersprachen: Die gelbliche
Substanz in den Säcken sei kein Zucker gewesen, bei den vom Team
analysierten Dämpfen habe es sich zweifelsfrei um Hexogen gehandelt, und in der Zeitschaltuhr sei ein scharfes Gewehrgeschoss als
Zünder eingebaut gewesen.

Woloschins Bericht setzte den FSB unter Druck. Jetzt hatten sie
zu beweisen, dass alles wirklich nur ein Test gewesen war: Sie mussten die Einsatzberichte, die Teilnehmer und die Zuckersäcke hervorzaubern.

Nach Woloschins Artikel erschienen noch viele weitere Storys,
die mögliche Erklärungen für die bizarre Behauptung des FSB-Direktors lieferten. Einige Reporter behaupteten, die Bombenleger
seien FSB-Agenten gewesen, die man beinahe verhaftet hätte. Also
habe sich die Behörde eine Vertuschungsgeschichte einfallen lassen
müssen. Andere bestanden darauf, sie seien tatsächlich verhaftet
worden, hätten aber ihre FSB-Marken gezückt und seien sofort wieder auf freien Fuß gesetzt worden. Fest stand, dass in der Nacht des
Zwischenfalls die Telefonistin Nadescha Juchanowa ein verdächti-
ges Gespräch mithörte: »Nehmt euch vor den Patrouillen in Acht,
sie sind überall unterwegs. Teilt euch auf und verlasst einzeln die
Stadt.« Sie alarmierte die Polizei. Der Anruf wurde bis zum Moskauer FSB-Hauptquartier Lubjanka zurückverfolgt.

Am 13. März erschien ein weiterer Artikel von Woloschin in der
Nowaja Gaseta. Er beschrieb einen Vorfall, der sich auf dem Stütz-
punkt des 137. Luftkampfverbands bei Rjasan eines Abends im September ereignet hatte. Gefreiter Alexej Pinjajew schob mit zwei Ka-

meraden Wache vor dem Waffenlager. Aus Neugier, oder um der klirrenden Kälte zu entkommen, betraten sie das Lager und fanden dort einen Haufen gewöhnlicher Säcke mit der Aufschrift »Zucker«. Sie schnitten ein kleines Loch in einen Sack, nahmen ein paar Löffel der weißen Substanz heraus, die sich darin befand, und süßten damit ihren Tee. Dadurch wurde der Tee allerdings nicht süßer, sondern ungenießbar. Sie riefen ihren diensthabenden Offizier.

Der Offizier hatte eine Ausbildung für Sprengstoffeinsätze absolviert und identifizierte das Pulver: Es war Hexogen. Am nächsten Tag standen hochrangige FSB-Agenten aus Moskau vor der Tür.

Sie verhörten alle Beteiligten und ließen sie schwören, kein Sterbenswörtchen zu verraten. Pinjajew und seinen Freunden drohte man mit dem Kriegsgericht, weil sie die Nase in Angelegenheiten gesteckt hatten, die sie nichts angingen. Schließlich wurden alle drei nach Tschetschenien versetzt – aber zuerst sprachen sie mit Woloschin.

Am 20. März stimmte die Duma mit knapper Mehrheit gegen einen Antrag von Juri Schtschekotschichin, der die Staatsanwaltschaft damit beauftragen wollte, wegen Verdachts auf Gesetzeswidrigkeit eine Untersuchung des Vorfalls von Rjasan einzuleiten. Inzwischen hatte NTWs wichtigste Politsendung *Unabhängige Ermittlungen* eine einstündige Rathausdebatte aufgezeichnet, in der der Vorfall diskutiert wurde. Zu den Teilnehmern gehörten Rjasaner aus dem Gebäude in der Nowoselowa-Straße, Polizisten, Sprengstoffexperten und drei Repräsentanten des FSB. Die Teilnehmer kamen zu einem einstimmigen Urteil, dem nur die FSB-Beamten widersprachen: Es hatte sich um eine scharfe Bombe gehandelt. Die Sendung sollte am 24. März ausgestrahlt werden, zwei Tage vor den Präsidentschaftswahlen.

Viele Jahre später erzählte mir der inzwischen im Exil lebende ehemalige NTW-Präsident Igor Malaschenko in New York von der schicksalhaften Entscheidung, die er und sein Chef Gussinski damals getroffen hatten. Am 23. März erschien ein Botschafter aus dem Kreml. Es war kein Geringerer als Walja, Walentin Jumaschew. Er überbrachte ihnen eine eindeutige Warnung von »ihr wisst schon, wem«. Sollten sie es wagen, »Der Zucker von Rjasan« zu senden, seien sie ein für alle Mal erledigt. Putin würde am 26. März garantiert die Präsidentschaftswahlen gewinnen. Sollten sie sich ihm widersetzen, würde er sie von nun an unerbittlich verfolgen.

»Dies war ein Zeichen dafür, dass im Kreml wieder ein anderer Wind wehte. Jelzin hätte niemals zu einer so plumpen Drohung Zuflucht genommen«, sagte Malaschenko.

Sie entschieden sich, die Sendung wie geplant auszustrahlen.

Moskau, Frühjahr 2000

Im Lauf des Präsidentschaftswahlkampfes gelangen Details über den Ausbruch des zweiten Tschetschenienkrieges ans Licht. Der ehemalige Premierminister Sergej Stepaschin enthüllt, dass der Kreml die Planung für den Einmarsch in Tschetschenien bereits im März 1999 begonnen hat, sechs Monate vor der eigentlichen Invasion. In der liberalen Presse wird spekuliert, FSB oder GRU seien vielleicht an den Sprengstoffanschlägen auf Moskauer Wohnhäuser beteiligt gewesen. In einem Wahlkampfinterview mit der Zeitung Kommersant *bezeichnet Putin die Anschuldigungen als »völlig irrsinnig« und fügt hinzu: »Es ist schon unmoralisch, eine solche Möglichkeit überhaupt in Betracht zu ziehen.«*

Am 26. März wurde Wladimir Putin mit überwältigender Mehrheit zum Präsidenten Russlands gewählt.

KAPITEL 10

Die Flüchtlinge

Genf, Schweiz, 17. März 2000

Die Menschenrechtsorganisationen Human Rights Watch und Amnesty International drängen die UNO, die angeblich massiven Kriegsverbrechen in Tschetschenien zu untersuchen. Berichterstatter aus dem Kriegsgebiet melden immer wieder Gräueltaten der russischen Armee, darunter mehr als hundertzwanzig standrechtliche Hinrichtungen, willkürliche Freiheitsberaubung in mehreren Hundert Fällen, Körperverletzungen und Folterungen. Mehrere Hundert Zivilisten werden angeblich vom Militär als Geiseln gehalten. Flüchtlinge sprechen von Massenvergewaltigungen an tschetschenischen Frauen. Viele Dörfer sind von der Außenwelt abgeschlossen, es herrscht Mangel an Nahrung und Wasser, Unterernährung und Seuchen breiten sich aus. Das gesamte Gebiet wird zur Sperrzone erklärt, Journalisten und internationale Beobachter dürfen nicht einreisen.

Später entwickelten sich in London zwei unterschiedliche Theorien, die erklären sollten, warum Putin – wie Beresowski es ausdrückte – »seine Mission aufgab, Jelzins [demokratische] Richtungsvorgaben einzuhalten und weiterzuführen«.

Im Nachhinein gelangte Beresowski zu der Überzeugung, dass Putin seinen Einsatz nicht als primär politisch betrachtete. Putin sei zwar »loyal und aufrichtig«, habe aber noch nie eine eigene politische Überzeugung besessen und sei »in seiner Persönlichkeitsstruktur unterentwickelt«. Er identifizierte sich immer über die Gruppe, der er gerade angehörte: die Judomannschaft, den KGB und den FSB, die St.Petersburger Liberalen oder »die Familie«. Diese Mentalität entstammte seiner Kindheit: Das Gemeinschaftsgefühl war letztlich wichtiger als das, was diese Gemeinschaft definierte. Was zählte, war allein »wir« gegen »die anderen«, selbst wenn »die anderen« der Rest der Welt war.

Als Putin plötzlich an der Spitze der Macht stand – und sich »die Familie« zerstreute –, musste er sich neu erfinden und sich einer neuen Gemeinschaft zuordnen. Der Staat wurde sein Team, und er selbst wurde zum Wächter und Beschützer des Staates: *L'état c'est moi.* Seine beiden gerissenen Berater Woloschin und Abramowitsch unterstützten diese Wandlung. Putin fand einen neues Lebensziel: die Feinde des Staates zu besiegen, und zwar durch unerbittliche Härte und Kontrolle, die gleichen Stärken, mit denen er früher seine Judowettkämpfe gewonnen hatte. Wer ihm Widerstand leistete, stellte sich gleichzeitig gegen den Staat, denn schließlich traf er all seine Entscheidungen nur um des Staates willen. Diese Leute mussten aus dem Weg geräumt werden.

Sascha vertrat eine andere Meinung: Putin war nie ein unabhängiger Mann gewesen, sondern ein Schläfer der *kontora*, der nach seiner Rückkehr zum FSB 1998 sofort wieder zum Geheimdienst gehörte. Falls er ihn überhaupt jemals verlassen hatte. Er war nie loyal oder aufrichtig gewesen, sondern hatte alle hinters Licht geführt, auch Beresowski. Der gutgläubige Oligarch brachte mit Putin seinen natürlichen Todfeind an die Macht, der für immer und ewig eine Marionette des KGB blieb. Diese Leute verfolgten wie ein geheimer Orden des Mittelalters eine doppelköpfige Strategie, um die absolute Kontrolle über den Staat zu erhalten: Entweder würde ihnen das offen und sichtbar über Primakow oder heimlich über Putin gelingen.

Sascha hatte viele Argumente parat, um seine Theorie zu stützen. Sie reichten von der Behauptung, Putin habe vom ersten Tag an den alten »KGB-Kult« in Lubjanka wieder aufleben lassen, bis zu den scherzhaften Worten »Mission geglückt«, mit denen er am 18. Dezember 1999, dem KGB-Veteranentag, auf die Frage reagierte, ob er »verdeckt die Regierung infiltriert« habe.

Sascha fand heraus, dass Putin im Februar 1998, drei Tage nach seinem Überraschungsauftritt bei Lena Beresowskajas Geburtstagsparty, mit einem ähnlich gigantischen Rosenstrauß vor der Tür des letzten sowjetischen KGB-Chefs Wladimir Krjutschkow aufgetaucht war. Und zwar an *dessen* Geburtstag.

Sascha vertrat die Ansicht, die Veränderung, die Beresowski im April 2000 an Putin bemerkte, sei eigentlich das wahre Wesen dieses Mannes gewesen.

Welche Theorie nun der Wahrheit entspricht, muss offen bleiben. Zweifelsfrei steht jedoch fest, dass »Putins Kehrtwende« Beresowski vollkommen unerwartet traf.

Mitte April 2000 legte ich in Paris einen Zwischenstopp auf meinem Weg nach Moskau ein. Putin hatte vor Kurzem die Wahl gewonnen. Boris Beresowski befand sich auf einer längeren Urlaubsreise in der Stadt, und wir trafen uns zum Abendessen.

Wir hatten uns im vergangenen Jahr selten getroffen. Der Wahlkampf und die politischen Intrigen gegen ihn füllten seinen Terminkalender, und ich verbrachte viel Zeit in den Gefängnissen des sibirischen Gulag und recherchierte für mein Projekt. Natürlich verfolgte ich seine spektakulären Triumphe in der Presse. Er galt überall als der geniale Strippenzieher, dem Putin letztlich seinen Sieg verdankte. Er führte die Rangliste der wohlhabendsten Männer Russlands an und wurde als einflussreichster Berater Putins bezeichnet, sogar noch vor Stabschef Woloschin. Wie hätte ich ahnen können, dass ich ihn bald als Dissidenten im Exil treffen würde, dass ihn dasselbe Schicksal wie Sascha Litwinenko erwartete? Die Ruhe nach der Wahl war trügerisch: Das Jahr 2000 sollte sich als Wendepunkt für uns alle und für Russland erweisen.

Beresowski lud mich ein, ihn in seinem Wahlbezirk Karatschai-Tscherkessien zu besuchen, wo er aus Dombai, einem Gebiet im Süden der Hauptkette des Kaukasus, ein riesiges Skigebiet machen wollte.

»Bald wird eine Schnellstraße vom Flughafen von Sotschi direkt dorthin führen, und dann wird Dombai das beste Skigebiet Europas«, verkündete er.

»Ich bezweifle allerdings, dass viele Leute hundert Kilometer von einem Kriegsgebiet entfernt Skiurlaub machen wollen«, gab ich zu bedenken.

»Das stimmt natürlich« sagte er. »Wolodja muss den Krieg unbedingt beenden. Die Tschetschenienpolitik ist der einzige Stein des Anstoßes zwischen uns.«

»Wolodja kann den Krieg auf keinen Fall beenden. Er ist ein Kriegsverbrecher, und sobald der Krieg vorbei ist, wird es in Tschetschenien vor Mitarbeitern von Menschenrechtsorganisationen wimmeln. UNO-Beobachter werden überall Massengräber finden, und dann steckt er in Schwierigkeiten. Er hat inzwischen wahrscheinlich schon Schlimmeres angerichtet als Milošević.«

»Ihr Dissidenten habt eben keine Ahnung von Politik«, gab Beresowski zurück. »Russland ist nicht Serbien. Tony Blair hat Wolodja diese Woche zum Tee bei der Queen eingeladen. Und wenn es zum Schlimmsten kommt, findet er auf jeden Fall ein paar Generäle, denen er die Schuld in die Schuhe schieben kann.«

»Tja, ihr Oligarchen habt offenbar aus der Geschichte nichts gelernt«, erwiderte ich. »Wart's nur ab. Wenn Wolodja erst hinter dir her ist, wirst du die ahnungslosen Dissidenten um Hilfe anflehen.«

»Wolodja wird sich nicht gegen mich stellen«, winkte Beresowski ab. »Er ist Mannschaftsspieler. Ich gehöre zu seinem Team, und wir haben eine gemeinsame Mission. Er würde sich ja schließlich auch nicht gegen sich selbst stellen.«

Während Beresowski seinen lang verdienten Urlaub genoss, änderten sich die Machtverhältnisse im Kreml von Grund auf. Seit Jelzin nicht mehr da war, hatten Tanja-Walja einen Großteil ihres Einflusses eingebüßt. Nun zog Alexander Woloschin, der sich schon vor langer Zeit von Beresowski distanziert hatte, die Fäden im Kreml. Woloschin war noch zurückhaltender als Putin, und der Kreml wurde allmählich zu einer Festung der Introvertierten.

Bald erschienen ein paar geheimnisvolle KGB-Leute auf der Bildfläche, die Putin aus St. Petersburg herbeordert hatte. Beresowski war bereits aus dem Zentrum der Macht gedrängt worden, aber das wusste er bislang nicht.

Eines Nachmittags Mitte Mai ging ich in einem Birkenwäldchen joggen. Plötzlich klingelte mein Handy, das ich an meinen Gürtel geschnallt hatte. Ein Anruf aus Frankreich: Es war Beresowski.

»Sag mal, darf in Amerika der Präsident Gouverneure entlassen?«
»Nein«, sagte ich. »Auf keinen Fall. Das ist ja das Besondere am föderalen System.«

»Hast du gehört, was die in Moskau vorhaben? Sie wollen gesetzlich festlegen, dass sie Gouverneure feuern dürfen!«

Er bezog sich auf das Reformpaket für die Regionalpolitik, das Putins erster großer Gesetzesentwurf war. Er wollte es durchsetzen, um »die vertikale Machtachse« zu stärken. Dieses Paket machte große Teile von Jelzins Revolution wieder rückgängig, in der den sechsundachtzig Provinzen zum ersten Mal in der Geschichte Russlands eine eigenverantwortliche Regierung zugestanden worden war.

»Ich fliege morgen nach Moskau«, sagte Beresowski. »Bitte beschaff mir ein paar Hintergrundinformationen über den Föderalismus. Ich muss ihm mal erklären, was das ist, glaube ich.«

Bei seiner Ankunft in Moskau legte ich ihm eine kurze Zusammenfassung der Geschichte von Demokratie und Föderalismus vor, angefangen bei der Magna Carta über die Federalist Papers bis zu Kennedys Kampf gegen die Rassentrennung.

In den folgenden Tagen setzte ein eilig zusammengewürfeltes Team im Hinterzimmer des Clubs ein Memorandum an Putin auf. Beresowskis leidenschaftlicher Ruf nach Freiheit wurde nach und nach mit politikwissenschaftlichen Theorien und juristischen Argumenten verwoben. Das Endergebnis war ein sechs Seiten starkes Dokument, in dem die Regionalreformen aus historischen, intellektuellen, wirtschaftlichen, rechtlichen und politischen Gründen verurteilt wurden.

Der Brief hob die Rolle, die der Föderalismus als Wächter der Demokratie spielte, besonders hervor. Er warnte davor, der Gesetzesentwurf werde »die Macht der zentralen Regierungsgewalt stärken, gleichzeitig aber die Resonanz von der Basis schwächen«, da die Landesregierungen nicht länger ihr Volk repräsentierten. Auf lange Sicht werde das die Regierung weniger effektiv als bisher machen. Die Maßnahmen würden das System auf das alte Sowjet-Modell zurückwerfen.

Das Memo begann mit den Worten »Lieber Wolodja«. Um den Tonfall des Briefes vorwegzunehmen, wählte Beresowski als Einleitung zwei Zitate aus. Eines war von Aristoteles: »Amicus Plato, sed amica veritas« (Platon ist mir lieb, aber noch lieber ist mir die Wahrheit). Das andere stammte von dem russischen Dichter Ossip Mandelstam, der in Stalins Gulag getötet worden war: »Ich bin mit der Freiheit verheiratet und werde diese Krone niemals ablegen.«

Wir feilten gerade an der Endfassung des Briefes, da kam in den Abendnachrichten eine Meldung über das neueste dramatische Ereignis, das sich im Dunstkreis des Kreml abgespielt hatte. Am 11. Mai hatten maskierte, mit Maschinengewehren bewaffnete Polizisten die Büros von Gussinskis Firma Media-MOST, der Muttergesellschaft von NTW, gestürmt. Die Bundesanwaltschaft ermittelte wegen Betrugs gegen Gussinski. Offenbar machte der Kreml seine Drohung wahr, NTW zu zerstören, falls die Sendung über Rjasan gesendet würde.

»Boris, sollen wir noch einen Absatz über Redefreiheit in den Brief schreiben?«, fragte jemand.

»Nein, nein, bloß nicht. Wir sollten uns streng ans Thema halten. Sonst bringen wir Wolodja nur unnötig gegen uns auf. Ich gehöre zum Team, und Gussinski ist der Feind. Es ist wichtig, dass wir interne Streitpunkte sachlich klären. Wir sollten Gussinski aus dem Spiel lassen.«

Einige Tage später rief Beresowski an und verkündete: »Wir gehen an die Öffentlichkeit.« Am selben Tag hatte er sich mit Putin getroffen. Der Präsident sagte, er habe den Brief gelesen, aber seine Berater seien vollkommen anderer Meinung.

»Wolodja, argumentieren und einschüchtern sind zwei Paar Stiefel«, sagte Beresowski. »Dein Entwurf läuft auf eine Verfassungsänderung hinaus, und das musst du erklären und nicht mit mir diskutieren, sondern mit der gesamten Bevölkerung. Stattdessen lieferst du nur leere Phrasen über die ›vertikale Machtachse‹. Das ist doch keine Erklärung. Es sollte eine nationale Debatte und ein Referendum geben, genau wie 1993, als wir die Verfassung verabschiedet haben.«

»Die Entwürfe werden der Duma zur Abstimmung vorgelegt.«

»Also wirklich, Wolodja. Ich weiß doch, wie die Duma funktioniert. Eine Stimme kostet fünftausend Dollar. Natürlich könnte ich jedem siebentausend Dollar zahlen und die Wahl so entscheiden, aber darum geht es mir nicht. Wir brauchen eine Debatte über die Inhalte.«

»Ich verstehe dich nicht, Boris. Wir haben die *wlast*« – das Recht zu regieren –, »und ich dachte, du gehörst zu uns. Wen repräsentierst du damit, dass du dich gegen uns stellst? Dich selbst?«

Es trat eine Pause ein. Schließlich sagte Beresowski: »Es tut mir leid, aber ich halte deine Entscheidung für falsch. Und mir bleibt nichts anderes übrig, als die Diskussion in die Öffentlichkeit zu tragen. Ich will wissen, was die Bevölkerung von deinem Antrag hält.«

»Das ist dein gutes Recht«, sagte Putin kalt.

Aufgeregt erzählte Beresowski mir von dem Gespräch. Er hatte eine neue Kampagne gefunden, in die er sich stürzte. »Wenn der Brief erschienen ist, werden wir eine öffentliche Debatte sponsern«, sagte er. »Eine Allrussische Konferenz zum Föderalismus. Mit Experten. Zur besten Sendezeit. Wirst du mir dabei helfen?«

»Boris, wenn du diesen Weg einschlägst, sitzt du in einem Jahr im Exil in deinem Château oder womöglich sogar im Gefängnis. Das garantiere ich dir. Hier geht es nicht um Politik, das ist ein Klassenkampf oder ein Bandenkrieg. Nenn es, wie du willst. Putin sind die Inhalte völlig egal, solange er dich als Mitglied seiner Mannschaft betrachtet. Aber sobald du dich öffentlich gegen ihn stellst, wirst du aus seinem Rudel ausgestoßen. Dann bist du ein für alle Mal der Feind, ganz egal, was du ab dann tust. Genau wie Gussinski. Natürlich helfe ich dir, ich habe ja schließlich Erfahrung auf dem Gebiet. Aber du wirst dieses Spiel nicht gewinnen.«

»Das werden wir ja sehen.«

»Ich verstehe nicht, warum dir das so wichtig ist. Bist du auf einmal Altruist geworden?«

»Keineswegs. Das ist reiner Selbstschutz. Was Putin angeht, hast du völlig recht. Er geht gegen die Gouverneure vor und nimmt Gussinski in die Zange. Da sie Primakow unterstützt haben, sind sie seine Feinde. Woloschin und er führen einfach den Kampf vom vergangenen Jahr weiter, bis ihre Gegner restlos besiegt sind. Das Problem ist dabei die Zerstörung der politischen Strukturen. Vielleicht ist ihm das gar nicht bewusst. Wenn sein Antrag angenommen wird, bin ich ohnehin irgendwann dran. Früher oder später wird er mich ausschalten, weil ich nicht sein Diener sein will. Ich habe schließlich meine eigenen Interessen zu vertreten. Jetzt habe ich noch die Chance, Wolodja zu überzeugen, weil er mich als Teil seiner Mannschaft betrachtet. Ich bin nicht auf eine direkte Konfrontation aus, deshalb suche ich mir auch keine Partner, sondern ziehe die Sache allein durch. Er soll merken, dass ich mir ernsthafte Sorgen mache. Bestimmt wird er sich eingestehen, dass er dabei ist, einen Fehler zu machen. Er wird den Entwurf ganz sicher zurückziehen.«

Beresowskis offener Brief an Putin erschien am 30. Mai 2000 und sorgte für allgemeine Verwirrung. Besonders ratlos waren die amerikanischen Russlandexperten, die vor dem für Juni angesetzten Gipfeltreffen zwischen Putin und Bill Clinton – für Putin das erste, für Clinton das letzte solche Treffen – nach Moskau gekommen waren. Stand Beresowski nun hinter Putin oder nicht? Vertraten Putin und Woloschin, ein Günstling Beresowskis, ebenfalls unterschiedliche Meinungen zu diesem Thema? Befand sich Putin auf Kollisionskurs mit dem Militär? Was hatten die Ermittlungen gegen Gussinski zu bedeuten?

»Wir Amerikaner sind einfache Leute und wollen wissen, für wen wir jubeln sollen. Ganz gleich, ob es sich um einen sportlichen oder um einen politischen Wettstreit handelt«, schrieb David Ignatius am 4. Juni in einer Kolumne der *Washington Post*, die den Titel »A Complicated Kremlin Scorecard« trug. »Der politische Wettstreit zwischen Putin und Beresowski verspricht besonders interessant zu werden«, aber »wem sollen wir den Sieg wünschen?«.

Bill Clinton fiel diese Entscheidung ebenfalls schwer. Bevor er Moskau verließ, stattete er noch seinem alten Freund Boris Jelzin einen Besuch ab und teilte ihm seine Vorbehalte gegen den »Neuen« mit, den er gerade zum ersten Mal getroffen hatte.

Clintons Berater Strobe Talbott gab dieses Gespräch in seinem Buch *The Russia Hand* wieder. Jelzin sagte seinem »Freund Bill«, Putin sei aus zwei Gründen besonders für das Präsidentenamt qualifiziert. Er sei »jung und stark«. Jelzins Tochter Tatjana »nickte feierlich«: »Es war sehr schwer, Putin an die Macht zu bringen. Wir sind sehr stolz darauf, dass wir es geschafft haben.«

»Boris, du bist leidenschaftlicher Demokrat und mit Leib und Seele Reformer«, sagte Clinton zu Jelzin. »Ich weiß nicht, ob Putin dir in dieser Hinsicht ebenbürtig ist. Es könnte sein, aber ich bin mir nicht sicher.«

Die Meldung, Gussinski selbst sei nun verhaftet, schlug ein wie eine Bombe. Putin befand sich gerade auf Staatsbesuch in Spanien. Nach drei Tagen im Juni im Butyrka-Gefängnis wurde Gussinski unter der Auflage freigelassen, dass er die Stadt nicht verlassen durfte. Genau wie Sascha. Boris traf diese Nachricht persönlich schlimmer als der Kampf um den Föderalismus. Letzteres war vielleicht einfach der Fehler eines Präsidenten gewesen, der sich eine effizientere Regierung wünschte. Aber Gussinskis Verhaftung war eindeutig ein Racheakt.

Sobald Putin wieder in Moskau war, sprach Beresowski bei ihm vor. Er wollte noch einen letzten Versuch wagen, Putin zur Vernunft zu bringen. Vielleicht waren Hopfen und Malz doch noch nicht verloren.

»Wolodja, warum hast du Gussinski einsperren lassen? Es hat nichts genützt, und du hast deinem Ruf im Ausland geschadet.«

»Dass ausgerechnet du mich deswegen angreifst, hätte ich nie erwartet, Boris! Ist er nicht dein Todfeind Nummer eins? Er hat gedroht, uns ins Gefängnis zu bringen, oder hast du das schon vergessen?«

»Nein, aber wir haben gewonnen. Sich jetzt an ihm zu rächen bringt doch nichts mehr.«

»Er hätte mich nicht bedrohen sollen, und damit basta. Aber er ist doch wieder auf freiem Fuß, was wirfst du mir also vor? Sprich lieber mit Woloschin über das Ganze. Gussinski ist sein Lieblingsprojekt.«

»Gussinski ist ein Verräter«, sagte Woloschin. »Er ist uns in den Rücken gefallen, und er wird es wieder tun. Er hat behauptet, wir hätten diese Häuser in die Luft gesprengt.«

»Aber das stimmt doch nicht, oder?«

»Natürlich nicht. Er hatte kein Recht, so etwas auch nur anzudeuten. Ihm wird nichts passieren, aber er muss und wird NTW aufgeben. Es bleibt ihm nichts anderes übrig, er steht mit dem Rücken zur Wand.«

In den folgenden Wochen verglich Beresowski in einer Reihe von Interviews Putins Politik mit der des chilenischen Diktators Pinochet: eine freie Wirtschaft ohne politische Freiheit. »In Russland wird das nicht funktionieren«, warnte er. »Russland ist ein Land der

Extreme. Wer diesen Weg einschlägt, wird irgendwann beim stalinistischen Terror landen.«

Nach diesen Äußerungen erhielt er keine weiteren Anrufe aus dem Kreml.

Am 18. Juli nahm eine überwältigende Mehrheit der Duma Putins Föderalismus-Paket an. Boris Beresowski legte daraufhin sein Duma-Mandat nieder, um »gegen das neue autoritäre Regime« zu protestieren.

Am 20. Juli unterzeichnete Gussinski, dem eine weitere Verhaftung drohte, eine Vereinbarung darüber, seine Medien-Holding an Gasprom zu verkaufen, die immer noch von der Regierung kontrolliert wurde. Er verließ Russland sofort und ließ sich in seiner Villa im spanischen San Roque nieder. Später verkündete er, der Verkauf von NTW sei seiner Meinung nach null und nichtig, weil man ihn zum Unterschreiben des Vertrags gezwungen habe.

Und dann kam es zur *Kursk*-Katastrophe, und Beresowski katapultierte sich ein für alle Mal ins politische Aus.

Die *Kursk* war ein mit Marschflugkörpern bestücktes Atom-U-Boot, das der russischen Nordmeerflotte angehörte und nach einer Stadt in Zentralrussland benannt war. Am 12. August ereignete sich während eines Übungsmanövers eine gewaltige Explosion an Bord, weil ein Torpedo offenbar fehlerhaft gezündet wurde. Die *Kursk* sank fünfundachtzig Seemeilen vor Seweromorsk in der Barentssee, die an dieser Stelle über hundert Meter tief ist. Es waren hundertachtzehn Mann Besatzung an Bord. Beim Aufsetzen des U-Bootes auf dem Meeresboden gab es eine weitere gewaltige Explosion. Mindestens dreiundzwanzig Menschen überlebten im Inneren des Bootes und verbrachten mehrere Tage in qualvoller Eingeschlossenheit auf dem Grund des Ozeans. Die ganze Welt sah dem Fiasko zu, das sich im Lauf jener Tage abspielte.

Für Putin wurde der Untergang der *Kursk* zu einer PR-Katastrophe. Nachdem das U-Boot gesunken war, zeigten ORT und NTW vierundzwanzig Stunden lang Bilder des eisigen Nordmeers und der trauernden Familien am Ufer. Dazwischen flimmerten immer wieder Aufnahmen von Putin über den Bildschirm, der auf dem Schwarzen Meer Wasserski fuhr und auf der Terrasse seiner Datscha in Sotschi Grillpartys gab.

Die Medien schlachteten die Unbeholfenheit der russischen Regierung aus. Sie brachte selbst keine Rettungsaktion zustande, zögerte aber vier Tage lang, die Hilfsangebote Englands und Norwegens anzunehmen. Nachdem endlich die Genehmigung erteilt worden war, dauerte es weitere drei Tage, bis die Rettungsmannschaften am Unglücksort eintrafen. Britische Taucher öffneten schließlich die Notluke der *Kursk*, doch es war zu spät. Sie fanden keine Überlebenden mehr vor.

Als Beresowski vom Untergang der *Kursk* erfuhr, befand er sich in Frankreich, in seinem Château in Cap d'Antibes. Telefonisch erreichte er Putin erst am 16. August, dem fünften Tag der Tragödie im Nordmeer.

»Wolodja, warum bist du noch in Sotschi? Du musst deinen Urlaub sofort abbrechen und zu diesem Marinestützpunkt fliegen. Oder wenigstens nach Moskau. Du begreifst die Bedeutung dieses Vorfalls nicht. Das wird dir schweren Schaden zufügen.«

»Und was machst du in Frankreich? Du genießt doch auch deinen wohlverdienten Urlaub«, fragte Putin sarkastisch.

»Erstens bin ich nicht der Vater der Nation. Es ist den Leuten scheißegal, wo ich bin. Und zweitens fliege ich gleich morgen früh nach Moskau.«

»Okay, Boris. Ich danke dir für deinen Rat.«

Beresowski landete am 17. August in Moskau. Putin war immer noch im Urlaub. Er traf erst am Morgen des 19. August, einem Samstag, in der Hauptstadt ein. Inzwischen hatten Woloschins Propagandameister begriffen, welchen katastrophalen Schaden Putins Verhalten dem Image der Regierung gerade zufügte. Putins Pressebüro meldete, dass er seine Minister sofort zu einer Reihe Notfallsitzungen zusammentrommelte, um das Problem *Kursk* zu besprechen.

Beresowski rief den ganzen Samstagvormittag im Kreml an, um einen Termin mit dem Präsidenten zu vereinbaren. Jetzt war der Zeitpunkt, Wolodja ins Gewissen zu reden. Der Präsident würde sich an die Fehler der vergangenen Woche erinnern und ihm zuhören. Endlich konnte er ihm erklären, wie sehr sein Regierungsstil ihm schadete.

»Okay, komm vorbei und lass uns reden«, sagte Putin.

Beresowski traf nur auf Woloschin, der ohne Umschweife zur Sache kam.

»Hör zu, unserer Meinung nach arbeitet ORT gegen den Präsidenten. Ich bitte dich im Guten, den Sender aufzugeben. Wir müssen nicht als Feinde auseinandergehen.«

»Sag das noch mal«, sagte Beresowski.

»Übergib deine Anteile jemandem, der uns gegenüber loyal ist. Wenn du dich weigerst, wirst du Gussinski bald in Butyrka Gesellschaft leisten.«

Beresowski rang nach Worten. Dieser Mann war sein ehemaliger Vermögensverwalter, den er selbst vor drei Jahren in Jelzins Kreml eingeführt hatte, ein echter Draufgänger. Und jetzt war er hinter ihm her. Was sollte er ihm antworten?

»Du kannst mich mal«, sagte er. »Ich will mit Wolodja reden.«

»Gut«, sagte Woloschin vollkommen emotionslos. »Komm morgen wieder.«

Am nächsten Morgen trafen sich die drei in Woloschins Büro. Putin trug einen Aktenordner bei sich. Er benahm sich so geschäftsmäßig, als seien sie auf einem Staatsbesuch. »ORT ist der wichtigste Sender Russlands. Er muss unter dem Einfluss der Regierung stehen. Wir haben unsere Entscheidung gefällt ...«

Plötzlich verstummte er, sah Beresowski mit seinen wässrigen Augen an und fragte: »Sag mir, warum, Boris. Ich verstehe es einfach nicht. Warum machst du so etwas? Warum greifst du mich so schamlos an? Habe ich dir jemals etwas getan? Ich war deinen Eskapaden gegenüber immer mehr als tolerant, das kannst du mir glauben.«

»Wolodja, es war ein Fehler, in Sotschi zu bleiben. Jeder Sender der Welt hätte ...«

»Die anderen Sender sind mir scheißegal«, unterbrach ihn Putin. »Warum hast du mir das angetan? Ich dachte, wir seien Freunde. Du hast mich dazu überredet, dieses Amt anzutreten. Und jetzt stößt du mir ein Messer in den Rücken. Womit habe ich das verdient?«

»Was verdient?«

»In diesem Bericht hier steht, deine Leute hätten ein paar Nutten angeheuert, die als Frauen und Schwestern der verunglückten Matrosen posieren und auf mich schimpfen sollten.«

»Das waren keine Nutten. Das waren echte Ehefrauen und echte Schwestern. Deine KGB-Idioten erzählen dir hanebüchenen Unsinn, und wenn du ihnen glaubst, bist du keinen Deut besser als sie.«

Woloschin erstarrte; in seinen Augen stand Entsetzen.

»Du hast vergessen, was ich dir nach der Wahl gesagt habe, Wolodja«, fuhr Beresowski fort. »Ich habe dir gesagt, dass ich dir nie persönlich die Treue geschworen habe. Du hast versprochen, Jelzins Werk fortzusetzen. Er hätte niemals einen Journalisten zum Schweigen gebracht, der kritisch über ihn berichtete. Du zerstörst Russland.«

»Was? Das glaubst du doch selbst nicht«, unterbrach ihn Putin. »Nun, damit wäre wohl alles gesagt.«

»Sag mir eines, Wolodja. Wessen Idee war es, mich genauso zu behandeln wie Gussinski? Deine oder Woloschins?«

»Das ist jetzt vollkommen bedeutungslos.« Putin war wieder er selbst: kalt und verschlossen. »Leb wohl, Boris Abramowitsch.«

»Leb wohl, Wolodja.«

Beide wussten, dass dies ihr letztes Treffen sein würde.

Später am selben Tag verkündete Beresowski, er werde eine Million Dollar an die trauernden Hinterbliebenen der *Kursk*-Opfer spenden. ORT und NTW sendeten weiterhin Interviews mit den Witwen und Müttern der Matrosen, die bitter über die untätig bleibende Regierung klagten. Der Kreml versuchte verzweifelt, die Ausstrahlungen zu verhindern, aber die zwei renitenten Sender strahlten rund um die Uhr Sondersendungen aus, in denen sie das Chaos in der Marine, die Gleichgültigkeit des Kreml und die menschlichen Tragödien auf dem Heimatstützpunkt des U-Bootes zeigten. Und einen eiskalten Putin, der desinteressiert über dem ganzen Schlamassel thronte.

Zehn Tage nach der Katastrophe traf Putin endlich in Seweromorsk ein. Eine wütende Menschenmenge, die sich aus den Familien der verstorbenen Matrosen zusammensetzte, wartete stundenlang im Regen auf die Ankunft des Präsidenten. Einige der rund fünfhundert Menschen im Versammlungssaal eines Offizierskasinos stellten unangenehme Fragen und wollten wissen, wer für die ihrer Meinung nach inkompetente Reaktion der Regierung verantwortlich sei.

Putin versuchte, den Spieß umzudrehen, und schimpfte auf die Medien, allerdings vermied er es, die beiden Oligarchen Beresowski und Gussinski beim Namen zu nennen. »Sie alle sind Lügner. In den Medienanstalten arbeiten Leute, die seit zehn Jahren versuchen, diesen Staat zu zerstören. Sie haben ihm Unmengen an Geld gestohlen und gierig alles aufgekauft«, sagte er. »Nun wollen sie das Land so in Verruf bringen, dass die Armee noch schlechter dasteht als vorher.« Und als deutliche Anspielung auf Beresowski fügte er hinzu: »Manche haben sogar eine Million Dollar gespendet … Sie hätten lieber ihre Villen am Mittelmeer, in Frankreich und Spanien verkaufen sollen. Aber dann müssten sie ja erklären, warum auf den Besitzurkunden falsche Namen und Scheinfirmen aufgeführt sind. Und sie haben Angst davor, dass wir sie fragen, wo dieses Geld eigentlich herkommt.«

Wir sahen uns die Nachrichten in Beresowskis Datscha in Rubljowka an. Er deutete auf den Bildschirm. »Siehst du diesen Gesichtsausdruck?«, fragte er. »Schau ihn dir genau an. So sieht er aus, wenn er die Beherrschung verliert – wie ein in die Enge getriebenes Tier, das faucht und zuschnappt. So etwas passiert ihm nur sehr selten.«

Juri Felschtinski, ein Journalist und Historiker, dessen Forschungsgebiet russische Geheimdienste sind, gehört zu den amerikanischen Exilrussen, mit denen ich enge Verbindungen unterhalte. Er lebt seit Ende der siebziger Jahre in Boston und war erst nach dem Fall des Kommunismus wieder in seinem Geburtsland. Wie ich wurde auch er Ende der neunziger Jahre ein unbedeutender Planet in Beresowskis Sonnensystem. Er stand lose in Verbindung zu ihm und beriet ihn gelegentlich in verschiedenen Angelegenheiten.

Felschtinski freundete sich 1998 mit Sascha Litwinenko an, nachdem er von dessen Pressekonferenz erfahren hatte. In der Zeit nach Saschas Haftentlassung im Dezember 1999 vertiefte sich ihre Freundschaft. Für Saschas FSB-Geschichten interessierte sich Felschtinski aus beruflichen Gründen, also nutzte er jede Gelegenheit, sich mit ihm zu treffen und zu unterhalten.

Wie ich stand auch Juri Felschtinski der Beziehung zwischen Beresowski und Putin höchst skeptisch gegenüber. Mit Freude reagierte er auf ihr Zerwürfnis. Im Mai 2000 flog Juri nach Moskau und schloss sich dem Expertenteam an, das mit Beresowski das Föderalismus-Memorandum verfasste. Später erfuhr ich von seinem Besuch bei Sascha, den er in sehr düsterer Stimmung antraf.

Beresowskis Konflikt mit Putin sollte erst zwei Wochen später die Schlagzeilen dominieren, aber der Sturm der maskierten Schläger auf Media-MOST war bereits zur besten Sendezeit über die Mattscheibe geflimmert. Sascha war überzeugt davon, dass die *kontora* durch Putin die Macht im Kreml übernommen hatte und bald alle Leute vernichten würde, die auf ihrer schwarzen Liste standen – Journalisten, Tschetschenenfreunde, Juden und Oligarchen. Und vor allem Gussinski und Beresowski, die gleich mehrere Feindbilder in sich vereinten.

Die kafkaeske Ermittlung gegen Sascha ging inzwischen weiter, und es war kein Ende abzusehen. Man hatte noch eine dritte Anklage gegen ihn aus dem Boden gestampft, nachdem die beiden ersten vor Gericht abgewiesen worden waren.

Im Dezember 1999 wurde er unter strengen Auflagen aus Butyrka entlassen. Die Beschuldigung, er habe am 30. Mai 1996 auf einem Moskauer Markt einen Verdächtigen verprügelt und eine Dose Gemüse gestohlen, ließ sich danach nicht mehr lange aufrechterhalten. Wie sich herausstellte, hatten an diesem Tag tatsächlich einige FSB-Agenten ein paar Marktbesucher zusammengeschlagen. Sascha jedoch hielt sich zu diesem Zeitpunkt im tausendfünfhundert Kilometer entfernten Armenien auf. Er musste fünf Lastwagen voller Waffen finden, die über Georgien nach Tschetschenien unterwegs waren. Das armenische Sicherheitsministerium konnte nachweisen, wo Sascha sich wann aufgehalten hatte. Die Anklage wurde fallengelassen, die »Augenzeugen« nach Hause geschickt.

Am Tag des Freispruchs wurde er jedoch zum dritten Mal angeklagt. Diesmal hatte er angeblich vor zwei Jahren bei einem Einsatz in Kostroma, einer Stadt dreihundertfünfzig Kilometer nordöstlich von Moskau, Sprengstoff aus einem FSB-Depot gestohlen und ihn einem mutmaßlichen Gangster untergejubelt. Man leitete ein neues Verfahren ein und verlängerte die Verfügung, dass er Moskau auch weiterhin nicht verlassen durfte. Diesmal war der Anklagepunkt jedoch nicht auf die leichte Schulter zu nehmen. Sollte der Fall vor

Gericht kommen, würde das nicht in Moskau geschehen. Und es war kaum anzunehmen, dass ein Provinzrichter sich dem Druck des FSB ebenso erfolgreich widersetzen würde wie die beiden Moskauer Richter.

Nachdem Felschtinski einen melancholischen Abend mit dem deprimierten Sascha und der treuen Marina verbracht hatte, kam er auf eine Idee: Er würde das Problem an der Wurzel packen und sich mit der *kontora* selbst in Verbindung setzen. Mal sehen, was nötig war, um Sascha aus ihren Klauen zu befreien. Beresowski und Putin hatten sich noch nicht offiziell überworfen. Felschtinski wollte Beresowskis Ruf nutzen, um an die FSB-Führung heranzukommen. Solange sein Name noch etwas wert war.

Ein paar Tage später traf er sich mit keinem Geringeren als General a. D. Jewgeni Chocholkow zum Dinner. Sie aßen in einem Nobelrestaurant am Kutusowski-Prospekt, das dem General gehörte.

Chocholkow akzeptierte nicht nur Felschtinskis Gesprächsangebot, sondern schloss sein Restaurant an diesem Abend sogar für die Öffentlichkeit. Er betrachtete seinen Gast offenbar als Gesandten von Beresowski und damit indirekt auch von Putin persönlich.

Jahre später erzählte mir Felschtinski in bester Historikermanier detailliert von dem Gespräch mit Chocholkow, das sie am 22. Mai 2000 von 19.30 Uhr bis 0.30 Uhr führten. Chocholkow war freundlich und selbstsicher. Er machte kein Geheimnis daraus, dass er weiterhin engen Kontakt zur *kontora* pflegte. Außerdem wurde bald deutlich, dass seine Kontakte das Treffen abgesegnet hatten; er sprach ständig in der ersten Person Plural, wenn er seine Standpunkte darlegte.

Ja, »wir« wissen, dass Beresowski ein wichtiger Mann mit großem Einfluss ist. Es wäre niemandem damit gedient, wenn die Feindseligkeiten zwischen ihm und dem FSB andauerten. Man dürfe die Vergangenheit ruhig ruhen lassen. Womöglich ließe sich sogar einiges ungeschehen machen. Beresowski könnte sich beispielsweise für eine Rehabilitierung der dreihundert Offiziere einsetzen, die nach dem URPO-Skandal suspendiert worden waren.

Aber Litwinenko? Tut mir leid, Juri Georgijewitsch, da bleiben wir hart. Er gehört uns, nicht euch. Er hat das System verraten, und dafür muss er bezahlen. Diese Schuld verjährt nicht. Ich würde ihm liebend gern selbst den Hals umdrehen, wenn er mir in einer dunklen Gasse begegnen sollte. So denken »wir« alle. Bildlich gesprochen, natürlich. Ich hoffe, du freust dich nach all diesen Jahren in Amerika, wieder in Moskau zu sein. Es ist sicher schön, nach so langer Zeit wieder Heimatluft zu schnuppern.

Ein paar Tage nach dem Gespräch besuchte Felschtinski Sascha noch einmal. Er verschwieg ihm das Zerwürfnis zwischen Beresowski und Putin, wiederholte aber, was Chocholkow ihm erzählt hatte.

»Ich bezweifle, dass Boris dich noch lange schützen kann, Sascha«, sagte er. »Du hast selbst gesagt, dass man Putin nicht trauen darf. Du solltest darüber nachdenken, das Land zu verlassen. Überleg es dir. Es ist nicht schön, im Exil zu leben, aber besser, als im Gefängnis zu sitzen, ist es allemal. Vor allem ist es besser, als tot in einem Graben gefunden zu werden.«

»Was soll ich im Ausland? Ich spreche nur Russisch.«

»Du hast eine Menge Talente ... Schlimmstenfalls wirst du Taxifahrer. Wir könnten auch zusammen ein Buch schreiben. Deine Geschichten solltest du wirklich erzählen.« Sascha zögerte, stimmte aber zu, Felschtinski sofort zu informieren, falls er sich zur Flucht entschloss. Felschtinski versprach, ihm auch kurzfristig dabei zu helfen.

Moskau, 7. September 2000

Bei einer Pressekonferenz anlässlich des ersten Jahrestages der Sprengstoffanschläge auf Moskauer Wohnhäuser bezeichnet der Chef der Antiterrorabteilung des FSB »die tschetschenische Version« als die wahrscheinlichste Erklärung für die Anschläge. Als Hauptverdächtige nennt er Achemes Gotschijajew, Jussuf Krymschamalow, Timur Batschajew und Adam Dekkuschew. Alle vier sollen sich in Tschetschenien versteckt halten. Sie gelten als »Mitglieder einer radikalislamistischen Sekte«. Ihr Anführer Gotschijajew soll die Erdgeschosswohnungen gemietet haben, in denen die Bomben platziert wurden. Angeblich hat

er für die Planung der Anschläge von einem wahhabitischen Warlord
namens Amir Chattab eine halbe Million Dollar erhalten.

Im September 2000 steckte Felschtinski in der Arbeit an seinem neuen Projekt. Er untersuchte, inwieweit der FSB für den Ausbruch des zweiten Tschetschenienkrieges mitverantwortlich war, und sammelte alle Artikel, die auf Englisch und Russisch zu dem Thema gedruckt worden waren. Die allgemein akzeptierte Version der Ereignisse war, dass der Krieg durch den Einfall der Wahhabiten nach Dagestan im August und die Sprengstoffanschläge im September ausgelöst worden war. Felschtinski war relativ sicher, dass der FSB hinter den Attentaten steckte. Eine der Ungereimtheiten, die bisher ungeklärt geblieben waren, sah er in der Erklärung von Premierminister Stepaschin, die Regierung habe bereits im März mit der Kriegsplanung begonnen. Oder die »Abschrift« von Beresowskis Gespräch mit Udugow im Mai, das sich um die wahhabitischen Pläne für eine Invasion in Dagestan gedreht hatte. Die Spekulationen, Beresowski selbst habe irgendetwas mit den Anschlägen zu tun gehabt, wollte er nicht außer Acht lassen. Allerdings stammten die meisten dieser Artikel aus russischen Boulevardzeitschriften und durften getrost ins Reich der Fantasie verwiesen werden. Eine Bemerkung, die in diese Richtung zielte, stammte von George Soros, der in einem Artikel im *New York Review of Books* Anfang des Jahres geschrieben hatte: »Ich glaubte nicht wirklich«, dass Beresowski mit den Anschlägen etwas zu tun gehabt hatte, »aber ich konnte es auch nicht mit Sicherheit ausschließen«. Soros bezog sich auf ein Gespräch mit Beresowski über tschetschenische Terroristen, das seine Unsicherheit genährt hatte. Felschtinski rief mich an, weil er sich von mir Informationen über George Soros erhoffte.

Sein Anruf kam nicht völlig unerwartet; ich hatte damit gerechnet, früher oder später in den Streit zwischen Beresowski und Soros hineingezogen zu werden. Ich arbeitete für Soros und war gleichzeitig mit Beresowski befreundet, was mich in eine heikle Position brachte. Irgendwie hatte ich es bisher geschafft, Loyalitätskonflikte zu vermeiden. Wahrscheinlich hätte ich die beiden einander nicht vorstellen sollen, dachte ich. Bald würde ich mich zwischen ihnen entscheiden müssen.

»Alles blanker Unsinn«, sagte ich Felschtinski, als er nach Soros' Mutmaßungen fragte. »Ich war bei dieser Unterhaltung mit Boris dabei. Er hat George nur erzählt, dass er einige Geiseln von Radujew freikaufen konnte, weil er ihm seine Patek Philippe überlassen hat. Damals gehörte er noch nicht zur Regierung. Aber warum fragen Sie Boris nicht selbst? Er ist in New York.«

Felschtinski flog von Boston nach New York, um Beresowski abzupassen, der dort eine Rede vor dem Rat für auswärtige Beziehungen halten sollte. Er verfolgte Boris zwei Tage von New York nach Washington und versuchte, ihn abzupassen. Erst auf dem Weg zum Flughafen gelang es Felschtinski endlich, Beresowskis Aufmerksamkeit auf die Ereignisse des vergangenen September zu lenken.

Es stimme, dass der Krieg bereits sechs Monate vor den Ereignissen in Dagestan geplant worden sei, sagte Beresowski, obwohl er selbst dagegen Einwände gehabt habe. Es sei falsch, dass er sich mit Udugow verschworen habe, das Treffen habe jedoch stattgefunden. Wahr sei, dass Udugow und Bassajew sich mit Stepaschin und Putin verschworen hätten, einen Krieg zu provozieren, der Maschadow stürzen und eine islamistische Regierung installieren sollte. Die ursprüngliche Vereinbarung habe jedoch beinhaltet, dass die russische Armee nur bis zum Fluss Terek vorrücken sollte. Putin habe die Tschetschenen betrogen und einen totalen Krieg begonnen. Zu den Sprengstoffanschlägen auf die Wohnhäuser sagte Beresowski, es sei unvorstellbar, dass Putin dafür verantwortlich sein könnte. Die Annahme, dass abtrünnige Elemente die Anschläge ohne Putins Wissen geplant hätten, sei zu weit hergeholt. Und es widerspräche jeder Logik, wenn Bassajew, Udugow, Chattab oder irgendein anderer halbwegs zurechnungsfähiger Tschetschene es getan hätte.

»Natürlich gibt es auch wahnsinnige Tschetschenen, Radujew oder Arbi Barajew zum Beispiel«, sagte Beresowski. »Verrückte wie sie sind zu allem fähig, aber ein derart irrationales Verhalten kann ich Ihnen nicht erklären. Sie brauchen konkrete Beweise.«

»Und Rjasan?«, fragte Felschtinski.

»Rjasan?«

»Die FSB-›Übung‹ von Rjasan.«

»Es ist durchaus schon vorgekommen, dass der FSB Trainingsein-
sätze bei Zivilisten veranstaltete, ohne es ihnen zu sagen«, sagte Beresowski.

»Aber die Bombe war scharf.«

»Wie bitte?«

Wie Felschtinski mir später erzählte, stellte sich heraus, dass Beresowski, wie die meisten Russen, den Artikel in der *Nowaja Gaseta*
und die Reportage auf NTW vom 24. März verpasst hatte. Er hatte
nie vom ungenießbaren Tee des Gefreiten Pinjajew gehört. Ihm war
auch nicht aufgefallen, dass die massiven Luftangriffe auf Grosny
am 23. September, dem Morgen nach dem Vorfall in Rjasan, begonnen hatten. Ebenso wenig wie die Tatsache, dass nach diesem Vorfall die Terroranschläge, die sonst rund einmal wöchentlich stattgefunden hatten, abrupt aufhörten.

Am wichtigsten war jedoch, dass Beresowski bis zu diesem Moment dazu geneigt hatte, alles Gerede über eine Verschwörung als
Rufmordkampagne gegen ihn abzutun. Felschtinski hatte seine Neugier geweckt. Und plötzlich ging ihm ein Licht auf.

»Ich bin ein Idiot!«, brüllte er unvermittelt. »Sie waren es! Hast du
gehört, Lena? Ich bin ein Idiot!«, rief er seiner Frau zu, die auf dem
Beifahrersitz saß. »Sie haben es getan! Das erklärt alles! Was bin ich
für ein Narr!«

Als sie am Flughafen ankamen, hatte Beresowski sich wieder be-
ruhigt. Felschtinski legte seinen Plan, mit dem er das Komplott aufdecken wollte, offen dar. Leider war er aber kein Ermittler, sondern
Akademiker. Als Detektiv war er nur Amateur. Sie brauchten einen
Profi, und es gab nur einen Mann, der diese Aufgabe übernehmen
konnte.

Sie sahen sich an und sagten wie aus einem Mund: »Sascha!«

Ursprünglich wollte Felschtinski nur ein oder zwei Tage von zu
Hause wegbleiben. Nun war er bereits seit vier Tagen unterwegs. Er
bat seine Frau, das Auto vom Bostoner Logan Airport abzuholen,
und erklärte ihr, dass er mit Beresowski nach Nizza fliegen und dort
einen Anschlussflug nach Moskau nehmen wolle.

Am nächsten Nachmittag spazierte er mit Sascha über die leeren
Alleen in einem Park, der sich im Moskauer Zentrum entlang dem

Flussufer erstreckt. Sascha eröffnete ihm, dass er bereit zur Flucht sei. Seine Entscheidung hatte er schon vor einem Monat getroffen, genauer gesagt, als Putin Beresowski nach dem Untergang der *Kursk* öffentlich attackiert hatte. Alles war vorbereitet. Es war der 23. September, genau ein Jahr nach dem Vorfall von Rjasan.

Sie liefen über raschelndes Herbstlaub, und Sascha erklärte Felschtinski seine Einschätzung zu den Sprengstoffanschlägen. Er hegte nicht die Spur eines Zweifels, dass sie das Werk der *kontora* gewesen waren.

»Es ist ihre Signatur«, sagte er. »Jedes Verbrechen trägt die Signatur des Täters. Ich habe lange genug beim ATZ gearbeitet und kann dir sagen, dass keine radikalen Tschetschenen dahinterstecken. Die Raffinesse, die Koordination, die technischen Fachkenntnisse, die für die Platzierung der Bombe nötig waren – da waren Profis am Werk. Sagt dir der Name Max Lasowski etwas?«

Felschtinski hatte noch nie von ihm gehört.

»Er ist die Art FSB-Agent, der so eine Sache durchziehen könnte. Du solltest mit den Untersuchungen bei ihm anfangen.«

Am nächsten Morgen nahm Felschtinski ein Flugzeug nach London, wo er sich mit Beresowski treffen wollte. Was die Fluchtpläne anging, würde er einfach auf Saschas Anruf warten. Von London aus flog er nach Boston weiter, und Beresowski machte sich ins spanische Málaga auf, um dort mit Gussinski das Kriegsbeil zu begraben.

Bereits vor Felschtinskis Besuch hatte Sascha Vorbereitungen zur Flucht getroffen. Sein größtes Problem war die ständige Überwachung. Deshalb versuchte er seit fast drei Monaten, seine potenziellen Beobachter einzulullen, damit ihre Wachsamkeit nachließ. Er selbst war ein Beschattungs-Ass gewesen, und es amüsierte ihn, dass die Rollen nun vertauscht waren. Nun war er das Zielobjekt seines operativen Aufklärers.

Er war sich beinahe sicher, welchen Mann die Abteilung für Innere Angelegenheiten ihm zugeteilt hatte. Er kannte sie alle und glaubte ebenfalls zu wissen, welcher seiner Freunde dem operativen Aufklärer Bericht erstattete; es gab nur einen, der sich als eine Art Leibwächter aufspielte, ihn ständig ermahnte, vorsichtig zu sein, und extrem besorgt war, wenn er spät nach Hause kam oder nicht anrief. Marina beklagte sich über diese »Ehe zu dritt«, weil alles mit diesem Freund abgesprochen werden musste, aber Sascha spielte mit. Der mutmaßliche Spitzel war sein alter Freund Ponkin, der treue Mitarbeiter, der ihm bei seiner ersten Verhandlung beigestanden hatte. Sascha machte ihm keinen Vorwurf daraus. In gewisser Hinsicht war er sogar froh darüber, dass Ponkin es auf diese Art geschafft hatte, seine eigene Haut zu retten.

Sascha gab sich alle Mühe, Ponkin die Arbeit zu erleichtern. Er informierte ihn detailliert über alles, was er vorhatte. Er kümmerte sich auch darum, dass alle durch elektronische Überwachung gesammelten Daten – abgehörte Telefongespräche, Informationen aus seiner verwanzten Wohnung – mit dem übereinstimmten, was Ponkin berichtete.

Sascha war ziemlich sicher, dass er nicht konstant überwacht wurde; er konnte potenzielle Beschatter im Freien problemlos identifizieren. Er wurde nur verfolgt, wenn Beresowski in der Stadt war, und das kam selten vor. Er hoffte, dass sich sein FSB-Mann in der Lubjanka zu Tode langweilte.

Ende August inszenierte Sascha einen kleinen Test: Sein Anwalt hatte vor Gericht eine Freigabe erwirkt, die es Sascha erlaubte, die Stadt für einen einwöchigen Urlaub zu verlassen. Er kündigte Ponkin und seinen unsichtbaren Zuhörern seine Urlaubspläne lange im Voraus an. Sein operativer Aufklärer hätte den Ausflug verhindern können, doch niemand schien etwas dagegen einzuwenden zu haben. Er verbrachte eine Woche mit Marina am Strand von Sotschi, aber er konnte dort keine Verfolger entdecken. Das war alles, was Sascha wissen musste. Ende September war er vollständig vorbereitet. Marina hatte bisher keinen Verdacht geschöpft. Am Morgen des 30. September überraschte er sie mit der Nachricht, er wolle für ein paar Tage zu seinem Vater nach Naltschik fahren, da sein Vater in die Umgebung von Moskau ziehen wolle und seine Hilfe beim Auflösen des Haushaltes brauche. Er hatte seinen Vater zu diesem Schritt gedrängt und ihn während des Sommers oft angerufen. Mit Ponkin hatte er ebenfalls darüber gesprochen und ihn gebeten, nach geeigneten Wohnungen Ausschau zu halten.

»Ich dachte, ich hätte es dir erzählt. Nur für ein paar Tage. Es geht um Papas Haus.«

»Du hast mir nichts davon erzählt. Aber das macht nichts.«

Sie fuhren zum Flughafen. Er verschwand für zehn Minuten, angeblich um jemanden zu treffen.

»Lass uns ein paar Schritte gehen«, sagte er, als er zurückkam. »Was ich dir jetzt sage, ist sehr wichtig, hör also genau zu. Ein Freund wird in ein paar Tagen zu dir kommen und dir sagen, was zu tun ist. Stell keine Fragen, befolge nur seine Anweisungen genau. Hier ist etwas Geld, bewahr es bitte für mich auf.«

Marina starrte ihn an. Diese Seite hatte sie an Sascha nicht mehr gesehen, seit er den FSB verlassen hatte, und davor auch nur höchstens zwei- oder dreimal. Dies war wieder der enorm selbstsichere, geradlinige, unerschütterliche Mann, der ihren Fahrlehrer damals in Angst und Schrecken versetzt hatte. Und nun gab er ihr Befehle, statt sie freundlich um etwas zu bitten, als sei sie ein untergeordneter Soldat, der nicht das Recht hat, irgendwelche Fragen zu stellen, sondern schlicht gehorchen muss.

»Okay«, sagte sie. »Wohin fährst du wirklich?«

»Ich fahre zu Papa nach Naltschik. Mach dir keine Sorgen, es dauert nur ein paar Tage.«

Er nahm lediglich eine kleine Umhängetasche mit, die gerade genug Kleidung für drei oder vier Tage enthielt. Anstatt jedoch nach Naltschik zu fliegen, schlug er eine andere Richtung ein. Nach seiner Ankunft in Südrussland fuhr er mit dem Bus in eine kleine Küstenstadt. Von dort aus verkehrten regelmäßig Fähren in eine noch kleinere Stadt in der angrenzenden ehemaligen Sowjetrepublik, und er plante, am nächsten Morgen an Bord zu gehen. Bürger beider Länder konnten die Grenze mit ihrem Personalausweis überqueren. Ausländische Reisepässe waren nicht notwendig.

Er verbrachte die Nacht in einem Hotel, wo er bar bezahlte. Am Morgen traf er zwanzig Minuten vor Abfahrt der Fähre am Pier ein.

»Sie sind zu spät dran, junger Mann«, sagte die Frau am Fahrkartenschalter. »Sehen Sie das Schild da? Die Anmeldung schließt drei Stunden vor Abfahrt, weil wir der Grenzkontrolle Passagierlisten übermitteln müssen. Das nächste Schiff geht um drei Uhr.«

Sascha kannte das System und wollte es gar nicht dazu kommen lassen, dass sein Name auf der Passagierliste auftauchte und von der Grenzkontrolle gesehen wurde.

»Ich weiß, ich weiß. Ich bin wirklich spät dran«, sagte er. »Aber ich muss unbedingt mittags ankommen. Ich habe eine wichtige Verabredung, und der Mann wird nicht auf mich warten. Was soll ich tun? Können Sie mir nicht helfen?«

»Reden Sie mit der Crew.«

Der zweite Offizier sah ihn streng an: »Wissen Sie nicht, dass wir eine Grenze überqueren? Haben Sie nicht mitbekommen, dass die Sowjetunion seit zehn Jahren nicht mehr existiert? Na gut, ausnahmsweise, aber das kostet Sie zehn Dollar. Sie sind damit Mitglied meiner Crew. Und der Grenzbeamte bekommt noch mal zehn. Legen Sie den Schein in Ihren Ausweis.« Er nickte der Grenzwache im nahe gelegenen Zollhäuschen zu.

Der schläfrige Wächter blickte flüchtig in seinen Ausweis, steckte die Banknote ein und winkte ihn durch.

»Ich ging den Pier entlang. Ich trug die leichte Jacke, in der ich geheiratet hatte. Eine andere besaß ich nicht. Sie war mein Glücksbringer auf diesem schwersten Gang meines Lebens«, erzählte mir Sascha später.

Am 2. Oktober überbrachte ein Freund von Sascha Marina genaue Anweisungen. Sie hatte ihn noch nie zuvor getroffen, aber keine andere Wahl, als zuzuhören. Er sagte ihr, sie solle sich ein neues Handy mit neuer SIM-Karte besorgen, es anschalten, eine bestimmte Nummer anrufen und dann auflegen. »Von da an«, sagte er, »lassen Sie das Telefon die ganze Zeit über angeschaltet. Aber rufen Sie niemand anderen damit an. Falls Sascha anruft, sagen Sie keine Nachnamen, benutzen Sie nur Vornamen. Benutzen Sie das Telefon weder zu Hause noch im Auto.«

Sie gehorchte widerspruchslos. Am nächsten Morgen rief Sascha an.

»Guten Morgen, mein Liebling. Wo bist du? Im Auto unterwegs? Bist du allein? Halte doch irgendwo an und mach einen Spaziergang. Ich rufe in drei Minuten wieder an.«

Während sie parkte, stellte sie sich vor, dass er genau wie sie die Sekunden zählte. Auf die Sekunde genau klingelte das Telefon.

»Wie geht es dir und Tolik? Hat jemand nach mir gefragt? Natürlich bin ich in Naltschik. Hör zu, ich will, dass du Folgendes tust: Nimm das Geld, das ich bei dir gelassen habe, und geh damit in ein

Reisebüro. Nicht in das, bei dem du letztes Mal warst. Egal welches, aber nicht das. Buch für dich und Tolja ein zweiwöchiges Pauschalangebot in irgendeinem westeuropäischem Land, am besten in Spanien. Da wolltest du doch immer hin. Wenn das nicht geht, dann Frankreich oder Italien. Je früher, desto besser. Das ist mein Geschenk zum Hochzeitstag. Leider kann ich nicht mit euch kommen, weil ich hier noch einiges zu tun habe, aber ich werde zu Hause auf euch warten, wenn ihr zurückkommmt.«

»Aber Sascha, was soll ich bei der Arbeit sagen? Oder in Toljas Schule?«

»Sag am besten gar nichts. Du kannst anrufen, nachdem ihr abgereist seid. Sag einfach, ihr wärt krank. Niemand darf wissen, wohin ihr geht. Das ist sehr wichtig. Nicht einmal deine Mutter. Du kannst es ihr später erzählen.« Sie musste nicht fragen. Ihr war völlig klar, dass dies keine Urlaubsreise war.

Am 8. Oktober erhielt Juri Felschtinski Saschas Anruf.

»Ich habe mich mit den Freunden in Verbindung gesetzt, von denen ich dir erzählt habe«, sagte Sascha. Er sprach von »Drittlandkontakten«, die ihm einen falschen Pass besorgen konnten. »Komm, so schnell du kannst. Und bring Bargeld mit. Zehn Riesen. Besser noch fünfzehn.«

Am 14. Oktober fuhren Marina und Tolik nach Spanien. Es war ihr Hochzeitstag. Sascha rief jede halbe Stunde an, bis das Flugzeug auf der Startbahn stand und sie ihr Telefon abschalten musste. Als sie in Málaga landeten, sah sie Juri Felschtinski hinter der Absperrung winken.

»Wo ist Sascha?«, war ihre erste Frage. »Er ist nicht in Naltschik!« Felschtinski nannte das »Drittland«, in dem Sascha sich aufhielt. »Er wird gleich selbst anrufen und dir alles erklären.«

Sie stiegen in Felschtinskis Mietwagen und folgten einem Reisebus. Sie hatte sich zu einer zweiwöchigen Rundreise in Marbella angemeldet, einem Badeort an der andalusischen Küste.

»Natürlich war mir klar, dass etwas im Busch war. Naltschik war ein zu offensichtlicher Vorwand. Ich dachte, er wolle uns vor einer drohenden Gefahr in Moskau bewahren. So etwas passiert in seinem Beruf gelegentlich«, erklärte Marina später. »In unserem nächsten Gespräch sagte er, dass wir nicht mehr nach Russland zurückgehen würden. Nie mehr. Ich war total geschockt. Für mich war das so unvorstellbar, als hätte mir ein Freund erzählt, dass er an Krebs leide. Oder als wäre ein lieber Mensch bei einem Autounfall ums Leben gekommen.«

»Was meinst du mit ›wir können nicht zurück‹?«, schrie sie ins Telefon. »Was ist mit meiner Mutter, unseren Freunden, unserem Zuhause? Wo sollen wir leben? Hier in Spanien? Ohne dich? Wie willst du hierherkommen? Du hast keinen Pass!«

»Maruschja, bitte beruhige dich. Beruhige dich und rede mit Juri. Ich rufe in fünf Minuten wieder an.«

Felschtinski erklärte, dass Sascha auf Freunde wartete, die ihm falsche Papiere besorgen wollten. Damit konnte er an einen sicheren Ort ausreisen und Marina und Tolik treffen. Wenn alles gutging. Sollte er die Papiere jedoch nicht bekommen, müsste er die Fähre zurück nach Russland nehmen, wo ihn das Gefängnis erwartete. Die Chancen auf einen dritten Freispruch waren sehr gering.

Das »Drittland«, in dem er wartete, war nicht wirklich sicher, deshalb durfte er nur sehr kurze Telefonate führen. Im Augenblick blieb ihnen nichts anderes übrig, als zu warten.

Marina erklärte sich einverstanden abzuwarten, bis sich die Situation geklärt hatte. Sie checkte mit Tolik in einem Hotel in dem Badeort ein und versuchte, in den nächsten zehn Tagen das Beste aus ihrem Urlaub zu machen und mit Sascha über neutrale, harmlose Dinge zu sprechen, »wie in Lefortowo«, scherzte sie später.

Am 23. Oktober rief Sascha an und verkündete, dass seine Freunde wie versprochen geliefert hatten. Er war im Besitz von allen Papieren, die er brauchte, um seine Reise fortzusetzen. Felschtinski packte seine Sachen und flog zu ihm. Marina und Tolik blieben in Marbella.

Am Morgen des 25. Oktober rief Sascha wieder an. Er war in der Türkei, einem vergleichsweise sicheren Ort. Ich hatte ihn gerade aus New York angerufen. Es war Zeit für Marina, sich zu entscheiden: Wollte sie mit ihm ins Exil gehen oder nach Russland zurückkehren? Er würde sich nach ihr richten. Diese Entscheidung wollte er nicht für sie beide treffen. Marina hatte nun die Wahl.

Für sie war es die qualvollste Entscheidung ihres Lebens. Sie liebte Sascha von ganzem Herzen, aber sie gehörte nicht zu seiner gewalttätigen, gefährlichen Welt. Sie hatte nie Fragen gestellt, wenn er sich aufmachte, seine Schlachten zu schlagen. Schloss sie sich ihm jetzt an, würde sie zu seiner Waffengefährtin werden. Vielleicht sollte sie nach Hause zurückkehren und ihn allein weiterziehen lassen. Und auf ihn warten. Sie hatte auch auf ihn gewartet, als er im Gefängnis gesessen hatte. Wahrscheinlich konnte er seine Probleme mit Grenzen und falschen Pässen ohne sie besser lösen. Sie musste sich schließlich um ein sechsjähriges Kind und eine herzkranke Mutter in Moskau kümmern.

Am Ende, erklärte sie mir später, sei Beresowskis Anruf das Zünglein an der Waage gewesen. Sie lag im Bett und starrte an die Decke, während Tolik draußen mit einem russischen Kind aus ihrer Reisegruppe spielte. Aus der Ferne drang rhythmische andalusische Musik zu ihr hinauf. Es war später Nachmittag. Das Telefon klingelte.

»Hallo, Marina«, sagte Beresowski. »Ich habe gerade mit Sascha gesprochen und ihm geschworen, dass ich dich und Tolja nicht im Stich lassen werde, was auch geschehen mag. Ich wollte, dass du das weißt. Aber ich will dir noch etwas sagen. Ich kann dein Zögern verstehen, ich weiß sogar sehr genau, was du gerade durchmachst. Ich ringe nämlich im Moment mit derselben Entscheidung. Die Welt da draußen, die Türkei und alles, was danach kommen wird, muss dir beängstigend und kalt und unvorhersehbar scheinen. Moskau wirkt warm und vertraut, weil es unser Zuhause ist. Aber der Schein trügt leider. Diese Leute sind Mörder, Marina. Das habe ich auch erst vor Kurzem begriffen, genauer gesagt erst im letzten Monat. Deswegen habe ich Felschtinski nach Moskau geschickt. Er sollte Sascha davon überzeugen, dass er fliehen muss. Marina, ich will nichts beschönigen. Wenn Sascha zurückkehrt, werden sie ihn töten. Und ich habe Angst, dass er dir folgen wird, wenn du zurückgehst. Vielleicht nicht jetzt sofort, sondern erst in drei Wochen oder drei Monaten. Aber er wird dir folgen. Er ist kein Einzelgänger. Du hast ihm die Kraft gegeben, sich gegen die *kontora* zu stellen, und er braucht diese Kraft jetzt mehr denn je. Das ist alles.«

Marina legte den Hörer auf und blieb noch ein paar Minuten lang regungslos liegen. Dann rief sie Sascha an und sagte ihm, dass sie zu ihm in die Türkei fliegen würde. Sie log dem Reiseleiter vor, sie müsse wegen eines dringenden Notfalls nach Moskau zurückkehren. Am späten Abend kam sie mit dem Taxi am Flughafen von Málaga an und trug den verschlafenen Tolik in den Terminal. Die Abflughalle war menschenleer, die letzte Maschine war bereits gestartet. Niemand erwartete sie. Plötzlich tauchte Felschtinski aus dem Nichts auf.

»Wir müssen zu einem anderen Terminal«, sagte er. »Es gibt von hier aus keine Linienflüge in die Türkei. Boris hat uns seinen Jet geschickt.«

Fünf Tage später saß Sascha neben mir im Auto, Marina und Tolik schliefen auf der Rückbank, und wir fuhren von Ankara nach Istanbul. Hier begann er, mir seine Geschichte zu erzählen, und wir wurden Freunde. Wir fuhren durch dichten Nebel. So undurchsichtig wie das Exil, dachte Marina. Das war die Unsicherheit, von der Beresowski gesprochen hatte.

Sascha hatte inzwischen seine Erzählung mit dem Tag meiner Ankunft und unserem Ausflug zur amerikanischen Botschaft abgeschlossen.

»Was genau wollten die Amerikaner von dir wissen?«, fragte ich.

»Ach«, sagte er grinsend. »Die hatten ihre eigenen Probleme. Sie wollten wissen, wie wir die Rakete in die Finger gekriegt haben, die Dudajew getötet hat. Das Raketenleitsystem war ein Geheimprojekt der Amerikaner. Sie zerbrachen sich schon seit vier Jahren den Kopf darüber, wie wir dazu gekommen waren.«

»Und du wusstest es?«

»Sicher.«

Er erzählte mir von Chocholkows Reise nach Deutschland, wo er einen amerikanischen Verbindungsmann rekrutiert hatte.

»Wusstest du, wer das war?«

»Ich hatte den Namen in Moskau zufällig aufgeschnappt.«

»Also hast du ihnen diesen Namen geliefert.«

»Ja. Der FSB hat mich drei Jahre lang ungerechtfertigt als Verräter bezeichnet, und nun bin ich tatsächlich einer geworden. Am Ende haben sie also doch recht behalten.«

»Du bist kein Verräter, Sascha«, protestierte Marina. »Das war reiner Selbstschutz.«

»Ich kenne da eine Geschichte«, sagte ich. »Vor langer Zeit meldete sich ein Angestellter des deutschen Auswärtigen Amtes freiwillig als Spion für die Amerikaner und wurde im Zweiten Weltkrieg ihr wichtigster Kontakt in Deutschland. Er war derjenige, der aufdeckte, dass die Deutschen alle italienischen Juden vernichten wollten. Ist dieser Mann für dich ein Verräter oder ein Held?«

»Für dich mag er ein Held sein, aber für die Deutschen war er bestimmt ein Verräter.«

»Damals bestimmt«, sagte ich. »Und heute? Was glaubst du, würden die Deutschen heute über ihn sagen?«

»Sie wissen wahrscheinlich gar nicht mehr, dass es ihn jemals gegeben hat. Und wenn doch, wäre es ihnen egal. Russland ist nicht Deutschland. Du kannst nicht Äpfel mit Birnen vergleichen.«

»Das stimmt«, sagte ich. »Aber du glaubst doch, dass die *kontora* diese Wohnhäuser in die Luft gesprengt hat. Reicht dir das nicht, um dein Gewissen zu beruhigen, auch wenn du wirklich ein Verräter sein solltest?«

»Na ja«, seufzte er. Meine Logik hatte ihn nicht vollständig überzeugt. »Erst einmal muss ich beweisen, dass sie wirklich dahinterstecken.«

Eines Tages im September 2004 – Sascha hatte vier Jahre damit verbracht, die Sprengstoffanschläge auf die Moskauer Wohnhäuser zu untersuchen – kam er in London zu mir.

»Hast du das gesehen?« Er hatte eine Ausgabe des *Independent* in der Hand. »Erinnerst du dich an den Deutschen, von dem du mir in der Türkei erzählt hast? Hier ist ein Foto von ihm. Sein Name ist Fritz Kolbe, und der ganze Artikel handelt von seiner Geschichte. Die Deutschen haben ihn offiziell zum Helden erklärt und ihm eine Gedenktafel gewidmet. Vielleicht hattest du recht, und unsere Zeit wird kommen.«

V

Die Rückkehr des KGB

KAPITEL 11

Die Exilanten

New York, 7. November 2000

Im New Yorker Büro von George Soros erwartete mich eine unangenehme Unterredung. Soros hatte aus den Zeitungen von meinen türkischen Abenteuern erfahren. Die Geschichte des russischen FSB-Agenten, der Asyl in England suchte, war auf mysteriöse Weise in die Abendausgabe der *Sun* geraten, während wir noch in Heathrow warteten. Am Morgen stand mein Name neben Saschas in der russischen Presse: »Kopf des Soros-Programms schmuggelt FSB-Offizier nach England.«

Ich arbeitete mit George Soros seit nahezu zehn Jahren zusammen und hatte rund hundertdreißig Millionen Dollar des Geldes, das er in die Förderung russischer Reformen investiert hatte, verwaltet. Wahrscheinlich war ich das dienstälteste Mitglied seines Russland-Teams. Doch unser Verhältnis war in letzter Zeit merklich abgekühlt, da wir in der Frage, wer Russland »verloren« hatte, unterschiedlicher Meinung waren. Soros blieb bei seiner Überzeugung, dass die Reformen den Ausschweifungen des »Raubtierkapitalismus« zum Opfer gefallen seien. Die Oligarchen hätten den schwachen Staat korrumpiert und die Arbeit der »jungen Reformer« behindert. Ich war im Gegensatz dazu der Meinung, das Hauptproblem sei die Wiederauferstehung des traditionellen, allmächtigen, bürokratischen geknebelten russischen Polizeistaates und dass sich die Oligarchen als Einzige erfolgreich dieser Tendenz widersetzt hatten.

Unser Streit manifestierte sich in der Gestalt von Boris Beresowski. Soros und Beresowski hatten ihr Verhältnis nach der Privatisierung von Swjasinwest beendet und benahmen sich nun wie zwei enttäuschte Liebende, die einander die schrecklichsten Dinge an den Kopf werfen.

»Dein Freund ist genial, aber durch und durch bösartig«, sagte Soros. »Er hat Russland eigenhändig zerstört.«

»Soros hat Geld verloren, weil die ›jungen Reformer‹ ihn zum Narren gehalten haben«, sagte Beresowski. »Daraufhin hat er – aus reiner Boshaftigkeit – versucht, den Westen davon zu überzeugen, die Oligarchen seien an allem schuld und dürften auf keinen Fall die Herrschaft über den russischen Bären übernehmen.«

Ich hörte zu und schwieg. Beide hatten unrecht, doch es war sinnlos, mit ihnen darüber zu streiten. Soros nahm mir meinen Kontakt zu Beresowski persönlich übel. Er lud mich bereits nicht mehr in sein Sommerhaus in Southampton ein. Die Litwinenko-Affäre würde das Fass zum Überlaufen bringen.

George Soros' Büro liegt im dreiunddreißigsten Stockwerk eines Gebäudes an der Ecke 57th Street und Seventh Avenue in Manhattan. Sobald man einen Fuß hineinsetzt, weiß man, dass man sich in einer exklusiven Welt befindet. Man kommt in den Genuss eines umwerfenden Panoramablicks auf den Central Park im Norden und den majestätischen Hudson, der hinter der zerklüfteten Skyline im Westen glitzert. Soros' Schreibtisch steht in der nordwestlichen Ecke des Raumes. Er sitzt mit dem Rücken zum Hudson und kann seinen Blick vom Park zu seinem Computermonitor schweifen lassen, der die aktuellen Aktienindizes anzeigt. Der Bildschirm gleicht einer Luftaufnahme der globalen Finanzwelt.

Seit ich vor sechs Monaten das letzte Mal dort gewesen war, hatte sich nichts verändert. An den Wänden hingen dieselben Pressefotos: Soros mit zwei verschiedenen Präsidenten im Weißen Haus, Soros mit dem Papst, Soros mit Jelzin im Kreml. Auf dem Schreibtisch neben dem Monitor stand eine Kerze in der Form einer Lenin-Büste, die ich einmal auf einem Moskauer Flohmarkt erstanden und ihm geschenkt hatte. Noch stand sie da.

»Erzähl mir, was in der Türkei geschehen ist«, forderte Soros mich auf, sobald ich eingetreten war. Wie immer umspielte ein leichtes Lächeln seine Lippen, und seine Augen funkelten neugierig. Sein Gesichtsausdruck verrät nie, was er wirklich denkt. In den zehn Jahren unserer Zusammenarbeit hatte ich gelernt, seinen Gemütszustand am Klang seiner Stimme zu erkennen. Dieses Mal spiegelte sein Tonfall absolute Ruhe wider. Seine Entscheidung war bereits gefallen.

Er interessierte sich dafür, bis zu welcher Ebene der US-Regierung ich vorgedrungen war, welche Rolle ich bei Saschas Flucht aus Russland gespielt hatte. Ich erzählte ihm, über welche Kontakte ich in der Regierung verfügte. Die ganze Geschichte war extrem unangenehm für ihn. In den letzten zwei Jahren hatte er überall lautstark verkündet, dass Russlands Reformen allein an den Oligarchen gescheitert seien und dass sich Boris Beresowski als der größte Schurke des Landes erwiesen habe. Und nun hatte sein eigener Mitarbeiter einem Schützling Beresowskis geholfen.

»Ich verstehe, warum dein Freund dich darum gebeten hat.« Soros nannte Beresowski nie beim Namen, wenn er mit mir über ihn sprach. »Dieser Kerl in der Türkei war ein Versuchskaninchen. Dein Freund wird bald selbst um Asyl bitten müssen, und er muss einen Präzedenzfall schaffen. Aber warum du dich darauf eingelassen hast, verstehe ich nicht!«

Beresowski zu verteidigen war vollkommen sinnlos.

»Ehrlich gesagt hatte ich gehofft, die Sache würde anders ausgehen. Ich wollte sie ursprünglich nur in die Botschaft begleiten«, sagte ich. »Aber als man sie dort abwies, hätte ich nicht anders handeln können. Es tut mir leid, dass diese Aktion so viel Aufsehen erregt hat.«

»Siehst du«, sagte Soros bestimmt, »es gibt immer unerwartete Konsequenzen! Ich habe dich schon oft davor gewarnt, dich zu sehr mit deinem Freund abzugeben. Jetzt ist eure Bekanntschaft an die Öffentlichkeit gelangt, deswegen kannst du unmöglich weiterhin mit mir in Verbindung gebracht werden. Ganz zu schweigen davon, dass du dich durch diesen Unfug wahrscheinlich in Moskau enorm unbeliebt gemacht hast. Was hast du jetzt vor?«

»Ich möchte mich wieder stärker auf meine wissenschaftliche Arbeit konzentrieren.«

»Hervorragende Idee. Das passt gut in meine Planung. Ich wollte mich sowieso allmählich aus Russland zurückziehen. Jetzt lieferst du mir den perfekten Vorwand, um das Projekt zu beenden.«

Ironie des Schicksals, dachte ich bei mir. Soros zieht sich aus Russland zurück und macht Beresowski dafür verantwortlich, und dasselbe tut Beresowski mit Soros. Beide begreifen nicht, dass sie mit ihrer Einschätzung völlig danebenliegen. Für die meisten Russen gleichen sie sich wie ein Ei dem anderen. Russland lehnt sie aus den gleichen Gründen ab: Sie sind beide reiche, jüdische Individualisten, die an ihre Mission glauben und der Welt neue Wege aufzeigen wollen. Für das graue Mittelmaß, das Putin verkörpert, stellen beide eine Bedrohung und eine Herausforderung dar.

Nachdem ich das Büro verlassen hatte und durch die Straßen Manhattans ging, dachte ich über den Job nach, den Beresowski mir angeboten hatte. Ich sollte eine Stiftung organisieren, die im Gegensatz zu Soros' Wirkung zeigen sollte: die Finanzierung einer demokratischen Opposition, die Putins Regime Widerstand leistet.

Die Entscheidung fiel mir nicht leicht. Ich leitete immer noch ein Forschungslabor im Public Health Institute in New York. Mit meinen vierundfünfzig Jahren blickte ich auf eine erfolgreiche wissenschaftliche Karriere zurück, die bereits unter meiner Arbeit für Soros gelitten hatte. Wollte ich auch weiterhin einen großen Teil meiner Energie auf Russland verwenden, musste ich mich aus der Wissenschaft zurückziehen. Doch Beresowskis Angebot eröffnete mir eine Möglichkeit, meinen »Sitz in der ersten Reihe« zu verlassen und in einem Drama, das sich seinem Höhepunkt näherte, selbst auf der Bühne zu stehen. Und das war so aufregend, dass ich es mir nicht entgehen lassen wollte.

Der schlechte Ruf, der Beresowski inzwischen vorauseilte, stellte allerdings ein Problem dar. Ich verfügte über genügend Insider-Informationen und schenkte den Anschuldigungen gegen ihn keinerlei Aufmerksamkeit. Aber meine Meinung war nicht ausschlaggebend, und für den Rest der Welt verkörperte Beresowski inzwischen die dunkle Seite des russischen Kapitalismus. Natürlich hatte er Fehler begangen und sich über Grenzen hinweggesetzt, aber er war der einzige russische Großkapitalist (mit Ausnahme vielleicht von Gussinski), der sich Putin entgegenstellte. Und die Tatsache, dass er es gegen seine unmittelbaren eigenen Interessen tat, sprach ebenfalls für ihn. Im Grunde genommen gab es nur zwei Seiten, und ich musste mich für eine von ihnen entscheiden, wenn ich Einfluss nehmen wollte. Diese Wahl zu treffen fiel mir nun wirklich nicht schwer. Ich rief Beresowski in Cap d'Antibes an und sagte: »Falls dein Angebot mit der Stiftung immer noch gilt, bin ich dabei.«

»Okay. Buch einen Flug und komm hierher. Dann besprechen wir die Details«, war seine Antwort.

Am 12. November 2000, elf Tage nachdem ich Sascha nach London gebracht hatte, landete ich in Nizza. Ein Chauffeur wartete bereits, um mich ins Château de la Garoupe zu bringen. Beresowskis Villa im italienischen Stil thront hoch über dem Kap und bietet einen atemberaubenden Blick über den Hafen von Nizza. Er hatte noch nicht die Zeit gehabt, sie nach seinem Geschmack umzugestalten. Der größte Teil der Einrichtung des zweistöckigen Baus aus der Jahrhundertwende stammte noch von den Vorbesitzern, was dem Ort einen leicht altmodischen Touch verlieh.

Wir setzten uns zum Candle-Light-Dinner in einen mit dunklen, historisch anmutenden Spiegeln geschmückten Speisesaal und diskutierten den ganzen Abend lang über die geplante Stiftung. Am nächsten Morgen konfrontierte uns Beresowski beim Frühstück mit der Neuigkeit, dass er gleich »für ein paar Stunden« nach Moskau fliegen würde, weil er »als Zeuge« in dem erneut aufgerollten Aeroflot-Fall vor Gericht geladen sei.

Mir war klar, dass man Beresowski sofort verhaften würde. Er und Gussinski hatten am selben Tag eine Vorladung erhalten. Gussinski war des Millionenbetrugs angeklagt. Angeblich hatte er die dreihundert Millionen Dollar Gasprom-Gelder veruntreut, die er als Kredit an NTW deklariert hatte. Ein paar Tage zuvor hatte Putin *Le Figaro* erzählt, er habe einen »Knüppel« für die beiden Medienmagnaten in petto. Mit dem wolle er »nur ein Mal« zuschlagen, und zwar »auf den Kopf«. Gussinski erklärte, er werde seine Vorladung ignorieren und in Spanien bleiben. Beresowski, der offenbar plötzlich den Verstand verloren hatte, wollte ernsthaft in Moskau vor Gericht erscheinen. Sein Flugzeug wartete bereits am Flughafen. Ich musste ihn buchstäblich aus seinem Wagen zerren.

»Bist du wahnsinnig geworden, Boris? Hast du vergessen, dass man dir mit Gefängnis gedroht hat, falls du ORT nicht aufgibst?

Warum willst du nach Moskau fliegen? Du musst niemandem etwas beweisen!«

»Niemand wird mich ins Gefängnis werfen. Das wäre viel zu offensichtlich. Wenn ich nicht gehe, sieht das wie ein Schuldeingeständnis in der Aeroflot-Sache aus.«

Sein Verhalten erschien mir völlig unlogisch. Vor gerade mal einer Woche hatte Sascha aus Angst um sein Leben sein Heimatland verlassen.

»Boris, du hast doch Marina vor einem Monat selbst gesagt, dass man Sascha töten würde.«

»Das ist etwas anderes. Putin hält Sascha für einen Verräter an ihrer gemeinsamen Sache.«

»Für ihn bist du schlimmer als ein Verräter, denn du warst einmal sein Bruder. Er will dich vernichten. Hör mir zu, Boris. Du hast Putin an die Macht gebracht, und dadurch seid ihr auf merkwürdige Weise miteinander verbunden. Wenn du diese Verbindung nicht ein für alle Mal kappst, wirst du sterben. Lena, sag du es ihm bitte!« Ich drehte mich zu seiner Frau um, die hilflos auf der Eingangstreppe des Châteaus stand. »Wenn du ihn jetzt gehen lässt, wirst du den Rest deines Lebens im sibirischen Tobolsk verbringen, wo du ihn einmal im Monat im Zuchthaus besuchen darfst.«

Lena schüttelte den Kopf. »Ich will nicht nach Tobolsk gehen.«

Ich erreichte endlich Elena Bonner, die Witwe des Dissidentenführers Andrej Sacharow, mit dem Handy.

»Hör zu, Boris«, sagte sie. »Andrej Dimitrijewitsch hat immer gesagt, wer die Wahl zwischen Gefängnis und Exil hat, sollte auf jeden Fall das Exil wählen. Alles andere wäre dumm.«

Schließlich schafften wir es, ihn weichzuklopfen, und er diktierte seinem Assistenten eine Erklärung: »Man hat mich gezwungen, zwischen einer Zukunft als politischer Häftling und einer Zukunft als politischer Flüchtling zu wählen. Und ich habe mich für Letzteres entschieden.«

Nachdem wir seine Abreise nach Moskau in letzter Minute verhindert hatten, wirkte Beresowski sehr deprimiert. So lange hatte ich diesen sonst beinahe manischen Mann noch nie in einer solch düsteren Stimmung erlebt. Damals dachte ich, er setze sich zum ersten

Mal mit seinem neuen Leben als Exilant auseinander; ein Gefühl, mit dem ich bereits fünfundzwanzig Jahre lang lebte. Aber später erfuhr ich, dass er einen spezifischen Grund für seine Stimmung hatte: Er hatte seinen treuen Aeroflot-Manager Nikolaj Gluschkow als Geisel in Russland zurücklassen müssen.

An Beresowski nagten schwere Schuldgefühle. Gluschkow weigerte sich, das Land zu verlassen. Er bestand darauf, dass er nichts Unrechtes getan hatte, und wollte unbedingt seinen Namen vor Gericht reinwaschen, falls es im Aeroflot-Fall zu einer Verhandlung kommen sollte. Da Beresowski sich der Vorladung entzog, würde die Staatsanwaltschaft Gluschkow womöglich noch härter in die Zange nehmen. Tatsächlich wurde er drei Wochen später verhaftet. Beresowski erhielt eine Botschaft aus dem Kreml mit dem Preis für Gluschkows Freiheit. Er sollte die neunundvierzig Prozent Anteile an ORT abgeben.

Zu diesem Zeitpunkt war die Schlacht um ORT bereits in vollem Gang. Die Geschäftsordnung schrieb vor, dass wichtige Firmenentscheidungen wie zum Beispiel die Entlassung und Neueinstellung von Chefredakteuren vom Vorstand mit einer Dreiviertelmehrheit genehmigt werden mussten. Während der *Kursk*-Katastrophe waren die Schlüsselpositionen im Sender mit Beresowskis Getreuen besetzt. Dazu gehörten Konstantin Ernst, der Executive Producer; Nachrichtensprecher Sergej Dorenko und ORTs leitender Manager, Badri Patarkatsischwili, ein langjähriger Geschäftsfreund von Beresowski. Alle drei gehörten dem Vorstand an. Aufgrund der Fünfundsiebzig-Prozent-Regel musste derjenige, der die redaktionelle Kontrolle erlangen wollte, Ernst oder Dorenko auf seine Seite bringen. Oder natürlich beide.

Wenn Putin einem Journalisten zu Dank verpflichtet war, dann Dorenko. Dorenko war der beliebteste Moderator Russlands. Während des Duma-Wahlkampfes von 1999 hatte er in seiner Nachrichtensendung jeden Samstagabend Woche für Woche unverblümt Primakow und Luschkow beschimpft und verhöhnt, was ihm die Verachtung vieler Kollegen einbrachte. Die Sendungen hatten hohe Einschaltquoten, und sie halfen Putin ungemein, weil sie seine Gegner der Lächerlichkeit preisgaben. Für Putin gehörte Dorenko zweifelsfrei zum »Team«, also war klar, dass er ihn zuerst in sein Büro zitierte.

»Er wolle mir ein Angebot machen, das ich nicht ablehnen könne«, erinnerte sich Dorenko Jahre später. »Putin saß an seinem
Schreibtisch, hinter dem ein riesiger, doppelköpfiger russischer Adler hing, und sagte: ›Du bist entweder für uns oder gegen uns.
Schließt du dich uns an, soll es dein Schaden nicht sein. Stellst du
dich uns entgegen, ist deine Karriere beendet. So einfach ist das.‹«

Dorenko war schockiert. Ihm sei der Führungsstil ungeheuer
wichtig, und unter Beresowskis Leitung wurden Entscheidungen
zur Diskussion gestellt, erzählte er mir. Das Für und Wider eines
Vorschlags wurde abgewogen, Einwände wurden ernst genommen.
Beresowski setzte sich zwar meistens durch, aber wenigstens verliefen die Streitgespräche zivilisiert. Bei Kompromissen hatte er immer
betont, diese seien ein notwendiges Übel und für die langfristige
Strategie wichtig. Dorenko war kein Purist, aber Putins Drohung
ging weit über seine Schmerzgrenze.

»Es lag an dem Adler«, erklärte Dorenko. »Der verdammte Staats-
chef saß unter diesem Adler. Ich ertrug das einfach nicht. Mein Vater war Offizier; ich bin auf Militärstützpunkten aufgewachsen. Ich
dachte an all die armen Schweine, denen dieser Adler etwas bedeutet. Ein solches Ultimatum durfte nicht vom Präsidenten kommen.«

Dorenko lehnte ab.

Das Gespräch mit Konstantin Ernst verlief erfolgreicher für Putin.
Ende der Woche rief der langhaarige Moskauer Intellektuelle, den
Beresowski fünf Jahre zuvor zum einflussreichsten Fernsehprodu-
zenten des Landes gemacht hatte, bei Patarkatsischwili an. »Ich bin
ein Scheißkerl, aber ich werde auf die Gewinnerseite wechseln«, sagte er. »Widerstand ist ohnehin zwecklos. Tut mir leid.« Dann legte er
auf.

Ein paar Tage später setzte Ernst die strittige Sendung ab und
entließ die halbe Nachrichtenredaktion von ORT. Dorenko wollte
seine Karriere nicht kampflos aufgeben. In einem unglaublichen Akt
der Frechheit, der Millionen Zuschauer vor den Fernsehern fesselte,
hielt Dorenko eine Ansprache auf dem Konkurrenzsender NTW,
den damals noch Igor Malaschenko leitete. Er erzählte den Fernsehzuschauern der Nation von seinem Gespräch mit Putin und dem
Angebot, das er abgelehnt hatte. Es sollte sein letzter Fernsehauftritt

werden. Ein paar Monate später behauptete ein Marinekapitän, Dorenko habe ihn in einem Moskauer Park wegen einer Meinungsverschiedenheit absichtlich mit dem Motorrad angefahren. Dorenko wurde wegen Rowdytums angeklagt und zu vier Jahren auf Bewährung verurteilt. Inzwischen moderiert er eine Talksendung für Radio Echo Moskau, das letzte Überbleibsel von Gussinskis Medienimperium.

Nachdem der Kreml den Journalisten geschasst und die Kontrolle über die Nachrichtenredaktion an sich gerissen hatte, war nun der Vorstand an der Reihe. Beresowski hatte in der Zwischenzeit erklärt, er werde seine neunundvierzig Prozent zu treuen Händen einer Gruppe prominenter Journalisten überlassen, die alle als integer galten und sich der Objektivität verpflichtet hatten. Seitdem Gluschkow am 7. Dezember 2000 verhaftet worden war und als Geisel in Lefortowo saß, wusste Beresowski, dass er klein beigeben musste.

Der Kreml schickte Mitte Dezember einen Unterhändler. Es war der leise sprechende Roman Abramowitsch, der übers Wochenende von Moskau an die Côte d'Azur geflogen war. Er benahm sich wie »ein ehrlicher Makler, der nur das Beste für alle Beteiligten im Sinn hatte«, erinnerte sich Beresowski.

»Ich habe eine Botschaft von Wolodja [Putin] und Sascha [Woloschin]. Sie haben mich gebeten, sie dir persönlich zu übermitteln«, sagte Abramowitsch. »Du weißt, dass sie dir ohne Weiteres deinen Anteil an ORT ohne jede Entschädigung wegnehmen könnten. Aber um allen den Übergang zu erleichtern, haben wir uns darauf geeinigt, dass ich ihn dir in ihrem Namen abkaufen werde. Ich biete dir hundertfünfundsiebzig Millionen Dollar. Das ist ein großzügiges Angebot.«

Beresowski und Patarkatsischwili sahen sich fassungslos an. Das war nur ein Bruchteil der Summe, die ORT wert war.

»Vergiss es«, sagten sie.

»Wolodja und Sascha sind bereit, Gluschkow freizulassen, wenn du auf den Deal eingehst.«

»Kannst du mir das garantieren?«

»Wolodja und Sascha haben mir ihr Wort gegeben.«

Und mir wirft man vor, ich hätte Geiseln freigekauft, dachte Beresowski. Sie besiegelten den Verkauf für hundertfünfundsiebzig Millionen Dollar mit Handschlag, und Mitte Januar war die Transaktion beendet. Abramowitsch erlaubte dem Kreml, fünf neue Vorstandsmitglieder zu ernennen. Gluschkow saß noch immer im Gefängnis.

Grosny, Tschetschenien, 24. Februar 2001

Neben dem russischen Militärstützpunkt Chankala wird ein Massengrab mit rund zweihundert Leichen entdeckt. NTW berichtet, dass viele Spuren von Folter aufweisen. Einige Tote werden als Zivilisten identifiziert, die in verschiedenen Regionen Tschetscheniens als vermisst gelten. In Moskau veröffentlicht die Nowaja Gaseta *einen Artikel der Journalistin Anna Politkowskaja, die behauptet, russische Soldaten hätten willkürlich Zivilisten festgenommen und in einer Grube gefangen gehalten. Für die Freilassung sollen sie pro Person fünfhundert Dollar verlangt haben. Während der Recherche für ihre Story wird Politkowskaja kurz von der Armee gefangen genommen und festgehalten, was für einen Sturm der Empörung in den Moskauer Medien sorgt. Wenig später wird sie wieder auf freien Fuß gesetzt.*

Es gibt widersprüchliche Versionen darüber, was genau am 11. April 2001 vor dem Moskauer Wissenschaftszentrum für Hämatologie geschah. Nikolaj Gluschkow, der offiziell im Gefängnis saß, wurde dort wegen einer Blutkrankheit stationär behandelt. Ein FSB-Team bewachte ihn. Aber offenbar waren die Sicherheitsvorkehrungen nicht besonders streng: Gelegentlich erlaubten ihm seine Bewacher im Austausch gegen eine kleine finanzielle Gefälligkeit, die Nacht zu Hause zu verbringen.

Laut der Staatsanwaltschaft verließ Gluschkow am frühen Abend des 11. April die Station. Er trug seinen Morgenmantel und Hausschuhe und ging zum Tor, wo sein ehemaliger Aeroflot-Kollege Wladimir Skoropupow mit einem Auto auf ihn wartete. Als Gluschkow gerade einsteigen wollte, tauchte wie aus dem Nichts eine Einheit zivil gekleideter FSB-Offiziere auf und verhaftete die beiden Männer wegen Fluchtversuchs. Am nächsten Tag wurde auch der ehemalige ORT-Sicherheitsbeauftragte Andrej Lugowoi wegen Beihilfe zu dem angeblichen Fluchtversuch festgenommen. Zwei Monate später floh Badri Patarkatsischwili, der ehemalige Manager von ORT, nach Georgien, dessen Staatsbürgerschaft er besaß. Die gesamte Gruppe wurde der Mittäterschaft beschuldigt.

Gluschkows Version der Ereignisse vom 11. April hörte sich jedoch ein wenig anders an, als ich ihn ein paar Jahre später in London interviewte. Er sagte, er sei reingelegt worden, und beteuerte, er habe keinesfalls fliehen wollen. Der Aeroflot-Fall sollte vor Gericht kommen, damit er seine Unschuld beweisen konnte. Da seine Anwälte angedeutet hatten, dass es zu einem »Deal auf höchster Ebene« gekommen sei, war er sogar davon ausgegangen, man werde ihn bis zur Verhandlung auf freien Fuß setzen. Wie schon ein paar Tage zuvor wollte er mit Billigung seiner Wächter die Nacht zu Hause verbringen. Darum sei er in Hausschuhen zur Auffahrt des Krankenhauses gegangen.

Gluschkow erhielt schließlich vor Gericht die Möglichkeit, sich zu verteidigen. Im März 2004 wurde er vom Vorwurf des Betrugs und der Geldwäsche freigesprochen, aber wegen versuchter Flucht und einer unbedeutenden Alibi-Anklage wegen »Machtmissbrauchs« verurteilt. Ich fragte ihn, ob dieser Freispruch wirklich drei Jahre Gefängnis wert gewesen sei. Er sagte: »Natürlich. Ich habe bewiesen, dass ich unschuldig war.«

Lugowoi wurde der Beihilfe zur Flucht schuldig gesprochen und zu vierzehn Monaten Haft verurteilt. Nach seiner Entlassung gründete er eine private Sicherheitsfirma.

Im Jahr 2006 sollte er zu einem Hauptverdächtigen im Mordfall Litwinenko werden.

Am 14. April, drei Tage nach Gluschkows angeblichem Fluchtversuch, erschien der neue, kremlfreundliche NTW-Vorstand in Begleitung bewaffneter Polizisten in den NTW-Studios und übernahm die Kontrolle über den Sender. Gussinskis Angestellte mussten noch einmal Bewerbungsgespräche führen und unter anderem den vom Kreml eingesetzten Redakteuren die Treue schwören. Manche gaben dem Druck nach, die meisten weigerten sich. Beresowski stellte die nun arbeitslosen NTW-Mitarbeiter sofort bei TV-6 ein, dem letzten Rest seines Medienkonzerns. Bis zu diesem Zeitpunkt hatte TV-6 hauptsächlich Sport- und Musiksendungen, Filme und Comedy-Shows gesendet. Aber über Nacht verwandelte er sich in einen reinen Nachrichtensender. TV-6 war die letzte unabhängige Stimme in der russischen Fernsehlandschaft. Niemand rechnete damit, dass der Sender lange unabhängig bleiben würde.

Tschetschenien und Moskau, Mai 2001

Innerhalb einer Woche führen tschetschenische Aufständische mehr als hundertvierzig Angriffe aus dem Hinterhalt aus, und russische Pioniere entschärfen mehr als hundertsechzig Bomben. Der russische Verteidigungsminister Sergej Iwanow sagt Journalisten, seit Beginn der Feindseligkeiten im September 1999 seien in Tschetschenien 2682 russische Soldaten ums Leben gekommen. Diese Behauptung wird von dem Verband der Komitees der Soldatenmütter sofort als falsch bezeichnet. Dessen Angaben zufolge sind seit Kriegsbeginn beinahe zehntausend Soldaten gefallen.

Am 30. November 2000 stellte Elena Bonner bei einer internationalen Pressekonferenz Beresowski und seine Sponsorentätigkeit für die russische Demokratie vor. Die siebenundsiebzigjährige Witwe des Nobelpreisträgers Andrej Sacharow, der gegen die Sowjets Widerstand geleistet hatte, gab an, die New Yorker Beresovsky Foundation (später als International Foundation for Civil Liberties oder IFCL bekannt) habe dem Moskauer Sacharow-Museum und -Bürgerzentrum drei Millionen Dollar gestiftet. Dass wir als Erstes dem Sacharow-Museum eine Unterstützung zukommen ließen, war für Boris und mich besonders symbolträchtig. Elena Bonner war die erste russische Menschenrechtsaktivistin, die Putins Regierung als »modernen Stalinismus« bezeichnete, und zwar zu einer Zeit, in der Beresowski und Putin noch »Brüder« gewesen waren. Vor dreißig Jahren war Sacharow zu einem Symbol für den moralischen Widerstand gegen ein tyrannisches Regime geworden. Die Förderung des Sacharow-Zentrums machte deutlich, dass Putins Regierung die sowjetische Unterdrückungspolitik fortsetzte und sich heute genau wie damals Dissidenten dagegen auflehnten. Die neue Stiftung bekannte sich von Anfang an ganz offen zu ihrem Ziel.

Im Mai 2001 hatte die IFCL bereits 160 Stipendien an regierungsunabhängige Organisationen (NGOs) in ganz Russland vergeben. Beresowski hoffte auf »Kristallisationszentren« für Protestbewegungen: Dazu gehörten Antikriegsorganisationen wie die Soldatenmütter, Verbände für die Rechte von Häftlingen, die Grünen, Sprechergruppen für ethnische Minderheiten und Beobachter von Menschenrechtsorganisationen. Bald konnten wir auch ein von Beresowski finanziertes Programm für Rechtsbeihilfe anbieten: Jugendliche Straftäter und Rekruten, die mit dem Militärgesetz in Konflikt gekommen waren, konnten sich kostenlos von Rechtsanwälten beraten lassen. Es gab jährlich mehrere Tausend solcher Fälle.

Westliche Politikexperten standen der IFCL sehr skeptisch gegenüber und bezeichneten die Organisation als den Versuch eines gerissenen Oligarchen, seinen angeschlagenen Ruf aufzupolieren. Nicht so der Kreml. Wenige Tage nachdem das Geld aus New York auf den Bankkonten der russischen NGOs gelandet war, schlugen Putins Berater Alarm. Die IFCL-Stipendien waren offensichtlich auf potenzielle Protestgruppen ausgerichtet. Dazu gehörten die dreißig Millionen Russen, die einer ethnischen Minderheit angehörten und sich in der zunehmend fremdenfeindlichen Atmosphäre im Land wie Bürger zweiter Klasse vorkamen; die rund zwanzig Millionen Bürger, die mindestens einmal Polizeigewalt ausgesetzt gewesen waren; zwölf Millionen ehemalige Häftlinge und mehrere Millionen Familien, deren Söhne Gefahr liefen, gegen ihren Willen zum Dienst an der Waffe verpflichtet zu werden. Zusammengenommen repräsentierten diese Gruppen Abermillionen Protestwähler. Die Kreml-Berater hatten unser Vorgehen ganz richtig gedeutet: Wir wollten ein Basisnetzwerk aufbauen, aus dem sich vielleicht eine gegen das Establishment gerichtete Partei entwickeln würde. Nur wenige Wochen später starteten sie eine Gegenoffensive.

Am 12. Juni traf sich Putin mit »Vertretern der bürgerlichen Gesellschaft«, rund dreißig handverlesenen Kulturfunktionären, zu denen nach bester sowjetischer Tradition auch ein Astronaut, ein Schauspieler und ein Hockeyspieler gehörten. Der Präsident sagte, es sei besorgniserregend, wie viele russische NGOs durch ausländische Zuschüsse finanziert würden. Der Staat müsse selbst die Verantwortung für die Belange seiner Bürger übernehmen, so wie es auch in der UdSSR Brauch gewesen sei. Im folgenden Herbst werde ein NGO-Kongress im Kreml stattfinden, bei dem der Präsident sich mit den Repräsentanten dieser Gruppen direkt austauschen wolle, ohne bürokratische Umwege.

Aber es war bereits zu spät. Das Samenkorn der Opposition war aufgegangen. Viele NGOs versprachen, die Kreml-Initiative zu boykottieren. Kurz darauf erhielten wir einen Anruf: Eine Gruppe demokratischer Politiker wollte sich mit uns treffen, um die Gründung einer neuen politischen Partei zu besprechen.

Sergej Juschenkow war ein russischer Demokrat der ersten Stunde. Der ehemalige Armeeoffizier hatte während des Putsches von 1991 den »lebenden Zaun« um das Parlament organisiert, der Jelzin vor dem erwarteten Angriff der KGB-Schwadronen geschützt hatte. Er war seit 1989 Abgeordneter und die treibende Kraft hinter einer Bewegung, die den allgemeinen Wehrdienst abschaffen und den Krieg in Tschetschenien beenden wollte.

Juschenkow traf Mitte Mai im Château de la Garoupe ein und brachte den ebenfalls als Dissident geltenden Duma-Abgeordneten Wladimir Golowljow mit. Das Treffen erinnerte an eine Episode aus dem Russland des neunzehnten Jahrhunderts: Abgesandte aus Moskau treffen sich mit einer wichtigen Persönlichkeit, die in Westeuropa im Exil lebt. Nach seiner Rückkehr verkündete Juschenkow die Gründung einer neuen Partei, die »Freies Russland« heißen solle und deren Vorsitz er sich mit Beresowski teilen würde. Die Partei sollte bei den Duma-Wahlen von 2003 als Oppositionsplattform gegen Putin antreten.

Wähler wollte »Freies Russland« aus den Protestbewegungen ziehen, die das von der IFCL unterstützte Basisnetzwerk von Bürgerrechtsgruppen bildeten.

Beresowski und Juschenkow hatten vieles gemeinsam, unter anderem hegten sie beide einen Verdacht, der die Sprengstoffanschläge auf Moskauer Wohnhäuser im Jahr 1999 betraf. Sie einigten sich darauf, die Vorfälle gründlich zu untersuchen und die Ergebnisse 2003 gegebenenfalls im Wahlkampf einzusetzen.

Sleptsowskaja, Grenze zu Tschetschenien, 4. Juli 2001

Mehrere Hundert Zivilisten fliehen in Flüchtlingslager ins benachbarte Inguschetien. Es häufen sich Berichte über standrechtliche Hinrichtungen in tschetschenischen Dörfern. Laut dem Bericht eines Flüchtlings wurden im Dorf Assinowskaja »alle Männer zwischen fünfzehn und fünfzig zusammengetrieben. Wir waren mehr als fünfhundert Leute. Man ließ uns in einer Sickergrube am Rand des Dorfes knien ... Wir wurden den ganzen Tag dort festgehalten. Sie befahlen uns, bewegungslos auszuharren, schlugen einige Leute mit ihren Gewehrkolben, hetzten Hunde auf sie und folterten sie mit Elektroschockgeräten. Schließlich wählten sie fünfzig Männer aus und ließen den Rest gehen.«

Juschenkows Ankunft, die Aussicht auf eine Oppositionspartei und das begeisterte Feedback unserer Basis bewirkten, dass mein anfänglicher Pessimismus allmählich nachließ. Bisher hatten wir einen gerechten Kampf geführt, den wir meiner Meinung nach aber nicht gewinnen konnten. Doch jetzt zeigte sich die Ohnmacht der Kommunisten, obwohl sie die totale Kontrolle über Medien und Regierung ausübten. Vielleicht hatte Beresowski ja doch recht, und Putins Regime war tatsächlich so fundamental instabil, dass es vor der ersten Herausforderung kapitulieren würde.

Bald nach Juschenkows Besuch teilte ich meine zuversichtliche Einschätzung der Situation in New York Igor Malaschenko mit. Er wirkte nicht überzeugt.

»Solche Regime kollabieren nicht von allein«, sagte er. »Den Kommunismus beendeten nicht mutige Dissidenten – die Regierung hatte das Wettrüsten verloren, und der gesamte Westen war geschlossen gegen die Sowjets. Es gab eine massive antisowjetische

Informationsindustrie, die von westlichen Regierungen finanziert wurde. Wenn Solschenizyn ein Buch schrieb, wurde es von seinen westlichen Unterstützern sofort verbreitet und hoch gelobt. Versuch mal, heute ein Buch über Tschetschenien zu veröffentlichen! Wir sind vollkommen auf uns allein gestellt. Die beste Strategie ist, die Zähne zusammenzubeißen und zu hoffen, dass der Westen aufwacht und die Gefahr erkennt. Dann haben wir vielleicht eine Chance. Du wirst bald sehen: Sobald Juschenkow eine echte Herausforderung darstellt, ist er ruckzuck weg vom Fenster.«

Leider sah es so aus, als würde es noch sehr lange dauern, bis sich der Westen auf unsere Seite schlug. Am 16. Juni traf sich George W. Bush in Ljubljana zum ersten Mal mit Putin. Er »sah ihm in die Augen ... und merkte, dass er die Seele dieses Mannes erkennen konnte«. Dem US-Präsidenten gefiel offenbar, was er gesehen hatte, und er verkündete der Welt, Putin sei »sehr geradlinig und vertrauenswürdig«.

»Leider sagt das mehr über Bush als über Putin aus«, bemerkte Beresowski trocken.

Genua, Italien, 21. Juli 2001

Russische Menschenrechtsaktivisten appellieren an die Führer der G-7-Demokratien, in der Tschetschenienfrage Druck auf den Kreml auszuüben. Der Krieg sei »eine Schande für unsere Nation und ebenso eine Schande für die gesamte Völkergemeinschaft«, sagt der ehemalige sowjetische Dissident und Menschenrechtler Sergej Kowaljow als Repräsentant des Komitees zur Beendigung des Krieges.

Während Beresowski sich in Cap d'Antibes als Leiter der Exiloppositionellen neu erfand, gewöhnten sich Sascha und Marina allmählich an ihr neues Leben in London. Die International Foundation for Civil Liberties unterstützte sie bei der Umsiedlung finanziell, deshalb konnten sie sich eine Zweizimmerwohnung in Kensington mieten. Tolik besuchte die internationale Schule; die Eltern seiner

Schulfreunde wurden Marinas erste Bekannte in England. Sie nahm Englischunterricht und fand über die Schule sogar ein paar Tanzschüler. Sascha verbrachte viel Zeit mit seinen Anwälten und bereitete seinen Asylantrag vor. Außerdem telefonierte er stundenlang mit Felschtinski, mit dem er an dem Buch *Eiszeit im Kreml* arbeitete, das sich mit den Sprengstoffanschlägen von 1999 befasste.

In London freundete sich Sascha mit zwei älteren Männern an, die zum Zeitpunkt seiner Rekrutierung im KGB einen legendären Status gehabt hatten. Wladimir Bukowski und Oleg Gordijewski waren die Erzfeinde der *kontora* gewesen.

Bukowski war der Inbegriff des Dissidenten und nach Sacharow wahrscheinlich der berühmteste antisowjetische Aktivist. Er hatte in den siebziger Jahren im Untergrund gegen die Kommunisten gekämpft und lange Jahre als politischer Gefangener im Gulag verbracht. Schließlich wurde er im Austausch gegen den Anführer der chilenischen Kommunisten freigelassen, der sich im Gewahrsam des Pinochet-Regimes befand.

Gordijewski war ein Spion, wie er im Buche steht. Er leitete jahrelang die Londoner Abteilung des KGB und arbeitete dabei als Doppelagent für die Briten. 1985 wurde er von dem CIA-Agenten Aldrich Ames verraten und sofort nach Moskau zurückberufen. Zweifellos wäre er, genau wie die anderen Opfer von Ames' Verrat, sofort exekutiert worden, wenn die Briten ihn nicht in letzter Minute außer Landes gebracht hätten. In einer gewagten Aktion, die einem Roman von John le Carré entstammen könnte, schmuggelten sie ihn mithilfe von Verkleidungen, Lockvögeln und einem doppelten Kofferraumboden über die finnische Grenze.

Dass diese beiden Ikonen des antisowjetischen Widerstands der letzten Generation Sascha als einen der ihren akzeptierten, gab ihm ungeheuren Auftrieb. Er telefonierte beinahe täglich mit Bukowski, sprach mit ihm über sein Buch und bat ihn um seine Meinung zu diesem oder jenem Interview. Sascha zitierte die beiden ständig, und sie wurden seine geistigen Mentoren. Eines Tages sprachen wir über unsere Abenteuer in der Türkei, und er sagte glücklich: »Weißt du, ich bin zwar nicht von der CIA oder dem britischen Auslandsgeheimdienst MI6 außer Landes geschmuggelt worden, aber meine Flucht war trotzdem eine schwere Schlappe für den FSB. Gordijewski hat gesagt, dass sie sich vor allen Geheimdiensten der Welt lächerlich gemacht haben, weil Beresowski und Goldfarb mich quasi unter ihren Augen entführten. Wahrscheinlich hasst mich die gesamte Lubjanka inzwischen genauso sehr wie ihn.«

Am 14. Mai 2001 bekam Sascha einen Anruf von seinem Anwalt George Menzies, der gute Neuigkeiten für ihn hatte: Das Innenministerium hatte seinem Antrag auf politisches Asyl stattgegeben. Er müsse nur noch ein paar Papiere unterschreiben.

In der Kanzlei Seymour & Menzies in der Nähe der St. Paul's Cathedral öffnete George Menzies eine Flasche Champagner. Der hellhäutige, sportliche und fröhliche Engländer feierte auch seine eigene Party. In diesem Winter hatte er endlose Tage lang Saschas unglaubliche Geschichten in verständliches Englisch übersetzt. Alles nur, um einen anonymen Beamten der Einwanderungsbehörde davon zu überzeugen, dass die Familie Litwinenko »begründete Angst vor Verfolgung« durch Putin hatte, den Mann, den Tony Blair seinen guten Freund nannte. Und nun war das unerreichbar scheinende Ziel Realität geworden. Sie durften bleiben.

»Jetzt müssen wir euch einen Namen aussuchen«, sagte Menzies.

Das britische Innenministerium gibt anerkannten politischen Flüchtlingen die Möglichkeit, ihren Namen zu ändern. Das ist Teil des Komplettpaketes zu ihrem Schutz. Wer immer noch von den Mächten verfolgt wird, vor denen er geflohen ist, dem gibt ein neuer Name ein bisschen zusätzliche Sicherheit. Vor allem bei Auslandsreisen mit einem britischen Pass.

»Such du einen Namen für mich aus«, sagte Sascha. »Ich habe es letztlich dir zu verdanken, dass ich Brite werden darf. Also hast du auch das Recht, mich sozusagen zu taufen.«

»Dann heißt du ab jetzt Edwin, wie der erste politische Flüchtling der Geschichte.«

Menzies, der studierter Historiker war, erzählte von der Besetzung Englands durch die Sachsen. Um das Jahr 614 herum musste Edwin, der sächsische Prinz von Northumbria, vor einem Thronräuber namens Ethelfrith fliehen. Edwin suchte Zuflucht am Hof von König Redwald von East Anglia. Doch der bot ihm anfangs keinen sicheren Schutz. Ethelfrith hätte Redwald mit einer Kombination aus Drohungen und Bestechungen beinahe überredet, ihm Edwin auszuliefern. Edwins Geschichte hätte also fast ein schlechtes Ende genommen, aber dann griff die Königin ein. Sie ermahnte ihren Gatten König Redwald, sein Wort zu brechen käme einem Armutszeugnis gleich und würde seinen Namen mit Schuld und Schande überziehen. Redwald änderte seine Meinung und beschloss, in die Schlacht zu ziehen, um seinen Gast zu schützen. Er besiegte Ethelfrith am Ufer des Idel in Nottinghamshire und opferte dabei sogar das Leben seines geliebten Sohnes. So also hatte die mehr als tausend Jahre alte Tradition begonnen, der Sascha nun sein Leben verdankte.

»Du wirst also Edwin Redwald heißen«, sagte Menzies.

»So kann er *unmöglich* heißen«, sagte Menzies' Sekretärin Pauline. »Da kriegt man ja einen Knoten in der Zunge.«

»Sie haben recht«, seufzte Menzies. »Nehmen wir einen weniger hochtrabenden Nachnamen. Wie wär's mit Carter, nach unserer Adresse?«

So wurde aus Sascha offiziell Edwin Redwald Carter, was bis zu seinem Tode ein wohlgehütetes Geheimnis blieb.

Einige Zeit später erhielt Sascha seinen Flüchtlingsreisepass vom Innenministerium. Damit konnte er gefahrlos verreisen – zumindest im Westen.

»Civis Britannicus sum«, erklärte er. »Ich bin ein britischer Staatsbürger.« Mit diesem Satz hatte Großbritanniens Premierminister Lord Palmerston 1849 im Parlament einen Einsatz der Navy gerechtfertigt, den er befohlen hatte, um einen einzelnen britischen Bürger namens Don Pacifico zu retten. Der Jude aus Gibraltar war in Athen einem antisemitischen Übergriff zum Opfer gefallen und hatte dabei all seinen Besitz verloren. Daraufhin mobilisierte Lord Palmerston die Navy, ließ Waren im Wert von Don Pacificos Verlusten beschlagnahmen und die Straße von Gibraltar blockieren.

Saschas neuer Status verlieh ihm nun den Schutz eines Civis Britannicus.

In der Zwischenzeit startete der russische Generalstaatsanwalt eine umfassende Suche nach Alexander Litwinenko, der eine einstweilige Verfügung missachtet hatte. Er sollte festgenommen und bis zur Verhandlung inhaftiert werden.

Im Dezember 2001 erzielten Saschas Verfolger einen ersten Erfolg. Marinas fünfundsechzigjährige Mutter Sinaida kehrte von ihrem ersten Besuch in London heim. Am Scheremetjewo-Flughafen von Moskau wurde sie in einen Raum beim Zoll gebracht und einer Leibesvisitation unterzogen. Zuerst dachte die ältere Dame, es handle sich dabei um reine Schikane. Doch sie fanden, wonach sie suchten: einen Zettel, auf dem die Adresse ihrer Tochter in London stand.

Drei Monate später tauchten zwei Männer vor Saschas Wohnung auf. Marina, die allein zu Hause war, meldete sich an der Gegensprechanlage.

»Wir sind von der russischen Botschaft und wollen Mr. Litwinenko sprechen«, hörte sie den gebrochenes Englisch sprechenden Besucher durch den Lautsprecher.

»Verschwinden Sie! Hier wohnt niemand, der so heißt!«, schrie Marina auf Russisch. »Hauen Sie ab, oder ich rufe die Polizei!« Sie war entsetzt. Die Besucher schoben einen Umschlag unter der Tür durch und gingen.

Es war eine Vorladung für Sascha, wegen seines dritten Falls – des gestohlenen Sprengstoffs – vor Gericht zu erscheinen. Doch diesmal machte sich Sascha keine Sorgen. »Civis Britannicus sum« klang vertrauenerweckend.

Ende des Sommers 2002 wurde *Blowing up Russia* (deutscher Titel: *Eiszeit im Kreml*) von einer kleinen Emigrantendruckerei in New York gedruckt. Felschtinski kontaktierte den Politiker und Journalisten Juri Schtschekotschichin, um einen auszugsweisen Vorabdruck in der *Nowaja Gaseta* zu arrangieren. Die Auszüge wurden am 27. August veröffentlicht, sie füllten zweiundzwanzig Seiten der kleinformatigen Zeitung.

Leider lieferte das Buch keinen sicheren Beweis dafür, wer hinter den Attentaten von 1999 steckte. Nichtsdestotrotz enthielt es eine Anzahl eindeutiger Indizien und bisher nicht bekannter Einzelheiten. Es beschrieb ausführlich zahlreiche terroristische Operationen von Gruppen, die vom FSB initiiert und ihm angegliedert waren, und zeigte damit ein Muster auf, in das die Sprengstoffanschläge auf die Wohnhäuser passten.

Zunächst schilderte es den Fall Lasowski. Zu Beginn des ersten Tschetschenienkrieges im Herbst 1994 teilte sich Sascha im FSB ein Büro mit einem weiteren Ermittler. Jewgeni Makejew untersuchte eine Explosion auf einer Eisenbahnbrücke über den Fluss Jausa im Moskauer Zentrum am 18. November 1994. Hätte zum Zeitpunkt der Explosion ein Personenzug die Brücke überquert, hätte dies katastrophale Folgen gehabt. Offenbar ging die Sprengladung zu früh hoch und tötete den Bombenleger. Ein paar Tage später ereignete sich eine weitere Explosion in einem Moskauer Reisebus. Auch hier unterlief den Attentätern offenbar ein Planungsfehler, und die Bombe detonierte, als der Bus leer war, nur der Fahrer wurde verletzt. Zu diesem Zeitpunkt machte man nicht näher benannte Tschetschenen für die Anschläge verantwortlich. Der erste Tschetschenienkrieg begann wenige Tage nach den Vorfällen.

Zwei Jahre später wurden die Anschläge von 1994 von einem Moskauer Kommissar namens Wladimir Tschai aufgeklärt. Der Mann, der auf der Brücke den Tod gefunden hatte, Hauptmann a. D. Andrej Schelenkow, arbeitete als Angestellter für die Ölgesellschaft Lanaco. Der Besitzer von Lanaco war Maxim Lasowski, ein langjähriger Agent des FSB. Der Mann, der die Bombe im Bus gelegt hatte, wurde gefasst und gestand. Er hieß Wladimir Akimow und war Lasowskis Chauffeur.

Lasowski und Oberstleutnant a. D. Worobijew – der sich ebenfalls als FSB-Agent entpuppte – wurden verhaftet.

Die Beweislage war erdrückend. Zusätzlich zu den beiden Sprengstoffanschlägen hatte die Gruppe – offenkundig mit Billigung des FSB – verschiedene Morde ausgeführt. Lasowski und Worobijew wurden wegen terroristischer Aktivitäten verurteilt und ihre Verbindungen zum FSB in den Akten festgehalten. Es wurde nie geklärt, wer die Bomben bestellt hatte und warum. Die beiden Verurteilten selbst hatten keinerlei Motiv. In seiner letzten Aussage vor Gericht nannte Worobijew den Fall »eine Geheimdienst-Farce«. Lasowski saß dreieinhalb Jahre im Gefängnis und wurde kurz nach seiner Entlassung vor seiner Haustür von unbekannten Tätern ermordet. Kommissar Tschai, der Mann, der ihn verhaftet hatte, starb 1997 im Alter von neununddreißig Jahren an plötzlichem Organversagen. Er galt bereits zu Lebzeiten als Legende – der beste Kommissar in Moskau. Man munkelte, er sei vom FSB aus Rache für den Lasowski-Fall vergiftet worden.

Im nächsten Fall ging es um den russischen Offizier in Tschetschenien, der 1996 im Dorf Swobodni ein Massaker verübt hatte und als Kriegsverbrecher verhaftet worden war. Laut *Eiszeit im Kreml* boten ihm die Geheimdienste einen Handel an: Wenn er bereit sei, als Anführer einer verdeckten Killertruppe zu arbeiten, müsse er nicht ins Gefängnis gehen. Er entschied sich, auf das Angebot einzugehen, und versammelte ein Team aus zwölf Leuten um sich, die alle unter dem Verdacht standen, Gräueltaten in Tschetschenien begangen zu haben. Das Buch berichtet, dass sie ab 1998 »Liquidierungen« in der Ukraine, im Irak, in Jugoslawien und in Moldawien durchführten. Die Mitglieder der Gruppe verschwanden 2000 nach und nach, doch bevor sie untertauchten, hinterließ ihr Anführer ein Geständnis auf Video, welches Sascha erhalten hatte.

Solche Geschichten – von denen es in dem Buch einige gibt – machten *Eiszeit im Kreml* zusammen mit einer kurzen Zusammenfassung des Zwischenfalles in Rjasan in diesem Sommer zu einer kleinen Sensation in Moskau. Das Buch konnte zwar nichts beweisen, doch es ließ eine beängstigende Theorie möglich erscheinen: Konnte es sein, dass der Geheimdienst dazu bereit war, Häuser in die Luft zu sprengen, in denen unschuldige Bürger schliefen?

Ich war noch nicht überzeugt, doch Sascha und Beresowski waren außer sich vor Freude. Ich konnte die Aufregung nicht ganz verstehen, denn bisher hatten sie noch keine Beweise für ihre Theorie vorlegen können.

»Stell dir ihre Gesichter vor, wenn sie das bei der *kontora* lesen«, sagten beide unabhängig voneinander. Für Sascha und Beresowski zielte das Buch nicht auf die breite Öffentlichkeit. Es war eine persönliche Nachricht an ihre schlimmsten Feinde, eine Kriegserklärung: Wir glauben, dass ihr dahintersteckt, und wir sind euch auf den Fersen. Es ist also gar nicht so wichtig, ob das Buch nun ein Bestseller wird oder nicht, dachte ich. Falls der FSB tatsächlich die Wohnhäuser in die Luft gejagt hat, wird das Buch im Kreml das reinste Chaos anrichten und vielleicht eine Reaktion provozieren, die selbst Beweis genug ist.

Niemand zweifelt daran, dass der 11. September 2001 die Welt verändert hat. Russland zog aus den Anschlägen einen Vorteil. Im Austausch dafür, dass Putin den amerikanischen Krieg gegen den Terror unterstützte, bekam er von den Amerikanern die Einverständniserklärung zu seinem Krieg in Tschetschenien. Dies rettete wahrscheinlich seine Präsidentschaft. Nach den Anschlägen flogen Beresowski und ich so schnell wie möglich nach Washington. Die Nachricht, dass Putin ein Verbündeter der Amerikaner geworden war, wurde uns von Tom Graham überbracht, dem wichtigsten Russlandexperten der Regierung Bush, der in der Abteilung für Politikplanung im Außenministerium arbeitete.

Mir war klar, dass wir von nun an in Washington als Feinde eines befreundeten Landes betrachtet wurden. Wir würden es schwer haben, uns Gehör zu verschaffen.

»Putin hat wirklich verdammtes Glück«, sagte Beresowski beim Verlassen des Außenministeriums. »Wenn es Bin Laden nicht gäbe, hätte er ihn erfinden müssen. Ich frage mich, ob die Amerikaner kapieren, dass er überhaupt nicht ihr Freund ist. Er wird sie und die Muslime gegeneinander ausspielen und jede Schwäche zu seinen Gunsten ausnutzen.«

Nachdem ich die Briten beinahe ein Jahr um Vergebung für die Aktion mit Sascha angebettelt hatte, wurde mir gerade noch rechtzeitig gestattet, zum Londoner Start einer Kampagne ins Land einzureisen. Die Welt sollte an die Sprengstoffanschläge auf die Moskauer Wohnhäuser 1999 erinnert werden. Am 14. Dezember 2001 hielt Russlands größte NGO eine von der IFCL finanzierte Konferenz zum Tschetschenienkrieg in Moskau ab, an der Soldatenmütter aus ganz Russland teilnahmen. Im Saal wimmelte es von internationaler Presse. Beresowski wurde per Konferenzschaltung aus London zugeschaltet. Es war sein erster, wenn auch virtueller Auftritt in Moskau, seit er vor mehr als einem Jahr ins Exil gegangen war.

Beresowski nutzte die Gelegenheit, um zu sagen, dass er Saschas Buch gelesen habe und nun auch davon überzeugt sei, der FSB habe die Moskauer Wohnhäuser in die Luft gejagt. So machte er die ausländische Presse zum ersten Mal auf diese Geschichte aufmerksam. Vielleicht lag es daran, wie die Soldatenmütter auf seine Erklärung reagierten. Ihre Kinder starben in Tschetschenien, und sie schienen diese Behauptung für absolut plausibel zu halten. Niemand erhob Einspruch. Vielleicht war es auch die Tatsache, dass die Anschläge rückblickend zu Russlands »11. September« gemacht wurden. Oder es lag an der medienwirksamen Geschichte vom flüchtigen Oligarchen, der einen Präsidenten indirekt des Massenmords beschuldigt. Was auch immer der Grund war, Beresowskis Statement trat eine PR-Lawine los.

Der Chef des Moskauer Büros der *New York Times* interviewte Beresowski in London und flog dann nach Rjasan, um die Geschichte der vereitelten Anschläge dort zusammenzufassen. Er schrieb zwei Leitartikel innerhalb einer Woche. *Time* verglich die Auseinandersetzung zwischen Putin und Beresowski mit der von Stalin und Trotzki. Am 5. März schließlich fand in einem bis auf den letzten Platz besetzten Saal in London die Weltpremiere der Dokumentation *Assassination of Russia* statt, bei der Beresowski die Einführungsrede hielt. Der Film war von zwei französischen Produzenten gemacht worden, die ursprünglich mit NTW zusammengearbeitet hatten, um die Sendung über den »Zucker von Rjasan« fortzusetzen. Als NTW von Gasprom übernommen wurde und seine Journalisten zu TV-6 wechselten, verfolgten sie das Projekt dort weiter. Im Januar 2002 schlossen die Behörden jedoch TV-6, Beresowski verlor seine letzte verbliebene Stimme in Russlands Äther, und der zu drei Vierteln fertige Film blieb vorerst unvollendet. Die Produzenten baten schließlich Beresowski, die restlichen Produktionskosten zu übernehmen. Von diesem Moment an wurden Sascha und Felschtinski die wichtigsten Berater bei dem Filmprojekt.

Die Parteichefs von »Freies Russland«, Sergej Juschenkow und Juli Rybakow, flogen extra zur Premiere von Moskau ein. Sie gaben bekannt, den Film weltweit zu fördern, »um die Vertuschung des schrecklichen Verbrechens seitens der Regierung, das zum Krieg geführt hat, aufzudecken«. Zugegebenermaßen erbrachte auch der Film keine neuen Beweise, doch in den Worten von *Kommersant* »hatten die Filmemacher erstmalig alle Fakten und kleineren Details zum Rjasan-Vorfall gesammelt und in eine chronologisch richtige Abfolge gebracht«. Dadurch hätten sie den Zusammenhang zu »einigen umstrittenen Äußerungen und Angaben« hergestellt, die

»von höchster Stelle gemacht wurden, auch vom damaligen Premierminister Putin«.

Hiermit startete die Kampagne für Juschenkows neue Partei.

»Die Beweise im Film sind überzeugend«, erklärte Juschenkow, der nach seiner Rückkehr aus London noch am Scheremetjewo-Flughafen Kopien des Films an die wartenden Journalisten verteilte. »Sie zeigen, wie die Geheimdienste Russlands Bürger betrogen haben.« Juschenkow kündigte an, »Freies Russland« werde den Film in ganz Russland für Kinovorführungen zur Verfügung stellen. Hoffentlich »finden wir einen Fernsehsender, der keine Angst davor hat, den Film zu zeigen«, sagte er Radio Echo Moskau. Von Anfang an versuchte der FSB mit einer großangelegten Gegenkampagne, die Veröffentlichung zu blockieren. Rybakow brachte hundert Kopien von London nach St. Petersburg, doch sie wurden vom Zoll unter Verletzung seiner parlamentarischen Immunität konfisziert. Später erhielt er Todesdrohungen. Seine Mitarbeiter, die Vorstellungen in der Gegend um St. Petersburg organisierten, wurden von Fremden schikaniert und verprügelt. Alexander Kostarew, Mitglied des Regierungsrates von »Freies Russland«, wurde in Perm auf der Straße brutal zusammengeschlagen, nachdem er eine öffentliche Vorstellung arrangiert hatte. Kein Sender in Russland traute sich, den Film zu zeigen. Dennoch wurde er von den öffentlichen Sendern der drei ehemaligen baltischen Sowjetrepubliken Estland, Lettland und Litauen mit Unterstützung der IFCL ausgestrahlt.

In der Zwischenzeit rochen russische Videopiraten das Geld, das mit dem Film zu machen war; auf der Straße gab es einen wachsenden Bedarf an Schwarzkopien. Die Piraten übernahmen bereitwillig ein paar Masterbänder, die die IFCL ihnen diskret zur Verfügung stellte. Mit Zehntausenden von Kopien überschwemmten sie die Flohmärkte und Bahnhofskioske und machten den Film so zum Underground-Bestseller. Anfang April verbreiteten Abgeordnete von »Freies Russland« Kopien des Films in der Duma. Jeder wollte ihn haben, obwohl die Abgeordneten einen Antrag auf eine parlamentarische Untersuchung der Anschläge von 1999 sofort abschmetterten.

Am 14. April berichtete die französische Presseagentur Agence France Press die Ergebnisse einer Umfrage eines russischen Meinungsforschungsinstituts: Sechs Prozent der Befragten sagten, sie seien sicher, dass der FSB die Anschläge inszeniert hatte; siebenunddreißig Prozent schlossen diese Möglichkeit nicht aus; achtunddreißig Prozent glaubten diese Behauptung nicht, aber nur sechzehn Prozent waren völlig davon überzeugt, dass die Bomben von tschetschenischen Rebellen gelegt worden waren. Neununddreißig Prozent drangen darauf, dass die Anschuldigungen sorgfältig untersucht werden sollten. Über die Hälfte sagte, dass Beresowskis Film im russischen Fernsehen gezeigt werden sollte.

So widersprüchlich diese Ergebnisse auch wirkten, wir betrachteten sie nichtsdestotrotz als einen Erfolg, der unsere Erwartungen weit übertraf. Wir hatten keine einzige Anzeige geschaltet. Die Berichterstattung in den regierungsfreundlichen Nachrichten war von offener Feindseligkeit bestimmt. Die erhobenen Anschuldigungen unterstellten der Regierung, die laut derselben Meinungsumfrage im Volk überwältigende Popularität genoss, eine ungeheuerliche Monstrosität. Ein Großteil der Befragten hatte weder den Film gesehen noch das Buch gelesen. Doch alle hatten von den Anklagen gehört, und fast die Hälfte aller Befragten hielten Saschas und Beresowskis Version für möglich.

Die russische Nationalseele ist in ihrem tiefsten Innern gespalten. Einerseits weist sie noch Züge eines fast mittelalterlichen Masochismus auf, der sich in ihrer Einstellung zur *wlast* manifestiert, die sie als gottgegeben und Furcht einflößend empfindet. Dies zeigt sich an der Ehrfurcht, die solchen Tyrannen wie Iwan dem Schrecklichen entgegengebracht wird.

In einer brillanten Analyse dieses Phänomens, die in einem Artikel über den Film im US-Magazin *Time* erschien, verglich der Moskauer Korrespondent Juri Sarachowitsch die Anschläge auf die Wohnhäuser mit einer berühmten Episode der russischen Geschichte. Boris Godunow, der Leiter der Geheimpolizei des Kreml, wurde von den Bojaren zum Nachfolger des kinderlosen Zaren Fjodor gewählt, der seinerseits ein Sohn Iwans des Schrecklichen war. Godunows Triumph wurde durch die Behauptung ruiniert, er habe sich den Weg zum Thron durch einen Mord geebnet und den eigentlichen Thronerben – Fjodors Neffen – im Kindesalter umbringen lassen. Dieser Enkel Iwans hätte Anspruch auf Russlands Thron gehabt. Die Anschuldigung verfolgte Godunow während seiner gesamten Herrschaft, trotz der zahlreichen Knebelungsversuche, die er unternahm: Er »zwang die Russen, täglich ein Gebet an ihn zu richten, und die Geheimpolizei suchte fortwährend nach Anzeichen für einen Aufruhr und warb Leute als Spitzel an«. Schließlich verschlechterte sich die wirtschaftliche Situation zunehmend, und die Geschichte des ermordeten Kindes wurde der Motor, der schließlich zu einem Volksaufstand führte.

»Im siebzehnten Jahrhundert reichte die Anschuldigung, den Tod eines unschuldigen Kindes mitverursacht zu haben, aus, um ein Regime zu Fall zu bringen. Heute sind auch 247 Unschuldige, deren Blut angeblich an den Händen der Regierung klebt, dafür nicht mehr genug. Die neuere russische Geschichte hat schon zu viele Millionen solcher Tode erlebt«, schrieb Sarachowitsch. »Dennoch: Je schlimmer die Situation wird, desto lauter werden die Menschen reden. Und eines Tages werden sie ihre Stimmen vielleicht wieder zu einem Gebrüll erheben.«

Der Film war für den Kreml der Tropfen, der das Fass zum Überlaufen brachte. Am Tag der Weltpremiere in London reagierte der FSB mit einer Erklärung, Beresowski habe in Tschetschenien »terroristische Aktivitäten finanziert« und sei 1999 an der Entführung und Ermordung eines Generals des Innenministeriums beteiligt gewesen. Der FSB-Direktor Nikolaj Patruschew trat im Fernsehen auf und drohte, der FSB habe Beresowskis terroristische Aktivitäten »ordnungsgemäß dokumentiert« und werde die Dokumente »Russlands Partnern im Ausland übergeben und auf angemessene Reaktionen warten«. Das Büro des Generalstaatsanwaltes fügte hinzu, »um die Sicherheit der Ermittler und der Zeugen zu gewähren und aus Gründen der Beweissicherung« könnten sie »die Dokumente in unserem Besitz, die von Beresowskis Beteiligung an den Ereignissen in Tschetschenien zeugen, noch nicht öffentlich machen«. Doch die Ankündigung ließ keinen Zweifel daran, dass der Kreml sich darauf vorbereitete, zurückzuschlagen.

KAPITEL 12

Die Detektive

Saschas Buch und Boris Beresowskis Film brachten die russischen Bildungsbürger ins Grübeln. War es möglich, dass ihre *wlast* doch nicht nur ein Regime mit leicht autoritären Zügen verkörperte, das Russland brauchte, wenn das Land dem Chaos entrinnen wollte, das die Oligarchen verursacht hatten? War es möglich, dass ebenjenes Regime die Verkörperung des Bösen darstellte und die Todsünde begangen hatte, fast dreihundert Unschuldige im Schlaf umzubringen?

Die Angst, die sich in Russland ausbreitete, wurde in einem Artikel von Dmitri Furman, einem Soziologen an der Russischen Akademie der Wissenschaften, sehr gut wiedergegeben. Er erklärte, warum so viele Russen sofort bereit waren, diesen Anschuldigungen Glauben zu schenken. Die Theorie, dass der FSB hinter den Anschlägen steckte, so argumentierte er, sei in sich logisch: Die Wohnhäuser in die Luft zu sprengen und den Tschetschenen die Schuld daran zu geben würde einen Krieg auslösen. Putins Popularität würde am Vorabend der Wahlen durch entschiedenes Handeln gesteigert werden. Der Plan wirke gut durchdacht und rational und habe – bis auf das Missgeschick in Rjasan – auch zum Erfolg geführt. »In dieser Theorie sind die Schurken klug, einfallsreich und dämonisch.«

Er bezweifelte die offiziellen Angaben, wahhabitische Terroristen hätten die Bomben gelegt, weil der Anschlag »nicht auf einem rationalen Verhaltensmuster basiert und die Schurken sich nicht klug, sondern wie Idioten verhalten, deren Motive überhaupt nicht nachvollziehbar sind ... Es besteht ein auffallender Widerspruch zwischen dem sorgfältig vorbereiteten und ausgeführten Plan und einem Ziel, das vollkommen unklar bleibt.«

Der Vergleich mit dem 11. September hinkte Furmans Meinung nach deshalb, weil Bin Laden ein rationales Ziel verfolgt habe: Er wollte Amerika Schaden zufügen und einen antiislamischen Feldzug provozieren. Aber weshalb sollten wahhabitische Terroristen Wohnhäuser von einfachen Arbeitern in die Luft jagen? Um den Krieg zu beenden? Um Russland zu schaden? Das Ganze ergab überhaupt keinen Sinn. »In der offiziellen Version gibt es noch eine weitere Gruppe, die unglaubliche Dummheit bewiesen hat, und zwar der FSB. Die Rjasan-Operation (falls es sich um eine Operation und nicht um einen vereitelten Anschlag gehandelt hat) ist so lächerlich, dass alle Erklärungsversuche zum Scheitern verurteilt sind. Dass die erste Version auf rationale Beweggründe und die zweite auf pure Idiotie hindeutet, heißt noch nicht, dass Erstere stimmt und Letztere falsch ist. Aber wenn Menschen etwas sehr Angsteinflößendes erleben, glauben sie lieber an einen teuflischen Plan als an einen Zufall oder irrationale Handlungen. Es ist einfacher zu glauben, dass [der junge Thronerbe Prinz] Dmitri von Boris Godunow getötet wurde, als der offiziellen Version Glauben zu schenken, er habe sich mit einem kleinen Messer selbst erstochen.«

Furman folgerte, dass den Russen also nur zwei Wahlmöglichkeiten blieben: Sie konnten ihre *wlast* für verbrecherisch oder für idiotisch halten. Beresowski hatte schon gewonnen, egal, welche Version nun stimmte.

Mir reichten diese Versatzstücke nicht. Ich wollte die Wahrheit herausfinden. Nun gut, Putin war die Personifizierung eines KGB-Mannes, eines zu allem bereiten Typus Mensch. Das bedeutet jedoch nicht, dass solche Menschen hinter allen Verbrechen in Russland stecken müssen. Außerdem gab es noch andere Fanatiker, das hatte ich am 11. September gelernt, als die Twin Towers einstürzten. In meinem Herzen bin ich nun mal Wissenschaftler und stehe Indizien ohne eindeutigen Beweis immer mit einer gewissen Skepsis gegenüber. Beresowski war da anders. Der Mathematiker in ihm stellte die Logik in den Vordergrund, Details interessierten ihn nicht so sehr. Ihn überzeugte der Rjasan-Vorfall vollständig. Für mich war

Rjasan ein zwar beeindruckendes, aber dennoch nicht hinreichendes Indiz. Ich hatte keine Skrupel, die FSB-Theorie in den Medien zu verbreiten, weil mich die offizielle Vertuschungsaktion sehr misstrauisch gemacht hatte. Aber ich wollte der Sache dennoch auf den Grund gehen.

Und ich war nicht der Einzige. Zu den weniger prominenten Gästen der Londoner Premiere des Films *Assassination of Russia* gehörte Tanja Morosowa, eine stille einunddreißigjährige Frau mit großen braunen Augen und hohen Wangenknochen. Ihre Mutter war bei dem Anschlag in der Gurjanowa-Straße am 9. September 1999 ums Leben gekommen. Bei der Premierenfeier sprach sie mit einigen Gästen, die anschließend sehr nachdenklich gestimmt waren. Einen Augenblick lang standen die menschlichen Tragödien wieder im Vordergrund, die man bei all der Dramatik des Machtkampfs um den Kreml nur allzu leicht aus den Augen verlor.

Juri Felschtinski hatte Tanja Morosowa in Milwaukee, Wisconsin, ausfindig gemacht, wo sie mit ihrem amerikanischen Ehemann und dem gemeinsamen vier Jahre alten Sohn lebte. Felschtinski erklärte Tanja, dass wir an der Aufklärung der Bombenanschläge arbeiteten und es zwei Theorien darüber gebe, wer ihre Mutter getötet hat. Tanja war wie kaum ein anderer Mensch daran interessiert, die Wahrheit zu erfahren. Er lud sie nach London ein und bat sie, uns anzuhören und danach zu entscheiden, welche Theorie ihr überzeugender erschien.

Tanja war einverstanden. In London war sie eher schweigsam; sie hatte die Reise unternommen, weil sie etwas in Erfahrung bringen wollte. Nachdem sie den Film gesehen hatte, rief sie ihre jüngere Schwester Aljona in Denver an und berichtete ihr, dass die Gerüchte, die sie bisher als völlig absurd abgetan hatten, tatsächlich der Wahrheit entsprechen könnten. Es gebe ernsthafte Gründe dafür anzunehmen, dass ihre eigene Regierung die Bombe gelegt hatte, die ihre Mutter und dreiundneunzig ihrer Nachbarn umbrachte. Ob Aljona sich bereit erklären würde, in einem Komitee mitzuarbeiten, das diese Anschuldigungen untersuchte?

Aljona hatte den Anschlag in der Gurjanowa-Straße überlebt. Nachdem ihre Schwester Tanja geheiratet hatte und nach Milwaukee gezogen war, lebte sie allein mit ihrer Mutter in der Einzimmerwohnung in einem Arbeiterstadtteil, wo sie auch aufgewachsen war. Am Abend des 8. September verabredete sie sich mit ihrem Freund Sergej in dessen Wohnung im selben Gebäude. Kurz nach Mitternacht sagte Sergej, er wolle in der Küche eine Zigarette rauchen. Das waren seine letzten Worte.

Zuerst dachte Aljona an ein Erdbeben. In ihrem Schock hörte sie keinen Laut, als ob in einem Kino der Ton ausgestellt worden wäre. Die Wand, an der Sergejs Bücherregal und sein Fernseher standen, bewegte sich plötzlich und rutschte langsam nach unten weg. Die Couch, auf der sie saß, stand nun am Rand eines Abgrunds. Sie blieb bei Bewusstsein, und auch ihr Gehör kehrte nach wenigen Sekunden zurück. Die Geräusche drangen von der Straße an ihre Ohren, und ihr wurde mit einem Mal klar, dass sie auf eine Schlucht starrte, die sich inmitten des Gebäudes aufgetan hatte. Irgendwo am Grund dieser Schlucht lagen die Küche, ihr Freund, ihre Mutter, die gesamte Wohnung und alles andere, was sich in den neun Stockwerken befunden hatte, die über den zwei mittleren Eingängen zusammengestürzt waren.

Aljona wurde von Feuerwehrleuten gerettet und irrte danach völlig betäubt durch das rauchende Chaos, in dem es vor Polizisten, Einsatzwagen und Rettungshelfern nur so wimmelte. Plötzlich wurde sie von einem CNN-Team angesprochen.

»Waren Sie in dem Gebäude? Wollen Sie telefonieren? Hier, nehmen Sie mein Handy«, schrie ein Mann, der eine Kamera hielt. Sie hörte ihn über den Lärm der Sirenen kaum.

»Ich kann niemanden anrufen«, sagte sie. »Meine Schwester lebt in Amerika, und ich weiß ihre Nummer nicht auswendig.«

Schließlich schaffte sie es dank CNN doch, Kontakt mit ihrer Schwester aufzunehmen, die am nächsten Morgen nach Moskau flog.

Die Leiche ihrer Mutter wurde nie gefunden. Frustriert ertrugen sie die Taktlosigkeit der Beamten, bei denen sie vorsprechen mussten, weil ohne Leiche kein Totenschein ausgestellt werden konnte und alle ihre Papiere zerstört worden waren. Die Behörden hatten beschlossen, den Wohnblock vollständig abzureißen. Als die Überreste ihres Hauses gesprengt wurden, klammerten sich die beiden Frauen weinend beim Anblick des einstürzenden Gebäudes aneinander. Irgendwo unter dem Schutthaufen aus Staub und Beton, den bald Bulldozer einebnen würden, lagen ihre Mutter und Sergej.

Nach den Anschlägen vom 11. September überraschte es die beiden sehr, wie anders die Amerikaner mit einer solchen Katastrophe umgingen.

»Die Amerikaner drehten auf der Suche nach Hinweisen jeden Stein des Geröllhaufens um, der vom World Trade Center übrig geblieben war«, sagte Tanja zu mir. »Warum hatte der FSB nicht nach Beweisen gesucht? Warum ließen sie den ganzen Ort einebnen? Wollten sie vielleicht etwas verbergen?«

Nach drei Monaten waren Aljonas Papiere endlich wieder vollständig. Sie flog nach Chicago und wohnte eine Zeit lang bei ihrer Schwester. Im Herbst begann sie, an der Universität von Denver Computerdesign zu studieren, und hatte nicht vor, jemals wieder in ihre Heimat zurückzukehren.

»Wer es getan hatte, war mir anfangs vollkommen egal«, erinnerte sich Aljona. »Man sagte uns, es seien Tschetschenen gewesen, aber das sagte mir nicht besonders viel. Ich habe mich noch nie für Politik interessiert. Irgendwann begriff ich die Politik, die dahintersteckte, und dass man uns wie Bauern auf einem Schachbrett geopfert hatte. Aber das dauerte noch sehr lange.«

Tanja nahm an einem Brainstorming in Beresowskis Büro teil, mit den zwei Duma-Abgeordneten Juschenkow und Rybakow, Sascha, Felschtinski und mir. Wir hatten die Idee, in Russland mit Unterstützung von Juschenkow einen Ausschuss einzurichten, der die Anschläge untersuchen sollte. Wir alle waren der Meinung, dass Beresowski diesem Ausschuss nicht angehören durfte, weil er dafür zu umstritten war. Tanja und Aljona sollten die Opfer repräsentieren und Felschtinski und Sascha weiter an ihrer Untersuchung arbeiten. Ich war für die PR-Kampagne außerhalb Russlands zuständig.

Sascha empfahl uns Michail Trepaschkin, einen ehemaligen FSB-Offizier, der in Moskau als Anwalt arbeitete. Sascha verbürgte sich für ihn. Außerdem wies Sascha noch darauf hin, dass Aljona und Tanja als offizielle Verbrechensopfer galten, denen nach russischem Gesetz Zugang zu der Ermittlungsakte gewährt werden musste. Auch an der Gerichtsverhandlung dürften sie teilnehmen, falls es jemals so weit kommen würde. Trepaschkin solle die Schwestern in Russland gerichtlich vertreten. Tanja unterzeichnete eine Vollmacht, in der sie Trepaschkin als Anwalt anerkannte.

Wie würde der russische Auslandsnachrichtendienst unsere neue Bruderschaft wohl in dem Lagebericht darstellen, den Putin sicher bald zu lesen bekam? Ich versuchte, uns von ihrer Warte aus zu betrachten, wie Sascha es mich in der Türkei gelehrt hatte. Sicherlich wurden wir pausenlos beschattet und unsere Gespräche abgehört. Würden sie uns als »subversive Emigrantenorganisation« bezeichnen, ein Ausdruck, der noch aus Sowjetzeiten stammte? Oder waren wir eine »terroristische Zelle«, wie es heutzutage hieß? Wie viele Agenten würden den Auftrag erhalten, uns zu überwachen?

Am 23. April 2002 traf Sergej Juschenkow in Washington ein. In seinem Gepäck befanden sich viele Kopien der Dokumentation *Assassination of Russia*. Auf seinem Reiseplan, den die International Foundation for Civil Liberties zusammengestellt hatte, standen alle Stationen, an denen ein Besucher aus Übersee üblicherweise haltmacht, wenn er die für die amerikanische Außenpolitik Verantwortlichen auf etwas Wichtiges hinweisen will: das Außenministerium, der Kongress, Journalisten, politische Berater. Dass der Film keine eindeutigen Beweise enthielt, bereitete Sergej nicht weiter Kopfzerbrechen. Er war Politiker und betrachtete die Story unter vollkommen anderen Gesichtspunkten.

»Ich muss überhaupt nichts beweisen«, erklärte er. »Die Regierung wurde des Massenmords an ihren eigenen Bürgern beschuldigt, und die Hälfte der Bevölkerung glaubt, dass das der Wahrheit entspricht. Das reicht mir völlig. Die Unschuldsvermutung gilt nicht für Regierungen, sondern soll Menschen vor der Willkür der Regierung beschützen. Putin ist verpflichtet, die Verdächtigungen zu entkräften und seine Unschuld zu beweisen. Aber anstatt das zu tun, vertuscht er das Ganze. Was für Beweise braucht ihr noch?«

Die Treffen in Washington waren kein Spaziergang. Tom Graham aus dem Außenministerium hatte mich gewarnt, dass der Film in Washington nicht ernst genommen werden würde. Es sei denn, er enthalte eindeutige Beweise dafür, dass die Regierung sich der Mittäterschaft an einem Terroranschlag schuldig gemacht habe.

Wir flogen Aljona aus Denver ein. Sie und Juschenkow verstanden sich sofort prächtig. »Die Sprengstoffanschläge von Moskau? Das ist doch der russische 11. September, nicht wahr?«, fragte ein Kongress-mitarbeiter, nachdem er Juschenkow höflich zugehört hatte. Seine betont aufmerksame Haltung verbarg nicht, dass er den Anschul-digungen höchst skeptisch gegenüberstand. Man sah ihm beinahe an, was er dachte: Diese Leute behaupten, ihr Geheimdienst stecke dahinter. Auch in Amerika gibt es Verschwörungstheorien, denen zufolge die Anschläge aufs World Trade Center das Werk der CIA seien.

Unser Besuch im Außenministerium verlief entmutigend. Wir wurden von einem Beamten der Russlandabteilung empfangen, der höflich eine Kopie des Films in Empfang nahm und uns mit ein paar Plattitüden hinauskomplimentierte. Tom Graham hatte mit seiner Warnung recht gehabt.

»Das war zu erwarten«, sagte Juschenkow in der Kongress-Cafe-teria, um Aljona zu beruhigen. »Stell dir vor, wir hätten 1944 hier in Washington gestanden und uns über Stalin beschwert. Meinst du, jemand hätte uns ernst genommen? Stalin war Roosevelts wichtigs-ter Verbündeter, und deshalb durfte er sich alles erlauben. Es hat eine Weile gedauert, bis die Amerikaner begriffen haben, dass er eine noch größere Bedrohung darstellte als Hitler. Wir sind jetzt in einer ähnlichen Situation. Aber wir müssen trotzdem den Mund aufmachen. In ein paar Jahren werden sie merken, wie Putin wirk-lich ist, und sich an unseren Besuch erinnern.«

Es gab allerdings auch jetzt schon Leute, die uns Beachtung schenkten. Nach der Vorführung für den Stab des Senatsausschus-ses für Internationale Beziehungen gingen unsere Videos weg wie warme Semmeln.

»Verlieren Sie nicht den Mut«, sagte uns der Berater von einem der mächtigsten Männer im Kapitol. »Wir können nicht einfach an die Öffentlichkeit gehen und den russischen Präsidenten als Mas-senmörder bezeichnen. Aber es ist wichtig, dass wir über alle Hin-tergründe Bescheid wissen. Ihr Film wirft interessante Fragen auf, und ich werde dafür sorgen, dass ihn der Senator sieht.«

Die Experten drängten sich im Konferenzsaal des Kennan-Insti-tuts im Woodrow Wilson Center und hörten uns aufmerksam zu.

Blair Ruble, der Direktor, bewies großen Mut und erlaubte uns, den Film in seinen Räumen zu zeigen; überall sonst in Washington hatte man uns abgewiesen.

»Wir müssen die Leute in unserer Dependance in Moskau schützen«, begründete ein Mitarbeiter eines anderen Instituts seine Ablehnung. »Wir brauchen Zugang zu Informationen, also können wir nicht riskieren, dass die Russen uns den Hahn zudrehen. Die beobachten uns nämlich genau.«

Die Vorführung im Kennan wurde in der ganzen Stadt auf Plakaten angekündigt und war öffentlich. Ich entdeckte auf der Besucherliste zwei Gäste aus der russischen Botschaft. Ich erkannte sie sofort, denn ihre KGB-Attitüde war unverkennbar. Sie saßen in der zweiten Reihe, nah genug beim Podium, um mit ihren versteckten Aufnahmegeräten eine gute Audioqualität zu erreichen.

»Es ist allgemein bekannt, dass ich nicht besonders viel von Boris Beresowski halte«, sagte Peter Reddaway, der Dekan der Fakultät für Kreml-Wissenschaften, nachdem er den Film gesehen hatte. »Trotzdem ist der Film sehr schlüssig. Putin muss auf diese Anschuldigungen reagieren und uns überzeugen, dass er nicht der Mann ist, als der er in diesem Film dargestellt wird.« Die beiden russischen Botschaftsmitarbeiter hörten mit steinerner Miene zu.

Juschenkow reiste eine Woche lang durch die USA und zeigte den Film in New York und Boston, an der Columbia und der Harvard University. Alle waren von ihm beeindruckt. Er war ein hervorragender Redner und strahlte Leidenschaft und Überzeugung aus. Aljona war ganz offensichtlich hingerissen von ihm; sie sah zu ihm auf und hörte ihm gebannt zu.

Ein Jahr später wurde Juschenkow in Moskau von einem unbekannten Täter erschossen.

Nach seinem Tod erzählte Aljona von ihren Gesprächen mit Juschenkow. »Wir sprachen über seine Liebe zu Russland. Er rezitierte Gedichte von Jessenin und Lermontow, von denen ich noch nie gehört hatte. Er hat mich zu einem anderen Menschen gemacht. Vielleicht spürte er meine großen Vorbehalte gegen alles Russische. Er sagte: ›Du brauchst nie wieder nach Russland zurückzugehen, aber du darfst nicht vergessen, dass diejenigen, die deine Mutter getötet haben, nicht Russland sind. Du und deine Schwester, ihr seid Russland.« Er versprach mir, den Anschlag aufzuklären. Und er wusste, dass er sich dabei in Lebensgefahr begab. Er war der wunderbarste Mann, den ich je getroffen habe. Ein großartiger Mensch.«

Tiflis, 1. Februar 2002

Wladimir Ruschailo, Vorsitzender des Russischen Nationalen Sicherheitsrates, trifft in der ehemaligen Sowjetrepublik Georgien ein, um Gespräche über die Situation in der Pankisi-Schlucht zu beginnen, eine an Tschetschenien angrenzende Region. Russland ist davon überzeugt, dass tschetschenische Guerillas die Schlucht als Ausbildungs- und Lagergelände benutzen. Ruschailo verlangt, dass Georgien die Tschetschenen ausweist, und droht Militäraktionen an. Achmed Sakajew, Vizepremier der Regierung Maschadow, streitet die Existenz tschetschenischer Stützpunkte in Georgien ab. Es sollen sich aber zehn- bis zwölftausend Kriegsflüchtlinge im Land aufhalten. Georgien bittet die USA um militärischen Beistand. Am 28. Februar verkündet das Pentagon, es werde zweihundert militärische Berater nach Tschetschenien entsenden. Sakajew begrüßt die Ankunft der Amerikaner: »Tschetschenien kooperiert gern mit allen, die dem Terror den Kampf angesagt haben.«

An dem Tag, an dem Juschenkow in Washington eintraf, landeten Juri Felschtinski und Sascha Litwinenko in Tiflis. Sascha trug eine dunkle Brille und ging als britischer Staatsbürger Edwin Redwald Carter durch die Grenzkontrolle. Felschtinski verließ den Flughafen kurz nach ihm, und sie trafen sich im Sheraton Metechi Palace. Die beiden waren in geheimer – und gefährlicher – Mission hier. Sie wollten sich mit dem Mann treffen, der behauptete, er sei Achcmes Gotschijajew. Der FSB suchte ihn als Hauptverdächtigen der Moskauer Anschlagserie. Zu ihrem Schutz wurden sie vom Leiter einer örtlichen Sicherheitsfirma begleitet.

»In unserem Geschäft gibt es Aktionen und Leute, die ›Leuchtfeuer‹ genannt werden«, erklärte mir Sascha. »Mit dem Film und dem Buch erregten wir so großes Aufsehen, dass abzusehen war, dass

uns nach einem solchen ›Leuchtfeuer‹ jemand kontaktieren würde.«
Ein paar Tage nach der Premiere erhielt ein Assistent von Beresowski einen Anruf aus Georgien. Danach übernahm Felschtinski
die Verhandlungen, die er von einem sauberen Prepaidhandy aus
führte. Er vereinbarte mit dem Anrufer, er werde zu einem vorher
verabredeten Zeitpunkt an einer bestimmten Straßenecke von Tiflis
stehen und die *International Herald Tribune* in der Hand halten.
Dort würde ihn ein Mann mit einer grünen Baseballkappe anspre-
chen, der ihn zu Gotschijajew führen werde.

Insgesamt setzte sich der Amerikaner Felschtinski einem heiklen
Unterfangen aus, da er ein begehrtes Objekt für Entführer war. Je
weiter er sich aus der Stadt entfernte, desto risikoreicher wäre es für
ihn. Trotzdem ging er mit einer *Herald Tribune* zum Treffpunkt.
Sascha beobachtete das Ganze aus der Ferne, damit er eingreifen
konnte, falls es Probleme gab.

»Sind Sie bereit? Wir fahren gleich los. Ich habe ein Auto«, sagte
der Mann mit der Baseballkappe, ein Tschetschene mittleren Alters,
nachdem sie das vereinbarte Codewort ausgetauscht hatten.

»Wohin soll ich mitfahren?«

»Zur Pankisi-Schlucht.«

»Das geht nicht. Bringen Sie ihn hierher.«

»Unmöglich. Die Stadt wimmelt nur so von FSB-Leuten. Nur von
der Schlucht halten sie sich fern. Wir müssen dorthin.«

Nach einer zwanzigminütigen Diskussion war beiden klar, dass
ein persönliches Treffen mit Gotschijajew unmöglich war. Felschtinski brachte den Mann in ein Hotel – nicht dasselbe, in dem er
und Sascha wohnten –, wo Sascha in weiser Voraussicht ein Zimmer
gemietet und in bar bezahlt hatte, weil er mit solchen Komplikationen grundsätzlich rechnete.

Kurz nachdem die beiden Männer das Zimmer betreten hatten,
klopfte Sascha an die Tür.

»Wie viele Autos haben Sie?«, fragte er den Tschetschenen.

»Eines.«

»Wir auch«, sagte Sascha. »Insgesamt sind gerade fünf Autos auf
den Hof gefahren. Das bedeutet, drei gehören der *kontora*.«

»Sehen Sie?«, sagte der Tschetschene. »Ich habe doch gesagt, dass
nur die Schlucht sicher ist.«

Sie gaben dem Tschetschenen ein Bandgerät, eine Videokamera und einen Fragebogen für Gotschijajew mit, den Sascha vorbereitet hatte. Sie vereinbarten, sich am folgenden Tag wieder zu treffen. Der Tschetschene sollte Gotschijajews Aussage mitbringen.

Drei Stunden später rief der Mann auf Felschtinskis Handy an. »Ich bin zu Hause«, sagte er, »aber ich hatte lange Gesellschaft, bis sie sich nicht mehr weiter vorwagten. Seien Sie vorsichtig. Bis morgen.«

Das Treffen sollte nicht stattfinden. Stattdessen klopfte es um sechs Uhr morgens an Saschas Tür.

»Sie fliegen nach Hause«, verkündete der Sicherheitsexperte. »Mit der ersten Maschine. Sie geht in zwei Stunden. In der augenblicklichen Situation können wir für nichts mehr garantieren.«

Mit einer Jeepkolonne eskortierte man die beiden zum Flughafen. Ein Dutzend Sicherheitsleute begleitete sie auf dem Weg zum Terminal.

»Meine Leute sind bei Ihnen im Flugzeug, bis Sie in Frankfurt umsteigen müssen«, sagte der Sicherheitsexperte. »Ab dort sind Sie auf sich allein gestellt.«

Später erfuhren Sascha und Felschtinski, dass der Wagen, den sie in Tiflis benutzten, aus dem Hinterhalt angegriffen worden war. Ihr Fahrer war dabei ums Leben gekommen.

Der tschetschenische Mittelsmann schickte zwei Wochen später ein Lebenszeichen per E-Mail. Aufnahme und Fragebogen seien fertig, schrieb er. Die Ausrüstung werde er für seine Mühen behalten. Er gab ihnen die Adresse eines Kontaktmanns in Paris, der ihnen das Material übergeben würde.

Tiflis, Georgien, 16. Juli

Adam Dekkuschew, ebenfalls ein Verdächtiger in der Anschlagsserie auf die Wohnhäuser, wird von der georgischen Polizei verhaftet und an Russland ausgeliefert. In Moskau wird er sofort ins Lefortowo-Gefängnis eingeliefert.

Am 25. Juli sprachen Felschtinski und Litwinenko vor dem Öffentlichkeitsausschuss. Juschenkow hatte dieses inoffizielle Komitee gegründet, nachdem sein Antrag auf eine offizielle Untersuchung der Vorfälle in der Duma abgelehnt worden war. Der Report fand allerdings nur auf virtueller Ebene statt: Der Ausschuss und die Presse versammelten sich in Moskau, die beiden Detektive befanden sich in London und berichteten per Videoübertragung. Inzwischen hatte die Kommission einen neuen Vorsitzenden: den geachteten Menschenrechtsaktivisten und Duma-Abgeordneten Sergej Kowaljow. Juschenkow wurde sein Stellvertreter. Zu den zwanzig Mitgliedern des Ausschusses gehörten fünf Abgeordnete, darunter auch der Journalist Juri Schtschekotschichin. Mehr parlamentarische Unterstützung konnte Juschenkow nicht auftreiben. Zwei Jahre Zuckerbrot-und-Peitsche-Politik des Kreml hatten auch die Legislative vorsichtig gemacht. Michail Trepaschkin war als Berater anwesend.

Allein die Tatsache, dass Felschtinski und Sascha den Mann gefunden hatten, der seit Jahren die Fahndungslisten des FSB anführte, war schon eine Demütigung für die *kontora*. Aber was Sascha über Gotschijajews Aussagen zu berichten hatte, fesselte alle Moskauer Zuhörer fast zwei Stunden lang.

Sascha versicherte, der Mann, dessen Aussage sie gleich hören würden, sei zweifelsfrei als Gotschijajew identifiziert worden. Ein britischer Forensiker hatte das Foto des Zeugen mit den Fahndungsbildern auf der Website des FSB verglichen. Auch die zahlreichen persönlichen Informationen über Wohnort und Wehrdienst des Zeugen sowie eine Analyse der Handschrift auf der sechs Seiten starken Aussage hätten seine Identität zweifelsfrei bestätigt und könnten von den Moskauer Behörden gern selbst überprüft werden.

In seiner Aussage gab Gotschijajew zu, dass seine Baufirma unter Vorlage seines Personalausweises die ebenerdig gelegenen Lagerräume der ausgebombten Häuser gemietet hatte. Aber er versicherte, dass er selbst nicht dabei gewesen sei. Ein russischer Geschäftspartner habe ihn hereingelegt. Inzwischen war Gotschijajew überzeugt davon, dass der Mann für den FSB gearbeitet hatte.

»Er bot mir ein Joint-Venture für einen Lebensmittelgroßhandel an ... Nach dem ersten Auftrag wollte er zusätzliche Lagerräume im Südosten [Moskaus] mieten, da er dort viele Kunden habe. Mit meiner Hilfe fand er Räumlichkeiten in der Gurjanowa-Straße, der Kaschirsko-Schnellstraße, bei den Borisow-Seen und in Kapotnija«, schrieb Gotschijajew.

Am Abend der ersten Explosion in der Gurjanowa-Straße war Gotschijajew nicht zu Hause. Dies rettete ihn seinen Angaben zufolge, da die Polizei ihn an jenem Abend nicht finden konnte. Um fünf Uhr morgens rief sein Partner an. In der Gurjanowa-Straße sei ein kleines Feuer ausgebrochen, und er solle sofort dorthin kommen. Bevor er das Haus verließ, brachten die Nachrichten einen Bericht über die Explosion. Statt zum Haus zu fahren, entschied er sich dafür, unterzutauchen.

Aus unbekannten Gründen hatte Gotschijajew seinen Partner nicht namentlich benannt. Aber er gab eine andere wichtige Information preis. Er behauptete, er selbst habe die Behörden über die beiden anderen Häuser in Moskau informiert, in denen sich seine Firma eingemietet hatte. Als nach der zweiten Explosion am 13. September sein Foto in allen Zeitungen erschien, wurde ihm klar, dass man ihn getäuscht hatte. Bevor er die Stadt verließ, rief er bei der Polizei, der Feuerwehr und dem Notdienst an und gab ihnen zwei Adressen. Er hegte den Verdacht, dass der Plan seines Partners noch nicht vollendet gewesen war.

Dies sei wirklich ungeheuer wichtig, betonte Sascha. Gotschijajews Aussage passte zu den offiziellen Berichten. Am 13. September war in einem Haus in Kapotnija tatsächlich eine Bombe entschärft worden, und bei den Borisow-Seen hatte man ein Lagerhaus mit mehreren Tonnen Sprengstoff und sechs unbenutzten Zeitschaltuhren gefunden. Es wurde nie bekannt, wie die Polizei auf die Bombe und das Lagerhaus gestoßen war, aber nun hatte Gotschijajew eine mögliche Erklärung geliefert. Wenn der Tipp wirklich von ihm gekommen war, ließ sich das leicht nachweisen. Alle Notrufe werden aufgezeichnet, und die Telefongesellschaften bewahren Listen aller getätigten Handyanrufe auf.

Die Teilnehmer der Telekonferenz wussten, dass es keinen Zweck hatte, die Behörden um Mithilfe zu bitten. Juschenkow wollte mit seiner Forderung nach einer offiziellen Untersuchung so viel öffentlichen Druck ausüben, dass die Ergebnisse der unabhängigen Kommission nicht ungestraft ignoriert werden konnten.

Sascha schlug Juschenkow vor: »Sergej, du gibst Michail Trepaschkin den Auftrag, Gotschijajews Äußerungen zu überprüfen. Wenn es einer schafft, ihm auf den Zahn zu fühlen, dann er.«

Im Sommer 2002 arbeiteten Sascha und ich fünf Wochen lang an seinem zweiten Buch *The Gang from Lubyanka*. Das Buch war im Interviewstil gehalten, und er hatte seine gesamte Lebensgeschichte darin verarbeitet, von den ersten Zoobesuchen mit seinem Großvater in Naltschik bis zu dem erfolgreichen Asylantrag. Ein Großteil des Buches war seiner Zeit im FSB gewidmet und malte ein schockierendes Bild der Zustände und Sitten, die dort herrschten. Ein weiteres wichtiges Thema war Saschas Darstellung der Schlacht zwischen Oligarchen und Geheimdiensten Ende der neunziger Jahre. Der letzte Abschnitt enthielt die neuesten Entwicklungen im Fall der Moskauer Anschläge. Unter anderem war dort Gotschijajews Erklärung abgedruckt.

Sascha legte ein Video und die Abschrift eines Gesprächs vor, in dem eine seltsame Episode wiedergegeben wurde, die der Anschlagsgeschichte eine weitere bizarre Wendung gab.

Das Material stammte von dem St. Petersburger Duma-Abgeordneten Juli Rybakow, der zu den Mitgliedern des unabhängigen Untersuchungsausschusses gehörte. Er hatte in den offiziellen Duma-Berichten etwas Interessantes entdeckt: eine Bemerkung, die der Duma-Vorsitzende Gennadi Selesnijow, ein Mitglied der Kommunistischen Partei, am Morgen des 13. September 1999 gemacht hatte, nur wenige Stunden nach der zweiten Explosion in Moskau. Wie die Abschrift zeigte, unterbrach Selesnijow die Debatte unvermittelt und verkündete:

»Ich habe gerade eine dringende Meldung erhalten. Aus Rostow am Don hat uns die Nachricht erreicht, dass in Wolgodonsk gestern Abend ein Wohnhaus in die Luft gesprengt wurde«, sagte er.

Der Nationalist Wladimir Schirinowski meldete sich sofort zu Wort: »In Wolgodonsk gibt es ein Atomkraftwerk.«

Wie sich später herausstellte, hatte an diesem Tag in Wolgodonsk keine Explosion stattgefunden. Die Bombe, die ein Wohnhaus in der südrussischen Stadt zerstören und neunzehn Menschenleben fordern sollte, explodierte erst drei Tage später.

Als die Nachricht von dem tatsächlichen Anschlag in Wolgodonsk die Duma am 16. September 1999 erreichte, meldete sich Schirinowski wieder: »Herr Vorsitzender, würden Sie uns bitte erklären,
wie Sie am Montag von einem Anschlag wissen konnten, der erst am
Donnerstag stattfand?«

»Danke, ich habe Ihre Bemerkung zu Protokoll genommen«, erwiderte Selesnijow und stellte prompt Schirinowskis Mikrofon ab.
Auf der Videoaufzeichnung der Duma-Sitzung sieht man Schirinowski noch eine Zeit lang wild gestikulieren.

Juli Rybakow reichte bei der Staatsanwaltschaft einen offiziellen
Antrag ein, Selesnijow solle wegen dieses Vorfalls befragt werden. Er
erhielt nie eine Antwort.

»Was hältst du davon?«, fragte ich Sascha.

»Meiner Meinung nach hat jemand die Reihenfolge der Anschläge verwechselt. In der kontora sind solche Fehler an der Tagesordnung. Der zweite Anschlag von Moskau geschah am 13. September,
und Wolgodonsk war erst am 16. Dem Vorsitzenden wurden die falschen Informationen übermittelt. Ich muss unbedingt mit Trepaschkin reden; vielleicht kann er mehr darüber herausfinden.« Einige Tage später brachte er Trepaschkins Ergebnisbericht mit.

»Der Mann, der Selesnijow über Wolgodonsk informiert hat, arbeitet für den FSB«, verkündete er. »Hab ich's mir doch gedacht.«

Michail Trepaschkin erwies sich erneut als unschätzbare Hilfe. Ich
hörte seinen Namen schon seit Monaten immer wieder, denn Sascha sprach dauernd von ihm und nannte ihn immer »meinen Mann
in Moskau«. Trepaschkin war inzwischen der Berater von Juschenkow und war außerdem Tanjas und Aljonas Rechtsvertreter in Moskau. Darüber hinaus hatte er die Organisation für den Vertrieb von
The Gang from Lubjanka übernommen. Das Buch wurde in Riga gedruckt und die erste Auflage über die lettische Grenze nach Russland transportiert.

Die kontora verfolgte Trepaschkins Aktivitäten mit besonderer
Aufmerksamkeit. Die häufigen Anrufe, die er von Sascha aus London erhielt, führten zu einem Durchsuchungsbefehl des FSB. Als
Trepaschkins Anwälte später Zugang zu seiner Akte erhielten, gelangte ein bemerkenswertes Dokument ans Tageslicht, das offenbar

die Ermittlungen gegen ihn ausgelöst hatte. In einem an die russische Generalstaatsanwaltschaft gerichteten Brief behauptete der FSB, Trepaschkin sei mit Litwinenko und Beresowski an einer Verschwörung beteiligt, und zwar im Auftrag des britischen Inlandsgeheimdienstes MI5. Die Verschwörer wollten »den FSB durch die Behauptung in Verruf bringen, er habe die Moskauer Sprengstoffanschläge 1999 organisiert«. Natürlich war es absolut richtig, dass die drei Männer zusammenarbeiteten und untersuchten, welche Rolle der FSB bei den Anschlägen gespielt hatte. Aber es war ein typisches Geheimdienst-Ablenkungsmanöver, Trepaschkin des Landesverrats zu bezichtigen und ihm zu unterstellen, er arbeite für den britischen Geheimdienst.

Die Durchsuchung von Trepaschkins Wohnung erbrachte keinerlei Hinweise auf Landesverrat. Die FSB-Beamten förderten nur eine zehn Jahre alte KGB-Akte mit dem Vermerk »Geheim« zutage, die nichts mit den Anschlägen zu tun hatte. Außerdem fanden sie ein paar Gewehrpatronen, die sie seinen Angaben zufolge bei der Durchsuchung eingeschleust hatten. Prompt wurde er des Verrats von Staatsgeheimnissen, des Machtmissbrauchs und des illegalen Waffenbesitzes angeklagt. Allerdings sah man davon ab, ihn zu verhaften, und verhörte ihn nicht einmal. Die Staatsanwaltschaft ordnete nur an, dass er die Stadt nicht ohne Erlaubnis verlassen durfte. »Sie wollen ihn als Köder benutzen«, erklärte Sascha. »Sie werden ihn vorläufig in Ruhe lassen und sein Telefon abhören, um herauszufinden, was wir vorhaben.« Früher oder später würde die *kontora* hart gegen Trepaschkin vorgehen. »Aber du brauchst dir keine Sorgen zu machen«, sagte Sascha. »Er ist eisenhart, sie werden ihn niemals brechen. Du kannst dich hundertprozentig auf ihn verlassen.«

Ich hätte mich von dieser Einschätzung gern persönlich überzeugt, doch mein Abenteuer in der Türkei ließ keine Einreise nach Russland zu. Trepaschkin brauchte sich erst gar nicht um ein Visum für ein westliches Land zu bemühen. Doch durch einen Anruf vom Telefon eines Freundes gelang es ihm, mir mitzuteilen, dass er sich für einen Tag nach Kiew davonstehlen würde.

Im Gegensatz zu Sascha, der erst in den letzten Tagen des KGB Agent geworden war, hatte Trepaschkin zu Sowjetzeiten zehn Jahre lang außerordentlich erfolgreich für den KGB ermittelt. Sein Spezialgebiet war der Schwarzmarkt für gestohlene Kunstwerke und Antiquitäten gewesen. Nach dem Zusammenbruch der Sowjetunion wurde er zur Dienstaufsichtsbehörde versetzt. Trepaschkin untersuchte Korruptionsfälle innerhalb der *kontora*. Er wollte die Verbindungen, die einige Offiziere zu tschetschenischen Verbrecherbanden unterhielten, aufdecken. Einmal gelang es ihm, eine Flugzeugladung Waffen abzufangen, die abtrünnige FSB-Offiziere den Rebellen verkauft hatten. Für diese Leistung wurde ihm eine Medaille verliehen. Zum Bruch zwischen ihm und der *kontora* kam es 1996, weil er mit seinen Korruptionsvorwürfen an die Öffentlichkeit ging. So endete er auf der Abschussliste des URPO.

Im President-Hotel in Kiew lernte ich ihn kennen: einen kleinen dunkelhaarigen Mann mit durchdringendem Blick und reserviertem Lächeln. Er war das genaue Gegenteil von Sascha: nüchtern, überlegt, introvertiert. In dem mehrstündigen Gespräch schaffte ich es nicht, einen Blick in sein Inneres zu werfen, denn er gab seine Gefühle nicht preis. Sascha hatte sich mir sofort und rückhaltlos offenbart. Trepaschkin vermied es, zu intensiv über die Hintergründe unserer Situation nachzudenken, und ignorierte all meine Versuche, ihm aus der Nase zu ziehen, warum er diese Mission eigentlich freiwillig auf sich genommen hatte. Wenn ich das Gespräch auf Politik lenkte, wich er sofort aus. Verallgemeinerungen lehnte er ab. Er benahm sich, als seien die Anschläge ein ganz normales Verbrechen, mit dessen Aufklärung er betraut worden war.

Nichtsdestotrotz wollte ich sichergehen, dass er auch verstand, worauf er sich eingelassen hatte. Falls er in Schwierigkeiten geraten sollte, konnten wir ihm nur sehr begrenzt helfen.

»Ist Ihnen klar, dass Sie wahrscheinlich im Gefängnis landen werden, wenn Sie in diesem Fall weiter ermitteln?«

»Ich werde keine Gesetze übertreten. Also wäre es ein Verbrechen, mich ins Gefängnis zu werfen«, antwortete er.

»Genau davon spreche ich. Ihnen muss klar sein, dass Sie in große Schwierigkeiten geraten können, und falls das passiert, können wir leider nicht viel für Sie tun.«

»Ich arbeite nicht für Sie, sondern für Tatjana und Aljona Morosowa. Und für den Duma-Abgeordneten Juschenkow.«

Je persönlicher ich ihn ansprach, desto förmlicher antwortete er. Er weigerte sich, auf meine Verbrüderungsversuche einzugehen. Anstatt sich einzugestehen, dass er gegen das System kämpfte, redete er sich lieber ein, dass er nur an der Aufklärung eines Verbrechens arbeitete. Vielleicht verdrängte er auf diese Art, dass er sein ganzes Leben lang den falschen Herren gedient hatte. In einem Punkt war ich mir aber sicher: Ich konnte ihm vertrauen. Er wollte die Wahrheit herausfinden. Um mein Gewissen zu beruhigen, warnte ich ihn noch einmal davor, dass er im Gefängnis landen würde, falls er weitermachte. Dann wechselten wir das Thema und widmeten uns der Aufgabe, die vor uns lag: Saschas Buch nach Moskau zu schaffen.

Trepaschkin bestand darauf, dass die Operation zwar geheim, aber vollkommen legal über die Bühne gehen musste. Die Lieferung sollte ordnungsgemäß deklariert und vom Zoll freigegeben werden. Natürlich stimmte ich zu und behielt den Gedanken für mich, dass ihm das auch nichts nützen würde. Als wir uns verabschiedeten, rechnete ich nicht damit, ihn jemals wieder zu treffen.

An einem verregneten Nachmittag im August 2002 traf in Moskau ein Lastwagen aus Riga ein, der zehntausend Exemplare von *The Gang from Lubyanka* geladen hatte. Der Laster hatte mit seiner als »Büchersendung« deklarierten Ladung ordnungsgemäß den Zoll an einer Autobahngrenze passiert. Trepaschkin erwartete den Fahrer und dirigierte ihn zu einem Lagerhaus, das er heimlich gemietet hatte. Eine Woche später lag das Buch an allen Kiosken der Moskauer Innenstadt aus und wurde rasch zum Bestseller. Der ehemalige Innenminister Anatoli Kulikow drohte Sascha wegen seiner Darstellung mit einer Verleumdungsklage. Im Lauf des Jahres gelangten noch zwei Lieferungen auf dem gleichen Weg nach Russland.

Moskau, September 2002

In seiner Rede anlässlich des dritten Jahrestages der Sprengstoffanschlage gibt Vize-Generalstaatsanwalt General Sergej Fridinski an, der mutmaßliche Drahtzieher Achemes Gotschijajew verstecke sich in der georgischen Pankisi-Schlucht. Er verlangt, dass der Mann verhaftet und ausgeliefert wird. Der georgische Außenminister Iraklii Mena-

garischwili bestreitet jedoch, dass Gotschijajew sich in Georgien auf-
hält. Sergej Kowaljow, der Vorsitzende des unabhängigen öffentlichen
Untersuchungsausschusses zur Aufklärung der Anschläge, bittet dar-
um, dass Gotschijajew nicht dem FSB übergeben wird, falls er verhaf-
tet werden sollte.

Nach Saschas und Felschtinskis fehlgeschlagener Georgien-Reise
tobte ungefähr ein Jahr lang ein PR-Krieg zwischen dem FSB und
dem unabhängigen Untersuchungsausschuss, der hauptsächlich in
den Politiksparten westlicher Zeitungen und den wenigen verbliebenen unabhängigen Printmedien und Websites Russlands ausge-
tragen wurde, die Beresowski und Gussinski finanzierten. Für Interessierte – pro Tag waren es rund achttausend Besucher – bot die
IFCL unter www.terror99.ru eine informative Website an. Die meisten Russen hatten allerdings keinen Internetanschluss, und im russischen Fernsehen war das Thema vollkommen tabu. Aber davon
ließ sich Beresowski nicht entmutigen. Er war überzeugt davon, dass
die Geschichte sich auch ohne Medienplattform verbreiten würde,
da sie so explosiv war. Im Bewusstsein der Bevölkerung nahmen die
Anschläge einen hohen Stellenwert ein. Man sprach darüber und
verbreitete Neuigkeiten durch Mundpropaganda. Aus unzähligen
Berichten aus dem Dunstkreis des Kreml wusste Beresowski auch,
dass Putin seine Aktionen mit großer Besorgnis beobachtete.

Kurz nach Gotschijajew nahm ein weiterer Mittelsmann Kontakt
zu Sascha und Felschtinski auf und bot ihnen die Aussagen zweier
weiterer mutmaßlicher Attentäter von Moskau an. Timur Batschajew und Jussuf Krymschamkalow hatten gestanden, dass sie eine
Lastwagenladung des Sprengstoffs Hexogen aus einer Chemiefabrik
in Südrussland nach Moskau transportiert hatten. Begleitet habe
sie ein Mann namens Adam Dekkuschew, der sich bereits in russischem Gewahrsam befand. Die Männer leugneten jedoch, mit
tschetschenischen Warlords in Kontakt zu stehen, und auch Gotschijajew kannten sie nicht. Sie betrachteten sich als Mitglieder
einer dschihadistischen Untergrundbewegung in Moskau und behaupteten, der Mann, von dem sie in die Operation verwickelt worden seien, habe sich als Dschihad-Führer ausgegeben. Später gelang-

ten die beiden zu der Überzeugung, er müsse für den FSB gearbeitet haben. Er sagte ihnen, die Bombe sei für ein »militärisches Ziel oder eine Regierungseinrichtung« bestimmt. Von einem Wohnhaus sei nie die Rede gewesen. Ob diese Erklärung den Tatsachen entsprach, ließ sich nicht nachweisen, aber sie enthielt viele akkurate Details. Sie berichteten, man suche nach ihnen, und der FSB habe für ihre Ergreifung eine hohe Belohnung ausgesetzt. Es sei nur eine Frage der Zeit, bis man sie festnehmen oder töten werde.

Sascha und Felschtinski meldeten der Kowaljow-Kommision sofort, was sie wussten, und leiteten ihre Informationen an die *Nowaja Gaseta* weiter. Ein weiterer Beweis für die Inkompetenz des FSB.

»Wir werden uns nicht durch eine von zwielichtigen Individuen angezettelte Rufmordkampagne dazu zwingen lassen, auf diese Anschuldigungen zu reagieren«, ließ der FSB durch einen Pressesprecher verlauten. »Der Verbrecher ist Litwinenko. Er hat seinem Rang als FSB-Offizier Schande bereitet.«

Moskau, 23. Oktober 2002

Rund fünfzig Terroristen besetzen ein Theater in Moskau, nehmen ungefähr achthundert Geiseln und fordern den Abzug russischer Truppen aus Tschetschenien. Die Aktion wird von Mowsar Barajew geleitet, dem Neffen des berüchtigten Warlords Arbi Barajew, der angeklagt ist, 1998 vier Briten enthauptet zu haben. Nach drei Tagen Belagerung stürmen Spezialeinsatzkräfte des FSB das Gebäude, nachdem sie die Terroristen mit Gas kampfunfähig gemacht haben. Einhundertsiebenunddreißig Geiseln kommen durch Gasvergiftung ums Leben. Alle Geiselnehmer werden von den Einsatzkräften exekutiert, obwohl sie keinen Widerstand geleistet haben.

Tiflis, Georgien, 8. Dezember 2002

Jussuf Krymschamkalow, ein Tatverdächtiger der Moskauer Anschläge, wird von georgischen Sicherheitskräften nach einer Schießerei mit Rebellengruppen festgenommen und an Moskau ausgeliefert, wo er ins

Lefortowo-Gefängnis wandert. Der ebenfalls tatverdächtige Timur Batschajew wird bei der Operation getötet. Präsident Putin dankt dem georgischen Präsidenten Eduard Schewardnadse für seine Hilfe bei der Gefangennahme von Krymschamkalow.

Am 30. Januar 2003 traf ich mich mit Sergej Kowaljow in Straßburg. Ich kannte ihn schon seit über dreißig Jahren. Damals hatten wir beide der kleinen Dissidentengruppe um Andrej Sacharow angehört. Kowaljow war wie ich Biologe und hatte 1969 das erste Menschenrechtskomitee der Sowjetunion gegründet. 1974 wurde er vom KGB verhaftet, und ich gab Berichte über seine Verhandlung in Moskau an westliche Nachrichtenkorrespondenten weiter. Kurz danach wanderte ich aus, und Kowaljow verbrachte als »Agitator« wegen »antisowjetischer Propaganda« die folgenden zehn Jahre im Gefängnis und in innerer Emigration. Jetzt gehörte der inzwischen Sechsundsiebzigjährige zu den letzten unabhängigen Stimmen in der Duma. Jelzins ehemaliger Ombudsmann zählte als Gründer der Menschenrechtsgruppe Memorial, die in Tschetschenien verübte Kriegsverbrechen anprangerte, zu den Spitzenkandidaten für den Friedensnobelpreis. Kowaljow nahm in Straßburg an der parlamentarischen Vollversammlung des Europarats teil, wo er wegen des Tschetschenienkrieges regelmäßig schwere Vorwürfe gegen die russische Regierung erhob. Es war weithin bekannt, dass er meinen Arbeitgeber Beresowski nicht besonders schätzte. Ich wollte herausfinden, ob diese Abneigung unsere Zusammenarbeit behindern würde.

»Mit dem Beresowski, den ich seit dem Jahr 2000 erlebt habe, komme ich hervorragend zurecht«, versicherte er mir gegenüber. »Gegen den Mann, der er vorher war, habe ich allerdings einiges einzuwenden.«

Besonders misstrauisch betrachtete er Beresowskis Rolle beim Ausbruch des zweiten Tschetschenienkrieges. Er fragte sich, ob er als Mitglied der »Kremlfamilie« vielleicht an einer geheimen Vereinbarung mit Bassajew beteiligt gewesen war. Er hegte den Verdacht, dass der Einfall in Dagestan vielleicht Teil einer Verschwörung gewesen sei, um Putin an die Macht zu bringen.

»Das ist nur eine mögliche Theorie«, sagte ich. »Genauso wie die Theorie, dass der FSB die Wohnhäuser in die Luft gesprengt hat.«

Meiner Meinung nach hatten damals die Wahhabiten wirklich mit dem FSB zusammengearbeitet, aber dieses Bündnis war schon lange vor Putins Zeit zustande gekommen. Später hatte sich vielleicht eine Verschwörung daraus entwickelt, die mit der Wahl zusammenhing. Ich war überzeugt davon, dass Beresowski nichts damit zu tun gehabt hatte.

»Du bist Vorsitzender des Ausschusses, der die Anschläge untersucht. All das ist relevant für den Fall. Flieg doch nach London und befrage Beresowski. Unsere Stiftung wird gern die Kosten übernehmen. Im Gegensatz zu Putin verdient er, als unschuldig zu gelten, bis das Gegenteil bewiesen ist.«

»Dasselbe gilt auch für Putin«, sagte Kowaljow.

»Juschenkow ist da anderer Meinung.«

»Wir müssen fair bleiben, sonst glaubt uns bald niemand mehr«, entgegnete Kowaljow.

»Das ist ein Widerspruch in sich«, wandte ich ein. »Wenn er die Häuser nicht in die Luft gesprengt hat, verdient er unsere Fairness. Doch falls er es getan hat, wird er uns mit unerbittlicher Härte verfolgen. Er wird auch vor dir nicht haltmachen. Ist der Krieg ausgebrochen, geht es nicht mehr um Fairness, sondern um Sieg. Wie sagt man doch so schön? In der Liebe und im Krieg ist alles erlaubt.«

Ich hatte ein Déjà-vu. Beinahe das gleiche Gespräch hatten wir bereits vor dreißig Jahren geführt, als wir über die moralischen Dilemmas diskutierten, in die das Leben in der Sowjetunion uns immer wieder stürzte. Das Ergebnis schien das gleiche wie vor dreißig Jahren. Kowaljow wollte auf keinen Fall seine Prinzipien kompromittieren, und ich war der Ansicht, die Spielregeln müssten dem Verhalten des Gegners angepasst werden.

Kowaljow akzeptierte mein Angebot. Der Ausschuss würde nach London reisen und dort nicht nur Beresowski, sondern auch Sascha und Felschtinski interviewen. Außerdem nahm Kowaljow meine Einladung nach Washington an, wo ich ihn einigen politischen Beratern der Regierung vorstellen wollte. Weiterhin versprach er, sich um Trepaschkin zu kümmern. Wie immer hatte er meine Erwartungen nicht enttäuscht.

Kowaljow hielt sich vom 10. bis zum 14. Februar in Washington auf. Für ihn war der Aufenthalt dort ebenso frustrierend wie für Juschenkow. Da ich mich noch gut daran erinnerte, wie abweisend Juschenkow behandelt worden war, riet ich Kowaljow davon ab, zu sehr auf die umstrittenen Anschläge einzugehen. Stattdessen sollte er sich lieber auf den Tschetschenienkrieg konzentrieren. Hier verfügte er über eindeutige Beweise für massive Kriegsverbrechen. Es gab mehrere Hundert dokumentierte Fälle von Todesschwadronen, standrechtlichen Hinrichtungen, Entführungen und Folterungen. Russland bereitete sich darauf vor, ein Referendum zu verabschieden, mit dem die demokratisch gewählte Regierung Maschadow »mit vorgehaltener Waffe« als unrechtmäßig deklariert und durch eine Marionettenregierung unter der Führung von Achmad Kadyrow ersetzt werden sollte. Der FSB sollte die neue Regierung nach Kräften unterstützen. Es war mir unbegreiflich, wie George W. Bush dies förderte, indem er Putin als Demokraten und Freund bezeichnete.

Ich begleitete Kowaljow ins Weiße Haus, wo uns Tom Graham – inzwischen Bushs wichtigster Russlandberater im NSC – erwartete.

»Mein Lieber, ich kenne dich seit vielen Jahren und spreche jetzt nicht als Diplomat, sondern als Freund mit dir«, sagte Graham. »Verschwende deine Zeit nicht damit, uns über Putin aufzuklären. Wir machen uns keine Illusionen über ihn. Wir wissen bereits alles, was du uns berichten willst. Womöglich wissen wir sogar mehr als du. Aber wir können euch nicht helfen. Unsere Russlandpolitik folgt nun mal anderen Prioritäten, egal, ob mir das nun gefällt oder nicht.«

Kowaljow sprach dennoch während seines dreitägigen Aufenthaltes mit einem Dutzend Menschen und wiederholte stur sein Mantra, das er als moralische Keule einsetzte: »Amerikas politisches Kalkül hat mehrere Zehntausend Menschen das Leben gekostet, und die Opferzahlen werden steigen.« Seine Gesprächspartner hörten ihm mit höflichem Desinteresse zu. »Amerika wird noch bereuen, so kurzsichtig gehandelt zu haben«, warnte Kowaljow.

Fred Hiatt von der *Washington Post* beschrieb ihn in einem Leitartikel als »zerbrechlichen alten Russen, der wie ein Geist umher-

streift, den alle lieber vergessen würden ... denn das heutige Washington beschäftigt sich lieber damit, auszurechnen, wie der
Sicherheitsrat stimmen wird, wie es seine europäischen Verbündeten bei Laune halten und sicherstellen kann, dass die Zusammenarbeit der Geheimdienste reibungslos funktioniert«.

Am 25. Februar trafen Kowaljow und zwei weitere Mitglieder des
unabhängigen Untersuchungsausschusses in London ein, um Beresowski und seine Partner zu befragen. Ich war bei der Unterredung
nicht anwesend, aber anscheinend verlief das Gespräch sehr gut. Beresowski und Sascha nutzten die Gelegenheit für einen weiteren Angriff auf den FSB, diesmal wegen der Geiselnahme im Moskauer
Dubrowka-Theater im vergangenen Oktober. Beresowski veröffentlichte eine Erklärung, in der er Kowaljow dazu drängte, die neueste
Verschwörungstheorie zu überprüfen. Die Erklärung enthielt fünf
höchst brisante Fragen:

Seit Jahren gab es immer wieder Hinweise auf Verbindungen des
FSB zum Barajew-Clan. Hatte der Geheimdienst womöglich von
der geplanten Geiselnahme gewusst?

Wie schafften es fünfzig Terroristen mitsamt Waffen, Munition
und Sprengstoffvorräten, unter den Augen der Polizei unerkannt
ins Moskauer Stadtzentrum zu gelangen?

Warum wurden alle kampfunfähig gemachten Terroristen exekutiert, obwohl sie keinen Widerstand leisteten und den Ermittlern wertvolle Informationen hätten liefern können?

Warum hatten die Terroristen die Bomben an ihren Körpern
nicht aktiviert, obwohl das Gas zehn Minuten brauchte, um seine volle Wirkung zu entfalten? Hatte man in dem Gebäude überhaupt Sprengstoff gefunden?

Warum setzte man das Gas ein, ohne ein Gegengift vorrätig zu
haben, und nahm dadurch den Tod von hundertsiebenunddrei-
ßig Geiseln in Kauf?

Kowaljow verkündete in Moskau, dass der Ausschuss von jetzt an auch die umstrittenen Aspekte der Geiselnahme im Theater genauer untersuchen werde. »Wir werden die von Beresowski aufgeworfenen Fragen sorgfältig prüfen und gegebenenfalls selbst weitere Fragen stellen«, erklärte er. In der Zwischenzeit setzte die International Foundation for Civil Liberties eine weitere NGO auf ihre Unterstützungsliste: den Verband der Familien der Opfer der Theater-Geiselnahme. Diese Organisation brannte ebenfalls darauf, dass die Regierung zu den umstrittenen Punkten Stellung nahm, und wollte dies notfalls vor Gericht erzwingen.

Im Lauf der nächsten Wochen tauchten neue Informationen auf. Anfang April reiste Juschenkow nach London, wo er sich mit Beresowski traf und mit ihm über »Freies Russland« diskutierte. Danach traf er sich mit Sascha Litwinenko, und der übergab ihm die Dokumente, die später unter dem Namen »Terkibajew-Akte« bekannt wurden.

Die Informationen stammten aus tschetschenischen Quellen und wurden Sascha von Achmed Sakajew überbracht, der inzwischen in London lebte und gegen einen russischen Auslieferungsantrag kämpfte. Es stellte sich heraus, dass ein Geiselnehmer die Erstürmung des Theaters überlebt hatte. Sein Name, Chanpasch Terkibajew, stand auf der Liste der Terroristen, die am 25. Oktober, einen Tag bevor der FSB das Gebäude einnahm, in der Zeitung abgedruckt worden war. Terkibajew war in Tschetschenien ein bekannter Mann. Er hatte im Jahr 2000 für Maschadows Presseabteilung gearbeitet und stand unter Verdacht, für den FSB spioniert zu haben. 2001 schloss er sich den Rebellen an. In zwei dokumentierten Fällen wurde er von russischen Truppen gefangen genommen und beide Male auf wundersame Weise wieder freigelassen. Sakajew war überrascht, dass sein Name auf der Liste der Geiselnehmer stand. Er hatte angenommen, Terkibajew arbeite jetzt offiziell für Russland.

Weitere Nachforschungen ergaben, dass Terkibajew kurz nach der Geiselnahme in der aserbaidschanischen Hauptstadt Baku aufgetaucht war und dort versucht hatte, tschetschenische Emigrantengruppen zu infiltrieren. Er prahlte damit, er sei »im Theater dabei gewesen«. Man enttarnte ihn als Spitzel und schickte ihn umgehend nach Moskau zurück. Ende März wurde er in Straßburg in einer Abordnung prorussischer Tschetschenen gesichtet. Der Kreml hatte sie für eine Sitzung des Europarats einfliegen lassen. Die Tschetschenen sollten für das umstrittene Referendum am 23. März werben, mit dem eine neue tschetschenische Verfassung ratifiziert wurde. Kritiker bezeichneten die Abstimmung als manipuliert.

Juschenkow kehrte nach Moskau zurück und übergab die »Terkibajew-Akte« Anna Politkowskaja, der Tschetschenienkorrespondentin der *Nowaja Gaseta*. Niemand sonst kannte sich in der komplizierten Welt der tschetschenischen Clans und Rebellengruppen besser aus. Sie war während der Geiselnahme im Theater gewesen und hatte Barajew, den Anführer der Terroristen, interviewt. Jegliche Kommunikation zwischen Geiselnehmern und Sicherheitskräften lief über sie, und später schrieb sie ausführlich über den Vorfall. Sie hatte die besten Chancen, das Geheimnis um Chanpasch Terkibajew zu lüften.

Am 17. April wurde Juschenkow erschossen. Anna Politkowskajas Artikel erschien zehn Tage nach seinem Tod. Sie hatte Terkibajew aufgespürt und ihn dazu überredet, ihr ein Interview zu geben. Auf meine Nachfrage, wie sie das geschafft habe, antwortete sie, dass er sich wohl aus Eitelkeit dazu bereit erklärt habe. Schließlich galt es in Tschetschenien als eine Art Ritterschlag, von Anna Politkowskaja interviewt zu werden.

Terkibajew bestätigte, er sei im Theater gewesen. Außerdem habe er die Terroristen durch die Straßen von Moskau geschleust, sei mit ihnen ins Gebäude eingedrungen und kurz vor Beginn der eigentlichen Geiselnahme untergetaucht. Er prahlte damit, er sei Agent des russischen Geheimdienstes und ein wichtiger Berater der Kreml-Administration. Er habe den Auftrag erhalten, über die Aktivitäten der Terroristen Bericht zu erstatten. In ihrem Artikel behauptete Politkowskaja offen, die Regierung müsse vorher gewusst haben, dass im Theater eine Geiselnahme stattfinden sollte.

Die Story schlug ein wie eine Bombe. Anna Politkowskaja war in Ihrer Heimat zwar äußerst umstritten, genoss im Westen jedoch großen Respekt. Sie erzählte mir später, dass Alexander Vershbow, der amerikanische Botschafter in Moskau, sie zu einem Gespräch über ihren Artikel einlud. Er »vertrete die Meinung«, solch unglaubliche Anschuldigungen müssten durch eindeutige Beweise belegt werden, sonst seien sie nicht ernst zu nehmen. Ich musste an Tom Grahams Worte denken. Auch sie war abgeblitzt. Nach dem Erscheinen des Politkowskaja-Artikels verschwand Terkibajew spurlos. Sämtliche Moskauer Journalisten ließen nichts unversucht, um ihn zu finden. Vergeblich. Acht Monate später kam er offiziellen Angaben zufolge in Tschetschenien bei einem Autounfall ums Leben.

Anfang März 2003 löste Trepaschkin sein Versprechen ein und lieferte Juschenkow und Kowaljow den Namen, die Ausweisnummer, die Adresse und Telefonnummer von Gotschijajews russischem Geschäftspartner. Wie er das geschafft hatte, blieb sein Geheimnis. Seltsamerweise war Gotschijajews Partner vom FSB nie als Tatverdächtiger genannt worden. Hatte dieser Mann Gotschijajew reingelegt und ihn dazu gebracht, die Lagerräume zu mieten, in denen die Bomben deponiert wurden? Gotschijajew hatte ausgesagt, sein Partner habe ihn am 9. September um fünf Uhr morgens angerufen, also kurz nach der Explosion. Dies ließ sich nun problemlos überprüfen.

Trepaschkin fand auch die Nummer von Gotschijajews Handy heraus, von dem aus er vermutlich die Polizei angerufen und über die beiden Orte informiert hatte, an denen möglicherweise ebenfalls Sprengstoff deponiert war. Auch dies ließ sich nun leicht überprüfen. Juschenkow leitete die Informationen prompt an den offiziellen Ermittlungsausschuss weiter, bekam aber keine Antwort. Einige Tage später wurde Trepaschkin jedoch zur Staatsanwaltschaft zitiert, wo man ihm eröffnete, er stehe unter Anklage. Die fünfzehn Monate zurückliegende Hausdurchsuchung habe ergeben, dass er sich dreier Straftaten schuldig gemacht habe. Vor dem Gebäude warteten Reporter. Sie wollten herausfinden, ob Trepaschkin wieder auf freien Fuß gesetzt werden würde. Juschenkow gab eine öffentliche Erklärung ab, in der er behauptete, Trepaschkin sei nur wegen seiner Arbeit für den Untersuchungsausschuss unter Druck geraten. Trepaschkin wurde vorläufig freigelassen.

Am 11. März berichteten Felschtinski und Sascha, dass sie wieder Kontakt zu Gotschijajew aufgenommen hätten. Er hatte Georgien offenbar verlassen und hielt sich wahrscheinlich in der Türkei auf. Sein Kontaktmann schlug ein Treffen »in einem neutralen Land«

vor und versprach, sich wieder zu melden, um die Logistik zu klären.

Allen Beteiligten war klar, dass dieses Treffen stattfinden musste, bevor die Gerichtsverhandlung der beiden in Lefortowo einsitzenden Verdächtigen begann. Trepaschkin, der Tanja und Aljona Morosowa vertrat, könnte dann gezielte Fragen stellen, und Juschenkow würde sein Möglichstes tun, um alle Kontroversen, die sich im Gerichtssaal abspielten, lautstark publik zu machen. Also lieferten sich Sascha und Felschtinski ein Wettrennen mit dem FSB. Sie wollten unbedingt Gotschijajews Aussage aufnehmen, bevor man ihn aus dem Weg räumte oder gefangen nahm. Alles sah vielversprechend aus, aber dann schlug das Schicksal zu.

17. April 2003

Ein unbekannter Schütze tötet Sergej Juschenkow vor seiner Wohnung in Moskau. Die schockierten Duma-Abgeordneten vertreten die Ansicht, dass er einem politischen Auftragsmord zum Opfer gefallen ist. Die meisten Beobachter sehen einen Zusammenhang mit seiner Arbeit als Vizevorsitzender des unabhängigen Untersuchungsausschusses. In Denver gibt Aljona Morosowa eine Erklärung ab: »Ich kann nicht nach Russland zurückkehren, denn ich müsste dort um mein Leben fürchten. Daher bitte ich die USA, mir politisches Asyl zu gewähren.« Bei der Beerdigung des ermordeten Abgeordneten wird eine Nachricht von Wladimir Putin verlesen. Er lobt Juschenkow als »brillanten Politiker, der sich für Freiheit und Demokratie in Russland eingesetzt hat«.

Ich wusste lange nicht, wen ich für Juschenkows Tod verantwortlich machen sollte. Der Mord an ihm passte zwar in das immer komplexer werdende Muster des großen Puzzles, in dem sowohl die Sprengstoffanschläge als auch die Terkibajew-Enthüllungen ihren Platz gefunden hatten. Aber wir hatten keinen einzigen hieb- und stichfesten Beweis für unsere Theorie, und als Naturwissenschaftler konnte ich nicht ausschließen, dass es sich bei vielen Ereignissen um – wenn auch sehr unwahrscheinliche – Zufälle gehandelt haben könnte. Intuitiv betrachtet war es vollkommen logisch, dass der FSB den Mann hatte umbringen lassen, der lautstark und polemisch Anschuldigungen erhob. Eine weitere Theorie über den Mord konkurrierte mit dieser Fassung. Zwei Monate nach seinem Tod wurden die Attentäter von der Polizei gefasst. Beide waren kriminelle Drogensüchtige, die von einem gewissen Alexander Winnik angeheuert worden waren, seines Zeichens Funktionär von »Freies Russland« aus der Provinzstadt Syktywkar. Winnik gestand und sagte, er habe im Auftrag von Juschenkows Parteigenossen Michail Kodanew gehandelt. Zwischen den beiden herrschte offene Rivalität, denn beide wollten den Vorsitz von »Freies Russland« übernehmen. Als die vier vor Gericht gestellt wurden, plädierte Kodanew als einziger Angeklagter auf nicht schuldig. Er beharrte darauf, dass Winnik gelogen habe.

Kodanew hatte ein Motiv. Im Juli 2002 – die Gründung von »Freies Russland« lag erst ein paar Monate zurück – sprach Juschenkow mit einem hochrangigen Beamten des Justizministeriums, der ihm offen sagte, solange Beresowski auf der Kandidatenliste stehe, werde die neue Partei auf keinen Fall zu den Wahlen 2003 zugelassen. Dies sei eine ausdrückliche Weisung des Präsidenten. Juschenkow hatte keine Wahl und erklärte, er werde Beresowski fallen lassen. Die Partei spaltete sich nun in einen Juschenkow- und einen Beresowski-Flügel. Schließlich setzten sich die beiden zusammen und erzielten einen Kompromiss: Nachdem die Partei zur Wahl zugelassen war, sollte Beresowskis Flügel wieder zu Juschenkow zurückkehren. Kodanew war in Beresowskis Flügel die Nummer zwei gewesen, hätte jedoch in der wiedervereinigten Partei einen weit geringeren Status innegehabt. Die Staatsanwaltschaft gab bekannt, er habe den Auftragskiller auf Juschenkow angesetzt, als er von dessen Aussöhnung mit Beresowski erfahren habe.

Kodanew wurde aufgrund von Winniks Aussage für schuldig erklärt und zu zwanzig Jahren Gefängnis verurteilt. Sascha war von seiner Unschuld überzeugt. Die beiden Killer waren seiner Meinung nach wahrscheinlich im Gefängnis vom FSB rekrutiert worden. Man habe ihnen ein paar Monate in Freiheit und eine Haftverkürzung versprochen, wenn sie den Auftragsmord durchführten und als Auftraggeber Winnik nannten. Winnik habe man befohlen, Kodanew zu verleumden, sonst werde er lebenslang hinter Gittern schmoren. Sascha zweifelte keine Sekunde an seiner Theorie, er hatte bereits Dutzende ähnlicher Fälle miterlebt. Juschenkow sei zu einer Bedrohung geworden, weil er die Anschläge zu einem Wahlkampfthema machen wollte. Wie könne ich immer noch nicht begreifen, dass die *kontora* vor nichts zurückschrecke, um ihre Gegner unschädlich zu machen? Juschenkow sei nicht das erste Opfer und würde auch nicht das letzte bleiben, prophezeite er. »Und es wird immer eine plausible ›Erklärung‹ geben. Das gehört zum Handwerk.«

Tatsächlich war der liberale Duma-Abgeordnete Wladimir Golowljijow, Finanzbeauftragter von »Freies Russland«, sieben Monate vor dem Mord an Juschenkow erschossen worden, als er seinen Hund ausführte. Seine Mörder wurden nie gefasst. Die offizielle Theorie lautete, es habe sich um einen geschäftlichen Disput gehandelt; Golowljijow war an vielen Privatisierungen beteiligt gewesen.

Drei Monate nach Juschenkows Tod starb Juri Schtschekotschichin, der engagierte Journalist der *Nowaja Gaseta*, der ebenfalls der unabhängigen Untersuchungskommission angehört hatte, plötzlich an einer unerklärlichen »allergischen Reaktion«. Seine Krankenakte wurde schließlich unter Geheimhaltung gestellt. Seine Kollegen und Freunde vermuteten, er sei wegen seiner vielen Ermittlungen gegen den FSB vergiftet worden.

»Siehst du«, sagte Sascha, als wir von Schtschekotschichins mysteriösem Tod erfuhren. »Hab ich's dir nicht gesagt?«

Sascha war operativer Aufklärer und kein Wissenschaftler. Er glaubte nicht an Zufälle. Und im Nachhinein muss ich sagen, dass er wahrscheinlich recht gehabt hat.

Moskau, 30. April 2003

Das Büro des Generalstaatsanwalts veröffentlicht die Ergebnisse aus der nun abgeschlossenen Untersuchung der Sprengstoffanschläge von 1999. Neun radikale Islamisten werden als Täter benannt. Fünf sind bereits tot, darunter auch der jordanischstämmige Warlord Amir Chattab, ermordet durch einen vergifteten Brief, den ihm ein Doppelagent des FSB überbracht hat. Zwei Männer sind weiterhin flüchtig, auch Achemes Gotschijajew, der als Drahtzieher der Anschläge gilt. Zwei weitere Täter, Jussuf Krymschamkalow und Adam Dekkuschew, werden sich vor Gericht für ihre Terrorakte verantworten müssen. Boris Beresowski bezeichnet die Ergebnisse der Ermittlungen abfällig als »Bockmist«.

Am 15. Mai flog ich nach Istanbul, um einen letzten Versuch zu starten, doch noch Kontakt zu Gotschijajew aufzunehmen. Einige Wochen zuvor hatte sein Sprecher mit Felschtinski verhandelt. Diesmal verlangte er Geld im Austausch gegen den Hintergrundbericht und ein persönliches Interview. Er fing bei drei Millionen Dollar an und reduzierte seine Forderung schnell auf eine halbe Million. Ein paar Tage später wollte er nur noch hunderttausend Dollar und sagte, dies sei sein letztes Angebot. Felschtinski konnte ihn am Telefon nicht davon überzeugen, dass er seine Ablehnung ernst meine und nicht versuche, den Preis zu drücken. Wir waren inzwischen sicher, dass Gotschijajew nicht mehr länger sein eigener Herr war, sondern von jemandem kontrolliert wurde. Allein wäre er nie in die Türkei gelangt. Jemand musste ihm Geld und einen Pass beschafft haben, denn er stand bestimmt auf der Fahndungsliste von Interpol. Außerdem hatte der Mann, der mit Felschtinski verhandelte, eine sehr selbstsichere Ausstrahlung gehabt, die darauf hindeutete, dass er einen ausgeklügelten Plan verfolgte und von einer Organisation Rückendeckung erhielt. Ich war absolut dagegen, dem Mann Geld zu geben. Vielleicht handelte es sich um eine Falle, und die Konsequenzen wären fatal gewesen. In der Türkei wollte ich herausfinden, was da gespielt wurde.

Als Bodyguard diente mir ein Tschetschene, der in Istanbul lebte. Im Kempinski sollte ich meinen Kontaktmann treffen. »Ich kann nicht mit reingehen«, sagte mein Leibwächter. »Ich warte hier auf Sie. Ich trage eine Waffe bei mir«, er klopfte sich an die Hüfte, »und am Eingang sind Metalldetektoren.«

Wie beruhigend, dachte ich. Das heißt, dass auch der Mann, den ich gleich treffen werde, kein Metall am Körper trägt.

Mein Gesprächspartner war Mitte vierzig und sprach ein sehr gutes Schulrussisch. Er wirkte nicht wie ein Guerillakämpfer, sondern eher wie ein Lehrer. Sie wollten Geld, weil Gotschijajew umgesiedelt werden musste. Betrachten Sie es als eine Art Zeugenschutzprogramm, schlug er vor.

»Von uns kriegen Sie keinen Cent«, sagte ich. »Wir wissen nicht, wen Sie repräsentieren. Ich will Sie nicht beleidigen, aber Sie könnten einer Terrorzelle angehören oder für den FSB arbeiten. Wenn wir Sie bezahlen, verraten wir uns. Und was Gotschijajew angeht, der ist ohnehin verloren. In Russland steht ein Gerichtsverfahren gegen ihn aus, und früher oder später wird man ihn schnappen. Er hat nur eine Chance: Er muss die Wahrheit sagen und hoffen, dass wir seine Unschuld beweisen können.«

»Ich muss mit meinen Vorgesetzten sprechen«, sagte der Mann. »In einer Stunde bin ich wieder da.«

Nachdem er gegangen war, aß ich eine Kleinigkeit und beobachtete die Schiffe auf dem Bosporus, die unterwegs zu russischen Häfen waren.

Als er zurückgekehrt war, sagte er als Erstes: »Mein Boss lässt Sie übrigens grüßen. Er hat Sie in einer Datscha bei Moskau kennengelernt.«

Indirekt hatte er mir damit mitgeteilt, dass er im Auftrag von Mowladi Udugow hier war, dem ehemaligen Vizepremier von Tschetschenien, der inzwischen radikaler Islamist geworden war. Ihn konnten wir nie und nimmer finanziell unterstützen.

»Sehen Sie«, sagte ich, »Ihr Boss weiß ganz genau, dass er von uns auf keinen Fall Geld bekommen wird. Aber ich mache Ihnen einen Vorschlag: Wir suchen eine Londoner Zeitung, die an einem Interview mit Gotschijajew interessiert ist. Für solches Material zahlen Zeitungen eine Menge Geld. Schicken Sie mir eine E-Mail, falls Ihr Boss damit einverstanden ist.« Wir verabschiedeten uns. Auf einen Anruf oder eine E-Mail warteten wir vergebens.

Ohne Gotschijajew waren die Aussichten für unsere Ermittlungen eher schlecht. Mit dem Tod von Juschenkow und Schtschekotschichin war auch die Untersuchungskommission am Ende. Kowaljow war zu alt und zu sehr mit seiner Arbeit in Tschetschenien beschäftigt, um viel Energie in die Aufklärung der Bombenanschläge zu stecken. Außerdem würde er bald in Rente gehen und hatte angekündigt, im Dezember 2003 sein Duma-Mandat abzugeben. Und den anderen Kommissionsmitgliedern fehlte der nötige Enthusiasmus. Nur Trepaschkin verfolgte auch weiterhin hartnäckig seine Spuren. Erneut hatte er einen Durchbruch erzielt. Ein Kurier überbrachte Sascha gerade einen Stapel Dokumente.

Beim Durchsehen alter Zeitungsausschnitte fand Trepaschkin das erste Phantombild des mutmaßlichen Bombenlegers von der Gurjanowa-Straße, das die Polizei sofort nach dem Anschlag vom 9. September verteilt hatte. Zwei Tage später erschien in den Zeitungen ein Foto des Hauptverdächtigen, eines anderen Mannes. Das Foto zeigte Gotschijajew. Das Phantombild war sehr sorgfältig angefertigt worden, und Trepaschkin glaubte, er habe den Mann erkannt: Es war Wladimir Romanowitsch, der dem tschetschenischen Erpresserring angehörte, gegen den Trepaschkin vor sieben Jahren ermittelt hatte, als er noch für den FSB tätig gewesen war. Damals sagten ihm seine Vorgesetzten, er solle Romanowitsch in Ruhe lassen, der Mann arbeite verdeckt für den FSB.

Trepaschkin zeigte das Phantombild einem ehemaligen FSB-Kollegen aus der Personalabteilung, der die Akten aller Agenten kannte. Der Mann erkannte ebenfalls Romanowitsch, einen verdeckten Ermittler, der hauptsächlich in Moskauer Verbrecherbanden eingeschleust wurde, die sich aus kaukasischen Minderheiten zusammensetzten. Im Sommer 2000, ein Dreivierteljahr nach den Moskauer Anschlägen, wurde Romanowitsch in Zypern von einem Auto angefahren, dessen Fahrer Fahrerflucht beging. Er erlag seinen Verletzungen.

Im Juli 2003 fuhr Tanja Morosowa nach Russland, um ihre Großeltern zu besuchen. In Moskau nutzte sie ihren Status als Verbrechensopfer und ließ sich einen Termin bei dem offiziellen Ermittler geben. Ihr Anwalt Trepaschkin begleitete sie. Das Treffen ergab nichts Neues, aber Trepaschkin durfte die Ermittlungsakte durchsehen. Das Phantombild von Romanowitsch fand er nicht.

Trepaschkin versuchte nun, den Zeugen zu finden, der Romanowitsch gesehen und für das Phantombild beschrieben hatte. Es war ein Mann namens Mark Blumenfeld, der ehemalige Hausmeister des Hochhauses in der Gurjanowa-Straße. Ja, bestätigte Blumenfeld, am Morgen nach dem Anschlag habe er der Polizei den Mann beschrieben, der die Lagerräume im Erdgeschoss gemietet habe. Zwei Tage später habe man ihn nach Lefortowo gebracht. Dort sei er von FSB-Beamten gezwungen worden, seine Aussage zu ändern und ein anderes Foto zu »erkennen«. Das Foto von Gotschijajew.

Das war starker Tobak. Sascha freute sich. »Ich habe doch gesagt, Trepaschkin ist der Beste! Jetzt kriegen wir die Schweine.«

Trepaschkin schrieb uns, er wolle seine Entdeckung so lange geheim halten, bis am 31. Oktober die Verhandlung der beiden Tatverdächtigen begänne, bei der er Tanja und Aljona vertreten würde.

Moskau, 23. Oktober 2003

Interfax berichtet, dass der ehemalige FSB-Agent Michail Trepaschkin wegen illegalen Waffenbesitzes verhaftet wurde. Trepaschkin wurde in Moskau von der Polizei angehalten, die in seinem Auto eine nicht registrierte Pistole fand. Trepaschkin beteuert, man habe ihm die Waffe untergeschoben.

Wie sich herausstellte, hatte Trepaschkin als systematisch denkender Ermittler für den Ernstfall vorgesorgt. Ein paar Tage vor seiner Verhaftung übergab er eine Kopie der Romanowitsch-Akte Igor Korolkow, einem Reporter der *Moskowskije Nowosty*. Nachdem Trepaschkin verhaftet worden war, eilte Korolkow zu Blumenfeld, um seine Story zu überprüfen.

»In Lefortowo zeigte man mir das Bild einer bestimmten Person«, sagte Blumenfeld in einem auf Band aufgezeichneten Interview. »Man sagte mir, dies sei Gotschijajew, dem ich die Lagerräume im Erdgeschoss vermietet hätte. Ich sagte, ich hätte diesen Mann noch nie gesehen. Sie hörten nicht auf, von mir zu verlangen, dass ich Gotschijajew identifizieren sollte. Ich begriff, was sie von mir wollten, diskutierte nicht länger herum und unterschrieb die Erklärung.«

Korolkows Story wurde zwar gedruckt, aber es war Ende 2003, und Putin hatte die russische Medienwelt vollkommen umgestaltet. Alle Fernsehsender und beinahe alle Printmedien wurden vom

Kreml kontrolliert. Korolkows Artikel erschien am 11. November in der *Moskowskije Nowosty*, wurde aber in ganz Russland ignoriert.

Wie zu erwarten war, nahm auch das Weiße Haus in Washington keine Notiz davon. Doch die wenigen Menschen, die sich für unsere Ermittlungen interessierten, begannen langsam, an unsere Theorien zu glauben. Am 4. November 2003 erklärte US-Senator John McCain in einer Rede vor dem Senat: »Es gibt inzwischen glaubwürdige Hinweise darauf, dass Russlands FSB an den Anschlägen beteiligt war.«

Moskau, 30. Dezember 2003

Russische Polizisten und FSB-Agenten stoppen einen Lastwagen und konfiszieren die fünftausend Exemplare von Eiszeit im Kreml, *die von der westrussischen Stadt Pskow nach Moskau unterwegs waren.*

11. Januar 2004

Ein Moskauer Richter verurteilt Adam Dekkuschew und Jussuf Krymschamkalow wegen Beteiligung an den Sprengstoffanschlägen von 1999 zu lebenslanger Haft. Das zweimonatige Verfahren findet unter Ausschluss der Öffentlichkeit und ohne Beteiligung von Beisitzern statt.

Am 15. September 2005 befand ich mich in der ukrainischen Hauptstadt Kiew, um mich mit Michail Trepaschkin zu treffen, der gerade aus der Haft entlassen worden war. Ich wurde von dem Filmemacher Andrej Nekrassow begleitet, der gerade eine Dokumentation über Tanja und Aljona Morosowa abgedreht hatte. Wir hatten eine Mission: Trepaschkin davon zu überzeugen, in den Westen zu fliehen. Ich wollte den Coup wiederholen, der mir mit Sascha gelungen war, und Andrej einen Film darüber drehen.

Trepaschkin hatte seine Entlassung der Nachlässigkeit des FSB zu verdanken. 2004 wurde er in dem Verfahren wegen illegalen Waffenbesitzes für nicht schuldig erklärt, erhielt aber eine Haftstrafe von dreieinhalb Jahren für die Weitergabe von Staatsgeheimnissen. Die Anklage basierte auf der alten KGB-Akte, die 2002 in seinem Schreibtisch gefunden worden war. Nachdem er zwei Drittel seiner Haftstrafe in dem gottverlassenen Nest Nischny Tagil im Ural abgesessen hatte, stellte er einen Antrag auf Begnadigung. Er war ein mustergültiger Gefangener gewesen und nur der Gefängnisverwaltung gehörig auf die Nerven gegangen, weil er als Anwalt für alle seine Mithäftlinge die Beschwerdebriefe verfasste. Der Gefängnisdirektor unterstützte seinen Antrag.

Offenbar wusste niemand in Nischny Tagil, wer Trepaschkin in Wirklichkeit war. Er war keine nationale Berühmtheit und zum ersten Mal straffällig geworden. Für die Verwaltung war er nur ein harmloser FSB-Offizier, der wegen eines unbedeutenden Vergehens einsaß. Also ließen sie ihn gehen. Er traf unangekündigt in Moskau ein und überraschte seine Frau Tatjana damit, dass er plötzlich an der Wohnungstür klingelte.

Inzwischen hatten Wladimir Gussinski und Igor Malaschenko ihren eigenen Sender Russian TV International gegründet, den Boris Beresowski mitfinanzierte. Der in New York beheimatete Kanal war über Kabel überall dort zu empfangen, wo Russen im Exil lebten: von Kalifornien über Kiew bis Israel, auf der ganzen Welt. Nur nicht in Russland. »Wir sind der einzige russische Nachrichtensender, der nicht vom Kreml zensiert wird«, wurde in den RTVI-Werbespots verkündet. Ich sah ein Interview mit Michail Trepaschkin auf RTVI, das aus Moskau übertragen wurde. Er sagte, er wolle seine Untersuchung der Sprengstoffanschläge wieder aufnehmen und auch zu der Geiselnahme im Theater ermitteln. Außerdem würde er eine Menschenrechtsorganisation gründen, die sich für die Rechte von Häftlingen einsetze.

Jetzt ist er vollkommen verrückt geworden, dachte ich. Und prompt legte die Generalstaatsanwaltschaft am folgenden Tag Widerspruch gegen seine Begnadigung ein.

Die Reise mit seiner Frau Tatjana nach Kiew überwachten Andrej Nekrassow und ich mit abhörsicheren Mobiltelefonen. Wir hofften inständig, dass man sie nicht noch im letzten Moment aufhalten würde.

Tatjana Trepaschkina war eine hübsche blonde Frau um die dreißig, die sich über mein Angebot, sie in den Westen zu bringen, außerordentlich freute. Nach den zwei albtraumhaften Jahren, die hinter ihr lagen, wünschte sie sich nichts sehnlicher als ein normales Leben. Aber Trepaschkin wollte Russland nicht verlassen. Er betrachtete die Reise nach Kiew als einen wohlverdienten Urlaub.

»Sie haben Sie aus Versehen freigelassen. Wenn Sie zurückgehen, werfen sie Sie wieder ins Gefängnis und bringen Sie um«, versuchten wir, ihn zu überzeugen.

Ich hatte bereits alles geplant. Ein Auto stand bereit, um die beiden Kinder abzuholen, die sich bei Tatjanas Mutter in einem russischen Dorf nahe an der Grenze zur Ukraine aufhielten. Wir würden der Familie Flugtickets auf die Seychellen oder nach Barbados besorgen, wo russische Staatsbürger zur Einreise kein Visum benötigten. Sie konnten das Flugzeug bei einem Zwischenstopp an einem westeuropäischen Flughafen verlassen und Asyl beantragen. Boris Beresowski würde sie die ersten Jahre unterstützen. Auf sie wartete ein ähnliches Leben wie jenes, das Sascha inzwischen führte.

»Wenn ich weglaufe, verliere ich meine Glaubwürdigkeit«, sagte Trepaschkin. »Sie werden mir vielleicht nicht glauben, aber ich habe im Gefängnis viele gute Menschen kennengelernt. Alle glauben, dass ich recht habe. Vor allem die FSB-Offiziere. Es gibt viele ehrliche Offiziere im FSB. Wenn ich flüchte, werde ich zum Verräter.«

Wir riefen Sascha in London an.

»Sei kein Idiot, hör auf Alex. Wir besorgen dir einen Job. Menschen mit deinen Fähigkeiten sind hier ungeheuer gefragt. Ich habe bereits mit ein paar spanischen Freunden Kontakt aufgenommen.«

Trepaschkin blieb stur.

Ich rief Beresowski an: »Er will den Helden spielen«, berichtete ich.

»Verdammter Narr«, fluchte er. »Lass mich mit ihm sprechen. Ich mache ihm ein Angebot, das er nicht ablehnen kann.«

Beresowski drängte ihn, in der Ukraine um Asyl zu bitten, wenn er nicht in den Westen gehen wolle. Wir konnten ihm einen Job bei der Foundation verschaffen und ihm dabei helfen, dort heimisch zu werden. Seit der orangenen Revolution war die Ukraine ein freies Land. Die Ukrainer würden ihn niemals an Russland ausliefern.

Aber Trepaschkin lehnte ab. Nicht einmal Andrej Sacharows Witwe Elena Bonner, die mir vor sechs Jahren geholfen hatte, konnte ihn überzeugen. Trepaschkin wollte auf keinen Fall davonlaufen, sondern bleiben und bis zum bitteren Ende kämpfen.

Ich änderte meine Taktik. »Fliegen Sie einfach auf unsere Kosten für zwei Wochen auf die Seychellen, bis über Ihre Begnadigung entschieden wird. Es ist nicht illegal, in den Urlaub zu fahren. Wenn sie Sie in Ruhe lassen, können Sie nach Hause fahren. Wenn man Sie wieder einsperren will, können Sie sich immer noch entscheiden.«

»Ich möchte gern auf die Seychellen«, sagte Tatjana.

»Nein«, sagte Trepaschkin. »Wir fahren nach Hause.«

Seine Frau war außer sich. Sie habe einen FSB-Offizier geheiratet, sagte sie, keinen Häftling. Sie hatte die ganze Zeit geglaubt, er lasse sich von Beresowskis Leuten manipulieren, aber jetzt begreife sie, dass er sich unbedingt selbst zerstören wolle. Er denke nicht an die Kinder, warf sie ihm vor. Wenn er wirklich zurück ins Gefängnis müsse, würde sie ihn nie mehr besuchen. Sie war beinahe hysterisch, und wir mussten sie beruhigen.

Es hatte keinen Zweck. Am nächsten Morgen bestiegen sie ein Flugzeug nach Moskau.

Tags darauf drang ein FSB-Einsatzkommando in ihre Zweizimmerwohnung ein. Die Männer zerrten Trepaschkin zu einem Auto und brachten ihn nach sechsunddreißig Stunden Fahrt zurück nach Nischny Tagil. Dort steckte man ihn in eine Zelle, wo er darauf warten musste, dass über seine Begnadigung entschieden wurde. Ein paar Tage später wurde sein Gnadengesuch abgelehnt.

»Er ist verrückt«, sagte ich zu Nekrassow auf dem Rückflug von Kiew nach Zürich.

»Er ist ein Märtyrer«, entgegnete Nekrassow. »Alle Märtyrer sind verrückt. Aber um ein echter Märtyrer zu werden, muss er sich erst noch umbringen lassen. Ich werde einen Film über ihn drehen und ihn *Ein Held unserer Zeit* nennen. Aber falls er lebend aus dem Gefängnis zurückkehrt, wird den leider niemand sehen wollen.«

Zum Zeitpunkt dieser Niederschrift muss Michail Trepaschkin noch sieben Monate seiner Haftstrafe absitzen.

KAPITEL 13

Die Jagdbeute

Auf die eine oder andere Weise wurde der Tschetschenienkrieg für uns und die Menschen, in deren Umkreis wir verkehrten, zum Mittelpunkt der Diskussionen, die unser aller Leben definierten. In Tschetschenien wurde die russische Demokratie zu Grabe getragen, und Russland entfernte sich endgültig vom Westen. Beresowskis Auseinandersetzung mit der Kriegspartei begann wegen Tschetschenien, genau wie sein Konflikt mit dem FSB, durch den auch Sascha in den Strudel der Kreml-internen Machtkämpfe gezogen wurde. Tschetschenien wurde Putins endloser Wettkampf, der ihn und George W. Bush in einem Verhältnis gegenseitiger Abhängigkeit festhielt, das bald zerstörerische Auswirkungen zeigte.

Tschetschenien rief die dunklen Mächte im Kreml auf den Plan, denen wir in unseren Szenarien den Schurkenstatus zuwiesen und die unserer Meinung nach hinter den Moskauer Sprengstoffanschlägen, der Geiselnahme im Theater und letztlich auch hinter Saschas Tod steckten. Sascha empfand das Leid der tschetschenischen Opfer wie sein eigenes. Das war der Motor für die Beziehung zu Achmed Sakajew, der in seinem letzten Lebensjahr sein engster Freund werden sollte.

Sakajew übersiedelte im Sommer 2002 nach England. Seine Ankunft und die Tatsache, dass er bald ins Beresowski-Lager wechselte, machten London zur Kommandozentrale für die Gegner des russischen Krieges. Dieses Bündnis entwickelte sich zu einem großen Ärgernis für Putin und war auch der Grund dafür, dass der Kreml

London schließlich zum Nährboden für »die Aktivitäten tschetschenischer Terroristen« abstempelte.

Die Londoner Exilanten auszuschalten hatte bald für Russland oberste diplomatische Priorität. Zuerst bat die russische Regierung die Briten höflich darum, ihnen Beresowski und Sakajew auszuliefern; da die britischen Behörden nicht darauf eingingen, begann man im Kreml, über die »britische Doppelmoral« zu schimpfen. Nachdem alle gesetzlichen Möglichkeiten ausgeschöpft waren, trafen nach und nach die Attentäter ein.

Grosny, Tschetschenien, 19. August 2002

Eine von den Rebellen abgefeuerte Rakete schießt einen Mi-26-Transporthubschrauber ab, der zu dem russischen Militärstützpunkt in Chankala unterwegs ist. Alle 119 Passagiere kommen ums Leben. Dies ist der größte Verlust an Menschenleben, den die russischen Truppen seit dem Kriegsausbruch vor drei Jahren haben erleiden müssen.

Im August 2002 forderte der Krieg in Tschetschenien besonders viele Opfer. Ich organisierte ein Treffen zwischen Sakajew und Iwan Rybkin, dem ehemaligen Vorsitzenden des russischen Nationalen Sicherheitsrates. Er gehörte zu den wenigen Politikern, die sich Putin weiterhin offen entgegenstellten. Wir wollten Putin aus der Reserve locken, denn der Krieg war in einer Pattsituation stecken geblieben.

Die russische Armee kontrollierte zwar den größten Teil des Landes, aber nur bei Tag. In ländlichen Gebieten gehörte die Nacht den Rebellen, die in allen Städten und Dörfern geheime Stützpunkte eingerichtet hatten. Die Guerillakämpfer versuchten, die russischen Truppen durch den Einsatz von Landminen und zahllose Angriffe aus dem Hinterhalt zu zermürben. Im gesamten Nordkaukasus gewannen die Anhänger des radikalen Schamil Bassajew von Woche zu Woche an Einfluss, und diese Entwicklung drohte die gesamte Region in einen Nährboden für islamischen Extremismus zu verwandeln. Gleichzeitig drängte Präsident Aslan Maschadow, der sich in seiner Gebirgsfestung verschanzt hatte, die Russen zu Verhandlungen und ließ auf inoffiziellem Weg verbreiten, dass er nicht länger auf der vollen Souveränität für Tschetschenien bestand. In der Armee wuchs der Widerstand gegen den Krieg ebenso wie im gesamten politischen Spektrum Moskaus.

Der Westen und die liberalen Kräfte in Russland weigerten sich weiterhin, Maschadow als Terroristen zu bezeichnen. Die beiden Männer, die ihn im Westen repräsentierten – Sakajew in Europa und ein Mann namens Iljas Achmadow in den USA –, konnten sich in den westlichen Hauptstädten völlig frei bewegen, trafen sich mit Kongressabgeordneten und verschiedenen europäischen Politikern. Westliche Regierungen übten dezenten Druck auf Putin aus, endlich mit den Tschetschenen zu verhandeln, sogar die USA. Man befürchtete, die Tschetschenienkrise werde in der gesamten muslimischen Welt den Hass auf den Westen noch weiter schüren.

Putin rückte kein Jota von seiner Position ab. Dies war von Anfang an sein Krieg gewesen, und er wusste, dass eine Niederlage ihn politisch viel Macht kosten würde. Dazu war er nicht bereit. (Außerdem wären dann die von seinen Generälen begangenen Kriegsverbrechen ans Tageslicht gekommen.) Eine gütliche Einigung mit Maschadow hätte seinem Image als Hardliner einen schweren Schaden zugefügt, also bestand er auf eine bedingungslose Kapitulation. Putin betrachtete den Krieg sehr emotional und übernahm persönlich das Kriegsmanagement. Bei Interviews fanden Journalisten genau den Knopf, um ihn sichtbar in Rage zu bringen: Erwähnten sie Tschetschenien, ließ Putin seinen Emotionen sogar in der Öffentlichkeit freien Lauf. Auf die Frage eines französischen Journalisten: »Könnte es sein, dass Sie statt der Terroristen die tschetschenische Zivilbevölkerung vernichten werden?« wurde Putin kreidebleich und verlor die Beherrschung: »Falls Sie radikaler Muslim werden wollen und sich eine Beschneidung wünschen, dann sollten Sie nach Moskau kommen. Wir Russen haben viele Talente und Spezialisten auf jedem Gebiet. Ich empfehle ihnen, die Operation so gründlich machen zu lassen, dass dort unten nie wieder etwas wächst.«

Am 16. August 2002 verbreitete sich wie ein Lauffeuer die Nachricht, dass Duma-Vorsitzender Iwan Rybkin, der ehemalige Vorsit-

zende des Nationalen Sicherheitsrats, sich gegen die offizielle Kreml-
politik gestellt und in Zürich mit Maschadows Sonderbotschafter
Sakajew gesprochen hatte. Die beiden diskutierten darüber, wie der
Friedensprozess zwischen Russland und Tschetschenien angekur-
belt werden sollte. Sie hatten das Treffen über Kuriere und codierte
Nachrichten vereinbart und so vor dem FSB verborgen. Ich holte
Rybkin in Zürich vom Flughafen ab und brachte ihn ins Savoy, wo
Sakajew ihn bereits erwartete.

Sie begrüßten sich wie zwei alte Freunde. 1997 hatten die beiden
immer wieder stundenlang über die Nachkriegsbeziehungen zwischen Tschetschenien und Russland verhandelt und einige Abkommen geschlossen, deren Erfüllung der zweite Tschetschenienkrieg
verhindert hatte. Nun war Rybkin nicht länger offizieller Botschafter des Kreml, während Sakajew das volle Vertrauen der Rebellenregierung genoss. Ihr Treffen war für Putin ein Schlag ins Gesicht,
denn es stellte seine Behauptung in Zweifel, die Rebellen seien ausnahmslos Terroristen. Rybkin und Sakajew entwarfen eine Erklärung: »Beide Seiten sollten sich wieder nach dem Abkommen vom
12. Mai 1997 richten, das von Boris Jelzin und Aslan Maschadow unterzeichnet worden ist.«

Daraufhin riefen wir bei Associated Press und Radio Echo Moskau an.

»Ich bin überzeugt davon, dass wir Frieden schließen können,
und ich weiß auch, was wir dafür tun müssen«, erklärte Rybkin.
»Sobald ich wieder in Moskau bin, werde ich Präsident Putin um ein
Treffen bitten und ihm meine Vorschläge unterbreiten.«

»Unsere Seite stimmt dieser Erklärung vorbehaltlos zu«, sagte
Sakajew anschließend. »Präsident Maschadow will den Frieden.
Der nächste Schritt liegt beim Kreml.«

Wie zu erwarten war, weigerte sich Putin, Rybkin zu empfangen.
Der Verband der Komitees der Soldatenmütter unterstützte Rybkins
Initiative jedoch, und der Druck, den sowohl die russischen Eliten
als auch ausländische Regierungen auf den Kreml ausübten, ver-
stärkte sich. Rybkin sagte mir später, nach seiner Ankunft in Moskau hätten ihm Menschen jeglicher politischen Couleur gratuliert,
und sowohl Kommunisten als auch Militärs seien unter den Anru-
fern gewesen.

Am 30. August wurde die Meldung veröffentlicht, mehrere russische Politiker, darunter auch der ehemalige Duma-Abgeordnete Ruslan Chasbulatow und der Journalist und Abgeordnete Juri Schtschekotschichin, hätten sich nach dem Züricher Gespräch mit Sakajew in Liechtenstein getroffen. Und als Nächster bekannte sich ausgerechnet der ehemalige Premierminister Primakow, der immer noch großen Einfluss auf die Geheimdienste ausübte, öffentlich dazu, er sei sehr dafür, die Verhandlungen mit Tschetschenien wieder aufzunehmen.

Anfang September reiste Rybkin nach Tiflis und traf sich dort mit dem georgischen Präsidenten Eduard Schewardnadse, der seine Friedensinitiative unterstützte. Die Reise nach Georgien muss dem Kreml besonders sauer aufgestoßen sein: Noch in derselben Woche schickte Putin einen Brief an UNO-Generalsekretär Kofi Annan, in dem er Georgien militärische Maßnahmen androhte, falls die tschetschenischen Stützpunkte in der Pankisi-Schlucht nicht aufgelöst würden. Langfristig plante Rybkin, sich mit Beresowskis Unterstützung bei den Präsidentschaftswahlen 2004 als Kandidat aufstellen zu lassen. Seine Friedensinitiative sollte bereits die Weichen für sein Wahlkampfprogramm stellen.

Am 23. Oktober begleitete ich Rybkin in Washington von einem Treffen mit Senator Richard Luger zu einem Besuch bei dem ehemaligen US-Sicherheitsberater Zbigniew Brzezinski, als wir im Autoradio eine schreckliche Nachricht hörten: Eine Bande Tschetschenen unter der Führung von Mowsar Barajew hatte ein Moskauer Theater besetzt und rund achthundert Menschen als Geiseln genommen. Unsere Hoffnungen auf Frieden lösten sich augenblicklich in Luft auf.

Kopenhagen, 30. Oktober 2002

Die Polizei verhaftet Achmed Sakajew, Botschafter des Separatistenführers Aslan Maschadow, bei seiner Ankunft in der dänischen Hauptstadt, wo er den tschetschenischen Weltkongress eröffnen wollte. Gegen Sakajew liegt bei Interpol ein russischer Haftbefehl vor, er soll an der Theater-Geiselnahme der vergangenen Woche beteiligt gewesen sein. Ein Kopenhagener Gericht urteilt, dass Sakajew noch zwei Wochen bleiben darf, bis das dänische Justizministerium über den Auslieferungsantrag entschieden hat. Am selben Tag gibt Russland bekannt, welches Betäubungsgas der FSB bei der missglückten Befreiungsaktion eingesetzt hat. Es war eine Geheimwaffe, eine gasförmige Valiumvariante, durch die niemand zu Tode kommen sollte.

Sascha war überzeugt davon, dass auch die Geiselnahme zu der Verschwörung gehörte, mit der der FSB versuchte, Putins Kriegspolitik zu rechtfertigen und die Regierung Maschadow als Terroristen zu diskreditieren. Er bezeichnete sie als »eine Neuauflage der Sprengstoffanschläge«. Anfangs stand ich dieser Theorie sehr skeptisch gegenüber. Aber er brachte seine Argumente sehr eindringlich vor.

»Stell dir vor, du wärst ein FSB-Agent namens Mowsar Barajew. Eines Tages kontaktiert dich dein operativer Aufklärer und bietet dir ein todsicheres Geschäft an. Deine Bande darf ungehindert nach Moskau reisen, garantiert. Ihr sollt das Theater besetzen und es mit Sprengstoffattrappen verminen. Die russische Regierung wird mit euch verhandeln und einem Waffenstillstand in Tschetschenien zustimmen. Du wirst als Held nach Hause zurückkehren und dafür auch noch sehr gut bezahlt werden. Weil du ein dämlicher Hinterwäldler bist, merkst du nicht, dass du gerade in eine tödliche Falle tappst. Du glaubst wirklich, die Russen werden mit euch verhandeln. Dir ist nicht klar, dass man alle Aufmerksamkeit auf deine Bande lenken wird. Also machst du mit. Schließlich hast du bereits gute Erfahrungen mit dem FSB gemacht.

Aber dann setzt der FSB angeblich harmloses Gas ein und beginnt, alle Geiselnehmer zu erschießen. Leider ist dieses Gas viel zu hoch dosiert, und dadurch sterben auch Geiseln. Und die ganze Aktion wird sofort Sakajew und Maschadow in die Schuhe geschoben, weil dies alles ein Racheakt für die Gespräche in Zürich sein soll.«

Es stimmte tatsächlich, dass die Terroristen den Geiseln nichts getan hatten. Die meisten Zivilisten mussten qualvoll an ihrem eigenen Erbrochenen ersticken, da niemand den Rettungskräften mitteilte, wie man Menschen mit einer solchen Gasvergiftung richtig behandelt. Trotzdem war ich noch nicht überzeugt.

»Das ist ein typischer FSB-Fehler, genau wie damals in Rjasan«, erklärte Sascha. »Ein guter Plan, aber schlecht ausgeführt. Sonst wäre die Operation ein voller Erfolg gewesen: alle Geiseln am Leben, alle Terroristen tot.«

»Eines passt nicht in dein Schema«, wandte ich ein. »Bassajew hat die Verantwortung für die Geiselnahme im Theater übernommen.«

»Bassajew lügt«, sagte Sascha. »Nach ihrem Tod wurden die Terroristen in Tschetschenien sofort zu Helden, zu *Schahids*. Bassajew wollte nur sein Image aufpolieren.«

Die Geiselnahme im Dubrowka-Theater schadete der tschetschenischen Sache und den russischen Kriegsgegnern erheblich und wurde ein Freudenfest für die PR-Abteilung des Kreml. Ob zufällig oder absichtlich, Putin gewann dadurch in seinen Gesprächen mit dem Westen die Oberhand. Jetzt hatten die Tschetschenen endlich gezeigt, dass sie alle Terroristen waren und Russland die wahre Opferrolle gebührte. Der Krieg in Tschetschenien war demnach gerecht und ehrenhaft.

Sofort nach der Belagerung warf der Kreml die Propagandamaschinerie an und versuchte, die Regierung Maschadow für den Anschlag verantwortlich zu machen. Bei einer Pressekonferenz in Moskau am 31. Oktober spielte Putins Sprecher Sergej Jastirschembski die vom FSB erstellte Aufzeichnung eines Telefongesprächs zwischen dem Terroristenführer Moswar Barajew und einem Komplizen ab. Der Name »Aslan« war zu hören. Dies sollte beweisen, dass Maschadow die Terroraktion gebilligt hatte.

Die Regierung Maschadow wies die Vorwürfe entschieden zurück und distanzierte sich sofort von Bassajew und Barajew. Dennoch griff der Pressesprecher Maschadow in seiner Rede aufs Schärfste an: »Das Vertrauen in Maschadow ist sogar bei denjenigen, die Moskau zu Verhandlungen gedrängt haben, stark angeschlagen«, verkündete Jastirschembski. »Nennen Sie mir nur einen [tschetschenischen] Führer, mit dem wir verhandeln können. Ich selbst kenne keinen solchen Mann.«

Als Nächstes war Sakajew an der Reihe. Der Haftbefehl gegen ihn stützte sich nur auf die Behauptung, er sei an der Geiselnahme beteiligt gewesen. Die dänische Regierung musste entscheiden, ob sie ihn den russischen Behörden ausliefern sollte oder nicht.

Eine seltsame Koalition eilte zu seiner Verteidigung. Aus Washington meldeten sich zwei erfahrene Kämpen, die unterschiedlichen Parteien angehörten: Der ehemalige Sicherheitsberater Zbigniew Brzezinski und der ehemalige Außenminister Alexander Haig baten die dänische Regierung, Sakajew nicht auszuliefern. In Großbritannien organisierten so unterschiedliche Menschen wie die politisch engagierte linke Schauspielerin Vanessa Redgrave und der ultrakonservative Schriftsteller Lord Nicholas Bethel gemeinsam eine »Rettet Sakajew«-Kampagne. Sowohl Human Rights Watch als auch Amnesty International setzten sich für Sakajew ein.

Sakajew hatte sich immer gegen den Tschetschenienkrieg ausgesprochen. Sein Fall wurde zum Vehikel für die unterschiedlichsten Themen: Für die einen ging es um die Rechtmäßigkeit der russischen Tschetschenienpolitik, für die anderen darum, zu beweisen, dass Russland keine Demokratie sei. Zusätzlich ging es um die Frage, inwieweit der Krieg gegen den Terror Verstöße gegen die Menschenrechte rechtfertige. Für die Tschetschenen in den Bergen und die große Exilantengemeinde in Europa wurde der Fall Sakajew zum Prüfstein für die angebliche Fairness des Westens moderaten Muslimen gegenüber. Putin benutzte ihn, um auszuprobieren, wie weit ihm seine westlichen Partner entgegenkommen würden. In Afghanistan hatte er ihnen beim Kampf gegen *ihre* Terroristen geholfen. Würden sie nun auch ihm helfen, *seine* Terroristen unschädlich zu machen?

»Die Dänen werden keinen unschuldigen Mann in den sicheren Tod schicken«, sagte Beresowski mit ungebrochenem Optimismus. Wir diskutierten in London darüber, wie wir Sakajew helfen konnten. Ich war dafür, dass wir uns einmischten.

»Die westlichen Regierungen haben weggeschaut, als Russland zweihunderttausend Unschuldige in Tschetschenien abgeschlachtet hat. Warum sollten sie sich jetzt wegen eines Mannes gegen Putin stellen?«, fragte ich. »Er braucht unsere Hilfe, sonst ist er verloren.«

Meine Forderung stürzte Beresowski in ein schweres Dilemma. Sein Asylantrag war noch nicht bewilligt worden, und die russischen Behörden hatten ihm unverhohlen gedroht, sie könnten ihn wegen seiner Verbindungen zu Tschetschenien unter Terrorverdacht stellen. Seine Anwälte rieten ihm dringend, sich nicht mit einem Mann zu verbünden, der als mutmaßlicher Terrorist galt. Sein PR-Berater Lord Timothy Bell, der Beresowski immer erklären musste, was die Briten *wirklich* meinten, war sehr besorgt: »Whitehall kann ziemlich bösartig werden, sobald es die nationalen Interessen bedroht sieht.« Trotzdem schlug sich Beresowski auf meine Seite: Wir mussten für Sakajew nicht nur aus Prinzip kämpfen, sondern auch aus ganz praktischen Gründen. Wenn wir nicht verhinderten, dass Putin Sakajew in die Finger bekam, waren wir todsicher als Nächste dran.

Am 1. November verkündeten wir, dass die International Foundation for Civil Liberties Sakajew vor Gericht beistehen und seine Anwaltskosten übernehmen würde. Vier Tage nach unserer Erklärung schickte Russland einen Auslieferungsantrag für Beresowski an die britische Regierung: Verdacht auf Betrug im Automobilgeschäft.

4. November 2002

Russland verlangt, dass Katar den ehemaligen tschetschenischen Präsidenten Selimchan Jandarbijew ausliefert, weil er angeblich Verbindungen zu den Moskauer Geiselnehmern unterhalten hat. Ein Sprecher des russischen Außenministeriums hebt die Kooperation anderer arabischer Staaten im Kampf gegen den Terror hervor und sagt: »Kein arabisches Land unterstützt die tschetschenischen Rebellen.«

Am 9. November kehrte ich aus Kopenhagen nach London zurück. Dort hatte ich Iwan Rybkin zum dänischen Parlament begleitet, wo er um Unterstützung für Sakajew geworben hatte. Nach der Sitzung besuchten wir Sakajew im Gefängnis. Rybkin setzte seine gesamte politische Karriere aufs Spiel, weil er einen Mann moralisch unterstützte, der unter Terrorismusverdacht stand.

»Sie werden Rybkin töten«, prophezeite Sascha bei meinem Besuch in seiner Wohnung. »Sag ihm, er soll nach London kommen und um Asyl bitten. Ich kenne da einen guten Anwalt.«

Ich verbrachte diese Nacht am Telefon, um Unterschriften für eine Petition gegen Sakajews Auslieferung zu sammeln, die wir an die dänische Regierung leiten wollten. Die Idee stammte ursprünglich von Vanessa Redgrave, also standen auf der Liste beeindruckend viele Namen der internationalen Linken, unter anderem hatten der dänische Regisseur Lars von Trier und die amerikanische Essayistin Susan Sontag unterschrieben. Ich versuchte, die russischen Intellektuellen aufzurütteln. Bei den Dissidenten war das einfach: Elena Bonner, Wladimir Bukowski, Boris Beresowski und Sergej Kowaljow sagten sofort zu. Bei meinen Gesprächen erlebte ich eine Überraschung.

Bukowski gab den Hörer an seinen Besucher Wladimir Kara-Murza weiter, einen Funktionär der Union der Rechten Kräfte (SPS), der Zentrumspartei von Tschubais und Nemzow.

»Haben Sie Nemzow schon angerufen?«, fragte Kara-Murza.

»Der würde niemals unterzeichnen«, sagte ich. »Putin hat ihn in der Hand.«

»Versuchen wir's doch einfach. Er unterstützt Rybkins Initiative und wollte sogar selbst an den Friedensverhandlungen teilnehmen.«

Zwanzig Minuten später rief er mich zurück: »Wir haben Nemzow in Moskau erreicht. Er wird unterschreiben.«

Ich war angenehm überrascht. Offenbar hatte ich Nemzow falsch eingeschätzt. Ich schickte die Liste mit den russischen Namen.

Etwas später teilte mir Kara-Murza mit: »Nemzow hat seine Unterschrift zurückgezogen. Er wurde sofort unter massiven Druck gesetzt.« Kara-Murza berichtete, dass Nemzow eine Stunde nach dem Gespräch mit Bukowski einen Anruf von Tschubais bekommen hatte, der ihn anschrie: »Bist du völlig übergeschnappt? Sie werden der SPS die Luft abdrehen, und die nächsten Duma-Wahlen können wir vergessen. Hast du den Verstand verloren?«

Tschubais sagte, vor wenigen Augenblicken habe Wladislaw Surkow, der stellvertretende Stabschef im Kreml, ihn kontaktiert und gewarnt, falls Nemzow diese Petition unterzeichne, werde der Präsident die SPS von nun an als gegnerische Partei betrachten. Es war offensichtlich, welche Konsequenzen dies nach sich ziehen würde.

»Es ist Samstagabend, und in Moskau ist es schon nach Mitternacht«, sagte Sascha. »Verstehst du, was passiert ist? Surkow sitzt nicht im Kreml und lauscht allen Gesprächen, die Nemzow heute geführt hat. Das bedeutet, dass sein Telefon live abgehört wird und nicht nur die Gespräche aufgezeichnet werden. Es hat nur eine Stunde gedauert, bis Tschubais von Nemzows Gespräch mit London erfuhr und bei ihm anrief. Stell dir das mal vor: Ein Experte steht Tag und Nacht bereit, hört alle unsere Telefongespräche mit und bewertet den Inhalt. Er muss also klug genug sein, um zu entscheiden, was wichtig ist und was nicht. Dann wandert sein Bericht die Kommandokette hinauf zu einem Offizier des FSB. Der informiert den diensthabenden Offizier im Kreml, der wiederum Surkow alarmiert. Alles musste über sichere Telefonleitungen laufen, und alles wurde mündlich weitergegeben, weil keine Zeit blieb, eine Abschrift zu erstellen und einen Bericht zu verfassen. Das bedeutet, dass ein ganzes Team Tag und Nacht daran arbeitet, alle Kontakte zu uns sofort zu melden. Wir haben oberste Priorität im Kreml. Es würde mich nicht überraschen, wenn Putin selbst die Operation koordiniert.«

Tatsächlich sagte Nemzow einige Zeit später in Moskau zu einem Freund von mir, Putin habe ihn wegen der Petition für Sakajew getadelt und ihn gewarnt, er solle »keinesfalls auf Beresowskis Provokationen eingehen«.

Einige Wochen vergingen. Sakajews Schicksal blieb weiterhin ungewiss, und die dänischen Behörden verlängerten sein vorläufiges Bleiberecht noch zweimal. Schließlich wurden die Dänen ihrem guten Ruf gerecht. Am 3. September sprach das dänische Justizministerium Sakajew wegen »unzureichender Beweislage« frei. Moskau protestierte sofort heftig und ausdauernd gegen das Urteil. »Offenbar haben die Dänen nicht ganz verstanden, wie man den internationalen Terrorismus bekämpft«, sagte ein Sprecher der russischen Generalstaatsanwaltschaft.

»Ein freier Mann in Kopenhagen«, lautete die Überschrift eines Leitartikels des *Wall Street Journal*. »Die Kriegstreiber im Kreml haben einen unmenschlichen Krieg gegen das tschetschenische Volk entfesselt und versuchen heute mit allen Mitteln, die Politiker auszuschalten, die diesen Konflikt beenden wollen«, verkündete Sakajew triumphierend vor dem dänischen Gefängnis, in dem er die letzten Wochen verbracht hatte. Er kehrte nach London zurück. Aber die Russen waren noch nicht bereit, ihn kampflos in die Freiheit zu entlassen.

London, 11. Dezember 2002

Achmed Sakajew muss sich erneut einem Antrag auf Auslieferung stellen – diesmal ist er an die britische Regierung gerichtet. Er wird gegen fünfzigtausend Pfund Kaution freigelassen, die Vanessa Redgrave persönlich bezahlt. Die russische Anklage lautet auf Entführung, Folter, Massenmord und bewaffneten Aufstand. Der russische Außenminister Igor Iwanow kritisiert die Entscheidung, Sakajew bis zur Verhandlung auf freien Fuß zu setzen, und vergleicht ihn mit Osama bin Laden.

Nach zwei Jahren in England verlief das Leben der Litwinenkos in einer zeitlichen Routine, die von Toliks Schule vorgegeben wurde. Marina lieferte ihn jeden Morgen am Eingangstor ab. Sascha schlief meistens lange, da er oft bis spät in die Nacht vor seinem Computer saß oder russische Filme anschaute. Marina vermisste an Russland nur ihre Mutter und hing auch nicht besonders an russischen Dingen und Gebräuchen. Ihre neue Umgebung beschäftigte sie jedoch sehr. Sascha hingegen brauchte seine tägliche Dosis Russland: die neuesten Nachrichten aus dem Internet, russische DVDs und Bücher. Er war zwar überhaupt nicht nostalgisch, doch dank der technischen Mittel des Informationszeitalters lebte ein Teil von ihm einfach sein altes Leben in Russland weiter. Das lag natürlich auch daran, dass er daheim in Moskau weiterhin in aller Munde war. Seine Fans und Feinde stritten in Internetforen über seine Bücher. Die Moskauer Büros von Reuters, Associated Press und Radio Echo Moskau riefen oft an und baten ihn um Kommentare. In London hingegen wussten nicht einmal seine Nachbarn, wer er war.

Seine Arbeit beschränkte sich nicht auf die Machtkämpfe im Kreml. Ende 2002 erzählte Sascha mir, er sei an einer Sicherheitsfirma »beteiligt«, die sich auf Risikoanalyse und Operationen in Übersee spezialisiert habe und von ehemaligen Offizieren des britischen Geheimdienstes geleitet werde. Er verriet mir keine Details, aber ich begriff, dass er wieder auf seinem alten Spezialgebiet tätig war: russische Verbrecherorganisationen. Erst nach seinem Tod erfuhr ich, dass er diese Beschäftigung ständig ausweitete und schließlich beratend für die Vollzugsbehörden mehrerer europäischer Länder tätig war, unter anderem Estland, Georgien und Spanien. Zum Beispiel half er bei der Befreiung des britischen Bankiers Peter Shaw mit, der 2002 in Georgien entführt worden war, und spielte 2006 eine entscheidende Rolle bei der Verhaftung mutmaßlicher russischer Mafiabosse in Spanien. Marina schätzte, dass 2006 rund die Hälfte seines Jahreseinkommens aus seiner Beratertätigkeit stammte. Es war wie früher in Moskau: Gelegentlich verschwand Sascha für ein paar Tage und kehrte dann in bester Laune zurück.

In den ersten zwei Jahren in London sehnten sich Sascha und Marina hauptsächlich nach Stabilität. Marina wollte statt des möblierten Apartments endlich ein eigenes Heim, das sie nach ihrem Geschmack einrichten konnte. Sascha war bereit, ein Nest für seine Familie zu bauen. Beresowski kaufte über seine Firma ein Haus, das er an Sascha und Marina vermietete.

Im Februar 2003 bezogen sie ihr neues Heim und statteten es nach ihren Wünschen aus. Sie waren so glücklich wie noch nie in ihrem Leben. Sascha war enorm stolz auf sein neues Zuhause und lud all seine Freunde ein.

Zu den Gästen der Einweihungsparty gehörte auch Achmed Sakajew. Er lebte nach tschetschenischer Tradition mit seinen zwei verheirateten Söhnen, ihren Frauen und unzähligen Enkelkindern zusammen und suchte ein größeres Haus. Wie Sakajew in seiner Rede auf der Beerdigung zugab, war der wichtigste Grund für seinen Umzug in Saschas Nachbarschaft das Sprichwort: »Bevor du ein Haus baust, lerne deine Nachbarn kennen.« Die beiden waren vom ersten Augenblick ihrer Bekanntschaft an die engsten Freunde: der sprunghafte Aufklärer und der wettergegerbte Freiheitskämpfer, den ich vor meinen amerikanischen Freunden nur »Tschetscheniens Che« nannte.

3. April 2003

Der russische Oligarch Boris Beresowski, gegen den wegen Betrugs ein Auslieferungsverfahren läuft, wird gegen hunderttausend Pfund Kaution aus der Untersuchungshaft entlassen. Richter Timothy Workman setzt die Anhörung auf Oktober an. Vor dem Londoner Magistrates'

Court stellt sich Beresowski den Journalisten. Er trägt eine Karnevals-maske mit Präsident Putins Gesicht auf dem Kopf, um zu unterstrei-chen, dass er die Vorwürfe gegen sich als Farce betrachtet.

Wer sich nicht mit internationaler Gesetzgebung auskennt, hält Asyl- und Auslieferungsverfahren wahrscheinlich für beinahe iden-tisch. Tatsächlich laufen sie jedoch sehr unterschiedlich ab. Ein Großteil der vielen Millionen Menschen, die auf der ganzen Welt Asyl beantragen, ist noch nie mit dem Gesetz in Konflikt gekommen. Die meisten werden in ihrer Heimat diskriminiert, sind Überleben-de eines Völkermords oder werden politisch verfolgt und suchen einen sicheren Ort. Ein Asylantrag ist ein nicht öffentlicher Ver-waltungsprozess, den die Einwanderungsbehörde durchführt. In den USA beantragen die Bewerber eine Greencard, in Großbritannien eine Aufenthaltserlaubnis.

Menschen, denen die Auslieferung droht, bitten nur selten um Asyl. Sie sind nach dem Gesetz auf der Flucht und verbergen sich meist vor den Behörden. Oft leben sie unter falschem Namen im Ausland. Staaten sind durch verschiedene multilaterale und bilate-rale Abkommen dazu verpflichtet, sie aufzuspüren und dem Land zu übergeben, in dem ein Haftbefehl gegen sie vorliegt.

Wenn die Zielpersonen der Meinung sind, dass die Vorwürfe ge-gen sie unrechtmäßig erhoben wurden, können sie bei einer An-hörung vor Gericht Bleiberecht beanspruchen. Diese Anhörungen unterscheiden sich von Strafverfahren, denn hier entscheidet das Gericht nicht, ob der Betroffene schuldig oder unschuldig ist. Die Beweislast liegt beim Angeklagten: Er muss zeigen, dass der Auslie-ferungsantrag gegen ihn unrechtmäßig erfolgt oder politisch moti-viert ist oder dass ihn im Falle einer Auslieferung eine unfaire Ver-handlung, Folter oder Tod erwarten. Mit anderen Worten: Für die Angeklagten gilt nicht die Unschulds-, sondern die Schuldvermutung.

Auslieferung und Asyl sind also zwei im Widerspruch stehende Konzepte. Der Asylantrag eines Mannes, gegen den ein Ausliefe-rungsverfahren läuft, wird nicht akzeptiert, und ein Gericht wird keinem Auslieferungsantrag zustimmen, wenn es dem Angeklagten im selben Land Asyl gewährt hat.

Der Auslieferungsantrag für Sakajew kam in London an, als er noch gar nicht auf den Gedanken gekommen war, Asyl zu beantragen. Bei ihm gab es also keinen Interessenkonflikt. Beresowskis Asylantrag lief im April 2002 bereits seit anderthalb Jahren. Die britische Regierung wusste genau, dass der Kreml Gift und Galle spucken würde, wenn sie Beresowskis Asylantrag stattgab. Also reagierten die Briten geradezu erleichtert auf den Auslieferungsantrag der Russen. Der Innenminister schrieb, sein Asylantrag werde aus diesen Gründen abgelehnt. Beresowskis Schicksal lag nicht länger in den Händen der Exekutive. Stattdessen hatte Richter Timothy Workman zu entscheiden, was mit ihm geschehen sollte.

Die Verhandlungen zu Sakajews und Beresowskis Auslieferung dauerten von April bis November 2003 – zwei miteinander verwobene Prozesse, die den Kreml an seine Grenzen brachten und sich als viel schwieriger erwiesen als ein gewöhnlicher politischer Auftragsmord. Sie waren so vollgestopft mit bizarren Wendungen, unerwarteten Ereignissen und seltsamen Zufällen, dass sie mich schließlich davon überzeugten, an Saschas endlosen Vorrat von Verschwörungstheorien zu glauben. Parallel zu diesen Verhandlungen untersuchten wir weiter die Moskauer Sprengstoffanschläge und die Geiselnahme im Theater, die uns immer verdächtiger vorkam. Jeder unwahrscheinliche Zufall auf der einen Seite wurde durch eine unglaubliche Entwicklung auf der anderen Seite ergänzt, und bald kam ich mir wie in einem zweitklassigen Agententhriller vor.

Am bizarrsten war ein Vorfall, in den ein Mann verwickelt war, den ich Pawel nennen werde. Bei einer Kautionsanhörung für Boris Beresowski am 2. April entdeckte sein Sicherheitsteam, das aus Veteranen der französischen Fremdenlegion bestand, einen großen, hageren Mann mit verwittertem Gesicht. Er mochte ungefähr fünfzig Jahre alt sein und trug einen grauen Anzug. Er war bereits auf dem Russischen Wirtschaftsforum in Beresowskis Nähe herumgeschlichen. Die Sicherheitsleute behielten den Mann sorgfältig im Auge.

Bei Beresowskis nächster Anhörung am 13. Mai tauchte Pawel wieder auf. Sascha stürmte auf ihn zu. »Leg die Karten auf den Tisch«, fuhr er den Mann an. »In wessen Auftrag spionierst du uns nach?«

Erstaunlicherweise gestand Pawel tatsächlich. Er arbeite schwarz für die russische Botschaft, sagte er, und der FSB habe ihn in der Hand. Er wolle die Seiten wechseln und von nun an für uns arbeiten. Einige Tage später stellte ihn Sascha mir vor.

Pawel sagte, der KGB habe ihn angeworben, als er in der Ära Breshnew für den Kreml gearbeitet habe. Nach dem Zusammenbruch der Sowjetunion hatte er geglaubt, er sei der *kontora* entronnen. Er gründete eine Firma, hatte aber bald Ärger mit einigen Kriminellen und floh nach Kasachstan, um sein Leben zu retten. 1999 gelangte er von dort aus nach London, wo er Asyl beantragte und eine kleine Handelsfirma gründete. Sein Asylantrag war immer noch nicht genehmigt worden, aber 2002 wurde er in einem Londoner Park von zwei russischen Diplomaten mit seinem alten KGB-Decknamen angesprochen.

»Sie sagten mir, ich solle für sie arbeiten, sonst wollten sie die Einwanderungsbehörde über meine Vergangenheit informieren, und man würde mich abschieben. Natürlich hatte ich in meinem Asylantrag verschwiegen, dass ich für den KGB gearbeitet hatte. Mir blieb also keine Wahl«, behauptete er.

»Und wie lautet dein Auftrag?«

»Verschiedene Orte aufsuchen, Berichte darüber schreiben. Russische Veranstaltungen beispielsweise. Oder zum Beispiel Lagepläne von den Parkmöglichkeiten, Lastenaufzügen und Notausgängen in Kaufhäusern anfertigen. Jetzt sollte ich mich mit einem Mitarbeiter von Beresowski anfreunden und alles berichten, was ich von ihm erfahren würde. Das Übliche eben.«

»Und was willst du von uns?«

»Ich weiß es nicht genau. Könnt ihr mir bei meinem Asylantrag helfen?«

»Das bezweifle ich«, sagte ich. »Vielleicht solltest du einfach weiterhin deine Berichte für deine Freunde in der Botschaft schreiben und auf das Beste hoffen.« Wir hatten im Moment beileibe genug eigene Probleme.

Ein paar Wochen später besuchte Pawel wieder Anhörungen, diesmal in Sakajews Verfahren. Sascha lud ihn zum Essen ein. Pawel berichtete, er habe einen neuen Auftrag bekommen. Er sollte einen bestimmten Füllfederhalter kaufen und versuchen, ihn durch die

Metalldetektoren des Gerichts zu schmuggeln. Er sollte auch herausfinden, ob die Gerichtsangestellten in den Toiletten oder im Treppenhaus rauchen durften.

Sascha wurde ganz blass vor Aufregung und beugte sich über den Tisch zu uns. »Das ist die binäre Taktik!«, flüsterte er. »Sie bereiten einen Anschlag vor, der aus zwei voneinander unabhängigen Elementen aufgebaut ist. Es gibt Zwei-Komponenten-Gifte: Man spritzt – zum Beispiel mithilfe eines Füllers – eine Flüssigkeit auf das Opfer. Für sich genommen ist die Flüssigkeit vollkommen harmlos, aber dann kommt der Mann mit Rauch in Kontakt, der ebenfalls für alle Umstehenden harmlos ist. Nur nicht für denjenigen, der mit dieser Flüssigkeit in Kontakt gekommen ist. Und aus heiterem Himmel erleidet das Opfer einen Herzinfarkt und stirbt. Das haben sie vor!«

Es klang wie ein Hirngespinst.

»Hör zu, Pawel«, sagte ich. »Vielleicht ist das alles Blödsinn, vielleicht aber auch nicht. Wenn du die Wahrheit sagst und Sascha recht hat, dann will man dich vielleicht zum Mittäter bei einem Mord machen. Wenn jemand umgebracht werden sollte, steckst du in großen Schwierigkeiten. Wir müssen das, was du gesagt hast, an die Polizei weiterleiten. An deiner Stelle würde ich ebenfalls zur Polizei gehen.«

Saschas Anwalt, George Menzies, sollte Pawel unterstützen. Wir trafen uns kurz vor Mitternacht. Pawel wiederholte seine Geschichte, und Menzies machte sich Notizen. Pawel erklärte sich außerdem dazu bereit, die schriftliche Erklärung für die Polizei abzusegnen, die Menzies für ihn aufsetzen würde.

Er tauchte jedoch nie wieder auf. Am Tag des vereinbarten Treffens rief er Menzies an und sagte, die Einwanderungsbehörde habe ihn vorgeladen, um seinen Asylantrag zu besprechen. Sascha hatte seinen eigenen Bericht über die Unterhaltung mit Pawel an die Sonderabteilung von Scotland Yard weitergeleitet.

Anfang September sagte Richter Workman Beresowskis Anwälten, dass die Anhörungen von nun an in einem anderen Gerichtsgebäude stattfinden würden, wo normalerweise Fälle mit hohem Sicherheitsrisiko verhandelt werden. Die Metropolitan Police habe um die Verlegung gebeten, da sie glaube, Beresowski habe Grund, um sein Leben zu fürchten. Und am 11. September genehmigte das Innenministerium plötzlich ohne jede Erklärung Beresowskis Asylantrag. Am folgenden Tag verwarf Richter Workman den Auslieferungsantrag mit den Worten, er sei »hiermit überflüssig« geworden.

Wir waren fassungslos. War es möglich, dass die Polizei nach Saschas und meinen Berichten Pawels bizarre Geschichte überprüft und Beweise gefunden hatte?

»Ist es zu fassen? Sie wollten mich mit einer chemischen Waffe töten«, staunte Boris. »Wie kann man nur so wahnsinnig sein? Stell dir vor, ich sei Putin, und ich versuche, Beresowski auf legalem Weg zu fassen zu kriegen. Ich glaube natürlich daran, dass ich es schaffen werde. Warum sollte ich mir sonst die Mühe machen? Und gleichzeitig schicke ich auch einen Attentäter ins Gericht, um ganz sicher zu gehen. Putin muss wirklich nicht mehr ganz bei Trost sein.«

Zehn Tage später berichtete die *Sunday Times* am 21. September von einem Plan, Beresowski zu ermorden. Die Zeitung zitierte »Quellen auf höchster Ebene«. »Ein SWR-Agent … habe geplant, einen Füller mit einer [giftigen] Flüssigkeit zu füllen und Beresowski im Vorbeigehen damit in den Arm zu stechen.« Die *Times* zitierte einen Beamten aus Whitehall, der anonym bleiben wollte, und bestätigte, dass »bei MI5 ein Mann angegeben habe, er sei nach England geschickt worden, um den Tycoon Beresowski zu töten. MI5 übergab die Ermittlungen der Polizei.« Das Konkurrenzblatt *Guardian* blieb skeptisch: »Die Geheimdienste sind sich einig, dass dies eine deutliche Steigerung russischer Aktivitäten in London bedeuten würde, die im Moment nicht innerhalb der Möglichkeiten [der *kontora*] liegt.«

Athen, 21. August 2003

Wladimir Gussinski wird bei seiner Rückkehr aus Israel verhaftet, wo er seinen Urlaub verbracht hat. Bei Interpol liegt ein Haftbefehl wegen Betrugs und Geldwäscherei gegen ihn vor. Er wird gegen Kaution auf freien Fuß gesetzt, darf aber das Land nicht verlassen. Am 14. Oktober weist ein griechisches Gericht Russlands Auslieferungsantrag ab. Nach einer Anhörung, die nur wenige Minuten gedauert hat, entscheiden

die drei Richter, dass die Anklage gegen Gussinski nach griechischem
Gesetz nicht ausreicht, um ihn zu verurteilen.

Die Geschichte von Pawel, dem FSB-Spion, dem Beresowski wahrscheinlich seinen Asylstatus verdankte, war äußerst bizarr. Mindestens genauso aberwitzig liest sich jedoch die Geschichte des Tschetschenen Duk-Wacha Duschuijew, dem wiederum Sakajew verdankte,
dass England Russlands Auslieferungsantrag schließlich ablehnte.
Auch hier fungierte Sascha als Mittelsmann, und wieder einmal
triumphierte er.

Die Russen hatten schwere Vorwürfe gegen Sakajew erhoben und
ihn der Folter und des Massenmords bezichtigt. Angeblich sei er
1999 Anführer einer tschetschenischen Bande gewesen und trage
die Verantwortung für den Tod von mindestens dreihundert russischen Soldaten. In der Anklageschrift stand außerdem, Sakajew habe
den mutmaßlichen russischen Spitzel Iwan Solowjow eigenhändig
gefoltert:

»Als sich Solowjow weigerte, zu ›gestehen‹, dass er mit den russischen Staatssicherheitskräften zusammenarbeitete, bedrohte ihn
Sakajew mit einer Waffe. Er drückte den Lauf an Solowjows kleinen
Finger und schoss. Auf diese Weise verlor Solowjow einen Finger der
rechten und zwei Finger der linken Hand.«

Angeblich hatte Sakajew auch zwei russisch-orthodoxe Priester
entführt und gefoltert. Auch diesmal saß Richter Workman der Verhandlung vor.

Die Unschuldsvermutung griff in diesem Fall nicht. Die Verteidigung musste beweisen, dass die Anschuldigungen nicht der Wahrheit entsprachen. Sakajews Anwälte wiesen darauf hin, dass alle
Zeugen der Anklage sowie die angeblichen Opfer ihre Erklärungen
erst im November 2002 unterzeichnet hatten, als Sakajew bereits in
einem dänischen Untersuchungsgefängnis saß. Dies sei ein Hinweis
darauf, dass der Fall hastig aus dem Boden gestampft worden sei.
Aber das war kein Beweis. Am Morgen des 24. Juli kündigte die
Verteidigung einen neuen Zeugen an – den Mann, dessen eidesstatt-
liche Aussage gegen Sakajew besonders schwerwiegend gewesen
war. Es war der Tschetschene Duschuijew, der in seiner eigenhändig
unterzeichneten Erklärung beteuert hatte, er selbst habe gesehen,

wie Sakajew den Befehl zur Entführung und Folterung der beiden Priester gegeben habe. Wie er von Tschetschenien nach England gelangt war, blieb rätselhaft.

Duk-Wacha Duschuijew war ein kleiner Mann mit schütterem Haar. Auf seinem Gesicht lag wie eingefroren ein seltsames Lächeln, was vielleicht auf die Tortur zurückzuführen war, von der er vor Gericht erzählte. Am 27. November 2002 habe ihn der FSB in Grosny festgenommen und zu einem russischen Militärstützpunkt gebracht. Dort habe man ihn in eine schmutzige, halb mit Wasser gefüllte Grube geworfen, die durch ein Drahtgitter verschlossen war. Die Grube sei so eng gewesen, dass er sich nicht setzen konnte, und so flach, dass es ihm unmöglich war, sich aufrecht hinzustellen. In dieser gebeugten Haltung verbrachte er sechs Tage. Seine Hände waren mit Handschellen gefesselt, und man hatte ihm einen Sack über den Kopf gestülpt. Mehrmals holte man ihn aus der Grube, um ihn zu verhören. Bei diesen Verhören wurde er stundenlang geschlagen und mit Elektroschocks gefoltert. Man drohte, ihm die Kehle durchzuschneiden, wenn er nicht gegen Sakajew aussagte. Am sechsten Tag willigte er ein, auszusagen, dass er 1997 als Kämpfer unter Sakajews direktem Kommando gestanden und gehört habe, wie die Entführung der Priester von diesem angeordnet worden sei.

Man brachte ihn in das Büro eines Ermittlers in Grosny, wo er die Erklärung unterzeichnete, die Russland den Londoner Gerichten vorgelegt hatte. Duschuijews Name war allerdings geschwärzt gewesen. Als Nächstes setzte man Duschuijew vor eine Kamera, die von Männern in Armeeuniform bedient wurde. Er musste seine Anschuldigungen wiederholen. Am 15. Dezember wurde das »Interview« mit ihm auf NTW als Bericht russischer »Sonderkorrespondenten« ausgestrahlt. Zwei Monate später wurde er wegen Mitgliedschaft in einer »ungesetzlichen bewaffneten Vereinigung« angeklagt und zu einer Haftstrafe auf Bewährung verurteilt. Seit dem 29. Januar befand er sich wieder auf freiem Fuß.

Richter Timothy Workman sprach aus, was alle dachten: Die Ereignisse hätten eine »dramatische« Wendung genommen. Er verlangte von der Anklage das vollständige, unzensierte Geständnis von Duschuijew und eine Erklärung, warum auf dem Originaldokument nicht erwähnt wurde, dass das Geständnis in polizeilichem

Gewahrsam erfolgt war. Das Gesetz fordere, dass dies explizit erwähnt werde.

Sascha saß neben mir in dem Gerichtssaal, in dem sich die Zuschauer drängten und fasziniert das Geschehen beobachteten. Er strahlte übers ganze Gesicht. Er, oder vielmehr Edwin Redwald Carter, hatte dafür gesorgt, dass Duschuijew den britischen Anwälten heil und unversehrt vorgeführt werden konnte.

Die andere Anklage gegen Sakajew, er habe einem Mann namens Iwan Solowjow drei Finger abgeschossen, fiel ebenfalls wie ein Kartenhaus in sich zusammen. Diesmal diskreditierte nicht Sascha den Zeugen, sondern Anna Politkowskaja. Nach Iwan Solowjows Aussage erschien ein Artikel in der *Nowaja Gaseta*, in dem sie schrieb, Solowjow sei in Sakajews tschetschenischer Heimatstadt ein sehr bekannter Mann. Nachbarn hatten sich daran erinnert, dass er seine Finger bereits 1992 verloren hatte, angeblich durch Erfrierungen. In dem Artikel stand auch, ein Trinkkumpan habe Solowjow vor seiner Abreise nach London sagen hören, er habe einen Deal mit dem FSB geschlossen und werde im Austausch gegen »eine Menge Alkohol« gegen Sakajew aussagen.

Sakajews Anwalt nahm Solowjow im Zeugenstand nach Strich und Faden auseinander. Am 13. November entschied Richter Workman zugunsten des Angeklagten.

Der Kreml hatte nun auch die letzte Möglichkeit verloren, seine Londoner Feinde mit legalen Mitteln nach Moskau zurückzuholen.

Moskau, Januar 2004

Der Wahlkampf für Russlands Präsidentschaftswahlen am 14. März ist in vollem Gange. Nach dem skandalösen Tod eines Rekruten, der an Misshandlungen gestorben ist, verspricht Putin, sich für die Abschaffung der Wehrpflicht einzusetzen. Der Verband der Komitees der Soldatenmütter gibt an, dass jedes Jahr dreitausendfünfhundert wehrdienstpflichtige Soldaten der insgesamt 1,1 Millionen Mann starken russischen Armee an durch Kameraden zugefügten Verletzungen, Unterernährung und Krankheiten sterben.

Allen ausländischen Beobachtern war klar, dass Iwan Rybkin keine Chance hatte, Putins Wiederwahl zu verhindern. Der Kreml kontrollierte die Medien, und die Russen liebten ihre besonders mächtigen Führer aus alter Tradition. Putin hätte sich eigentlich keine Sorgen darüber machen müssen, Rybkin könnte ihn in den Meinungsumfragen überholen. Aber Insider berichteten, dass Rybkins Wahlkampf dem Kreml Kopfzerbrechen bereitete. Putin wusste, dass er seine Beliebtheit weniger dem Erfolg seiner Politik als dem Mangel an Alternativen verdankte. An der Basis herrschte große Unzufriedenheit. Außerdem wusste der alte KGB-Veteran sehr gut, dass Regime, die sich durch einen Trick an die Macht manövriert haben, auch durch die Tricks anderer stürzen können. Jeder Regierungswechsel braucht vor allem eines: einen glaubwürdigen Kandidaten, am besten ein vollkommen unbeschriebenes Blatt. Schließlich war auch Putin selbst innerhalb weniger Monate aus der völligen Bedeutungslosigkeit zum mächtigsten Mann Russlands aufgestiegen. Die Sprengstoffanschläge waren seine Trumpfkarte gewesen, aber nun drohten sie zu seiner Achillesferse zu werden. Ein landesweiter Wahlkampf eines Mannes vom Schlage Rybkins bedeutete, dass er die Bombengeschichte auf jeden Fall wieder aufs Tapet bringen würde. Das durfte man nicht auf die leichte Schulter nehmen.

Rybkin wurde von Beresowski großzügig finanziert. Er konnte sich auf die Unterstützung aller landesweiten Zweigstellen von »Freies Russland« verlassen und wollte da weitermachen, wo Juschenkow aufgehört hatte. Er warb um die Protestwähler, besonders die Kriegs- und Wehrpflichtgegner. Mit seiner Kampagne etablierte er sich als Verkörperung aller gegen Putin gerichteten Strömungen des Landes. Er richtete sein Augenmerk dabei wahrscheinlich weniger darauf, diese Wahl zu gewinnen, sondern bereitete sich vor allem schon auf den Thronfolgekampf im Jahr 2008 vor. Rybkin wollte die Friedensverhandlungen mit Tschetschenien wieder aufnehmen und versuchen, Putin als einen Mann darzustellen, der täglich unschuldige Russen dem sinnlosen Krieg mit einem Feind opferte, der eigentlich Frieden wollte. Rybkin begriff nur eines nicht: Seine Gegner hatten keine Skrupel, sich die Hände schmutzig zu machen.

Ende Januar kam ein Unterhändler auf ihn zu, der, wie Rybkin noch aus seiner Zeit als Vorsitzender des Nationalen Sicherheitsrates wusste, Kontakt zur Regierung Maschadow pflegte. Der Mann überbrachte Rybkin die Nachricht, Maschadow sei an einem ähnlichen Treffen wie 2002 in Zürich interessiert. Das wäre natürlich ein ungeheurer Bonus für Rybkins Wahlkampf gewesen. Er stimmte sofort zu. Das Treffen sollte unter strengster Geheimhaltung vorbereitet werden und »in oder in der Nähe von Tschetschenien stattfinden«. Dem Plan zufolge sollte Rybkin sich seinen FSB-Beschattern entziehen und nach Kiew fliegen, wo ein Vertreter des tschetschenischen Präsidenten ihn erwarten und zu dem Treffpunkt bringen würde.

Rybkin flog erst einmal nach London, um sich mit der dortigen Dissidentengruppe zu beraten. Uns allen gefiel die Idee gut, aber Sakajew sagte, es überrasche ihn, dass er bisher nichts davon gehört habe. Er wollte sich mit Maschadow in Verbindung setzen und den Unterhändler noch einmal überprüfen. Das werde allerdings ein paar Tage dauern. Rybkin flog nach Moskau zurück, wo sein Kontakt ihm mitteilte, dass alles vorbereitet sei. Sie dürften keine Zeit mehr verschwenden. Er entschied sich dafür, loszufahren, ohne auf Sakajews Okay zu warten. Das war ein großer Fehler. Wie Sakajew später erfuhr, wusste Maschadow überhaupt nichts von dem angeblichen Treffen.

Beresowski hatte Leute in Kiew, die sich um Iwan Rybkin kümmern sollten, wenn er in der Stadt eintraf. Inzwischen unterstützte er die orangene Opposition gegen das diktatorische Regime des ukrainischen Präsidenten Leonid Kutschma. Kiew schuldete ihm einige Gefallen.

Wie Rybkin mir später erzählte, fuhr er, aus Vorsicht und um etwaige Verfolger abzuschütteln, am Abend des 4. Februar mit dem Auto in die hundertfünfzig Kilometer von Moskau entfernte Stadt Kaluga, wo der Nachtzug von Moskau nach Kiew zum ersten Mal hielt. Er stieg ein und erreichte am folgenden Morgen Kiew. Dann verschwand er spurlos.

Am Samstag, dem 7. Februar, meldeten ihn seine Wahlkampfhelfer als vermisst. Es war der Tag, nachdem die Allgemeine Wahlkommission ihn offiziell als Präsidentschaftskandidaten registrierte, da er die erforderlichen zwei Millionen Unterschriften erreicht hatte.

Rybkins Verschwinden war eine Sensation und sorgte für Schlagzeilen auf der ganzen Welt. Die Polizei leitete eine Suchaktion ein. Bald erschienen Berichte, eine »vertrauenswürdige Quelle« im FSB habe angegeben, Rybkin sei sehr entspannt in einem Sanatorium bei Moskau gesichtet worden.

Am 10. Februar tauchte Rybkin in Kiew wieder auf. In seinen ersten Interviews wirkte er fahrig und unkonzentriert, wenn er etwas sagte, war er kaum zu verstehen.

»Ich habe das Recht, mir mal zwei oder drei Tage freizunehmen«, sagte Rybkin der Nachrichtenagentur Interfax. »Ich habe in Kiew Freunde besucht. Mein Telefon war ausgeschaltet, und ich habe nie ferngesehen«, gab er als Erklärung dafür an, warum der Medienrummel völlig an ihm vorbeigegangen war. In Moskau eingetroffen, äußerte er sich noch kryptischer: »Ich bin wieder da, und es ist mir, als hätte ich ein schwieriges Gespräch in Tschetschenien hinter mir. Ich bin froh, wieder hier zu sein.« Als man ihn fragte, ob er entführt worden sei, sagte er mit versteinerter Miene: »Ich bin nicht so leicht zu entführen, aber in Kiew gibt es gute Menschen, denen ich sehr dankbar bin.« Wir Londoner verstanden überhaupt nicht, was da vor sich ging, und hatten dummerweise Angst, uns am Telefon danach zu erkundigen. Womöglich machten wir dadurch alles nur noch schlimmer.

Sascha schüttelte natürlich sofort ein vollkommen logisches Verschwörungsszenario aus dem Ärmel, aber er war nicht der einzige Beobachter, der diese Schlussfolgerung zog: »Ich glaube, man hat ihn unter Druck gesetzt und eingeschüchtert«, sagte Waleria Nowodworskaja, die Vorsitzende der Demokratischen Union. »Ich glaube, nach einer Todesdrohung hat er dem Druck nicht standgehalten. Dann bot man ihm einen Ausweg. Er kam zwar aus Kiew, aber sein Ticket hat der FSB bezahlt.«

»Er wurde unter Drogen gesetzt«, sagte der ehemalige KGB-General Oleg Kalugin in einem Interview in Washington. »Es gibt psychotrope Substanzen, und die Russen haben nie aufgehört, sie einzusetzen. Sie haben sie im Gegenteil in den vergangenen Jahren sogar weiterentwickelt.«

»Sie haben ihm SP117 verabreicht«, sagte Sascha sofort. »Jemand, der unter dem Einfluss von SP117 steht, ist völlig willenlos. Man kann ihn entführen, ihn mit Mädchen oder Jungen im Bett fotografieren und so weiter. Danach bekommt er das Gegenmittel, und wenn er das nächste Mal aufwacht, kann er sich an nichts erinnern.«

»Auf Band würde es so aussehen, als sei er sinnlos betrunken und völlig hemmungslos«, sagte Kalugin in dem Interview. »Er würde auch gestehen, dass er für zwanzig verschiedene Geheimdienste arbeitet. Danach hatten sie ihn in der Hand. Sie befahlen ihm wahrscheinlich, aus dem Wahlkampf auszusteigen und sich aus der Öffentlichkeit zurückzuziehen, sonst würden sie das Material der Presse zuspielen.«

Am 12. Februar holte ich Rybkin in Heathrow ab. Er war blass, wirkte völlig erschöpft und lächelte resigniert. Seine Geschichte entsprach im Wesentlichen Saschas und Kalugins Szenario. Am folgenden Tag wiederholte er sie bei einer Pressekonferenz im Kempinski-Hotel.

Er gab an, seine ukrainischen Kontaktpersonen hätten ihn in eine Wohnung in Kiew gebracht und ihm Tee und Sandwiches angeboten. Danach wurde er plötzlich schläfrig. Als er wieder erwachte, waren vier Tage vergangen, und er befand sich nicht mehr in derselben Wohnung. Man zeigte ihm ein kompromittierendes Video, auf dem er selbst zu sehen war. Als er davon sprach, war er den Tränen nahe. Diese Leute seien »schreckliche Perverse ... die ich nicht kannte«, aber sie sprachen Russisch. »Ich weiß, wer von der Existenz dieses Videos profitiert«, fügte er hinzu.

Nach der Pressekonferenz drängten wir Rybkin sofort dazu, sich von einem Toxikologen untersuchen zu lassen, der aber nichts Ungewöhnliches feststellte. Rybkins Kandidatur und seine politische Karriere waren damit beendet.

Am Tage von Rybkins Pressekonferenz fiel Tschetscheniens ehemaliger Ministerpräsident Selimchan Jandarbijew in seinem Katarer Exil einem Anschlag zum Opfer. In seinem Auto explodierte eine Bombe, nachdem er mit seinem Sohn eine Moschee in Doha verlassen hatte. Russlands Sicherheitskräfte bestritten jegliche Beteiligung an dem Anschlag.

Doha, Katar, 1. Juli 2004

Die beiden russischen Geheimagenten Anatoli Belaschkow und Wassili Bogatschijow werden des Mordes an Selimchan Jandarbijew für schuldig befunden und zu fünfundzwanzig Jahren Haft verurteilt. »Die Order, den ehemaligen Präsidenten Tschetscheniens zu töten, stammte von der russischen Führung«, sagt der Richter bei der Verhandlung. Er fügt hinzu, das Attentat sei im August 2003 bei einer Konferenz in der Moskauer Geheimdienstzentrale beschlossen und in Auftrag gegeben worden.

In seiner jährlichen Parlamentsrede zur Lage der Nation am 27. Mai 2004 greift Putin diesmal die Menschenrechtsorganisationen an. Er wettert gegen »einige« regierungsunabhängige Organisationen (NGO), die nicht die »wahren Bedürfnisse des Volkes« vertreten, sondern »zwielichtigen Vereinigungen und materiellen Gesichtspunkten« dienen. Diese NGOs seien nur daran interessiert, sich Gelder »von ausländischen Organisationen und einflussreichen Russen« zu beschaffen. Dies geschehe »inmitten eines weltweiten [wirtschaftlichen] Kampfes gegen Russland, in dem »politische, wirtschaftliche und mediale Ressourcen verwendet werden ... Nicht alle Nationen der Welt wollen mit einem unabhängigen, starken und selbstsicheren Russland verhandeln.«

»Unsere Aufrufe, den Krieg in Tschetschenien zu beenden, haben den Kreml verärgert«, kommentierte Lew Ponomarew, dessen Organisation For Human Rights vom Justizministerium vorgeworfen wurde, sie habe mithilfe von Beresowskis Geldern Häftlingsaufstände organisiert.

Beresowskis Reaktion auf Putins Rede war die noch umfangreichere Finanzierung der International Foundation for Civil Liberties. Ich bereitete für die Führung des Verbandes der Komitees der Soldatenmütter und den Vorsitzenden eines ihrer regionalen Komitees eine Reise nach Washington vor. Sie wollten ihre Antikriegsbotschaft in die USA tragen. Die Kreml-Politik mache aus dem Kaukasus einen Nährboden für Terrorismus, argumentierten sie. Sie hielten vor dem Kongress eine Rede, in der sie die Vereinigten Staaten dazu aufriefen, die russische Demokratie wieder stärker finanziell zu unterstützen, denn die Zuschüsse waren unter der Regierung Bush dramatisch reduziert worden. Dann statteten sie Tom Graham im Weißen Haus einen Besuch ab. Aber der sagte ihnen das Gleiche, was er vor über einem Jahr auch Sergej Kowaljow gesagt hatte: Sie haben unser Mitgefühl, aber die USA sind nicht bereit, sich wegen Tschetschenien auf eine Konfrontation mit Putin einzulassen.

Beslan, Nordossetien, 1. September 2004

Eine Gruppe muslimischer Rebellen nimmt fast zwölfhundert Schulkinder und Erwachsene in einer Schule als Geiseln und verteilt Sprengstoff im gesamten Gebäude. Am dritten Tag der Belagerung kommt es zu einer Schießerei, und das Gebäude wird von russischen Spezialeinsatzkräften gestürmt. Bei den darauf folgenden Explosionen und Schusswechseln kommen 344 Zivilisten, unter ihnen 186 Kinder, ums Leben. Die Regierung Maschadow verurteilt den Anschlag aufs Schärfste. Der Warlord Schamil Bassajew übernimmt die Verantwortung für die Geiselnahme.

Die schrecklichen Nachrichten aus Beslan – Terroristen treiben Schulkinder in einer Turnhalle zusammen und hängen an Seilen befestigte Sprengsätze an zwei Basketballkörben über ihnen auf – erschütterten die ganze Welt. Nach der Räumung der Schule und dem dabei entstandenen Blutbad kamen zwar erneut Zweifel am Vorgehen der russischen Einsatzkräfte auf, aber den Geiselnehmern schlug einhelliger Zorn entgegen. Für den wiedergewählten Präsidenten Putin mussten eine Menge westlicher Kommentare wie Vorwürfe klingen. Es sah danach aus, als machten ihn einige Kommentatoren für das Drama mitverantwortlich. Jede Solidaritätsbekundung wurde durch den Vorschlag relativiert, dass er nun endlich mit Maschadow verhandeln solle.

Putin wandte sich nach der Katastrophe an die Nation. Schuld an der Tragödie seien nur Russlands internationale Feinde, tobte er. »Manche Leute wollen uns Schaden zufügen. Sie erhalten von den-

jenigen Hilfe, die glauben, dass Russland als eine der größten Atom-
mächte immer noch eine Bedrohung darstellt – eine Bedrohung, die
aus dem Weg geräumt werden muss. Und um dieses Ziel zu erreichen, bedienen sie sich des Terrorismus.«

Zehn Tage später sagte er zu einer Gruppe ausländischer Akademiker und Journalisten: »Treffen Sie sich doch mal mit Osama bin
Laden. Warum laden Sie ihn nicht ins Weiße Haus oder nach Brüssel ein, fragen ihn, was er will, und geben es ihm, damit er Sie von
nun an in Ruhe lässt? Der Westen kennt beim Krieg gegen diese
Mistkerle kein Pardon, aber wir sollen mit den Leuten reden, die unsere Kinder getötet haben?«

Außenminister Sergej Lawrow hatte noch etwas hinzuzufügen:
»Wir arbeiten mit den USA und unseren europäischen Verbündeten
im Kampf gegen den internationalen Terrorismus zusammen. Deshalb bestürzt uns die Doppelmoral der Amerikaner und Briten, die
Iljas Achmadow und Achmed Sakajew Asyl gewähren, umso mehr.
Wer Terroristen Obdach gewährt, ist indirekt für die Tragödie mitverantwortlich, die dem tschetschenischen Volk tagtäglich wider-
fährt.«

»Russland hat das Recht, präventiv gegen feindliche Stützpunkte
im Ausland vorzugehen«, ergänzte Verteidigungsminister Sergej
Iwanow. »Bei diesen Präventivschlägen ist nur der Einsatz nuklearer
Waffen ausgeschlossen«, sagte er.

»Du weißt, wen sie mit ›terroristischen Stützpunkten im Ausland‹
meinen, oder?«, fragte mich Sascha. »Sie meinen uns. Sakajew, Beresowski und mich.«

Moskau und London,
Oktober 2004 bis März 2005

*Nach dem Drama von Beslan widersetzt sich der Verband der Komi-
tees der Soldatenmütter dem Kreml und beginnt, »Volksverhandlun-
gen« mit den tschetschenischen Separatisten zu führen. Der Kreml
beschuldigt die NGO, sie seien gedungene Handlanger ausländischer
Interessengruppen. Meinungsumfragen zeigen jedoch, dass sechsundsechzig Prozent der Bevölkerung die Initiative unterstützen. Unter*

diplomatischem Druck von Russland verweigert die belgische Regierung der Delegation die Einreise. In Brüssel wollten sie sich mit Achmed Sakajew zu Gesprächen treffen. Am 2. Februar 2005 ordnet Aslan Maschadow einen unilateralen Waffenstillstand als Dankesgeste für die Petition der NGO an. Sogar der radikale Warlord Schamil Bassajew erklärt sich bereit, den Waffenstillstand einzuhalten. Die russischen Truppen ignorieren die Waffenruhe. Am 24. Februar 2005 findet das Treffen zwischen Sakajew und den Soldatenmüttern in London statt. Im Beisein mehrerer europäischer Parlamentarier verabschieden sie ein »Friedensmemorandum«. Zwei Wochen später wird Aslan Maschadow bei einem Überfall russischer Einheiten getötet.

Nach Maschadows Tod kam die vom Kreml seit Jahren aufgestellte Behauptung, die tschetschenische Separatistenbewegung sei nur ein Haufen Terroristen, der Wahrheit erschreckend nahe. Als neuer tschetschenischer Präsident amtierte ein moderater Islamgelehrter namens Abdul-Halim Sadulaijew, der im Westen bislang beinahe unbekannt war. Er war der einzige Kompromisskandidat, auf den sich die Rebellenführer einigen konnten, vielleicht gerade, weil er so schwach war. Ihm fehlte die Legitimität von Maschadow, der in international anerkannten freien Wahlen demokratisch gewählt worden war. Im Gegensatz zu jenem war er auch nicht bereit, auf Russlands Bedingungen einzugehen. Die Rebellen begriffen, dass der Westen und die islamische Welt darin wetteiferten, sich mit dem Kreml gutzustellen – und dabei Tschetschenien wissentlich über die Klinge springen ließen. Das führte zu noch trotzigeren, selbstmörderischen Terroraktionen. Der Einfluss des radikalislamistischen Flügels nahm dramatisch zu. Zu den ersten Amtshandlungen des neuen Präsidenten gehörte, dass er dem terroristischen Warlord Schamil Bassajew ein Regierungsamt anbot.

»Bassajew ist ein Terrorist«, sagte ich zu Achmed Sakajew. »Ich verstehe nicht, warum du nicht aus dieser Regierung austrittst.«

»Du redest schon ganz genauso wie die Regierung Bush«, gab Sakajew zurück. »Was wollt ihr eigentlich von uns? Seit zehn Jahren schlachten die Russen uns ab – vierzig Prozent unserer Bevölkerung sind umgekommen –, und dazu sagt niemand etwas. Und jetzt regen sich alle über Bassajew auf. Ich habe ihn nicht gebeten, der Regierung beizutreten, und ich würde ihn sofort wieder entlassen, wenn die Entscheidung bei mir läge. Politisch waren wir schon immer erbitterte Gegner. Und jetzt willst du, dass ich abdanke und ihm die Kontrolle überlasse? Stell dir vor, ich gebe auf. Dann wird sich niemand mehr den Radikalen entgegenstellen. Und wer repräsentiert dann die Menschen, die so denken wie ich? Wir sind immer noch ein Volk, und zu Hause und in Europa wächst eine neue Generation Tschetschenen heran. Sollen die etwa sagen, Sakajew hat einfach aufgegeben, deshalb folgen wir jetzt Bassajew? Das würde nur bedeuten, dass der Westen und Russland Bassajew den Sieg geschenkt haben. Nein. Ich bleibe und kämpfe weiter.«

In den Wochen nach Maschadows Tod entbrannte zwischen den beiden Chefideologen des tschetschenischen Unabhängigkeitskampfes eine erbitterte Debatte: Sakajew wollte einen demokratischen Staat nach westlichem Vorbild errichten, und Mowladi Udugow hoffte auf eine streng islamische Republik. Wie im Zweiten Weltkrieg die Menschen des besetzten Europa versammelten sich die Tschetschenen in den Dörfern und den Rebellenlagern in den Bergen um die Radiogeräte und lauschten auf Radio Liberty, wie sich ihre emigrierten Politiker über die Zeit »nach dem Sieg« unterhielten. Die unterschiedlichen Visionen, die Sakajew und Udugow für diese Zeit hatten, prallten auch im Internet aufeinander und füllten ihre Websites, Achmed Sakajews ChechenPress.info und Mowladi Udugows KavkazCenter.com. Beide hatten täglich mehrere Tausend interessierte Besucher aus der tschetschenischen Diaspora in Russland und Westeuropa.

Sascha nahm sich das Schicksal der Tschetschenen sehr zu Herzen. Er schrieb viele Beiträge für die ChechenPress-Website, und Sakajew stellte ihm gern so viel Platz zu Verfügung, wie er wollte. ChechenPress wurde Saschas Rednerpult; von 2005 bis 2006 schrieb er mehr als hundert Kommentare, die Titel wie »Die Werwölfe des Kreml«, »Der Heldenmut des Michail Trepaschkin« und »Politkowskajas Mörder verwischen ihre Spuren« trugen.

Sascha nahm seine Mission, zu den Tschetschenen zu sprechen, sehr ernst und sah darin eine moralische Verpflichtung. Er sagte mir einmal, er betrachte sich als »Nachfolger derjenigen Deutschen, die damals Juden geholfen haben«.

»Wenn der Krieg vorbei ist, dann werde ich der einzige Russe sein, den die Tschetschenen immer noch als ihren Freund betrachten. Achmed wird wahrscheinlich der einzige Tschetschene sein, der noch dazu bereit ist, mit den Russen zu verhandeln. Also werden wir beide wohl den nächsten Friedensvertrag aushandeln. Achmed und ich sind wie Brüder. Man sollte uns eines Tages nebeneinander begraben. Aber nicht in London, sondern in Tschetschenien.«

KAPITEL 14

Die »Miniatur-
Atombombe«

Moskau, 8. Juni 2006

Die Duma verabschiedet ein Gesetz, das den FSB ermächtigt, Kommandos zu entsenden und »Terrorgruppen« im Ausland zu liquidieren. »Die Gesetzesnovelle stellt es in das Ermessen des Präsidenten, Sondereinsatzkräfte des FSB gegen Terroristen und terroristische Stützpunkte außerhalb der Russischen Föderation einzusetzen und Bedrohungen für die Russische Föderation abzuwenden«, sagt Michail Grischankow, der stellvertretende Vorsitzende des Duma-Ausschusses für Sicherheit.

Mit dem Beginn der zweiten Amtszeit von Putins Präsidentschaft bewegten sich die Geheimdienste frei in den Korridoren der Macht. FSB-Offiziere hatten über siebzig Prozent der höchsten Regierungsposten inne. Da der Kreml praktisch alle Fernsehsender kontrollierte, die politischen Führer der Regionen unterdrückt wurden und in der Duma keine Opposition mehr existierte, kam der politische Prozess zum Stillstand. Nach der Zerschlagung der Partei »Liberales Russland« und der erfolglosen Präsidentschaftskandidatur Iwan Rybkins war unserer Londoner Dissidentengruppe klar, dass der FSB niemals mit verfassungskonformen Mitteln aus dem Kreml zu vertreiben war. Trotzdem verloren wir nicht den Mut: Die Ereignisse in der benachbarten Ukraine legten eine andere Möglichkeit nahe.

Die Menschenmengen, die auf dem Platz der Unabhängigkeit in Kiew campierten, stürzten Ende 2004 und Anfang 2005 gewaltlos

die autoritäre ukrainische Regierung, die von Moskau gestützt wurde. Dies war ein schwerer Rückschlag für Putin und seine Administration. Sein Bestreben wurde gebremst, mithilfe von Marionet-
tenregierungen die Sowjetunion neu zu erfinden. Die orangene
Revolution lieferte mit ihren massiven gewaltlosen Straßenprotes-
ten auch eine Blaupause für einen Machtwechsel in Russland: In
Phasen der Instabilität mussten die miteinander vernetzten Bürger-
rechtsorganisationen genau an diesem Punkt ansetzen. (Die orangene Revolution begann als Protest gegen ein offensichtlich manipu-
liertes Wahlergebnis.) Dass ausgerechnet Boris Beresowski eine
treibende Kraft hinter den Ereignissen in der Ukraine war, musste
für den Kreml umso schmerzhafter sein.

Seit Anfang 2004 konzentrierten sich die Aktivitäten von Beresowski, Sascha und mir auf die Ukraine. In der Zeit direkt nach
dem Patt in Kiew spendete Beresowski heimlich vierzig Millionen
Dollar für das orangene Lager, sodass die Straßenproteste weitere
zwei Monate lang fortgeführt werden konnten. Nachdem Wiktor
Juschtschenko, der demokratische Gegner des von Moskau gestütz-
ten Kandidaten Wiktor Janukowitsch, im September 2004 Opfer einer mysteriösen Vergiftung wurde, waren wir verzweifelt. Nicht nur
die Zukunft der Ukraine, sondern auch die Freiheit des gesamten
postsowjetischen Blocks schien in Gefahr. Glücklicherweise überlebte Juschtschenko und gewann die Präsidentschaft in einer zweiten, sorgfältig überwachten Stichwahl. In der Zeit nach dem Sieg
Juschtschenkos gründete die International Foundation for Civil Liberties ein Büro in Kiew. Wir wollten einen Brückenkopf für eine
ähnlich friedliche Revolution in Russland aufbauen.

In der Zeit vor der orangenen Revolution unternahmen Sascha,
Felschtinski und ich große Anstrengungen, um ein Geheimnis auf-
zudecken, das die Achillesferse des autoritären Regimes des
ukrainischen Präsidenten Kutschma war: die Ermordung des Kiewer
Journalisten Georgi Gongadse im September 2000. Die meisten
Menschen glaubten, der kritische Journalist sei auf Anordnung
Kutschmas beseitigt worden. Die Ermordung Gongadses nährte die
Verschwörungstheorien, die letztlich die ukrainische Gesellschaft
wachrüttelten und das orangene Lager zusammenschweißten. Nach
der Revolution wurden Sascha, Felschtinski und ich von der ukrai-

nischen Staatsanwaltschaft, die den Fall Gongadse untersuchte, als Zeugen vorgeladen. Aber wie die Vergiftung Juschtschenkos ist der Fall Gongadse bis heute nicht aufgeklärt.

Anna Politkowskaja wurde am 7. Oktober 2006 in Moskau von einem Auftragskiller erschossen. Es gab erstaunliche Parallelen zu dem Vorfall in der Ukraine. Politkowskaja war wahrscheinlich die unerschrockenste Kritikerin Putins. Würde sie für Russland die Märtyrerrolle übernehmen, die Gongadse für die Ukraine spielte? Würde ihr gewaltsamer Tod dazu führen, dass das russische Volk dem FSB-Regime bei den Präsidentschaftswahlen 2008 eine Niederlage bescherte?

Beide Seiten erkannten die weitreichenden politischen Folgen von Anna Politkowskajas Tod und schoben sich gegenseitig die Schuld zu. Auf einer Pressekonferenz während seines Besuchs in Deutschland am 10. Oktober machte Präsident Putin ungenannte Gegner für Politkowskajas Ermordung verantwortlich, die seine Regierung destabilisieren wollten. »Wir haben Informationen, zuverlässige Informationen, dass viele Menschen, die sich vor der russischen Justiz verbergen, schon lange mit dem Gedanken spielen, jemanden zu opfern, um eine Woge antirussischer Gefühle in der Welt auszulösen«, sagte Putin. Eine Woche später warf Sascha Litwinenko bei einer Gedenkfeier für Anna Politkowskaja im Londoner Club »Frontline« Putin vor, er habe ihre Ermordung befohlen.

Die Stimmung im Oktober 2006 glich einer wechselseitigen Paranoia. Der Kreml und die Londoner Gruppe bezichtigten sich gegenseitig des Mordes und entwickelten spiegelbildlich Verschwörungstheorien. All das schuf die Voraussetzungen für den Kulminationspunkt von Saschas Geschichte. Drei Wochen nachdem Anna erschossen worden war, als sie eine Tüte mit Einkäufen in den Fahrstuhl ihres Hauses in Moskau trug, und ein Jahr bevor Putin nach zwei Amtszeiten als russischer Präsident würde abtreten müssen, wurde Sascha mit einem mysteriösen Gift ermordet.

Der Anruf von Radio Echo Moskau erreichte mich am Samstag, dem 11. November 2006, in Paris: »Können Sie bestätigen, dass Alexander Litwinenko vergiftet wurde?«

Ich befand mich auf dem Weg nach London und wusste von nichts. Also informierte ich mich sofort im Internet. Die ursprüngliche Quelle des Berichts war Sakajews Website, ChechenPress.info, auf der es hieß, Sascha sei vom FSB vergiftet worden.

Ich erreichte Sascha auf seinem Handy. Er lag in einem kleinen Krankenhaus im Norden Londons, nicht weit entfernt von seinem Haus. Sascha klang kämpferisch.

»Ich habe drei Tage lang gekotzt. Dann haben sie mich ins Krankenhaus gebracht. Die Ärzte meinen, ich hätte verdorbenes Sushi gegessen. Aber das ist es nicht, ich bin mir sicher.«

»Was hat es mit dem Italiener auf sich?«, fragte ich. Laut Sakajews Website erkrankte Sascha nach einem Sushi-Essen mit Mario Scaramella, von dem ich nie zuvor gehört hatte.

»Wir waren zusammen in der Sushi-Bar. Er hätte mir leicht was in die Suppe schütten können.«

Zunächst fand ich das doch etwas übertrieben. Ein Italiener sollte Saschas Gemüsesuppe mit Gift versetzt haben? Wahrscheinlich stimmt eher die Theorie von verdorbenen Sushi, dachte ich.

Ich rief Marina an. Sie berichtete, die Ärzte hätten ein Bakterium in seinem Körper gefunden, von dem sie »nicht einmal den Anfangsbuchstaben« wisse. »Er bekommt Antibiotika.«

»Ich bin morgen wieder zurück in London.«

Es klang alles noch recht harmlos. Sascha sah ich erst wieder am Mittwoch, dem 15. November. Es ging ihm immer noch miserabel, und ich machte mir langsam Sorgen: Zwei Wochen sind zu lang für eine Lebensmittelvergiftung.

Was ich sah, als wir ins Barnet Hospital kamen, beunruhigte mich noch mehr. Sascha lag auf einer Isolierstation. Sein Zimmer durfte ich erst betreten, nachdem ich Handschuhe und einen Kittel übergestreift und versprochen hatte, ihn nicht zu berühren, damit er sich keine Bazillen von außen holte.

»Er ist neutropenisch«, erklärte der Arzt und meinte damit, dass er zu wenig weiße Blutkörperchen hatte. Das kommt vor, wenn das Knochenmark keine Zellen mehr produziert, die eine Infektion bekämpfen. Eine Lebensmittelvergiftung geht nicht mit einem solchen Symptom einher.

»Was ist los mit ihm?«, fragte ich.

»Wir wissen es nicht. Theoretisch könnte es ein Virus sein, etwas wie Aids, oder die unbekannte Reaktion auf das Antibiotikum, das er zunächst bekam, oder eine hohe Dosis eines chemotherapeutischen Medikaments oder eine heftige Bestrahlung. Aber er war nicht in der Nähe einer Strahlenquelle und bekam auch keine Chemotherapie. Und er ist HIV-negativ. Offen gestanden sind wir ratlos.«

»Wir befürchten ein Verbrechen«, sagte ich. »Haben Sie die Polizei eingeschaltet?«

»Im Augenblick ist noch offen, ob die Ursache gutartig oder bösartig ist. Wir können die Polizei erst kontaktieren, wenn wir sicher sind. Wir warten auf das toxikologische Gutachten.«

Saschas Haut hatte eine fahlgraue Farbe angenommen, und er war sehr dünn. Seit zwei Wochen hatte er nichts gegessen, sondern wurde über Infusionen ernährt. Aber er ging im Zimmer umher und war immer noch in kämpferischer Stimmung.

»Bei den ersten Beschwerden dachte ich, ich müsste sterben«, erzählte er. »Ich trank drei Liter Wasser, sodass ich erbrechen musste und der Magen sich vollständig entleerte. Ich sagte ihnen, dass ich vom FSB vergiftet worden sei. Diese Idioten. Sie haben mir nicht geglaubt und wollten einen Psychiater rufen. Du musst das in die britische Presse bringen.«

»Ich habe schon ein paar Journalisten angerufen. Aber ohne Bestätigung durch die Polizei oder das Krankenhaus lassen alle die Finger davon. Nach dem toxikologischen Gutachten wissen wir sicher, was mit dir los ist.«

Dank Sascha und Boris Beresowski war ich inzwischen ein Experte darin, unglaubliche Erklärungen für unerhörte Ereignisse publik zu machen, und dies war der Gipfelpunkt. Andererseits stand hier ein sehr kranker Mann vor mir, und es gab keine bessere Erklärung als Gift.

»Erzähl mir von dem Italiener.«

»Der Italiener hat nichts damit zu tun. Ich habe ihn absichtlich erwähnt, als Täuschungsmanöver. Eigentlich geht es um Lugowoi, aber bitte behalte das für dich. Ich möchte ihn zurück nach London locken.«

Es passte zu Sascha, dass er wieder ein Gambit spielte. Er war überzeugt, dass Andrej Lugowoi, der frühere Leiter des Sicherheitsdienstes von Beresowskis Fernsehsender ORT, ihn vergiftet hatte.

Nachdem Saschas Erkrankung in Russland bekannt geworden war, rief Lugowoi ihn von Moskau aus an und wünschte ihm eine schnelle Genesung.

»Ich habe Lugowoi gesagt, dass ich den Italiener verdächtige, damit er glaubt, er könne zurückkommen und mir den Rest geben«, sagte er mit einem ironischen Lächeln.

Erst ungefähr ein Jahr zuvor hatten wir auf einer großen Party, die Beresowski zu seinem sechzigsten Geburtstag in einem gemieteten Schloss außerhalb Londons gab, zusammen an einem Tisch gesessen: Sascha, Marina, Andrej Lugowoi und ich. Damals nahm ich ihn kaum zur Kenntnis. Er war ein Schatten aus der russischen Vergangenheit, einer von zweihundert Gästen. Aber wie Sascha mir im Krankenhaus erzählte, war diese Party der Beginn einer erstaunlich intensiven Beziehung zwischen den beiden gewesen. In Moskau hatten sie nie besonders engen Kontakt gehabt.

Nachdem Lugowoi im Zusammenhang mit der versuchten Befreiung Gluschkows vierzehn Monate im Gefängnis gesessen hatte, wurde er Geschäftsmann und hatte großen Erfolg. Er profitierte von dem neuen russischen Reichtum, den der rapide steigende Ölpreis verursachte. Das Kerngeschäft bildete sein Sicherheitsdienst, der Hunderten neureichen Moskauern Leibwächter zur Verfügung stellte. Lugowoi prahlte Sascha gegenüber mit seinen viele Millionen Dollar schweren Investitionen in der Lebensmittel- und Dienstleistungsbranche und schlug eine Zusammenarbeit vor. Sascha könne sein Mann in London werden. Es gebe doch gewiss britische Sicherheitsfirmen, die sich für den russischen Markt interessierten. Sascha legte beeindruckende Referenzen von den Sicherheitsdiensten vor, für die er gearbeitet hatte. Im Lauf des Jahres trafen sie sich zwei- oder dreimal. Sie waren zwar noch nicht richtig ins Geschäft gekommen, aber die Aussichten wirkten vielversprechend. Zum letzten Mal traf Sascha sich am 1. November in der Pine Bar im Millennium Hotel mit Lugowoi; zwei Stunden später hatte er eine Verabredung mit Mario Scaramella. Lugowoi wurde von einem Russen begleitet, erzählte Sascha, den er noch nie gesehen hatte. »Er hatte die Augen eines Killers«, sagte er. Er kannte diesen Typ.

Am nächsten Morgen ging ich zusammen mit Boris Beresowski ins Krankenhaus. Auch er hatte Saschas Erkrankung zunächst als

Magenverstimmung abgetan. Sascha ging es sichtlich schlechter. Die Haare fielen ihm aus. Er riss sich ein Büschel aus, um es uns zu demonstrieren. Er litt schrecklich unter einer Entzündung der Schleimhäute, die sich vom Mund bis in den Magen-Darm-Trakt erstreckte und so schmerzhaft war, dass er kaum reden oder schlucken konnte. Es schien, als wäre alles in seinem Innern von einem unbekannten Stoff verätzt. Die Ärzte verabreichten ihm inzwischen Schmerzmittel. Die Ursache für seine Erkrankung kannten sie jedoch immer noch nicht.

Ich rief Professor John Henry an, den berühmten Toxikologen vom St. Mary's Hospital, der sich in Russland im Jahr 2004 einen hervorragenden Ruf erworben hatte, weil er die Vergiftung Wiktor Juschtschenkos einfach dadurch diagnostizierte, dass er sein Gesicht im Fernsehen betrachtete. Eindeutig Dioxin, sagte er, und tatsächlich wurde diese Vermutung einige Zeit später durch Laboranalysen bestätigt.

Am Telefon beschrieb ich Professor Henry die Symptome: »Haarausfall ist ein Hinweis auf Thallium«, sagte er. »Aber der Knochenmarkdefekt klingt merkwürdig. Leidet er an Muskelschwäche?«

Besitz und Erwerb von Thallium, einem Schwermetall, waren in Großbritannien zwar verboten, es ließ sich aber in Form von Rattengift in jedem Lebensmittelladen im Nahen Osten problemlos beschaffen. Es zerstört die äußere Hülle von Nervenzellen. Wer eine Vergiftung überlebt, leidet möglicherweise langfristig an Schädigungen des Nervensystems. Eine Krankenschwester aus Katar machte in den siebziger Jahren Schlagzeilen, als sie nach der Lektüre von Agatha Christies Roman *Das fahle Pferd* einen Fall von Thallium Vergiftung erkannte, der die Ärzte vor ein Rätsel gestellt hatte. Auf einer Thallium-Vergiftung basierte auch eine Verschwörungstheorie, die sich um den Tod von Jassir Arafat rankte. Man sagt, die CIA habe die Idee gehabt, Fidel Castro zu demütigen, indem sie Thallium in seine Schuhe schmuggle in der Hoffnung, Barthaare, Augenbrauen und Schamhaare würden ihm ausfallen.

Aufgrund dieser Geschichten und Professor Henrys Vermutung konnte ich schließlich den Reporter David Leppard von der *Sunday Times* überreden, Sascha im Krankenhaus zu besuchen. Leppard hatte sich schon in der Vergangenheit gern haarsträubend klingende

Theorien angehört. Er hatte die Geschichte von Pawel, dem Mann mit dem Füller, veröffentlicht. Allerdings war ihm natürlich klar, dass es ohne objektive Bestätigung von Gift keine Story gab, aber er kam mit. Sollte das toxikologische Gutachten ein Verbrechen nahelegen, so sein Kalkül, hätte er bereits alle Informationen und könnte der Sonntagszeitung ohne Verzug eine exklusive Story liefern. Am Donnerstagabend interviewte er Sascha im Barnet Hospital.

Moskau, 15. November 2006

Der russische Generalstaatsanwalt Juri Tschaika verkündet vor der Duma, dass eine Kooperationsvereinbarung mit der Staatsanwaltschaft der Britischen Krone unterzeichnet worden sei. Er deutet an, die Ermittlungsbeamten im Mordfall Anna Politkowskaja würden auch der Theorie nachgehen, dass die Mörder der Journalistin Verbindungen zu gewissen Personen in London haben könnten.

Am Donnerstag, den 16. November, hielten wir mit Boris Beresowski und seinem Medienberater Lord Timothy Bell ein Strategie-Treffen ab. Zu diesem Zeitpunkt waren Beresowski und ich überzeugt, dass Sascha vergiftet worden war. Das *Warum* war uns nicht klar, aber über das *Wer* hatten wir keine Zweifel: Wer außer der *kontora* wollte Sascha schaden? Wir mussten die Medien alarmieren. Bell war sehr beunruhigt.

»Boris«, sagte er, »du hast dir die Rolle von Putins Erzfeind ausgesucht: politisch, persönlich und ideologisch. Vernünftige Menschen glauben, dass du in diesem Kreuzzug auf der guten Seite kämpfst, auch wenn sie deine Motive anzweifeln. Für die große Öffentlichkeit spielte das alles bislang keine große Rolle, denn es ging nur um ausländische Innenpolitik. Aber jetzt stehen wir vor einer völlig anderen Situation. Ein Verbrechen ist geschehen, auf britischem Boden, ein versuchter Mord. Diese Geschichte wird viele Menschen erreichen, und sie werden intuitiv reagieren. Das Problem dabei ist: Sie werden nicht glauben wollen, dass Putin es war. Die Menschen haben instinktiv etwas gegen die Vorstellung, dass Regierungen oder

Präsidenten Morde anordnen könnten. Je offensichtlicher es ist, desto eher sind sie bereit, es zu leugnen. Du wirst gegen den Strom schwimmen müssen. Du bist der Anti-Putin. Wenn die Menschen nicht glauben wollen, dass Putin es war, dann musst du es gewesen sein. Je lauter du sagst, er sei es gewesen, desto mehr werden sie denken, dass du es warst.«

Am Freitagabend, dem 17. November, kam das toxikologische Gutachten. Jetzt war es offiziell: Sascha war mit Thallium vergiftet worden. Marina hatte mich vom Krankenhaus aus angerufen. Sie klang erleichtert, zumindest in einer Hinsicht. Wenigstens kannte man jetzt die Ursache, und Sascha bekam ein Gegenmittel.

Von diesem Zeitpunkt an war die Hölle los. Eine bewaffnete Polizeitruppe traf beim Barnet Hospital ein, als Sascha gerade für die Verlegung ins Londoner Universitätsklinikum (University College Hospital, UCH) in Euston, die beste medizinische Einrichtung Großbritanniens, vorbereitet wurde. Bevor er entlassen wurde, hatte Marina die gute Idee, den behandelnden Arzt um einen kurzen medizinischen Bericht über Saschas Fall zu bitten. Ich ließ den Bericht per Boten in Beresowskis Büro bringen, wo wir Rat hielten und ihn sofort nach New York faxten. Inzwischen half uns unser Emigrantennetzwerk in Amerika bei der Suche nach dem weltweit besten Experten für Thallium-Vergiftungen.

In der Zwischenzeit hielt ein anderer Polizeitrupp vor dem Haus von Achmed Sakajew in Muswell Hill.

»Sie haben Tolik mitgenommen«, berichtete Sakajew am Telefon. Solange Marina im Krankenhaus war, ging Tolik nach der Schule zu den Sakajews.

»Du wirst es nicht glauben«, sagte er. »Acht Polizisten in drei Wagen sagten, sie hätten Anweisung, ihn mitzunehmen. Meine Enkel bekamen große Angst. ›Warum haben sie Tolik verhaftet?‹, fragten sie.«

Ich hetzte zum Universitätsklinikum, musste dort jedoch feststellen, dass der von Polizei eskortierte Krankenwagen schneller gewesen war. Die Türen auf Saschas Etage waren verschlossen. Durch ein Fenster sah ich zwei Polizisten am Ende des Flurs. Gestikulierend versuchte ich ihre Aufmerksamkeit zu erregen. Zwei Herren mit ernster Miene traten aus dem Fahrstuhl. Offenbar wollten sie denselben Patienten besuchen wie ich.

»Dürfen wir fragen, wer Sie sind?«, wollte einer der beiden wissen.

»Und wer sind Sie?«

Er gab mir seine Karte und notierte meine Nummern. Die beiden gehörten zur Antiterroreinheit von Scotland Yard und baten mich, ihnen einen Tag Zeit zu geben, damit sie Sascha befragen konnten. Ich versuchte, Marina anzurufen, konnte sie jedoch nirgends erreichen. Mehr blieb mir nicht zu tun, und ich genehmigte mir einen Drink.

Kaum hatte ich mich in einem nahe gelegenen Pub an einen Tisch gesetzt, rief Sakajew an: »Sie halten Marina fest.«

»Was?«

»Sie hat mich von einem Krankenhaustelefon aus angerufen. Sie haben ihr das Handy weggenommen. Sie darf Sascha nicht sehen, und nach Hause gehen darf sie auch nicht. Toliks Handy ist ebenfalls nicht an. Als die Polizisten ihn abholten, versicherten sie mir, sie würden ihn zu Marina bringen. Aber sie haben sich nicht daran gehalten. Ich bin auf dem Weg ins Krankenhaus.«

Wir kamen ungefähr gleichzeitig auf Saschas Etage an. Ein uniformierter Beamter erschien.

»Wir wollen Mrs. Litwinenko sprechen.«

»Sie kann gerade nicht.«

»Ist sie in Untersuchungshaft?«

»Nein, aber sie kann jetzt nicht.«

Polizisten sind überall gleich, dachte ich. Es gibt nur eine Art, mit ihnen umzugehen.

»Gut, wenn sie in fünf Minuten nicht hier ist, rufen wir die Presse an und sagen, dass sie festgenommen wurde.«

»Bitte warten Sie. Ich rufe meinen Vorgesetzten.«

Zwei Minuten später kam der Antiterrorbeamte, dem ich bereits begegnet war. Offenbar war er hier der Chef.

»Tut mir leid«, sagte er. »Die Herren haben es ein bisschen übertrieben. Das sind lokale Polizeibeamte. Sie wissen nicht, was hier läuft. Sie hatten Anweisung, Zeugen festzusetzen.«

»Warum halten Sie das Kind fest?«

»Der Junge war auf der Polizeiwache. In diesem Augenblick wird er zurück zu Mr. Sakajews Haus gefahren. Ich bitte noch einmal um Entschuldigung.«

Einen Moment später brachten sie Marina. »Danke, dass ihr mich gerettet habt, Jungs«, sagte sie. »Sie haben mir gerade mein Telefon zurückgegeben.« Sie war aufgewühlt, lächelte aber unverdrossen. Es war nach Mitternacht. Sakajew brachte sie nach Hause.

Am Samstagmorgen holte ich auf dem Weg ins Universitätsklinikum Professor Henry ab. »Thallium«, erklärte er mir auf der Fahrt, »ist geschmacklos, farblos und riecht nicht. Die tödliche Dosis liegt bei einem Gramm. In den ersten zehn Tagen erzeugt Thallium dieselben Symptome wie eine typische Lebensmittelvergiftung. Die Haare fallen erst nach zwei Wochen aus. Das gibt dem Angreifer genügend Zeit, sich aus dem Staub zu machen. Der ideale Stoff für einen Giftanschlag.«

Im Krankenhaus hielt er dem jungen Arzt einen Vortrag über Thallium:

»Der Körper versucht, es über den Darm auszuscheiden, aber es wird rasch wieder absorbiert. Das Gegenmittel wirkt, indem es das Thallium im Darm chemisch bindet.« Sascha bekam große dunkelblaue Pillen mit »Berliner Blau«, einem mineralischen Pigment. Wegen der entzündeten Mundschleimhaut fiel es Sascha sehr schwer, die großen Pillen zu schlucken. Aber er war tapfer. Henrys Autorität erkannte er sofort an: »Ich weiß, dass Sie mich hier rausholen, Professor«, sagte er.

»Sie halten sich gut«, meinte Henry aufmunternd. »Zeigen Sie mir, wie stark Sie sind. Drücken Sie meine Hand. Oh, Sie sind aber stark!«

»Ohne diese Schläuche könnte ich noch Liegestütze machen«, scherzte Sascha geschmeichelt.

Als wir den Raum verlassen hatten, sah Henry verwirrt aus.

»Das kommt mir sehr merkwürdig vor. Er wird gegen Thallium behandelt, aber bei einer Thallium-Vergiftung müsste er an Muskelschwund leiden. Das ist jedoch nicht der Fall.«

Ich zeigte ihm das toxikologische Gutachten, das im Barnet Hospital erstellt worden war.

»Sehen Sie«, sagte er, »hier heißt es, dass er mehr Thallium im

Körper hat, als normal wäre, allerdings nur ›dreimal so viel‹. Das ist zu wenig für seine Symptome.«

Am Sonntag brachten Zeitungen seine Geschichte: »Russischer Spion in London vergiftet. Antiterrorkommando eingeschaltet.«

»Sascha ist kein Spion«, protestierte Marina. »Er hat nie spioniert. Warum nennen sie ihn Spion?«

»Das ist zurzeit unsere geringste Sorge«, antwortete ich.

Wir saßen in der Cafeteria im Erdgeschoss des Universitätsklinikums. Sascha war gerade auf die Intensivstation verlegt worden. »Eine reine Vorsichtsmaßnahme«, wie die Ärzte sagten. Inzwischen gaben sie ihm eine fünfzigprozentige Überlebenschance. Marina trug eine Sonnenbrille. Draußen drängten sich Reporter, aber sie kamen nicht an sie heran. Das Krankenhaus hatte zusätzliches Sicherheitspersonal eingesetzt, um sie auf Abstand zu halten. Seit die *Sunday Times* in den Kiosken erschienen war, hatte die Presse sie verfolgt, sodass sie den Hintereingang des Krankenhauses benutzen musste. Sogar ihre Adresse in Muswell Hill hatten Reporter ausfindig gemacht. Scotland Yard wies ihr zwei Beamte zu, die sich in ihrer Nähe aufhielten, falls es Probleme geben sollte.

Noch wollte sie nicht mit der Presse sprechen. »Ihr kennt mich«, sagte sie zu Sakajew und mir. »Das ist euer Spiel. Ich möchte so lange wie möglich außen vor bleiben.«

In Wirklichkeit sollte ich die wahre Marina erst kennenlernen. Als sie nach Saschas Tod beschloss, sich der Presse zu stellen, fiel mir dieses Gespräch wieder ein. Sie tat es mit Kraft und Anmut, trotz ihrer Abneigung gegen das Rampenlicht. Für Sascha überwand sie sich, wie die Frau eines Siedlers, die das Gewehr ihres gefallenen Mannes nimmt, um ihr Heim zu verteidigen.

Solange Sascha im Krankenhaus war, ging Marina ruhig mit der Krise um. Sie kümmerte sich um den Haushalt, sorgte dafür, dass Tolik zur Schule ging, und hielt ihre Gefühle in Schach. Nur ihre roten Augen verrieten ihre einsamen Seelenqualen. Ich sah sie täglich mehrere Male, aber sie zeigte nie Anzeichen von Verzweiflung oder einen Grund zur Sorge. Später erklärte sie mir, wie sie es geschafft hatte, diese Wochen zu überstehen.

»In Wahrheit habe ich nie geglaubt, dass er sterben würde. Nicht, als sie mir sagten, er habe eine fünfzigprozentige Chance, und auch später nicht, bis ganz zum Schluss nicht. Hätte ich mir eingestanden, dass er sterben könnte, wäre ich zusammengebrochen. Ich habe mir immer wieder gesagt, dass wir eine weitere Krise gemeinsam durchstehen müssen, die dritte in unserer Ehe. Die erste ereignete sich, als er im Gefängnis saß, die zweite, als wir in die Türkei flohen. Ich bediente mich der Strategien, die ich in früheren Krisen gelernt hatte. Wie wenn du in einen Fluss fällst: Du schwimmst, hoffst das Beste und tust, was du unbedingt tun musst. Du hältst den Kopf über Wasser.«

In der oberen Etage des Universitätsklinikums standen bewaffnete Polizisten Wache. Außer Marina durften nur Sakajew, Beresowski und ich in Saschas Zimmer. Für jeden anderen Besucher, den er sehen wollte, mussten wir unsere Genehmigung erteilen. Aber auch wir sahen nicht viel von Sascha. Ein Großteil seiner Zeit wurde von den Antiterrorbeamten in Beschlag genommen. Am späten Sonntagabend hatten sie wahrscheinlich zwanzig Stunden mit ihm verbracht. Es war ein Wettlauf gegen die Zeit, um möglichst viel aus ihm herauszubekommen.

Am Montagmorgen schaute Professor Henry wieder vorbei. Mit düsterer Miene kam er aus einer Besprechung mit dem behandelnden Arzt.

»Das ist nicht Thallium«, sagte er. »Das Knochenmark hat seine Funktion komplett eingestellt, seine Muskelkraft hingegen ist nicht beeinträchtigt. Bei einer Thallium-Vergiftung verhielte es sich genau umgekehrt. Sie behandeln ihn jetzt, als hätte er eine Überdosis von einem chemotherapeutischen Medikament bekommen. Aber in diesem Stadium spielt die Ursache eigentlich keine Rolle mehr. Die Ärzte sorgen sich viel mehr um die Folgen, wie plötzliches Organversagen. Er wird immer schwächer.«

»Aber im Barnet Hopital haben sie Thallium gefunden.«

»Das ist das Mysterium. Er hat ganz sicher ein bisschen Thallium bekommen, *aber* noch etwas anderes.« Er hielt auf einmal inne. »Augenblick mal … Vielleicht war es radioaktives Thallium.«

Man musste Naturwissenschaftler sein, um Professor Henrys Gedankengang folgen zu können. Eine kleine Menge des radioaktiven Isotops von Thallium würde keine *chemischen* Veränderungen in Saschas Körper hervorrufen, wie zum Beispiel Muskelschwäche,

sondern schwere *Strahlen*schäden, wie die Zerstörung des Knochen-
marks und Haarausfall. Genau das war 1957 bei einem KGB-Über-
läufer namens Nikolaj Chochlow passiert, dessen Tee sowjetische
Agenten mit radioaktivem Thallium versetzt hatten.

»Aber sie haben Sascha auf Radioaktivität untersucht und nichts
gefunden, nicht wahr?«

»Ja. Sogar zweimal. Aber Krankenhäuser können mit ihrer Aus-
stattung nur Gammastrahlung messen. Alphastrahlung hätten sie
nicht entdeckt. Ich muss zugeben, dass mein physikalisches Wissen
hier lückenhaft ist. Ich weiß nicht mehr, ob Thallium Alpha- oder
Gammastrahlen aussendet.«

Es gibt verschiedene Arten von radioaktiver Strahlung, insbesondere energiereiche Gammastrahlung und energiearme Alphastrahlung, die nicht einmal ein Blatt Papier durchdringen kann, ganz zu
schweigen von der menschlichen Haut. In der medizinischen Ausbildung spielt nur die Gammastrahlung eine Rolle; ihr waren Menschen in Hiroshima oder Tschernobyl ausgesetzt gewesen. Ärzte
verwenden Gammastrahlen auch in der Isotopendiagnostik. Dabei
wird dem Patienten eine kleine Menge einer radioaktiven Substanz
injiziert, dann wird die aufgenommene Strahlung gescannt, um
Krebszellen zu entdecken. Für Alphastrahlen jedoch hat die Medi-
zin keine Verwendung, und in Krankenhäusern gibt es keine Geräte,
mit denen sich Alphastrahlen registrieren lassen.

Anders verhält es sich mit dem menschlichen Organismus. Alphastrahlen in der Umgebung sind ungefährlich: Sie dringen nicht durch
die Haut. Wenn jedoch eine Alphastrahlen aussendende Substanz
aufgenommen, also geschluckt oder eingeatmet wurde, dann breitet
sie sich rasch im Körper aus, auf alle Organe und Gewebe, dringt in
jede Zelle ein und greift sie von innen heraus an. Die energiearme
Alphastrahlung reicht völlig aus, das Innere einer lebenden Zelle zu
verwüsten. Sie greift die DNA im Zellkern an. Die Zelle stirbt. Besonders anfällig sind rasch wachsende Zellen wie die in den Magen-
Darm-Schleimhäuten, im Knochenmark und in den Haarwurzeln.
Daher Saschas Symptome.

Am Montag rief Professor Henry mich an: »Ich habe meine Bücher konsultiert. Thallium sendet Gammastrahlen aus. Sie hätten
sie eigentlich im Krankenhaus entdecken müssen. Aber sie sollten

weiterhin nach Substanzen suchen, die Alphastrahlen emittieren. Ich werde mit Scotland Yard sprechen.«

Die erste Frage, die Sascha mir am Montagmorgen stellte, betraf die Presse. Hatten sie endlich verstanden? Hatten sie kapiert, dass er von der *kontora* vergiftet worden war? Er führte immer noch seinen Krieg, und er wollte das Beste aus seiner Lage machen.

»Sascha, draußen sind zehn Fernsehkameras und fünfzig Reporter. Aber wie du weißt: Ein Bild ist mehr wert als tausend Worte. Um die größte Wirkung zu erzielen, brauche ich ein Bild von dir, so wie du jetzt aussiehst«, sagte ich entschuldigend. Marina warf mir einen wütenden Blick zu.

»Gib mir einen Spiegel«, verlangte Sascha.

Sie ging hinaus und suchte einen Spiegel.

»Wie sind meine Chancen?«, fragte er, den Augenblick unter vier Augen nutzend.

»Fünfzig zu fünfzig, sagen die Ärzte. Aber du bist kräftig … «

»Ich weiß, ich weiß«, unterbrach er mich. »Pass auf, ich möchte eine Erklärung abgeben, falls ich es nicht schaffe. Den Mistkerl beim Namen nennen. Anja [Politkowskaja] hat es nicht getan, also tue ich es für uns beide. Du bringst den Text in gutes Englisch, und ich unterschreibe. Du bewahrst ihn auf, für alle Fälle.«

»Gut, mach ich, aber wir zerreißen das Blatt gemeinsam, wenn du hier rauskommst.«

»Klar, machen wir.«

Das Sprechen fiel ihm schwer. Er diktierte mir seine Erklärung, und dabei spürte ich etwas Neues in seinem Ton. Zum ersten Mal erhielt ich Anweisungen von ihm, und zwar auf eine Art und Weise, die keinen Raum für Diskussionen ließ. Bislang hatte er in unserer Beziehung immer eine gewisse Jungenhaftigkeit an den Tag gelegt und mir die Rolle des Erwachsenen zugewiesen, von dem er Zustimmung erwartete. Jetzt war er der Erwachsene, der fest von sich überzeugt war. Er sprach, und ich schrieb. Es war, als habe das Gift, das ihn in drei Wochen um zwanzig Jahre älter gemacht hatte, seine Klugheit und sein Selbstbewusstsein ans Licht gebracht. Als Marina mir später von »dem anderen Sascha« erzählte, der ihr seine Ecken und Kanten nur selten offenbarte, erkannte ich diese Seite seiner Persönlichkeit wieder.

Marina kehrte mit dem Spiegel zurück. Eine Minute lang betrachtete Sascha sich intensiv. Er war zufrieden. Er sah schrecklich aus. Am nächsten Tag flimmerte sein Bild, eine geballte Ladung Leid und Trotz, über Millionen von Fernsehbildschirmen auf der ganzen Welt. Sein potenziell postumes *J'accuse*, das in Anwesenheit von Marina und einem anderen Zeugen unterschrieben worden war, lag inzwischen in einem versiegelten Umschlag in meinem Hotelsafe. Ich brachte ihm die Zeitungen. In allen war sein Foto abgedruckt.

»Gut«, sagte er. »Jetzt kommt er nicht mehr ungeschoren davon.«

Das waren die letzten Worte, die er an mich richtete.

Moskau, 21. November 2006

Einige Duma-Abgeordnete behaupten, Boris Beresowski und Achmed Sakajew steckten hinter der Vergiftung Litwinenkos. »Beresowskis enge Verbindungen zu tschetschenischen Terroristen [legen nahe], dass sie sowohl die Ermordung Politkowskajas als auch die Vergiftung Litwinenkos organisiert haben könnten«, sagt der ehemalige FSB-Chef Nikolaj Kowaljow. Am folgenden Tag schreibt Tom Parfitt, der Moskau-Korrespondent des Guardian: *»Der Gedanke, der Kreml habe die Liquidierung von Mr. Litwinenko angeordnet, erscheint höchst unwahrscheinlich. Er war es einfach nicht wert ... Beresowskis Position [dagegen] wirkt zunehmend wackelig, ebenso die Position anderer Personen, deren Auslieferung Russland fordert ... Sie müssen ihre Behauptungen beweisen, dass sie Vergeltungsmaßnahmen befürchten müssen, wenn sie zurück nach Russland geschickt werden. Der Tod einer liberalen Journalistin und die Vergiftung eines ›Feindes des FSB‹ sollten Richter Timothy Workman zufriedenstellen.«*

In den nächsten vierundzwanzig Stunden wurde Sascha stark sediert und verlor immer wieder das Bewusstsein. Ich hatte fast den ganzen Mittwoch über, es war der 22. November, mit der Presse zu tun. In dem Propagandakrieg mit dem Kreml, der jetzt in vollem Gang war, folgte Interview auf Interview. Am Nachmittag kam ich endlich im Krankenhaus an. Ich betrachtete Sascha von einem angrenzenden Raum aus durch eine Glasscheibe. In den vergangenen Tagen war er noch mehr gealtert und sah jetzt aus wie ein siebzigjähriger Mann, völlig kahl, eingefallen, nur Haut und Knochen; er hatte seit zweiundzwanzig Tagen nicht gegessen. Verschiedene Besucher waren bei ihm: George Menzies, sein Anwalt; der Filmemacher Andrej Nekrassow; die ganze Familie Achmed Sakajews; Boris Beresowski und seine Frau. Saschas Vater Walter Litwinenko war aus Russland angereist und wachte abwechselnd mit Marina an seinem Bett: er nachts und sie tagsüber.

Bevor Marina am Mittwochabend nach Hause ging, wachte Sascha auf und sah sie an.

»Ich gehe nach Hause, Liebling«, erklärte sie ihm. »Morgen früh bin ich wieder bei dir.«

»Ich liebe dich so sehr«, flüsterte er. Es waren die letzten Worte, die er zu ihr sagte.

In der Nacht hatte er einen Herzstillstand und musste künstlich beatmet werden. Ohne das Bewusstsein wiedererlangt zu haben, starb er um 21 Uhr 21 am folgenden Abend, am Donnerstag, dem 23. November. Saschas Vater wachte an seinem Bett. Marina war gerade von ihrer Tagesschicht heimgekehrt, als das Krankenhaus sie anrief. Sie holte Tolik ab und fuhr mit ihm zusammen zurück zum Krankenhaus.

London, 24. November 2006

Saschas Erklärung wird vor dem Universitätsklinikum vor den wartenden Reportern verlesen:

> *»Ich möchte vielen Menschen danken. Meinen Ärzten, den Krankenschwestern und dem Klinikpersonal, weil sie ihr Möglichstes für mich getan haben. Der britischen Polizei, die meinen Fall energisch und professionell verfolgt und mich und meine Familie beschützt.*
>
> *Danken möchte ich auch der britischen Regierung, die mir Schutz und Zuflucht gewährt hat. Es ist mir eine Ehre, britischer Staats-*

bürger zu sein. Und ich danke der britischen Öffentlichkeit für die aufmunternden Botschaften und ihr Interesse an meiner Lage.

Ich danke meiner Frau Marina, die zu mir gehalten hat. Meine Liebe zu ihr und zu unserem Sohn kennt keine Grenzen.

Aber wie ich hier liege, höre ich deutlich, dass der Todesengel mit seinen Flügeln schlägt. Vielleicht gelingt es mir noch, ihm zu entrinnen, aber ich muss zugeben, dass meine Beine sich nicht so schnell bewegen, wie ich es gern hätte.

Ich glaube deshalb, dass dies der Augenblick ist, ein paar Worte zu der Person zu sagen, die für meine gegenwärtige Erkrankung verantwortlich ist.

Sie werden mich vielleicht erfolgreich zum Schweigen bringen, aber dieses Schweigen hat seinen Preis. Sie haben sich genauso barbarisch und unbarmherzig gezeigt, wie es Ihre schlimmsten Kritiker behaupten. Sie haben gezeigt, dass Sie keine Achtung vor dem Leben, vor der Freiheit oder sonst einem Wert der Zivilisation haben. Sie haben gezeigt, dass Sie Ihres Amtes nicht würdig sind und dass Sie das Vertrauen zivilisierter Frauen und Männer nicht verdienen.

Vielleicht gelingt es Ihnen, einen einzelnen Mann zum Schweigen zu bringen. Aber eine riesige Welle weltweiter Proteste wird Ihr ganzes restliches Leben lang in Ihren Ohren widerhallen, Mr. Putin.

Möge Gott Ihnen vergeben für das, was Sie nicht nur mir, sondern meinem geliebten Russland und seinem Volk angetan haben.

Vielleicht hatten die Zuständigen auf Professor Henry gehört und einen Alphastrahlendetektor in die Klinik gebracht, vielleicht schickten sie aber auch Saschas Blutproben dorthin, wo sein Fall schließlich eingehend untersucht wurde: zum Atomic Weapons Establishment in Aldermaston, Berkshire, dem Nuklearlabor Großbritanniens. Jedenfalls entdeckten die Behörden nur Augenblicke nach seinem Tod, was ihn umgebracht hatte: das seltene, hochradioaktive Isotop Polonium-210, das Alphastrahlen emittiert.

Sakajew berichtete mir davon. Er rief mich um drei Uhr morgens an und erzählte, weniger als eine Stunde nach Marinas und Toliks Rückkehr aus dem Klinikum seien in Muswell Hill Polizisten angerückt, die Strahlenschutzausrüstung getragen hätten. Die beiden durften nur die notwendigsten Dinge mitnehmen und sollten das Haus sofort verlassen, weil ihr Leben in Gefahr sei. Den Rest der Nacht hätten sie bei Sakajew verbracht. Menschen in leuchtend gelben Overalls, Gummistiefeln, Handschuhen und Gasmasken arbeiteten die ganze Nacht über in Saschas Haus: Sie versiegelten die Türen und deckten die Veranda und den Vorgarten mit Plastikplanen ab. Das Anwesen wurde rundum von Polizisten bewacht.

Die Beamten von Scotland Yard baten uns, die Information über die Radioaktivität für uns zu behalten. Zuerst musste die Gefährdung der Öffentlichkeit eingeschätzt und ausgeschlossen werden, damit die Nachricht von dem radioaktiven Material keine Panik in der Stadt auslöste. Am Morgen hätte der untröstliche Walter Litwinenko es beinahe verraten, als er vor dem Klinikum zu den Reportern sprach:

»Eine Miniatur-Atombombe hat meinen Sohn getötet«, sagte er schluchzend.

Am Nachmittag verkündete Innenminister John Reid, dass Sascha an radioaktiver Strahlung gestorben war. In einer Erklärung der britischen Behörde für Gesundheitsschutz (Health Protection Agency, HPA) hieß es zusätzlich, es habe sich um eine »hohe Dosis« gehandelt. In London brach die Hölle los. Einsatzkommandos aus HPA-Beamten und Polizisten strichen durch die Stadt und schwenkten Geigerzähler, mit denen man Alphastrahlen messen konnte. Sie versuchten, Saschas Wege nachzuvollziehen, und wurden dabei auf Schritt und Tritt von den Kamerateams der Nachrichtensender verfolgt. Viele Hundert Menschen riefen die Hotline der Behörde für Gesundheitsschutz an. Der Notfallplan-Ausschuss der britischen Regierung, der zuletzt während der Anschläge in der Londoner U-Bahn zusammengetreten war, tagte. Nachrichtenproduzenten rissen sich um Nuklearexperten für ihre Sondersendungen. Innerhalb weniger Stunden wurden Millionen von Briten zu Experten für Polonium, russische Politik und die Verschwörungstheorien von Boris Beresowski. Die ganze Welt lernte Sascha Litwinekos Namen kennen als den des ersten Opfers eines nuklearen terroristischen Angriffs.

Erst nach zwei Wochen erteilten die Behörden die Genehmigung für die Bestattung. Saschas Leichnam stellte eine große Gefahr für die Umwelt dar. Direkt nach seinem Tod wurde Sascha in eine geheime Einrichtung gebracht, und sein Krankenzimmer wurde dekontaminiert. Bei der Obduktion trugen die Pathologen Strahlenschutzkleidung. Schließlich teilte man uns mit, der Leichnam werde uns in einem besonders versiegelten Sarg von der Behörde für Gesundheitsschutz überstellt. Wenn die Familie eine Feuerbestattung wünsche, müsse sie achtundzwanzig Jahre, das entspricht ungefähr achtzig Halbwertszeiten von Polonium-210, warten, bis die radioaktive Strahlung auf ein ungefährliches Maß abgenommen habe.

Aber vor der Bestattung wurde unser eng verbundener Kreis durch eine andere Kontroverse, Saschas letzte Überraschung für uns, auseinandergerissen. Bei der Absprache über die Einzelheiten der Trauerfeier erklärte Achmed Sakajew, Sascha müsse auf einem muslimischen Friedhof bestattet werden, denn er sei einen Tag vor seinem Tod zum Islam konvertiert. Wie sich herausstellte, hatte Sakajew am 22. November, kurz bevor Sascha das Bewusstsein verlor, einen Mullah mit in die Klinik gebracht, der ein entsprechendes Gebet gesprochen hatte. Aus Sakajews Sicht nach war Sascha als Muslim gestorben.

Ich hatte nichts von dem Mullah gewusst und war sehr wütend auf Sakajew. Sascha war niemals religiös gewesen und hatte mir sogar einmal gestanden, er könne religiöse Menschen nicht verstehen. Seine einzige Leidenschaft bestand darin, seine Kämpfe zu gewinnen und seine Ideen gut zu verkaufen. Natürlich hatte er oft »Ich bin ein Tschetschene« gesagt, aber das hatte ich auch getan. Trotzdem betrachtete ich mich nicht als Muslim. Es war eine Solidaritätsbekundung, keineswegs ein Glaubensbekenntnis. Ganz zu schweigen davon, dass Sascha an seinem letzten Tag sicher nicht mehr klar denken konnte.

»Ich weiß, warum er das getan hat, Achmed«, sagte ich. »Er fühlte sich schuldig für das, was Russland den Tschetschenen angetan hat. Es war eine Geste der Versöhnung. Wie ein Deutscher, der aus Entsetzen über den Holocaust zum jüdischen Glauben übertreten will. Aber es war ein Fehler, es wird deiner Sache nicht helfen. Seien wir ehrlich: Die russische Propaganda wird nichts unversucht lassen, um die Aufmerksamkeit von dem Mord hin zu der Konvertierung zu lenken. Du spielst ihnen in die Hände.«

»Ich spiele nicht«, antwortete Sakajew. »Alles geschah entsprechend den Regeln, also ist er ein Muslim.«

Sakajew ist ein starrsinniger Mann, und genau dieser Starrsinn ist der Grund, warum die Russen den Tschetschenienkrieg erst gewinnen werden, wenn sie die gesamte starrsinnige Bevölkerung ausgelöscht haben.

»Mit Konvertierungen kenne ich mich nicht aus«, sagte ich, »aber mit Biochemie, und bei den Mengen von Beruhigungsmitteln, die er bekommen hat, glaube ich nicht, dass er eine rationale Entscheidung treffen konnte.«

»Glaubensentscheidungen sind niemals rational«, wandte Sakajew ein.

Die Angelegenheit wurde an Marina weitergegeben.

»Sollen doch alle von Sascha glauben, was sie wollen«, beschied Marina uns klug. »Du kannst deinen Gottesdienst in einer Moschee haben, und wir haben unseren in einer Kapelle.« Marina entschied, dass Sascha in konfessionsungebundenem Boden bestattet werden sollte.

Am 8. Dezember wurde Sascha in strömendem Regen auf dem Highgate Cemetery in London, der von der Polizei gegen die Medien abgeschottet worden war, zur letzten Ruhe gebettet. Sein Grab ist umgeben von den Grabstätten berühmter Viktorianer und einiger weniger Atheisten, darunter Karl Marx und der Physiker Michael Faraday.

Der Tod umgibt das Leben wie ein Bilderrahmen ein Gemälde: Er bedeutet Vollendung und schenkt Kontur. Ein Leben, das gerade eben zu Ende gegangen ist, gleicht einem frisch gemalten Bild, das für eine Ausstellung gerahmt wird: Danach gibt es keine Veränderungen mehr, keine Ergänzungen oder Überarbeitungen, keine zweite Version, nicht einmal letzte Ausbesserungen. Das Leben ist abgeschlossen und signiert. Und doch sind diese eingefrorenen Formen und Farben für immer auf Gedeih und Verderb der Interpretation der Betrachter ausgeliefert; sobald sie an der Wand hängen, werden sie zum Gegenstand von Diskussionen und Kritik.

Saschas Leben erhielt nach dem 1. November 2006 eine tiefere Bedeutsamkeit.

Als ich mich mit seinem Tod auseinandersetzte, erkannte ich, dass ich durch ihn Zeuge einer wundersamen Verwandlung geworden war. Für diesen Mann war Schwarz zu Weiß geworden, richtig und falsch hatten die Plätze vertauscht, Strafe und Belohnung waren durch Tod und Erlösung außer Kraft gesetzt worden. In den sechs kurzen Jahren seit seiner Flucht aus Russland war aus dem verängstigten und verwirrten Mitglied einer korrupten Mörderbande ein Kreuzritter geworden, der für seine Überzeugungen einen qualvollen Tod sterben musste. Ein anderer Zeuge hätte diese Wandlung vielleicht unter religiösen Gesichtspunkten betrachtet. Für mich wurde dadurch einfach deutlich, dass Sascha eine Größe bewiesen hatte, nach der man auf dieser Welt lange suchen muss.

Für Marina gab es keinen Bilderrahmen, in den sich Saschas Leben fassen ließ: »Seine Präsenz war so stark, und er gab so viel davon an mich weiter, dass ich seine Energie auch heute noch spüre. Er schenkt mir so viel Kraft, als seien wir so eng miteinander verbunden wie früher. Ich glaube nicht, dass das jemals aufhören wird.«

KAPITEL 15

Das Spiegelkabinett

Moskau, 1. Februar 2007

Auf einer Pressekonferenz im Kreml weist Präsident Putin darauf hin, dass für die russischen Geheimdienste Litwinenko ein unbedeutendes Ziel war und sich deshalb keiner die Mühe gemacht hätte, ihn zu ermorden. »Er wusste von keinerlei Geheimnissen«, sagt Putin. »Vor seiner Entlassung aus dem FSB arbeitete Litwinenko beim Begleitschutz und hatte keinen Zugang zu Staatsgeheimnissen.« Am selben Tag erklärt Scotland Yard, die Ermittlungen seien abgeschlossen, und die Akte Litwinenko werde der Staatsanwaltschaft übergeben. Dort werde entschieden, ob es zu einer Anklage wegen eines Verbrechens komme. Der Inhalt der Akte wird nicht bekannt gegeben.

»Nach den ersten Veröffentlichungen hat das Weiße Haus Watergate zunächst auch zum ›drittrangigen Einbruch‹ abgestempelt. Nachdem eine Enthüllung auf die andere folgte, fiel schließlich Nixons Bastion in sich zusammen«, sagte George Menzies nach Saschas Tod. »Der Fall Litwinenko wird Putins ›drittrangige Vergiftung‹.«

Ich schätzte den Mord an Sascha mit Polonium-210 als Tatwerkzeug anders ein. In der Geschichte der Forensik würde er immer einen prominenten Platz einnehmen. Polonium ist zugleich die beste und die schlechteste Mordwaffe aller Zeiten.

Wer immer Polonium wählte, um Sascha zu töten, entschied sich dafür, weil praktisch keine Gefahr bestand, dass es jemals entdeckt werden würde. Auf chemischem Weg lässt es sich nur schwer nachweisen. Das toxikologische Labor fand nur minimale Spuren von

Thallium, das in geringen Mengen bei der Poloniumproduktion entsteht. Dass das Polonium aufgrund seiner Radioaktivität entdeckt werden würde, war ebenfalls unwahrscheinlich, denn mit den üblichen Geigerzählern kann man Alphastrahlung nicht messen. Polonium ist die vielleicht giftigste Substanz auf der ganzen Welt. Schon ein winziges Körnchen ist hochgradig tödlich, und mit einem Gramm kann man eine halbe Million Menschen töten. Der Umgang mit dem Gift dagegen ist absolut ungefährlich, sofern man es nicht einatmet oder schluckt. Besonders wichtig ist der Umstand, dass Polonium noch nie zuvor benutzt wurde, um jemanden zu ermorden. Weder ein Toxikologe noch ein Polizist oder ein Terrorismusexperte würden danach suchen. Es war pures Glück, gepaart mit Saschas Zähigkeit, dass es letztlich doch entdeckt wurde. Sascha hatte eine sehr hohe Dosis erhalten. Wäre er innerhalb der ersten beiden Wochen im Barnet Hospital gestorben, hätte man seinen Tod auf die Vergiftung mit Thallium zurückgeführt, das ihm jede beliebige Person verabreicht haben könnte. Der Polonium-Befund stellte einen eindeutigen Beweis dar: Kein Amateurkiller, auch wenn er in Geld schwamm, konnte es benutzt haben.

Ein Auftragskiller könnte die Mengen Polonium, die bei dem Anschlag auf Sascha verwendet wurden, unmöglich beschaffen. Polonium ist ein hochgradig kontrollierter Stoff, der in Nuklearlaboren hergestellt und in winzigen Mengen zum Beispiel dafür verwendet wird, bestimmte technische Geräte von statischen Aufladungen freizuhalten. Wie Dr. John Harrison von der britischen Behörde für Gesundheitsschutz (Health Protection Agency, HPA) berichtete, hatte Sascha eine Dosis von mindestens drei Gigabecquerel erhalten, was ungefähr dem Hundertfachen einer tödlichen Dosis entspricht. Wollte man eine solche Menge Polonium aus den auf dem Markt verfügbaren Produkten gewinnen, müsste man Hunderte solcher Geräte erwerben und zusätzlich noch eine Methode entwickeln, das Polonium aus den Geräten zu extrahieren, zu konzentrieren und zu transportieren. Das ist für einen Amateur praktisch unmöglich.

Jeder Täter, der Polonium für kriminelle Zwecke einsetzen wollte, müsste überaus raffiniert vorgehen und über weitreichende physikalische und medizinische Kenntnisse verfügen. Überdies müsste er über die Sicherheitsvorkehrungen für radioaktive Stoffe und erst recht über die Produktion und Distribution von Polonium detailliert Bescheid wissen. Es hätte also eines Genies bedurft, das außerdem mit gewaltigen Ressourcen ausgestattet sein und vor allem auch Zugang zu Polonium haben müsste, um aus dem Stegreif einen solchen Mordplan zu entwickeln. Nur eine etablierte Organisation, die Erfahrung mit Vergiftungen auf wissenschaftlicher Basis hat, könnte dieses Verbrechen begangen haben.

Siebenundneunzig Prozent der offiziellen Poloniumproduktion, etwa fünfundachtzig Gramm im Jahr, finden in Russland statt. Ein Teil des produzierten Poloniums wird zu industriellen Zwecken vornehmlich in die Vereinigten Staaten exportiert. Der russische Atomreaktor, in dem Polonium hergestellt wird, steht unter Überwachung der Internationalen Atomenergiebehörde (IAEA), sodass die einzelnen Produktionszyklen jeweils genau protokolliert und aufgezeichnet werden, auch wenn die IAEA das eigentliche Produkt Polonium selbst nicht registriert.

Am 18. Dezember 2006 wurde auf der russischen Website gazeta. ru Ekaterina Schugajewa zitiert, die Pressesprecherin der Firma Techsnabexport, die als einziges russisches Unternehmen eine offizielle Zulassung dafür hat, Polonium-210 zu transportieren und zu exportieren. »Herstellung und Transport von Polonium sind ausgesprochen komplex«, sagte Schugajewa. »Das entsprechende Knowhow gibt es nur in Sarow [einer Nukleareinrichtung in einem alten sowjetischen Waffenlabor in der Nähe von Samara]. Sonst besitzt niemand die fachliche Kompetenz, Polonium herzustellen.« Weiter berichtete Schugajewa, der Produktionszyklus beginne damit, dass im Atomreaktor von Ozersk, in der Nähe von Tscheljabinsk, Wismut (ein Metall) mit Neutronen beschossen wird. Dann werde die Vorstufe nach Sarow transportiert, wo aus dem Wismut reines Polonium gewonnen, angereichert und verpackt werde. Polonium-210 wird in Zyklen von einem Monat hergestellt und in Kapseln gefüllt, die wiederum in versiegelte Container kommen. Diese Container werden dann über einen Luftfracht-Terminal in St. Petersburg in die Vereinigten Staaten ausgeführt. Eine Kapsel mit einem Hundertstelgramm frisch hergestelltem Polonium enthält fünftausend tödliche Dosen. Die Halbwertszeit von Polonium beträgt hundertachtunddreißig Tage, das heißt, die Hälfte der Atome in einer Probe zerfällt in den ersten hundertachtunddreißig Tagen, die Hälfte der übrigen Hälfte, also ein Viertel, dann in den nächsten hundertachtunddreißig Tagen und so weiter. Wenn Polonium-210 vollständig zerfallen ist, wird es zu nichtradioaktivem Blei. In dem Maß, wie der Anteil an Polonium abnimmt, steigt der Anteil an Blei. Wenn ein Ermittler also den Bleianteil in einer bestimmten Probe Polonium misst, kann er herausfinden, wie alt die Probe ist, und das genaue Datum feststellen, wann es produziert wurde. Überdies hinterlässt der Produktionsprozess charakteristische Isotopverunreinigungen in jeder Charge. Vergleicht der Ermittler also den Bleianteil und die Verunreinigungen in zwei Poloniumproben, müsste er sagen können, ob sie aus einer Charge stammen, die im selben Labor am selben Tag hergestellt wurde. Die britischen Strafverfolgungsbehörden konnten vermutlich aus amerikanischen Quellen russische Poloniumproben beschaffen. Man hat das Polonium-210 aus Saschas Körper inzwischen zweifellos mit dem Polonium-210 verglichen, das in die Vereinigten Staaten exportiert wurde. Anhand der Bleikonzentration und der Isotopenzusammensetzung müssten die Ermittler eindeutig die Charge und das Produktionsdatum des Gifts festgestellt haben; es sei denn, das Gift stammte aus einem illegalen Reaktor, der nicht den IAEA-Sicherheitsvorkehrungen entspricht.

Bis zum Frühjahr 2007 haben die britischen Behörden noch keine Informationen über die Herkunft des Poloniums herausgegeben. Aber es bestehen kaum Zweifel darüber, dass die Physiker in den britischen Nukleareinrichtungen, die mit den Agenten der britischen Sicherheitsdienste zusammenarbeiten, genau wissen, wo und wann das exotische Gift hergestellt wurde, das Sascha tötete. Das ist der Traum eines jeden Detektivs.

Sobald das Polonium entdeckt ist, markiert es wie eine unsichtbare Farbe alles, was mit ihm in Berührung kommt, und was noch viel besser ist: Diese »Farbe« lässt sich nicht abwaschen. Mit der richtigen Ausrüstung kann man Spuren von Polonium sogar in der so unvorstellbar schwachen Verdünnung von einem Millionstel von einem Millionstel Teil nachweisen. Wenn beispielsweise jemand mit kontaminierten Fingern in einem Hotelzimmer das Licht anschaltet, ist der Lichtschalter noch monatelang radioaktiv. An der Menge und Verteilung der Radioaktivität auf einem Sessel kann ein Ermittler ablesen, ob die Spur von der rechten oder von der linken Hand stammt, ob die Hand von außen kontaminiert wurde oder ob die Radioaktivität von den winzigen Schweißtropfen desjenigen herrührt, der das Gift in sich aufgenommen hat. Das heißt, die Spuren, des Täters sind von den Spuren seines Opfers zu unterscheiden.

Die Detektive von Scotland Yard entdeckten verschiedene Poloniumspuren innerhalb und außerhalb Londons. Bis zur Drucklegung dieses Buches erhielten wir keine offiziellen Informationen. Aus zuverlässigen Quellen ist jedoch so viel zu Londoner Zeitungen durchgesickert, dass man ein mehr oder weniger vollständiges Bild konstruieren kann, und gegenüber Marina bestätigten die Ermittler diese Informationen im Wesentlichen.

Wenige Stunden nach Saschas Tod hatten die HPA-Strahlenexperten verschiedene kontaminierte Orte in London identifiziert und abgeriegelt, darunter auch die Sushi-Bar Itsu am Piccadilly Circus, wo sich Sascha mit Mario Scaramella getroffen, und die Bar im Millennium Hotel, wo er mit den beiden Russen Tee getrunken hatte. Im Laufe der Ermittlungen trugen die Strahlenexperten noch viele Dutzend andere Orte auf der Poloniumkarte ein. Auf der fertigen Liste standen Büros, Restaurants, Hotelzimmer, Privatwohnungen, Autos und Flugzeuge in verschiedenen Ländern. Viele Hundert Menschen in ganz Europa waren, je nachdem, wie weit sie vom Epizentrum der in London explodierten Miniatur-Atombombe entfernt waren, in unterschiedlichem Ausmaß mit Polonium verseucht. Nach der ersten Aufregung wussten die Ermittler recht genau, wie sie die Karte lesen mussten. Wie der Verbindungsoffizier von Scotland Yard zu Marina sagte: »Wir wissen genau, wer es getan hat, wo es getan wurde und wie.«

Eine der Poloniumspuren hatte Sascha hinterlassen. Am Morgen des 1. November 2006 war er noch sauber. Die Ermittler fanden in seiner Tasche ein Busticket für die Fahrt an jenem Tag in die Innenstadt. In diesem Bus wurden keine Poloniumspuren entdeckt.

Gegen 18 Uhr holte Achmed Sakajew ihn in Beresowskis Büro in Mayfair ab und brachte ihn nach Muswell Hill nach Hause. Nach dieser Fahrt war Sakajews Mercedes hochgradig kontaminiert, weil Sascha so viel Radioaktivität auf dem Vordersitz hinterlassen hatte.

Offenbar wurde Sascha gegen 17 Uhr in der Bar des Millennium

Hotel vergiftet. Die Ermittler entdeckten das Gift in der Teekanne, die dann auch die Küche und die Spülmaschine des Hotels verseuchte. Die Poloniumkonzentration war direkt in der Hotelbar am höchsten, und zwar in der Luft, denn sieben Bedienstete der Bar und etliche Gäste wurden positiv auf Polonium getestet. Das wiederum deutet darauf hin, dass das Pulver in die Teekanne geschüttet wurde. Nach dem Aufenthalt in der Millennium Bar und bevor Sakajew ihn abholte, ging Sascha in Beresowskis Büro und verschickte ein Fax. Man stellte also auch Radioaktivität an dem Faxgerät fest. Alles, was Sascha nach seiner Heimkehr berührt hatte, war stark kontaminiert. Vor allem in den ersten drei Tagen seiner Erkrankung, also bevor er ins Krankenhaus eingeliefert wurde, verteilte er eine enorme Menge radioaktiver Strahlung. Nach einer ersten Schätzung würde es über hunderttausend Pfund kosten, das Haus so reinigen zu lassen, dass es wieder bewohnbar wäre. Nicht einmal sechs Monate später konnten Marina und Tolik dorthin zurückkehren.

Von allen Menschen, die mit Sascha in Berührung gekommen waren, hatte Marina den engsten Kontakt zu ihm gehabt. Sie pflegte ihn während der ersten drei Tage. Man stellte auch in ihrem Körper Polonium fest, glücklicherweise so wenig, dass es ihr nicht unmittelbar gefährlich werden konnte. Erstaunlicherweise war die Konzentration so gering, dass sie keine eigene zusätzliche Spur erzeugte. Das ist insofern bedeutsam, als es nahelegt, dass all jene, die eine radioaktive Poloniumspur hinterließen, das Gift nicht von Sascha aufgenommen haben konnten, sondern vielmehr direkt mit dem Polonium in Berührung gekommen sein mussten. Saschas Sohn Tolik zum Beispiel war gar nicht kontaminiert. Er hatte zwar drei Tage mit Sascha unter einem Dach gelebt, in dieser Zeit aber wenig körperlichen Kontakt mit ihm gehabt.

Außer Sascha hinterließen nur noch zwei Personen Poloniumspuren: Andrej Lugowoi und sein Gefährte Dmitri Kowtun. Letzterer war Lugowois Schulfreund und Kamerad aus Armeezeiten und selbst ein Veteran des militärischen Nachrichtendienstes (GRU). Kowtun begleitete Lugowoi am 16. Oktober und 1. November zu zwei Treffen mit Sascha.

Die hohe Konzentration und die Verbreitung der radioaktiven Strahlung ihrer Spuren deuten darauf hin, dass sie das Polonium nicht aufgenommen, sondern nur berührt hatten. Im Körper wird das Polonium verdünnt, bevor es mit dem Schweiß ausgeschieden wird. Die Mengen, die Lugowoi und Kowtun aufgenommen haben müssten, um solche Spuren zu hinterlassen, wären höchstwahrscheinlich tödlich gewesen.

Wenn Scotland Yard die computergestützten Simulationen freigibt, wie die radioaktive Strahlung sich verbreitet hat, wird man genau nachvollziehen können, wo und wie das Gift transportiert wurde, bevor es in Saschas Tee gelangte. Schon jetzt kann man sagen, dass Lugowoi und Kowtun bereits radioaktive Strahlen aussandten, *bevor* Sascha am 1. November das Gift trank. So kontaminierte Lugowoi am 31. Oktober bei einem Besuch die Ledercouch in Beresowskis Arbeitszimmer. Kowtun hinterließ zwischen dem 28. und 31. Oktober eine Poloniumspur in der Hamburger Wohnung seiner Exfrau und in dem Wagen, der ihn zum Flughafen brachte. Beide Männer hatten bereits bei einem früheren Besuch in London, am 16. und 17. Oktober, in Hotelzimmern, Büros, Restaurants und in der Maschine der British Airways eine Poloniumspur verursacht. Während dieses Aufenthalts in London kontaminierten sie auch die Sushi-Bar Itsu am Piccadilly Circus, in der Sascha sich am Tag seiner Vergiftung mit Mario Scaramella getroffen hatte. Diese Koinzidenz hatte zunächst für Verwirrung gesorgt, bis klar war, dass Sascha und Scaramella am 1. November an einem anderen Tisch saßen als Lugowoi, Kowtun und Sascha zwei Wochen zuvor. Was Lugowoi und Kowtun während ihres Besuchs am 16. Oktober in London mit dem Polonium machten, bleibt ein Rätsel. Einer Hypothese zufolge gab es zwei Versuche, Saschas Essen mit Polonium zu versetzen. Da der erste in der Bar Itsu misslang, mussten die Mörder einen zweiten Versuch wagen. Nach einer anderen Hypothese war das Treffen am 16. Oktober die Generalprobe.

Für mich gibt es noch eine Möglichkeit: Lugowoi und Kowtun verbockten die Operation am 16. Oktober, sie verfehlten das Ziel, kontaminierten aber sich selbst. Kurz gesagt, sie versagten auf ganzer Linie. Für den zweiten Versuch schickten ihre Vorgesetzten einen Profikiller, den »dritten Mann«. Die beiden glücklosen Agenten mussten den Auftragskiller nur noch mit seinem Ziel bekannt machen. Der Exspion Oleg Gordijewski unterstützte in der Presse die

Theorie vom dritten Mann und zitierte eigene anonyme Quellen. Ein »hochgewachsener Mann mit asiatischen Gesichtszügen« habe Dmitri Kowtun am 31. Oktober auf dem Flug von Hamburg begleitet. Er sei am Flughafen von Überwachungskameras gefilmt worden und dann spurlos verschwunden. Der Pass, mit dem er nach Großbritannien eingereist war, stammte aus einem europäischen Land, aber die Ermittler konnten den Mann weder in einem Hotel ausfindig machen, noch entdeckten sie ihn auf der Passagierliste eines Auslandsfluges.

Die Polizei gab Marina keinen Hinweis, der die Theorie vom dritten Mann stützen würde, bestritt sie aber auch nicht. Diese Theorie deckt sich mit dem, was Sascha mir erzählte: Lugowoi habe einen Mann »mit den Augen eines Killers« mitgebracht, den er noch nie zuvor gesehen habe. Schließlich gab es noch eine weitere Person, einen Mann namens Wladislaw Sokolenko, der am 1. November Lugowoi und Kowtun begleitete. Welche Rolle er spielt, ist unklar, auch wenn er offenbar nicht mit Polonium verseucht war. Viele Fragen werden zweifellos vor Gericht beantwortet werden, *falls* den Tätern jemals der Prozess gemacht wird. Sollte die britische Staatsanwaltschaft beschließen, dass keine realistische Chance besteht, die Täter festzunehmen, könnte die Polizei die Akte freigeben. Wir könnten nicht nur die detaillierten Poloniumkarten betrachten, sondern von Minute zu Minute nachvollziehen, wie Sascha, Lugowoi und Kowtun sich durch die Londoner Innenstadt bewegt haben, die flächendeckend mit Überwachungskameras ausgestattet ist. Unsere Geschichte wäre jedoch nicht vollständig, wenn wir nicht einige andere Mordtheorien betrachteten, die verworfen wurden.

Da gab es zum Beispiel Mario Scaramella, einen glücklosen politischen Berater, der zufällig zur falschen Zeit am falschen Ort war. Er hatte Kontakt zu Sascha, weil in Italien alte, unbewiesene Anschuldigungen die Runde machten, Ministerpräsident Romano Prodi habe seit dem Kalten Krieg für den KGB gearbeitet. Schon 2004 hatte Sascha vor dem italienischen Parlamentsausschuss, der die Gerüchte untersuchte, ausgesagt, sein Mentor General Trofimow habe Prodi als »unseren« Mann bezeichnet. Allerdings hatte das Gespräch mit Trofimow im Jahr 2000 stattgefunden, also erst nachdem der Skandal um Prodis mutmaßliche Zusammenarbeit mit dem

KGB im Oktober 1999 an die Öffentlichkeit gedrungen war. Trofimow könnte einfach ein Gerücht wiederholt haben. Jedenfalls ist es unwahrscheinlich, dass jemand im Jahr 2006 Polonium einsetzt, um Sascha für eine belanglose Aussage aus dem Jahr 2004 zu töten. Auch bei Scaramella wurden winzige Mengen Polonium gefunden

In die Schlagzeilen geraten war die russische Wissenschaftlerin Julia Swetlitschnaja, die in England lebt. Sie behauptete, Sascha wolle einen »russischen Oligarchen [erpressen], der Verbindungen zum Kreml und zu Putin hat«, Beresowski sei jedoch nicht gemeint. Swetlitschnaja hatte sich während der Recherchen zu ihrem Buch mit Sascha getroffen, und er hatte mit ihr korrespondiert.

Es gab zahlreiche Hinweise darauf, dass Saschas ehemalige URPO-Kollegen oder andere verbrecherische Elemente unter aktiven oder ehemaligen FSB-Offizieren ein Motiv hatten, ihn zu töten. Besonders populär wurde diese Theorie, als bekannt wurde, dass eine Einheit der russischen Spezialeinsatztruppe Speznas ein Bild Saschas bei Schießübungen als Zielscheibe verwendet hatte.

Juri Schwez, ein ehemaliger KGB-Offizier, der in Washington lebt, berichtete, Sascha habe im Rahmen eines Auftrags für einen kommerziellen Kunden eine Akte über eine »prominente Gestalt im Kreml« zusammengestellt.

All diese Theorien leiden unter zwei entscheidenden Ungereimtheiten: Sie zeigen weder, wie die entsprechenden Personen an das Polonium gelangt sein könnten, noch erklären sie, welche Rolle Andrej Lugowoi spielte. Meiner Meinung nach kann kein mittelmäßiger krimineller Offizier, kein Auftragsmörder und kein eilig zusammengewürfeltes Killerkommando unautorisiert an eine Substanz kommen, die sich immerhin ebenso für einen massiven terroristischen Anschlag eignet wie jede andere Massenvernichtungswaffe. Polonium-210 ist giftiger als Anthrax und kann ebenso gut wie Plutonium für den Bau einer schmutzigen Bombe verwendet werden. Nur hochrangige Mitglieder der russischen Regierung sollten die Möglichkeit haben, an diesen Stoff zu gelangen. Überdies bin ich überzeugt, dass alle Vorgänge in der russischen Regierung, die mit der Londoner Dissidentengruppe zusammenhängen, vom Präsidenten persönlich kontrolliert werden. Die Operation in London hätte ohne seine Zustimmung nicht durchgeführt werden können.

Überdies waren sicherlich sehr überzeugende Argumente notwendig, um Andrej Lugowoi ins Boot zu holen. Schließlich ist er kein armer Schlucker, sondern verfügt über rund zwanzig bis fünfundzwanzig Millionen Dollar. Für Geld hätte er es nicht getan. Er hatte kein Motiv, Sascha zu töten, deshalb konnte nur ein sehr starkes Druckmittel ihn zum Mitmachen bewegen. Warum sollte jemand so weit gehen, um einen Menschen zu töten, der in einem gemieteten Haus in Muswell Hill lebt? In diesem Punkt stimme ich Putin zu: Was immer Sascha getan hatte oder noch tun würde, es war diese Mühe nicht wert. Daraus lässt sich nur eines folgern: Sascha war nicht das eigentliche Ziel. Sein Tod war nur ein Mittel zum Zweck, zu einem sehr wichtigen Zweck, der diese Furcht einflößenden Mittel rechtfertigte. Es gibt nur ein glaubwürdiges Motiv für diesen Mord, und Lord Timothy Bell hatte es schon genannt, bevor Polonium-210 und Andrej Lugowoi ins Spiel kamen: In dem endlosen Interessenkonflikt zwischen Putin und Beresowski sollte der jeweils anderen Seite ein Mord angehängt werden.

Die Vertreter von Scotland Yard sind zwar zuversichtlich, zu wissen, »wer es getan hat, wo es getan wurde und wie«, doch werden sie ihre Verdächtigen wahrscheinlich niemals vor Gericht sehen. Lugowoi und Kowtun werden nicht aussagen, weil sie niemals ausgeliefert werden. Das hat die russische Staatsanwaltschaft den Briten bereits mitgeteilt. Statt die britischen Ermittler zu unterstützen, hat die russische Regierung eigene Ermittlungen durchgeführt.

Die russische Untersuchung ist als Spiegelbild der britischen Untersuchung angelegt: Es gibt Detektive, Zeugen, Verdächtige und eine Arbeitstheorie, die jeweils das entsprechende Gegenstück zu allem darstellen, was die Briten zu bieten haben. Zu jedem britischen Fund gibt es einen russischen Gegenfund, zu jeder Aussage eine Gegenaussage. Sogar die Rhetorik ist reziprok. Die Russen betreiben klassische Desinformationspolitik, die ebenso an alte KGB-Methoden erinnert wie der Mord selbst. Die vom Kreml kontrollierte Presse wettert gegen die westlichen Medien und ihre Propagandakampagne im Stil des Kalten Krieges.

Wie in einem Interview mit Kowtun und Lugowoi in der *New York Times* vom 18. März 2007 dargestellt wurde, waren die beiden nach der russischen Gegentheorie nicht Täter, sondern »Geschädigte«. Danach wurden sie Opfer eines Mordversuchs mit Polonium, der sich während ihres ersten Besuchs in London am 16. Oktober ereignete. Nachdem sie kontaminiert waren, trugen sie Poloniumspuren nach Moskau und dann, bei ihrem zweiten Aufenthalt, wieder nach London. Im russischen Bezugssystem sind entsprechend der Spiegelbildlichkeit die beiden Verdächtigen Sakajew und Beresowski. Im April 2007 flogen russische Ermittler nach London und verhörten die beiden; das Gegenstück zum Besuch der Scotland-Yard-Beamten in Moskau, wo im Dezember 2006 Lugowoi und Kowtun verhört wurden. Klagen die Briten die beiden Russen wegen des Mordes an Sascha an, rächen sich die Russen höchstwahrscheinlich, indem sie gegen Boris Beresowski und Achmed Sakajew Anklage wegen versuchten Mordes an Kowtun erheben. Da dieser Fall wohl nie vor Gericht verhandelt werden wird, wird auch die Frage, wer Sascha getötet hat, vermutlich niemals offiziell geklärt werden. Die Berichterstattung wird weiterhin »ausgeglichen« bleiben. Ohne Richterspruch wird der Mord an Sascha zum Nullsummenspiel zwischen zwei widersprüchlichen, spiegelbildlichen Verschwörungstheorien. An den beiden Enden des Spiegelkabinetts, in dessen Mitte Saschas Leichnam aufgebahrt ist, stehen die beiden Protagonisten dieser Geschichte: Boris Beresowski und Wladimir Putin, einer die Nemesis des anderen. Einer von den beiden hat es getan, und die Entscheidung hängt vom Blickwinkel des Betrachters ab. Ein Freund, der in Moskau lebt, sagte zu mir: »Für dich war es Putin. Das ist verständlich, denn du arbeitest für Boris und lebst im Westen. Aber ich lebe in Moskau, und Putin ist mein Präsident. Darüber hinaus ist er ein Mann, der – zu Recht oder zu Unrecht – von den meisten Menschen bewundert und verehrt wird. Er hat unseren Nationalstolz wiederhergestellt und uns selbstbewusst gemacht. Er nimmt eine ähnliche Funktion wie die Queen in England ein. Ließe ich nur einen Moment den Gedanken zu, dass er der Mörder ist, könnte ich nicht mehr in diesem Land leben. Es muss deshalb Beresowski gewesen sein, egal welche Beweise du vorlegst. *Er* muss der Böse sein.«

Mein Freund gehört zur besseren Seite Russlands, zu der Schicht, die ein Gewissen hat. Er möchte glauben, dass es Beresowski war. Aber ich bin mir sicher, dass die Mehrheit der Russen nicht so denkt:

Sie wollen glauben, dass es Putin war, und sie sind stolz auf ihn für das, was er getan hat. In ihren Augen war Sascha Litwinenko ein Verräter, und ihr Präsident hat ihn zur Strecke gebracht. Mit Polonium. Geschieht ihm recht. So soll *wlast*, Macht, sein: Furcht einflößend.

Folgendes erstaunliches Beispiel zeigt, wie sehr sich die Schicht der gebildeten Russen im Hinblick auf ihre *wlast* täuscht. Jegor Gaidar war zusammen mit Tschubais der Architekt der russischen Wirtschaftsreformen in den ersten Jahren der Präsidentschaft Jelzins. Heute ist er ein international anerkannter Experte und leitet ein Wirtschaftsforschungsinstitut in Moskau. Zufällig hielt er sich zum Zeitpunkt von Saschas Tod in Irland auf, weil er an einer Tagung der National University of Ireland in Maynooth teilnahm, und es ist vielleicht die bizarrste, wenngleich immer heruntergespielte Episode im Fall Litwinenko, dass Gaidar am Morgen des 24. November ebenfalls vergiftet wurde.

In einem Brief vom 7. Dezember 2007 an die *Financial Times* beschrieb er unter der Überschrift »Wie ich vergiftet wurde, und warum die politischen Feinde Russlands dahintersteckten«, was ihm zugestoßen war:

»Kaum hatte ich die Schwelle des Tagungsgebäudes überschritten, brach ich in der Eingangshalle zusammen. An die Ereignisse der folgenden paar Stunden erinnere ich mich kaum. Die Leute, die sich um mich kümmerten, als ich am Boden lag, stellten fest, dass ich aus der Nase blutete und mir Blut und Erbrochenes aus dem Mund liefen. Ich war ohne Besinnung und sehr blass. Für sie sah es aus, als würde ich sterben.«

Nach einer Nacht in einem irischen Krankenhaus bestand Jegor Gaidar darauf, nach Moskau zurückzukehren, wo er eingehend untersucht wurde. Sein Arzt »konnte weder mit medizinisch bekannten Krankheiten noch mit irgendeiner höchst exotischen Wechselwirkung erklären, warum in meinem Körper so starke systemische Veränderungen stattgefunden hatten«. Gaidar ist überzeugt davon, dass er vergiftet wurde und gestorben wäre, wenn er fünfzehn Minuten früher allein in seinem Hotelzimmer das Bewusstsein verloren hätte.

»Wem in den politischen Kreisen Russlands hätte mein Tod am 24. November in Dublin gedient?«, schrieb er. »Den Gedanken, dass die russische Führung dahinterstecken könnte, verwarf ich fast augenblicklich wieder. Ein zweiter gewaltsamer Tod eines bekannten Russen nur einen Tag nach dem Tod Alexander Litwinenkos am 23. November in London wäre das Letzte, was die russische Obrigkeit wollen würde ... Das bedeutet jedoch, dass offene oder verborgene Feinde der russischen Machthaber hinter den Kulissen die Fäden ziehen, Menschen, die ein Interesse daran haben, dass sich die Beziehungen zwischen Russland und dem Westen weiterhin drastisch verschlechtern.«

In diesem Brief ging Gaidar nicht so weit, die »Feinde der russischen Machthaber« beim Namen zu nennen. Später jedoch stand auf verschiedenen russischen Websites das Faksimile eines Briefes, den Gaidar keinem anderen als George Soros geschrieben hatte, offenbar als Antwort auf dessen Genesungswünsche. Der Brief an den »lieben George« ist datiert auf den 29. November 2006 und nennt Boris Beresowski als Verdächtigen, der hinter der Vergiftung Gaidars stecke. Gaidar bittet Soros, die »Öffentlichkeit [im Westen] zu erinnern, mit wem wir es [bei Beresowski] zu tun haben«.

»Sein wichtigstes Ziel besteht heute darin, Putin in Schwierigkeiten zu bringen und seine Regierung zu untergraben«, schrieb Gaidar. »Um dieses Ziel zu erreichen, schädigt er Russlands Beziehungen zum Westen.«

»Als jemand, der kein großer Freund des Kreml ist«, so Gaidar, könnte George Soros Boris Beresowski »besonders wirkungsvoll« beschuldigen. Dabei solle Soros, so schlug Gaidar vor, auf Beresowskis »Zusammenarbeit mit dem internationalen Terrorismus« anspielen.

Nachdem der Inhalt dieses Briefes an die Öffentlichkeit gelangt war, brach im liberalen Lager ein Sturm der Entrüstung los. In den meisten Kommentaren wurde Gaidar dazu gedrängt, den Brief als Fälschung zu desavouieren. Doch Gaidar äußerte sich nicht. Schließlich bestätigte George Soros' Büro in New York einem Reporter gegenüber, dass der Brief eingegangen sei.

Anfang April 2007 traf ich in der Abflughalle des Berliner Flughafens zufällig Katja Genijewa, eine bekannte Liberale aus Moskau, die

Gaidar zu der Tagung in Dublin begleitet hatte. Ich war sehr neugierig und hoffte, von ihr mehr über die Geschichte zu erfahren. Hatte sich Gaidar vielleicht einfach nur den Magen verdorben und sich wegen nichts zum Narren gemacht?

»Mein Gott, Alex! Wie kannst du so etwas sagen?«, fragte Katja entsetzt. »Er ist beinahe gestorben. Ich habe auch etwas von dem Gift abbekommen.«

Wie sich herausstellte, hatte sie an jenem Morgen mit Gaidar gefrühstückt, jedoch offenbar eine viel geringere Dosis erhalten. Ihre Symptome waren deutlich schwächer gewesen, aber auch sie war vier Monate lang krank gewesen. Ihre Ärzte sprachen von einem unbekannten Wirkstoff. Sie zweifelte nicht daran, dass sie ermordet werden sollte. Katja bestätigte auch, dass der Brief an Soros echt sei.

»Ist es möglich, dass Gaidar vom Kreml erpresst wurde, damit er Boris verleumdete?«, fragte ich.

»Selbstverständlich nicht, er glaubt tatsächlich, dass Beresowski dahintersteckt«, sagte Katja

Ich stimme Gaidar in einem Punkt zu: Der Giftanschlag auf ihn hängt mit der Vergiftung Saschas zusammen und sollte die Wirkung in der Öffentlichkeit verstärken. Es gibt nur zwei erwägenswerte Theorien, um dieses Ereignisse zu erklären, und zwei Hauptverdächtige. Wenn der eine nicht der Mörder ist, dann muss es der andere sein. Für mich hält nur eine Theorie der Überprüfung durch die Fakten stand.

Moskau, 16. und 17. April 2007

Tausende von Demonstranten liefern sich zwei Tage lang bei Anti-Putin-Demonstrationen in Moskau und St. Petersburg Straßenschlachten mit Polizeikräften. Das Weiße Haus zeigt sich besorgt über die »strenge Art«, mit der die russische Führung die Demonstrationen zerschlagen lässt. Beobachter merken an, die Unruhen könnten das Vorspiel zu einer unblutigen Revolution wie in der Ukraine und in Georgien sein, wo sie zum Sturz der Regierung geführt hatte. »Früher lenkte die CIA die Geldströme zu den oppositionellen Kräften … Heute werden sie von einem System verschiedener Institutionen und

Stiftungen finanziert. Das erklärt wahrscheinlich, warum solche Organisationen in diesem Land wie die Pilze aus dem Boden geschossen sind«, bemerkt der ehemalige sowjetische Präsident Michail Gorbatschow.

London, 19. April 2007

In einem Schreiben an Innenminister John Reid fordert Juri Fedotow, der russische Botschafter in Großbritannien, die britische Regierung auf, umgehend auf die jüngsten Äußerungen Boris Beresowskis über Pläne zum Sturz der Regierung Putin zu reagieren. »Das Ausbleiben einer Reaktion würde sich auf die bilateralen Beziehungen auswirken.« Das Schreiben enthält auch einen Haftbefehl für Beresowski, der vom russischen Generalstaatsanwalt Juri Tschaika unterzeichnet ist.

London, 22. Mai 2007

»Die Beweise, die die Polizei an uns weitergeleitet hat, reichen aus, um Andrej Lugaroi wegen des Giftmordes an Alexander Litwinenko anzuklagen«, sagt der Vorsitzende der Staatsanwaltschaft, Sir Ken Macdonald, in London. Am 25. Mai liegt der Auslieferungsantrag für Andrej Lugowoi in Moskau vor. Die russische Generalstaatsanwaltschaft weigert sich, dem Ersuchen stattzugeben, und verweist darauf, dass die russische Verfassung die Auslieferung russischer Bürger verbietet.

Natürlich sind die Aussichten, das Andrej Lugowoi jemals als Angeklagter vor einem britischen Gericht stehen wird, sehr gering. Das liegt nicht an der Verfassung. Der Grund ist, dass er dann die Namen der Personen nennen würde, die ihm das Polonium gegeben haben. Mich würde es nicht überraschen, wenn er plötzlich vom Erdboden verschwände oder, wie es in solchen Fällen heißt, »bei einem Fluchtversuch an Herzversagen« stürbe. Aus Gründen, die auf der Hand liegen, haben die Briten entschieden, den Mord an Sascha nicht als staatsterroristischen Akt zu behandeln, sondern als ein gewöhnliches Verbrechen. Die Russen haben sich gern auf das Spiel eingelassen. »Wir können ihn selbst unter Anklage stellen«, versichern sie, »wenn England uns mit genügend Beweismaterial versorgt – aber übergeben können wir ihn euch nicht, denn er ist schließlich Bürger unseres Landes.« Und so werden beide Seiten die Frage der Rechtsprechung über einen unbedeutenden mutmaßlichen Mörder zum Gegenstand endloser Debatten machen. Man wird den offensichtlichen Fall eines staatlich geförderten Verstrahlungsanschlags mitten in London in genehme seichte Gewässer lenken. Bedächtige Leute sagen mir: Ihr könnt nicht mehr erwarten – die Briten werden niemals so dumm sein, wegen der Litwinenko-Affäre Beziehungen aufzukündigen oder den Botschafter abzuberufen. »Auf eigene Gefahr«, hätte Sascha dazu gesagt.

Ich schreibe über den Tod und denke unwillkürlich an die eigene Sterblichkeit. Sascha starb vor meinen Augen einen unvorstellbar schrecklichen Tod, langsam, qualvoll und unausweichlich. In den Tagen seines Sterbens stiegen all die Bilder der atomaren Vernichtung wieder in mir auf, vom Atompilz über Hiroshima bis hin zur Fallout-Wolke von Tschernobyl, die meine Generation verfolgte und Millionen Menschen zu Neurotikern machte. Sascha trank diesen Tee und hatte von dem Augenblick an keine Chance. Die Ärzte schätzten die Dosis so hoch ein, als wäre er *zweimal* direkt im Epizentrum der Katastrophe von Tschernobyl gewesen. Alle, die *einmal* dort waren, sind innerhalb von zwei Wochen gestorben. Sein Fall wird in die Medizingeschichte eingehen, weil er der Einzige ist, der einer so hohen Strahlendosis von innen her ausgesetzt war. Die Symptome sind bekannt: zunächst die Magen-Darm-Beschwerden, dann die sogenannte Walking-Ghost-Phase, in der es dem Patienten verhältnismäßig gutgeht, weil die Körperzellen auch ohne eine funktionierende DNA aufgrund ihrer Trägheit noch weiterarbeiten, bis schließlich alle Organe und Körpersysteme nacheinander ausfallen. Das ist die grausamste Art zu sterben.

Allerdings kann man sich nach allem, was ich weiß, kaum ein sinnvolleres Ende vorstellen, wenn man überhaupt so vom Tod sprechen kann. Sascha, ein operativer Aufklärer bis zum Schluss, klärte den Mord an sich auf, indem er die Täter und den Mann, der sie sandte, beim Namen nannte, noch bevor der entscheidende Beweis vorlag oder die Mordwaffe sichergestellt war. Er bot uns nicht nur die unglaublichste Theorie an, sondern erbrachte mit seinem Tod auch den zwingendsten Beweis. Damit untermauerte er all seine früheren Theorien und ließ den Bewohnern der Moskauer Wohnhäuser, den Moskauer Theaterbesuchern, Juschenkow, Schtschekotschichin und Anna Politkowskaja sowie dem zur Hälfte ausgelöschten tschetschenischen Volk Gerechtigkeit widerfahren, weil er der Welt ihre Mörder präsentierte.

Nachwort zur Taschenbuchausgabe: Marina

Auch eineinhalb Jahre nach Saschas Tod bewegt die Affäre noch unzählige Menschen: Freunde und Feinde, Protagonisten der Affäre und Randfiguren, ermittelnde Polizeibeamte, Staatsanwälte, Experten, Analysten aller Art und die politische Klasse Englands. Und mittendrin befindet sich Marina; über Nacht verlor sie ihren Mann und geriet ins grelle Licht des öffentlichen Interesses.

Unmittelbar nach seiner berühmten Pressekonferenz von 1998, in der Sascha dem FSB Korruption vorgeworfen hatte, hatte er Marina ermahnt: »Wenn mir etwas zustößt, musst du der Welt verkünden, was passiert ist und warum.« Damals nahm sie ihn nicht ernst.

Doch jetzt tat sie genau, was er ihr aufgetragen hatte: Sie reiste mit mir von Land zu Land, bewarb unser Buch, erzählte ihre Geschichte und gab Fernsehinterviews. Anfangs sorgte ich mich um sie. Doch dann verstand ich, dass es ihre Schmerzen linderte, wenn sie ihre Geschichte wieder und wieder erzählen konnte. Mittlerweile suchte die Führung Großbritanniens nach einem Ausweg, wie sie im Fall Litwinenko einerseits die Rechte eines Untertanen verteidigen konnte, ohne andererseits die vielfältigen Wirtschaftsinteressen in Russland zu gefährden.

»Es gibt kein diplomatisches oder politisches Hindernis, das einer Untersuchung im Wege stünde«, erklärte der scheidende Premier Tony Blair einer hocherfreuten Marina.

Aber ich glaubte das nicht recht: »Sie werden den Kreml keinesfalls direkt beschuldigen. Einen Untertanen mitten in London mit radioaktiven Substanzen zu töten ist eine Kriegshandlung oder ein staatlich geförderter Terrorakt, vielleicht sogar beides. Eine direkte Anschuldigung würde zu einem totalen Zusammenbruch der Beziehungen führen. Großbritannien riskiert doch nicht all die Milliarden, die es in russisches Öl investiert hat.«

Als am 22. Mai 2007 Andrej Lugowoi endlich des Mordes angeklagt und seine Auslieferung beantragt wurde, jubelte Marina: »Die Regierung weiß, dass Russland ihn nie fallen lassen wird, und trotzdem hat sie es getan.« Da die russische Verfassung die Auslieferung von Bürgern verbietet, war das Ersuchen eine kalkulierte Ohrfeige, ein Schachzug, der dem Kreml die Schuld an Saschas Tod zuschob, ohne das direkt auszusprechen.

Als das Auslieferungsbegehren fruchtlos blieb, wies Großbritannien vier russische Diplomaten aus, alle Mitglieder der Londoner Abteilung des FSB, und stellte die Zusammenarbeit mit dem FSB auf dem Gebiet der Terrorbekämpfung ein. Außerdem verschärfte das Außenministerium die Regeln für die Erteilung von Visa an russische Bürokraten.

Putin schäumte. Zur Rache befahl er die Ausweisung von vier britischen Diplomaten und unterstützte Lugowois Bewerbung um einen Platz in der Duma. So wurde der Hauptverdächtige für den Mord zum ehrenwerten und unantastbaren Parlamentsabgeordneten. Plötzlich war Lugowoi zum lebenden Symbol für russische Standhaftigkeit angesichts westlicher Arroganz geworden.

Wenig später begannen die Schikanen gegen Großbritannien. Zwei Büros des British Council, einer kulturellen Organisation, wurden geschlossen, und das örtliche Personal bekam nächtliche Besuche vom FSB, der sich »nur freundlich unterhalten wollte«. Fast 150 ausländische Angestellte einer Tochterfirma von BP wurden abgeschoben, nachdem man plötzlich Unregelmäßigkeiten in ihren Aufenthaltsgenehmigungen entdeckt hatte. Horden von jugendlichen Mitgliedern der kremlfreundlichen Bewegung »Naschi«, (»die Unseren«) verfolgten den britischen Botschafter Tony Brenton durch Moskau und brüllten Beleidigungen.

Die Russen ließen durchblicken, dass die Schikanen aufhören

würden, wenn Großbritannien die neuen Visabestimmungen aufheben und den Antrag auf Auslieferung Lugowois zurückziehen würde. Letztlich knickten die Briten aber nicht wegen des russischen Drucks ein, sondern weil ihre westlichen Verbündeten sie im Stich ließen. Die Europäische Union ignorierte Marinas Appelle und versäumte es, die britischen Sanktionen mit eigenen zu flankieren. Auf dem Höhepunkt der diplomatischen Auseinandersetzungen fiel George Bush den Briten in den Rücken, indem er Putin zu einem ausgesprochen herzlichen Gipfeltreffen auf dem Familienbesitz in Kennebunkport empfing. »Damit verriet er seine britischen Verbündeten und ermutigt den Kreml geradezu, weiterhin im In- und Ausland Gegner zu ermorden.« Spätestens da ahnte ich, dass unsere Sache keine Chance mehr hatte. Allein konnten die Briten nichts ausrichten, und am Ende des Sommers gaben sie auf.

Als letzte Chance sah Marina die Möglichkeit, eine offizielle Untersuchung anzustoßen. Britische Politiker rieten ihr ab – sie fürchteten um die Beziehungen zu Russland –, aber auch die Strafverfolger: Würden die Beweise jetzt alle vorgelegt, würde ein späterer Prozess gegen Lugowoi stark erschwert. Doch ein solcher Prozess war ja nicht in Sicht.

Am 28. März 2008 schrieb Marina einen Brief an die *Times*: »Ich habe meine Anwälte beauftragt, eine offizielle Untersuchung der Ermordung meines Mannes zu verlangen. Dies geschieht gegen den Willen von Scotland Yard und [dem Außenminister] David Miliband ... Lugowoi wird doch nie ausgeliefert. Die Beweise werden in London unter Verschluss gehalten. Ich kann es mir nicht leisten, dass sie dort für immer bleiben.

... Ich bin frustriert, dass sich die britische Anklage allein auf Herrn Lugowoi konzentriert. Irgendjemand hat ihn beauftragt und ihm das Gift gegeben, das jemand anderes hergestellt, dosiert, erprobt und verpackt hat ... Experten zufolge weiß [die Regierung], wo das Polonium herstammt. Ich will, dass die Erkenntnisse bei einer offiziellen Verhandlung vorgelegt werden.

Indirekt widersprach Marina damit dem Außenminister, der Saschas Fall nicht als britisches Problem betrachten wollte. Sie führte aus: »Das Problem sind doch die Leute, die Herrn Lugowoi mit einer Massenvernichtungswaffe im Koffer nach London geschickt haben. Was für ein Aufwand, nur um meinen Mann loszuwerden! Nicht auszumalen, zu welchen Mitteln diese Leute greifen könnten, wenn größere Interessen auf dem Spiel stehen. Dieses Problem verschwindet nicht, wenn man die Augen verschließt, es wird nur schlimmer.

... Bald bekommt Russland einen neuen Präsidenten«, fuhr sie fort. »Dimitri Medwedew hat mit den Verbrechen der vorherigen Regierung nichts zu tun ... Er hätte die Macht, Russland von den Leuten zu säubern, die meinen Mann ermordet haben, aber ich glaube nicht, dass er das tun wird. Wagt er es nicht, wird er zur Geisel der alten Machthaber. Wagt er es aber, braucht er Beweise, die in den Akten von Scotland Yard verschlossen sind. Eine offizielle Untersuchung in London stellt eine Riesenchance für Russland dar. Vielleicht gibt sie den Ausschlag, dass doch noch alles gut endet.«

Während ich dieses Nachwort schreibe, erwägt der verantwortliche Ermittlungsbeamte noch, ob er eine offizielle Untersuchung zulassen will.

In der Nacht, als der oben zitierte Brief in Druck ging, hatte Marina einen Traum. Er spielte in Moskau, Sascha war gerade aus dem Gefängnis entlassen worden und lag tief schlafend im Bett. Leise schlüpfte sie zur Tür hinaus und huschte zum angrenzenden Wald. Dort machte sie ein kleines Feuer, um die Gefängniskleidung zu verbrennen – als Garantie dafür, dass Sascha nie wieder in Gefangenschaft müsste. Es war kalt, es dunkelte bereits und im dichten Schneefall glomm das Feuer nur schwach. Am Waldrand sammelten sich dunkle, feindselige Schatten, die nach ihr suchten. Sie wusste, wenn sie die Anstaltskleidung verbrennen konnte, bevor die anderen sie fanden und das Feuer löschten, würde alles gut werden. Aber das Feuer flackerte so müde und die Gestalten kamen immer näher ...

Alex Goldfarb   Mai 2008

Danksagung

Dieses Buch wäre nicht möglich gewesen ohne die Begeisterung, Weitsicht und unermüdliche Hilfe von Bruce Nichols von Free Press, der unser ehrgeiziges Vorhaben mit seiner ganzen Kraft unterstützte und jedes Kapitel mit großer Sorgfalt betreute. Wir haben es wahrlich gemeinsam geschaffen. Wir danken der Belegschaft von Simon & Schuster auf beiden Seiten des Atlantik, besonders Judith Hoover, unserer Sprachberaterin, und dem gesamten Produktionsteam. Sie alle haben ihr Äußerstes gegeben, um das Manuskript bis zum Abgabetermin fertigzustellen – ein schier unmögliches Unterfangen. Wir danken unserem Agenten und Mentor, dem wunderbaren Ed Victor, der uns die ungewohnte Aufgabe des Schreibens erleichterte und seinem Ruf als Legende im Verlagsgeschäft alle Ehre machte. Einige meiner Quellen und Freunde zogen es aus verständlichen Gründen vor, ungenannt zu bleiben. Wir sind ihnen allen zutiefst verpflichtet und danken ihnen und all den anderen, die ihr Wissen mit uns teilten und in diesem Buch zitiert werden.

Wir sind mit wunderbaren Freunden gesegnet und danken den Familien Sakajew und Beresowski, George und Jane Menzies, Olga Konskaja und Andrej Nekrassow, Nikolaj Gluschkow und Juli Dubow, Lord Tim Bell und Jennifer Morgan. Sie alle standen Sascha in seinem letzten Kampf bei und kümmerten sich in dieser schweren Zeit aufopfernd um Marina. Oleg Gordijewski und Wladimir Bukowski gebührt besonderer Dank für Freundschaft und weisen Rat.

Walter und Sinaida unterstützten Marina, als sie sie am meisten brauchte, und Walentina war ihr eine wahre Freundin in der Not. Alex hätte diese Monate ohne die Gastfreundschaft und tatkräftige Hilfe von Anukampa und Timoscha nicht überstanden.

Marina ist besonders ihren Schutzengeln, Jay und Colin von der Metropolitan Police und Giacomo Croci, verbunden.

Unser größter Dank gebührt jedoch Swetlana, die von Antalya bis nach Highgate immer an unserer Seite war, und Tolik, der für seine Mutter eine Quelle des Trostes, der Kraft und der Hoffnung ist.

Namenregister